高等职业教育农业部“十二五”规划教材

大　学　语　文

第 2 版

王华杰　主编

中国农业大学出版社
· 北京 ·

内 容 简 介

本书是2008年中国农业大学出版社《大学语文》的修订版，在原书注重人文素质教育的基础上，根据近年来大学语文教材的教学使用情况及高职院校大学生综合文化素质状况，增删了部分篇目，增加了拓展性阅读材料推荐等内容。本书精心设计编排顺序、编排体例、选文方向、选文内容。结合高等职业教育改革的要求，采用适合高职学生认知特点、便于实施教学的文学发展历史顺序进行编排。编排体例为：导读、课文、注释、作品简析、复习思考题、相关拓展性阅读材料推荐，便于教师教学、学生学习、作品欣赏、交流讨论。本书结合时代要求，在选篇上进一步突出文化素质教育、人文价值教育，遵循以人为本的理念，阐释传统文学的审美观念。本书有利于开阔学生视野，提高学生的文学鉴赏能力。

本教材适用于各类高职高专学生和自学人员，也是提升人文素质、提高文学修养能力的最佳通识读本。

图书在版编目(CIP)数据

大学语文/王华杰主编. —2版. —北京：中国农业大学出版社，2013.6

ISBN 978-7-5655-0691-8

Ⅰ.①大… Ⅱ.①王… Ⅲ.①大学语文课-高等学校-教材 Ⅳ.①H19

中国版本图书馆CIP数据核字(2013)第080630号

书　名 大学语文 第2版

作　者 王华杰 主编

策划编辑 姚慧敏 伍 斌　　**责任编辑** 冯雪梅

封面设计 郑 川　　**责任校对** 陈莹 王晓凤

出版发行 中国农业大学出版社

社　址 北京市海淀区圆明园西路2号　　**邮政编码** 100193

电　话 发行部 010-62818525,8625　　读者服务部 010-62732336

编辑部 010-62732617,2618　　出 版 部 010-62733440

网　址 http://www.cau.edu.cn/caup　　**e-mail** cbsszs@cau.edu.cn

经　销 新华书店

印　刷 北京时代华都印刷有限公司

版　次 2013年6月第2版 2013年6月第1次印刷

规　格 787×1092 16开本 22.5印张 556千字

定　价 38.00元

编 委 会

主　编　王华杰

副主编　陈会丽　赵淑芳　赵玉芬　李欣辛

参　编　赵秀莲　谢玉明　艾　军　马志娟　潘　阳

第2版前言

本教材是中国农业大学出版社 2008 年出版的高职高专教育“十一五”规划教材《大学语文》的修订版。在原版本注重人文素质教育的基础上，根据中学语文教材改版的实际情况和教育部进一步突出高职人文素质教育的相关文件精神，结合近年来我国高等职业教育教学改革的开展情况及数年来的教学实践，我们对《大学语文》进行了修订，增删了部分文学作品，在编写体例上进一步创新，每一节后增加了相关拓展性阅读材料推荐，将更有利于教师教学、学生学习、作品欣赏和交流讨论。

首先，本书采用符合青年大学生认知规律的、便于实施教学的文学发展历史顺序来划分章节。共分为八章：先秦文学、秦汉文学、魏晋南北朝文学、隋唐五代文学、宋元文学、明清文学、现代文学、当代文学。本书突破传统大学语文教材将文学常识知识放在附录部分的模式，结合课堂教学实践经验，将该部分知识放在该章节所选例文之前进行讲述，更为符合青年学生的认知规律。

其次，结合时代要求，文学作品所选篇目在坚持思想性与艺术性统一的前提下，力求做到重点突出，各体兼备，并注意题材的广泛性和风格的多样性。在内容上突出文化素质教育、人文价值教育，遵循以人为本的理念，阐释人类传统文学的审美观念。本书以文化素质教育为宗旨，所选例文从修身养性到社稷民生、由务实生活到诗意人生，内容丰富多彩。

再次，审美与实用相结合。大学语文是高职高专院校开设的一门公共必修课，它是根据国家教育部制定的培养目标的基本要求而设置的，兼有基础性、工具性、人文性等多种教育功能。在本教材的编写过程中，我们充分考虑高职高专学生的实际情况，以作品为主体，围绕作品进行作家、作品的介绍和重点字词的注释。设置的作品简析和复习思考题，有助于学生学会思考，培养学生的分析能力和鉴赏能力。各章节的相关拓展性阅读材料，包括与本节内容相关的经典权威阅读书目和相关网址，更能够拓宽同学们的知识面，让学生在欣赏作品、陶冶情操的同时，学会思考，培养和提高审美能力、分析能力和鉴赏能力。

本教材由河南农业职业学院的王华杰担任主编和审稿工作，由河南农业职业学院的陈会丽、赵淑芳、赵玉芬、李欣辛任副主编，赵秀莲、谢玉明、艾军、马志娟、潘阳参加了编写。第一章先秦文学由赵秀莲编写，第二章秦汉文学由李欣辛编写，第三章魏晋南北朝文学由王华杰编写，第四章隋唐五代文学由谢玉明编写，第五章宋元文学由陈会丽编写，第六章明清文学由艾军、潘阳编写，第七章现代文学由赵淑芳、马志娟编写，第八章当代文学由赵玉芬编写。

本教材在中国农业大学出版社、编写人员所在院校的大力支持之下，先由主编提出编写思路，由编委集体讨论商定编写提纲，然后分头撰写初稿，最后由主编、副主编统阅定稿。本书在编写过程中，对学术界的最新研究成果多有汲取，由于篇幅有限，未能一一注明，谨附言于此，以表谢忱。由于编写时间仓促，本教材在选目、体例、注释、分析诸方面，难免存在不足之处，敬请专家、读者予以批评指正。

编　者

2013 年 3 月

目　录

第一章　先秦文学

先秦文学简况

先秦文学是指中国从远古时代开始，到公元前 221 年秦始皇统一全国以前这一历史时期的文学，是我国古代文学发展的第一阶段。它产生于我国的原始社会、奴隶社会和秦以前的封建社会早期，是我国古代文学的发轫期。同时，在诗歌和散文等方面，还出现了蓬勃发展的第一高峰，为后世文学的发展奠定了基石。

先秦文学发展的第一阶段是西周之前（含西周），这是先秦文学的萌芽和幼年时期，时间久远。中国文学的产生可以上溯到文字产生以前的远古时期。远古时期产生的神话传说和歌谣，我们称其为传说时期的文学。这些神话传说和歌谣由于时间久远、口耳相传导致变异，正所谓"虞夏之前，遗文未睹"（《宋书・谢灵运》），后世见诸文字记载的原始文学也很难说是其原貌。远古时期的神话传说反映了先民对自然和社会的认识，但由于种种原因，中国神话的原始形态没有很好地保存下来。

文字产生以后，中国文学才逐渐脱离了传说时期。甲骨文字和青铜器铭文的出现具有重要的历史文化意义。文学方面，它为书面文学提供了条件，也标志着中国书面文学的萌芽。《周易》中的《卦辞》、《爻辞》是上周时代专为卜筮所用的文字。有些内容也记载了殷周或更为久远时代所发生的战争、祭祀和风俗等，表达了某些具有普遍意义的生活经验和哲理。记事虽也简短，但比起甲骨卜辞则更趋完善，并有某些生动的描述和形象的显现。《尚书》中现在保存《商书》五篇，是殷商史实的记录。其中有的篇章出现甚早，如《盘庚》上、中、下 3 篇，是殷王盘庚为迁都而作的三篇演说辞，较同期的甲骨、铭文所载更加完整，不零碎、分散，而是初具规模的文章。《商书》中的《周书》原有八九十篇，在孔子生活的时代，《商书》有 100 篇，其中大部分为《周书》，经历代散佚，《周书》仅存 19 篇。大部分是西周的作品，少量是东周所补。《周书》比《商书》篇制更加完整，记言记事更复杂，结构大都比较严谨，有些篇章手法娴熟，有条不紊，显示出散文的进步。无论《商书》或《周书》，大都表现了上古文字的特点，佶屈聱牙，古奥难懂，与春秋以后的散文差别甚大。

《诗经》是成于周代的最伟大的文学作品，是中国最早的一部诗歌总集，共收集了西周初年至春秋中叶的诗歌 305 篇。事实上，现存《诗经》中的某些篇章，产生于西周建立之前，如周之先人的"史诗"，时间是商代。《诗经》中不少作品产生于西周，特别是"大雅"和"颂"；还有相当一部分写于春秋中前期，尤以“国风”和“小雅”为多。《诗经》可以说是我国最早的百科全书，它包括了当时各个社会阶层不同性别和不同社会经历的作者的创作，人们可以从中窥见周代社会的各个方面。“国风”和“小雅”大多数为中下层群众所歌唱，反映了他们的生活和精神面貌。这些诗具有浓烈的生活气息，风格淳朴自然，语言生动形象，韵律和谐优美，已具有很高的艺术表现力。“颂”和“大雅”则多为庙堂和宫廷之乐，其中有一部分史诗性的作品，比较完整地勾画了先民们发祥、创业和建国的历史，是我国古老民族的历史画卷。总之，《诗经》是我国文学发达较早的标志，从诗歌体裁上说，它包括了抒情、叙事、讽喻、颂赞以至史诗等各种文学样式。《诗经》是我国后世诗歌文学发展的基石和光辉的起点。

第二阶段是春秋至战国初期。这一时期的文学成就主要是以崭新面貌出现的散文，包括历史散文和诸子散文，真正定型的散文是《尚书》。《尚书》出自史官之手，多记人事。其中《盘庚》篇，语言富于感情色彩，多用比喻和格言；《无逸》、《秦誓》等篇手法多样，是比较成熟完整的论说文。《尚书》之后是《春秋》，《春秋》记事粗略，不足成文，在散文发展上本不足道，但它首创“以事系日，以日系月，以月系时，以时系年”（杜预《〈春秋〉序》）的编年体，遣词造句十分审慎，注重“春秋笔法”，其史事编排和文字表达的技巧比《尚书》有显著的进步，为后世的历史散文提供了借鉴。从甲骨卜辞到《春秋》，展示出历史散文在各阶段的发展轨迹。

历史散文代表作品有《左传》、《国语》、《战国策》，这三部书主要记载了春秋与战国时期各诸侯国的政治、经济、军事、文化等重大事件和众多历史人物的活动事迹，具有很高的史学价值和文学价值。

《左传》是继《春秋》之后的第二部编年体史书，按年月顺序来叙事记人。比较系统周详地记录了春秋至战国初250多年各国的政治、外交、军事及社会生活风情，叙事状物、镂刻人物、语言技巧和结构布局都达到相当高的水平，标志着历史散文已臻于成熟。《国语》是一部国别体史书，侧重于记载各国大事中的对话言辞；记载的史实上起周穆王，下至战国初年的鲁悼公，分载周、鲁、齐、晋、郑、楚、吴、越八国的历史。内容以记言为主，也有记事。《战国策》也是国别体史书，从文学角度看，它的成就高于《左传》和《国语》。首先，它能以人物性格发展为中心安排结构、叙述情节、描写人物，如《齐策·齐人有冯谖者》。这为《史记》人物传记开了先河。其次，它善于叙事，长于细腻描写，长于人物的性格刻画，如《秦策·苏秦始将连横》。再次，它的语言富艳华彩，辞藻凝重，对话活泼生动，叙事淋漓酣畅，铺张扬厉，极尽夸张渲染之能事。

诸子散文于春秋末期战国初年开始崭露头角，出现了《论语》、《老子》、《孙子兵法》等著作。《论语》是孔门后学记录孔子及其弟子言语行事的语录体著作，它集中表述了孔子在哲学、政治、时事、教育、文学等方面的思想观点，其学说的核心是“仁”和“礼”。《老子》是一部哲学著作，论述“道”的属性及人们对“道”应采取的态度。《孙子兵法》则是春秋时代最杰出的军事著作，是探索战略战术原则的兵书。

第三阶段是战国中后期。这一时期是先秦文学的大盛时期，在散文方面，哲理散文出现了《墨子》、《孟子》、《庄子》、《荀子》、《韩非子》、《吕氏春秋》等著作，历史散文则有《国策》、《国事》、《事语》、《长书》、《修书》、《短长》等，后为西汉刘向合并而成《战国策》，又有《逸周书》、《竹书纪年》等书籍。

《墨子》是墨家创始人墨翟的著作，语言质朴，善用具体事例和比喻说明事理，并注重“三表法”，因而文章具有内容充实、说理透彻、逻辑严密、现实性强的特点。《孟子》是记载孟子与其弟子的活动和言论的一部语录体著作。《庄子》一书的出现与《孟子》同时或稍后，是庄周与其门人后学写的作品合集。《荀子》是先秦唯物主义思想家荀况的论文专著，成书于《孟子》、《庄子》之后。《韩非子》是战国末期法家代表人物韩非的一部政治哲学论文，反映了韩非"法"、"术"、"势"融为一体的集权主义法制思想。《吕氏春秋》是战国后期秦国相吕不韦主编，由其门客集体撰写的一部杂家著作，兼收并蓄，杂取儒、墨、道、法等各家思想的长处，试图为大一统的封建帝国提供理论依据。诸子散文在思想内容、文风、语言艺术和文体发展上，都取得了前所未有的成就。

战国后期，南方的楚国，兴起了一种与《诗经》不同的新诗体——楚辞。屈原企图以"美政"改造国家社会反而遭贵族腐朽势力的迫害，以至他上下求索、悲愤填膺，遂以诗句作抗争，写出了《离骚》、《天问》、《九歌》、《九章》等一系列绚丽诗章，抒发了自己崇高的理想，表达了对真理、对富国强兵的不渝追求和对楚国的忠贞与热爱。屈原以强烈的抒情结合丰富的幻想、美妙的神话而创造出绮丽多姿的诗篇，形成了我国文学史上第一个浪漫主义文学的高峰。《离骚》是屈原最重要的代表作品，是中国文学史上的不朽名篇。稍后，宋玉的《九辩》，刻意学习《离骚》，而又匠心独运，在艺术上有开拓和创新。《汉书·艺文志》著录宋玉的赋有16篇，《文选》所载其《高唐赋》、《神女赋》、《风赋》、《登徒子好色赋》、《对楚王问》等，是我国赋体文学的滥觞。

先秦时期众多的文学作品，各以不同的角度和手法表现其不同的价值和审美力度，在思想的深邃和艺术的成功方面，成就了我国文学的第一个黄金季节。先秦文学是中国传统文化之本源。先秦的时代精神，表现出的价值观、政治伦理、人文精神，最终沉淀为中华民族传统意识的重要组成部分。《诗经》的现实主义传统，《楚辞》的爱国主义和浪漫主义的情怀，深厚的历史、博大的精神为后世追慕、继承并发扬。先秦文学的体裁风格和各种表现手法，为后世各类文体写作的楷模。上古丰富多彩的神话传说，也有《山海经》、《穆天子传》这样宏大的地理神话故事集，实为后世志怪、传奇乃至古典小说的幼芽。而众多的寓言、史传性的特写，有的已有"准小说"的特征。就散文而言，《左传》、《国语》和《战国策》为后世文言散文的范本，并对后世小说、戏剧创作，提供素材和启示。诸子散文各有风格，对后学创作具有启迪意义。

相关拓展性阅读材料推荐：

1.《中国上古史研究讲义》，顾颉刚，中华书局，1999.
2.《中国神话史》，袁珂，重庆出版社，2007.
3.《先秦两汉文学批评史》，顾易生，蒋凡，上海古籍出版社，1990.
4.《伏羲考》，闻一多，上海古籍出版社，2006.
5.《黄帝》，钱穆，三联书店，2004.
6. 中国儒学网 http://www.confuchina.com/
7. 中国文学网 http://www.cnwxw.com/
8. 中国古诗文网 http://www.capaw.com/

古代神话三则

神话是上古文学的一种重要样式，是原始先民通过幻想，以一种不自觉的艺术方式对自然现象和社会生活所作的形象描述和解释，是远古先民在生产力和认识水平极其低下的条件下口头创作的，具有集体性、直观性的特点，充满情感，富于想象力。春秋战国以后，它们才被陆续记录下来，散见于《山海经》、《淮南子》、《列子》、《庄子》、《楚辞》等古代文献，其中以《山海经》中保存的原始神话资料最为丰富。比较著名的原始神话有《女娲补天》、《后羿射日》、《鲧禹治水》、《精卫填海》、《夸父逐日》、《黄帝擒蚩尤》、《共工触怒不周山》等。这些神话作品的想象奔放神奇，夸张大胆，情节曲折动人，是我国浪漫主义文学的源头。

精卫填海①

发鸠之山，其上多柘木②。有鸟焉，其状如乌③，文首④，白喙，赤足，名曰“精卫”，其鸣自詨⑤。是炎帝之少女⑥，名曰“女娃”。女娃游于东海，溺而不返⑦，故为精卫。常衔西山之木石，以堙于东海⑧。

女娲补天⑨

往古之时，四极废⑩，九州裂⑪，天不兼覆⑫，地不周载⑬。火爁炎而不灭⑭，水浩洋而不息⑮。猛兽食颛民⑯，鸷鸟攫老弱⑰。于是女娲炼五色石以补苍天⑱，断鳌足以立四极⑲，杀黑龙以济冀州⑳，积芦灰以止淫水㉑。苍天补㉒，四极正，淫水涸㉓，冀州平，狡虫死㉔，颛民生。

后羿射日㉕

逮至尧之时㉖，十日并出㉗。焦禾稼，杀草木，而民无所食㉘。猰貐、凿齿、九婴、大风、封豨、修蛇皆为民害㉙。尧乃使羿诛凿齿于畴华之野，杀九婴于凶水之上，缴大风于青邱之泽，上射十日，而下杀猰貐，断修蛇于洞庭，擒封豨于桑林㉚。万民皆喜，置尧以为天子㉛。

【注释】

①这则神话选自《山海经·北山经》，题目是后加的。

②发鸠之山：即发鸠山，旧说在今山西省长子县西。柘(zhè)木：柘树，属桑科树木。

③状：形貌。乌：乌鸦。

④文：同“纹”。

⑤詨(xiāo)：呼叫。“其鸣”句是说精卫鸟的叫声就是自己呼叫自己的名字。

⑥炎帝：传说中的五帝之一，又称神农氏。

⑦返：回家。

⑧堙(yīn)：填塞。

⑨这则神话选自《淮南子·览冥训》，题目是后加的。

⑩四极：四方支撑天的柱子。极：天柱。废：毁坏，这里指天柱折断。

⑪九州：指冀、兖(yǎn)、青、徐、扬、荆、豫、梁、雍九州。裂：塌陷，崩裂。
⑫兼覆：完全覆盖。兼：一并，完全。
⑬周载：完全承载。周：全，普遍。
⑭爁焱(lǎn yàn)：大火蔓延燃烧的样子。
⑮浩洋：洪水盛大的样子。
⑯颛(zhuān)民：善良的人民。颛：善。
⑰鸷鸟：猛禽，如鹰、雕等。攫(jué)：用爪抓取。
⑱女娲(wā)：神话中创造人类和重新开辟天地的女神。
⑲鳌(áo)：大龟。
⑳黑龙：神话中的洪水神。济：救助。
㉑芦灰：芦苇烧成的灰。淫水：泛滥的洪水。
㉒补：修补。
㉓涸(hé)：干枯，枯竭。
㉔狡虫：指害人的凶兽猛禽。
㉕这则神话选自《淮南子·本经训》。
㉖逮：等，等到。
㉗并：一起。
㉘此句意为：晒焦了庄稼，晒死了草木，因而民众没有了可以用来吃的东西。焦：晒焦。杀：晒死。所食：用来吃的东西。
㉙猰貐(yà yǔ)、凿齿、九婴、大风、封豨(xī)、修蛇皆为民害：还有猰貐、凿齿、九婴、大风、封豨、修蛇等怪兽出现，都是危害民众的灾害。猰貐：一种跑得快、要吃人，叫声如婴儿啼哭的丑恶可怕的怪兽。凿齿：野兽，有露出口外状如凿子长三尺的牙齿。九婴：有九个头的怪兽。大风：一种大猛禽，飞时伴有能毁坏建筑的狂风。封豨：大野猪。修蛇：一种能吞食大象的长蛇。为：是。
㉚此句意为：于是尧就派后羿在畴华的野外杀死了凿齿，在凶水上打死了九婴，在青邱这一水泽地区射杀了大风，后羿还向天射下过多的太阳，并在地面猎杀了猰貐，在洞庭湖斩断了修蛇，在桑林捕获了封豨。
㉛此句意为：众百姓都非常高兴，把尧推举到天子的地位上。

【作品简析】

《精卫填海》、《女娲补天》、《后羿射日》三则神话反映了先民与自然斗争的精神，显示了人类与自然斗争的气魄和力量。《精卫填海》是一则与自然抗争的悲剧神话，女娃被东海淹死，化而为鸟，坚持以弱小的生命、菲薄的力量，向浩瀚的大海复仇，何等壮观！海之宽、海之广，岂能填满？正是这则美丽而有气魄的故事反映了人类明知徒劳却仍要抗争的精神，同时也反映了原始人类征服自然的强烈愿望。也正是这种精神与愿望支持先民走过那险恶而艰难的年代。从文中可以看出，远古时代人类生活环境相当恶劣，强大的自然力随时威胁着他们的生存。但在这则故事中却表现出了原始人不屈而乐观的精神。

《女娲补天》是上古流传下来的一则关于开天辟地的神话故事。上古时期人类经历了一场毁灭性的自然灾难，天崩地陷，洪水横流，烈火燃烧，禽兽为害，这时出现了一位女神——女娲。

她炼石补天，斩鳌立极，治洪水，杀猛兽，拯救了人类。女娲是创世女神、女始祖，也是一位伟大的同自然斗争的女英雄，她创造了人类，又为人类消除灾祸。这个故事凝聚了古代人民对她无比崇敬的心意。这则神话描绘出了自然灾害所造成的惨烈场景和女娲补天的壮美奇异景象。歌颂了拯救人类的伟大女神，表现了人类征服自然的进取精神和创造世界的伟大力量。这篇神话反映了我国古代劳动人民在科学不发达、不断经受自然灾害威胁的情况下，渴望认识自然、改造自然的理想。

《后羿射日》给我们描绘了一个极端干旱的时代背景：在尧统治的时候，有十个太阳一同出来，灼热的阳光晒焦了庄稼，晒干了花草树木，老百姓连吃的东西都没有。还伴随着其他灾害，诸如猰貐、凿齿、九婴、大风、封豨、修蛇等怪兽的出现，给人民的生活带来了极大的灾难……于是，尧派后羿去为民除害。后羿把这些灾害一一清除。《后羿射日》所体现的主题就是黄帝、尧统治时期的先民，对干旱所作的反应——把箭对着太阳，疯狂地进行“射日”，很形象地表现了先人征服自然的阳刚气概和与天奋斗的民族精神。

【复习思考题】

1. 试分析《精卫填海》、《女娲补天》、《后羿射日》的思想意义。
2. 熟读全文。

相关拓展性阅读材料推荐：

1.《中外神话传说》，田新利，人民文学出版社，2003.
2.《中国古代神话》，袁珂，华夏出版社，2004.
3.《神话研究》，茅盾，人民文学出版社，1982.
4.《神话考古》，陆思贤，文物出版社，1995.
5.《山海经校注》，袁珂，上海古籍出版社，1980.
6.《淮南子集释——新编诸子集成(上中下册)》，何宁，中华书局，1998.
7.《中国神话传说辞典》，袁珂，上海辞书出版社，1985.
8. 中国民族文学网 http://iel.cass.cn/news_show.asp? newsid=1261

诗经二首

《诗经》是我国最早的一部诗歌总集，是周王朝乐官在王官行人采诗和公卿列士献诗基础上搜集、整理、编选而成的，辑录了春秋中叶以前的诗歌305篇，另有六篇笙诗，有目无辞。先秦时代称“诗”或“诗三百”，西汉时，始称《诗经》。全书分“风”、“雅”、“颂”三大部分，广泛而深刻地反映了当时的社会面貌，其民歌尤其富于战斗性和现实主义精神。艺术上大量运用赋、比、兴表现手法，句式以四言为主，多用重章叠句，章法严谨，语言丰富多彩，朴素优美，音韵和谐，富于艺术魅力，对后世文学有深远的影响。

《采薇》是《诗经·小雅》中的一首戍边之歌。全诗分为六章，每章八句，比较完整地展现了征人由久戍思归到归时痛定思痛的感情历程。全诗以“采薇”开篇，以“行道迟迟，载渴载饥”结束，首尾照应，突出地表现了戍卒所遭受的身心痛苦，笔端始终萦绕着浓重的悲怨情调。《生民》是《诗经·大雅》中的一篇，是周人记录关于他们的始祖后稷的传说，歌咏其功德和灵迹的诗。此诗主要叙述后稷从出生到成长的神奇传说和他发明种植，艰苦创业的伟大功绩，为周部族的史诗之一。

采　薇[①]

采薇采薇，薇亦作止[②]。曰归曰归，岁亦莫止[③]。靡室靡家，玁狁之故[④]。不遑启居，玁狁之故[⑤]。

采薇采薇，薇亦柔止[⑥]。曰归曰归，心亦忧止。忧心烈烈，载饥载渴[⑦]。我戍未定，靡使归聘[⑧]！

采薇采薇，薇亦刚止[⑨]。曰归曰归，岁亦阳止[⑩]。王事靡盬，不遑启处[⑪]。忧心孔疚，我行不来[⑫]！

彼尔维何？维常之华[⑬]。彼路斯何？君子之车[⑭]。戎车既驾，四牡业业[⑮]。岂敢定居？一月三捷。

驾彼四牡，四牡骙骙[⑯]。君子所依，小人所腓[⑰]。四牡翼翼，象弭鱼服[⑱]。岂不日戒，玁狁孔棘[⑲]。

昔我往矣，杨柳依依[⑳]。今我来思，雨雪霏霏[㉑]。行道迟迟，载渴载饥[㉒]。我心伤悲，莫知我哀！

生　民[㉓]

厥初生民，时维姜嫄[㉔]。生民如何？克禋克祀[㉕]，以弗无子[㉖]。履帝武敏[㉗]，歆，攸介攸止[㉘]。载震载夙[㉙]，载生载育，时维后稷[㉚]。

诞弥厥月[㉛]，先生如达[㉜]。不坼不副[㉝]，无菑无害[㉞]。以赫厥灵[㉟]。上帝不宁[㊱]，不康禋祀[㊲]，居然生子[㊳]。

诞置之隘巷[㊴]，牛羊腓字之[㊵]。诞置之平林，会伐平林[㊶]。诞置之寒冰，鸟覆翼之[㊷]。鸟乃去矣，后稷呱矣[㊸]。实覃实訏[㊹]，厥声载路[㊺]。

诞实匍匐[46]，克岐克嶷[47]。以就口食[48]。艺之荏菽[49]，荏菽旆旆[50]。禾役穟穟[51]，麻麦幪幪[52]，瓜瓞唪唪[53]。

诞后稷之穑[54]，有相之道[55]。茀厥丰草[56]，种之黄茂[57]。实方实苞[58]，实种实褎[59]。实发实秀[60]，实坚实好。实颖实栗[61]，即有邰家室[62]。

诞降嘉种[63]，维秬维秠[64]，维穈维芑[65]。恒之秬秠[66]，是获是亩[67]。恒之穈芑，是任是负[68]。以归肇祀[69]。

诞我祀如何？或舂或揄[70]，或簸或蹂[71]。释之叟叟[72]，烝之浮浮[73]。载谋载惟[74]。取萧祭脂[75]，取羝以軷[76]，载燔载烈[77]，以兴嗣岁[78]。

卬盛于豆[79]，于豆于登[80]。其香始升，上帝居歆[81]。胡臭亶时[82]，后稷肇祀。庶无罪悔[83]，以迄于今[84]。

【注释】

①这是一首征战归来的边防士兵所赋的诗。诗中反映了士兵的征战生活和内心感受。末章抒发归途遇雪、忍饥受渴的辛苦和悲伤，诗味最浓。本诗选自《小雅》。雅是正的意思。

②薇：野豌豆苗。作：起，生长出来。止：句尾语气词。

③莫：古体“暮”字。这句大意是：要回去要回去，而一年又快完了，(总是回不去)。

④靡：无。玁狁(xiǎn yǔn)：我国古代西北边区民族。春秋时称“戎”或“狄”，秦汉时称匈奴。

⑤不遑：没有功夫。遑：暇。启居：指坐下来休息。古人席地而坐，坐时双膝着地，臀部贴在小腿上叫“居”；上身伸直，臀部离开脚后跟的叫“启”。

⑥柔：柔嫩。“柔”比“作”更进一步生长。

⑦忧心烈烈：忧心如焚。载：又。

⑧戍：防守边疆，防守或征伐。定：停止。使：使者。聘：问，问候。

⑨刚：坚硬。指薇菜茎叶渐老变硬。

⑩阳：周代自农历四月到十月，称为阳月。

⑪靡盬(gǔ)：没有止息。盬：止息。启处：与上文“启居”同义。

⑫孔：甚，很。疚：病痛。我行不来：我从军远行之后一直回不来。来：归来。

⑬尔：花盛开的样子。维何：是什么。维：句中语气词。常：通“棠”，即棠梨树。

⑭路：通“辂”，古代一种大车。君子：这里指将帅。车：兵车，即下文的戎车。

⑮业业：强壮而高大的样子。

⑯骙(kuǐ)骙：马强壮的样子。

⑰依：指乘。小人：指兵士。腓(féi)：掩护，隐蔽。以上两句的主语是“戎”。古代打仗是车战，主将在兵车上指挥，步兵在兵车后面，靠车身掩护自己。

⑱翼翼：行列整齐的样子，指训练有素。弭(mǐ)：弓的一种，其两端饰以骨角。象弭是用象牙镶饰的弓的两头缚弦的地方。鱼服：用鱼皮做的箭袋，坚固耐用。

⑲戒：戒备。孔棘：十分吃紧。棘：同“亟”，紧急。

⑳依依：形容杨柳随风飘拂的样子。

㉑来思：指归来时。思：语末助词。雨(yù)雪：下雪。霏(fēi)霏：形容雪下得很大的样子。

㉒迟迟：缓慢的样子，或解为道路遥远。

㉓《生民》：《诗经·大雅》中的一篇。

㉔厥：其。民：人，指周人。时：通“是”，此，这。维：通“为”，是。姜嫄(yuán)：传说中远古帝王高辛氏(帝喾)之妃，周始祖后稷之母。姜是姓。“嫄”亦作“原”，是谥号，取本原之义。以上二句言姜嫄始生周人，就是指生后稷。喾(kù)：亦作“俈”，古帝王名。《史记·三代世表》“帝俈，黄帝曾孙。起黄帝至俈四世。号高辛。”

㉕克：能。禋(yīn)祀：一种野祭。祭时用火烧牲，使烟气上升于天。祀：一般的祭祀。

㉖弗：通“祓(fú)”，用祭祀来除去不祥。祓无子：除去无子的不祥，也就是求有子。

㉗履：践踏，踩。帝：天帝，上帝。武：指足迹，即脚印。敏：脚拇指，“武敏”就是足迹的脚拇指。

㉘歆：欣喜。介(qì)：息。这句是说祭毕休息。

㉙震：通“娠”，就是怀身。夙：通“肃”，言谨守胎教。

㉚时维后稷：这人就是后稷。后稷姓姬名弃，后稷本是官名，相传他在尧舜时任主管农事的后稷之官，是周人的始祖，周人称他为后稷。

㉛诞：发语词，无义。弥：满。弥厥月：满了怀孕应有的月数。

㉜先生：犹言“首生”。如：读为“而”。达：滑利。这句是说头生子很顺利地出生。

㉝坼(chè)：裂开。副(pì)：割开，剖开。这句是说生产顺利没有破裂产门。

㉞菑(zāi)：通“灾”。

㉟赫：显示。此句是后稷以这种与别人不同的方式来显示他的灵异。

㊱宁：安。

㊲康：安，言上帝莫非不安享我的禋祀吗？这是写姜嫄的惴惧。践大人迹而生子是大怪异的事，姜嫄疑为不祥，所以下文又说“居然生子”。

㊳居然：竟然。

㊴置：放，搁。隘：狭。这句是说将后稷弃置在狭巷。

㊵腓：通“庇”，护。字：乳育。

㊶平林：平原上的树林。会：适逢。这句是说适逢有人来伐木，不便弃置。

㊷翼：用翅膀盖上。

㊸呱(gū)：小儿啼哭声。

㊹实：通“是”，这，这里指哭声。覃(tán)：长。訏(xū)：大。此句意为后稷哭声又长又洪亮。

㊺载：充满。

㊻匍匐：伏地爬行。指后稷长到能够爬行的时候。

㊼岐：知意。嶷(nì)：认识，幼小时聪明懂事。

㊽以：同“已”。就：往，趋，求。此句是说后稷能匍匐的时候就能自求口食。

㊾艺(yì)：种植。荏(rěn)菽：大豆。这句的“艺之”两字贯下“禾役”、“瓜瓞(dié)”等句。

㊿旆旆(pèi)：茂盛的样子。

(51)禾：谷子。役：通“颖”，禾穗。穟穟(suì)：美好，形容谷穗下垂的样子。

(52)幪幪(měng)：庄稼茂盛覆地的样子。

(53)瓞：小瓜。唪唪(běng)：果实累累的样子。

(54)穑：种植庄稼。此句意为，后稷种庄稼。

(55)相(xiàng)：帮助。道：方法。此句意为，后稷有帮助庄稼生长的办法。

(56)茀(fú)：拔除。丰草：长得茂密的草。

(57)黄茂：一种优良的谷子。

㊿实：通“是”。此，这黄茂。方：始，这里指发芽。苞：这里指禾苗丰茂。

59种：犹“肿”，粗壮，肥盛。褎(yòu)：禾苗渐长的样子。引申为出众。《汉书·董仲舒传》：“今子大夫褎然为举首。”后以“褎然举首”指人的才能超出同辈。

60发：禾茎舒发茂长。秀：结穗。

61坚、好：言谷粒充实。颖：垂穗。栗：犹“栗栗”，众。以上五句依禾生长成熟的次第描写禾的美好，言外见出人工之善。

62即：就，到。有邰(tái)：当时的一个氏族。这里指地名，此句意为，后稷把庄稼收到家里。邰故城在今陕西省武功县西南。这句是说后稷到邰地定居。相传后稷在虞舜时代佐禹有功，始封于邰。

63降：天赐。嘉种：好种子。

64维：为，是。秬(jù)：黑黍。秠(pī)：也是一种黑黍。

65穈(mén)：谷的一种，苗为红色。芑(qǐ)：谷的一种，苗为白色。

66恒(gèn)：通“亘”，遍，满。“恒之秬秠”是说遍种秬秠。

67是获是亩：收割而分亩计数。是：指上面所说的秬秠。亩：用亩计算产量。

68任：担在肩上。负：背在肩上。

69肇：开始。以上五句言遍种四种谷，成熟后收获抱负而归，开始祭上帝。

70或：有人。舂(chōng)：用杵在臼中捣米去壳。揄(yóu)：舀取，取出。

71簸：簸扬去糠。蹂(róu)：通“揉”，用手揉搓。

72释：淘米。叟叟：淘米之声。

73烝：通“蒸”。浮浮：热气上升的样子。以上四句写准备用于祭祀的米和酒。

74载：则，乃，便。谋：计划。惟：思考。此句意为筹划祭祀之事。

75萧：一种香蒿。脂：即牛肠脂。祭祀用香蒿和牛肠脂合烧，取其香气。

76羝(dī)：牡羊。軷(bá)：祭道路之神。此句意为，拿公羊来祭祀路神。

77燔(fán)：把肉投在火里烧。烈：把肉穿上，架上火上来烧烤。这句是说将萧与脂烧燎起来。

78兴：兴旺。嗣岁：下一年，来年。这句是说祭祀是为了兴旺来年，意思就是祈求来岁的丰年。

79卬(áng)：我。豆：盛肉食器，木制。

80登：瓦豆。古代令器，形似豆而浅。

81居：安。歆：享。

82胡：大，这里指浓烈。臭(xiù)：气味，这里指祭品的香气。亶(dǎn)：确实。时：美好。此句意为，祭品浓烈的香味确实好闻。

83庶：差不多，几乎。悔：过失。

84迄：到。以上三句是说后稷始创周人的祭祀制度，直到于今，几乎没有获罪于天、遗恨于心的事了。

【作品简析】

《采薇》是《诗经·小雅》中的一篇。历代注者关于它的写作年代说法不一。但据它的内容和其他历史记载的考证大约是周宣王时代作品的可能性大些。周代北方的玁狁(即后来的匈奴)已十分强悍，经常入侵中原，给当时北方人民的生活带来不少灾难。历史上有不少周天子派兵戍守边外和命将士出兵攻打玁狁的记载。从《采薇》的内容看，当是将士戍役劳还时之作。

诗中唱出从军将士的艰辛生活和思归的情怀。

全诗六章，可分三层。前三章为一层，追忆思归之情，叙述难归原因。交织着恋家思亲的个人情和为国赴难的责任感，这是两种互相矛盾又同样真实的思想感情。其实，这也构成了全诗的情感基调，只是思归的个人情和战斗的责任感，在不同的章节有不同的表现。

四、五章追述行军作战的紧张生活。写出了军容之壮、戒备之严，全篇气势为之一振。其情调，也由忧伤的思归之情转而为激昂的战斗之情。《毛序》根据这两章对军旅生活的描写，认为《采薇》是"遣戍役"、劝将士之诗。这与诗意不符。从全诗表现的矛盾情感看，这位戍卒既恋家也识大局，似乎不乏"国家兴亡，匹夫有责"的责任感。因此，在漫长的归途中追忆起昨日出生入死的战斗生活，是极自然的。

笼罩全篇的情感主调是悲伤的家园之思。追昔抚今，痛定思痛，怎能不令"我心伤悲"呢？"昔我往矣，杨柳依依；今我来思，雨雪霏霏。"这是写景记时，更是抒情伤怀。个体生命在时间中存在，而在"今"与"昔"、"来"与"往"、"雨雪霏霏"与"杨柳依依"的情境变化中，戍卒深切体验到了生活的虚耗、生命的流逝及战争对生活价值的否定。绝世文情，千古常新。在艺术上，"昔我往矣，杨柳依依；今我来思，雨雪霏霏"，被称为《三百篇》中最佳诗句之一。

《生民》是周人歌咏他们的始祖后稷功德和灵迹的诗。此诗主要叙述后稷从出生到成长的神奇传说和他发明种植，艰苦创业的伟大功绩，为周部族的史诗之一。第一章写姜嫄履迹感孕的神异。第二章写后稷诞生的神异。第三章写后稷被弃而不死的神异。第四章写后稷在幼年所表现的对农艺的天赋才能。第五、六章写后稷对农业的伟大贡献。第七、八章写祭祀。

此诗在艺术上一是具有浓厚的神话传说色彩，二是叙事性强，三是语言准确生动。第四章中"荏菽旆旆。禾役穟穟，麻麦幪幪，瓜瓞唪唪"几句，运用迭字，形象地把各种作物果实累累的样子描绘出来。第五章中"实方实苞，实种实褎。实发实秀，实坚实好。实颖实栗"准确地表现了谷物在不同时期的生长形态。

【复习思考题】

1. 你如何理解《采薇》中佳句"昔我往矣，杨柳依依。今我来思，雨雪霏霏"？
2. 简析《生民》的艺术特色。
3. 背诵《采薇》全诗。

相关拓展性阅读材料推荐：

1.《诗经选》，余冠英，人民文学出版社，1956.
2.《诗经与楚辞》，褚斌杰，北京大学出版社，2002.
3.《先秦两汉文学史》，孙立，师飙，中山大学出版社，1999.
4.《诗经与周代社会研究》，孙作云，中华书局，1996.
5.《诗经原始》，方玉润，中华书局，1985.
6. 中华国学网-诗经 http://www.iguoxue.cn/html/71/n-4271.html

楚辞二首

屈　原

屈原(约前340—前278),名平,字原。战国时楚国人。曾任楚怀王左徒、三闾大夫等职。他博闻强记,明于治乱,主张修明法度,举贤授能,联齐抗秦,遭贵族政治集团谗毁,被楚怀王疏远,又遭楚顷襄王放逐。秦兵攻破郢都时,他目睹政治黑暗,悲愤忧郁,自沉于湖南汨罗江。

屈原是我国历史上第一位伟大诗人。他在民歌的基础上创造了"楚辞"这种风格独特的诗体。作品有《离骚》、《九歌》、《九章》、《天问》等。这些作品以奇特的构思、华美的文辞、丰富的想象、鲜明的形象为后人留下了一笔辉映千古、绚丽多彩的文化遗产。

《涉江》是屈原诗《九章》中的一篇,叙写屈原被流放途中从鄂渚到溆浦的一段行程。行程是从渡江开始的,所以题名"涉江"。全诗真实地反映了诗人再遭放逐的经历和悲愤苦闷的心情,表现了诗人愤世嫉俗、洁身自好的高尚品德和忧国忧民、眷念故土的爱国情感,具有感人肺腑的力量。

涉　江[①]

余幼好此奇服兮,年既老而不衰[②]。带长铗之陆离兮,冠切云之崔嵬[③]。被明月兮佩宝璐[④]。世溷浊而莫余知兮[⑤],吾方高驰而不顾。驾青虬兮骖白螭,吾与重华游兮瑶之圃[⑥]。登昆仑兮食玉英[⑦],与天地兮同寿,与日月兮同光。哀南夷之莫吾知兮,旦余济乎江湘[⑧]。

乘鄂渚而反顾兮,欸秋冬之绪风[⑨]。步余马兮山皋,邸余车兮方林[⑩]。乘舲船余上沅兮,齐吴榜以击汰[⑪]。船容与而不进兮,淹回水而凝滞[⑫]。朝发枉陼[⑬]兮,夕宿辰阳。苟余心之端直兮,虽僻远之何伤[⑭]。

入溆浦余儃佪兮,迷不知吾所如[⑮]。深林杳以冥冥兮,猨狖之所居[⑯]。山峻高而蔽日兮,下幽晦以多雨[⑰];霰雪纷其无垠兮,云霏霏而承宇[⑱]。

哀吾生之无乐兮,幽独处乎山中[⑲]。吾不能变心而从俗兮,固将愁苦而终穷[⑳]。

接舆髡首兮,桑扈臝行[㉑]。忠不必用[㉒]兮,贤不必以。伍子逢殃兮,比干菹醢[㉓]。与前世而皆然兮,吾又何怨乎今之人!余将董道而不豫兮,固将重昏而终身[㉔]。

乱[㉕]曰:鸾鸟凤凰,日以远兮[㉖];燕雀乌鹊,巢堂坛兮[㉗]。露申辛夷,死林薄兮[㉘];腥臊并御,芳不得薄兮[㉙]。阴阳易位,时不当兮[㉚]。怀信侘傺,忽乎吾将行兮[㉛]!

国　殇[㉜]

操吴戈兮被犀甲[㉝],车错毂兮短兵接[㉞]。
旌蔽日兮敌若云[㉟],矢交坠兮士争先[㊱]。
凌余阵兮躐余行[㊲],左骖殪兮右刃伤[㊳]。
霾两轮兮絷四马[㊴],援玉枹兮击鸣鼓[㊵]。
天时怼兮威灵怒[㊶],严杀尽兮弃原野[㊷]。

出不入兮往不反[43]，平原忽兮路超远[44]。
带长剑兮挟秦弓[45]，身首离兮心不惩[46]。
诚既勇兮又以武[47]，终刚强兮不可凌[48]。
身既死兮神以灵[49]，子魂魄兮为鬼雄[50]。

【注释】

①《涉江》是《九章》中的一篇。《九章》是屈原先后完成的九篇作品的汇辑，是所作《惜诵》、《涉江》、《哀郢》、《抽思》、《怀沙》、《思美人》、《惜往日》、《橘颂》、《悲回风》九篇诗歌作品的总称。本篇是屈原于流放途中所作，记述其渡江南下的历程和当时心情，申述其志行的高远，对时俗混乱的愤慨，并表示尽管不被人理解，遭受打击，仍要坚持理想，始终不变。

②奇服：与众不同的服装，喻志行高远，不与众同。兮：语气助词，用于韵文语句中间或末尾。相当于现代汉语"啊"。既：副词，表示动作行为完结。

③长铗(jiá)：长长的宝剑。铗：剑柄，这里指剑。陆离：形容挂在腰间的长剑摆动的样子。冠(guān)：戴，名词用作动词。切云：帽子名。崔嵬(wéi)：形容高。

④被：同"披"。明月：夜光珠。佩：佩带。璐：美玉。

⑤溷(hùn)浊：肮脏。莫余知：就是"莫知余"，没人知道我。

⑥驾青虬(qiú)兮骖(cān)白螭(chī)，吾与重华游兮瑶之圃：用有角的青龙驾车，两边配上没有角的龙，我同重华一道去游仙宫。骖：在两旁驾车的马，这里是名词用作动词。虬：有角的龙，螭：无角的龙。重华：虞舜的名字。瑶之圃：指仙宫。瑶：美玉。圃：园圃。

⑦玉英：玉树的花。

⑧哀南夷之莫吾知兮，旦余济乎江湘：可悲啊，楚国人不了解我，天一亮我就要渡过长江和湘江了。南夷：指楚国。济：渡。江：指长江。湘：指湘水。

⑨乘鄂渚(zhǔ)而反顾兮，欸(ài)秋冬之绪风：在鄂渚登岸，回头遥望国都，对着秋冬的寒风叹息。乘：登。鄂渚：地名，在现在湖北省武昌县。欸：叹声。绪：残余。

⑩步余马兮山皋(gāo)，邸(dǐ)余车兮方林：让我的马慢慢地走上山冈，让我的车来到方林。邸：到。山皋：山冈。方林：地名。

⑪乘舲(líng)船余上沅兮，齐吴榜以击汰(tài)：坐着船沿着沅水向上流前进，船夫们一齐摇桨划船。舲船：有窗的船。余：这里用法与"而"相通。沅：沅水，在湖南省。吴榜：吴地制造的船桨。击汰：拍水，指划船。汰：水波。

⑫容与：慢慢地行动的样子。淹：停留。回水：回旋的水流。凝滞：停滞不前。

⑬枉陼：同下面的"辰阳"都是地名，在现在湖南省境内。陼：同"渚"。

⑭苟余心之端直兮，虽僻远之何伤：只要我的心是正直的，就是被放逐到偏僻遥远的地方，又悲伤什么呢？僻远：偏僻遥远。这里指处在偏僻边远的地方。

⑮入溆(xù)浦余儃佪(chán huái)兮，迷不知吾所如：进入溆浦，又迟疑起来，心里迷惑着，不知我要到哪里去。溆浦：地名，在现在湖南溆浦县。这里的"余"，用法同"而"。儃佪：徘徊。所如：所往。

⑯深林杳(yǎo)以冥冥兮，猿狖(yòu)之所居：树林幽深而阴暗，这是猴子居住的地方。杳：深。冥冥：暗。狖：黑色的猿。

⑰下幽晦以多雨：山下阴沉沉的，常常下雨。

⑱霰(xiàn)雪纷其无垠(yín)兮,云霏(fēi)霏而承宇:雪花纷纷飘落,一望无际,浓云密布,好像压着屋檐。霰:小冰粒。无垠:无边。霏霏:云气浓重的样子。承宇:同屋檐相接。

⑲幽独处乎山中:寂寞孤独地住在山里。

⑳从俗:意思是跟着世俗的人走。终穷:终生不得志。

㉑接舆髡(kūn)首兮,桑扈臝(luò)行:接舆剪去头发,桑扈裸体走路。接舆、桑扈都是古代的隐士。传说他们对当时社会不满,才有这种异乎寻常的行为。古人都留长发,去掉头发是反常事情。髡:古代剃去男子头发的刑罚。

㉒用:同下面的"以",都是被任用的意思。

㉓伍子逢殃:伍子遭到灾祸。伍子:伍子胥,春秋时代吴国的大臣,他劝吴王夫差杀死越王勾践,以免除后患,吴王不听,他坚决同吴王争论,最后被迫自杀。比干菹醢(zū hǎi):比干遭到残杀。比干是商朝的大臣,他力谏纣王不要虐待人民,被纣王剖心而死。菹醢:剁成肉酱。

㉔余将董道而不豫兮,固将重昏而终身:我要遵守正道,毫不犹豫,当然难免终身处在黑暗之中。董:正。重昏:一再陷于黑暗的环境。

㉕乱:歌曲的尾声。

㉖鸾鸟凤凰,日以远兮:鸾鸟、凤凰一天比一天飞远了。鸾鸟、凤凰都是高贵的飞禽,这里比喻贤臣。

㉗燕雀乌鹊,巢堂坛兮:燕雀、乌鹊在厅堂和庭院里做窝。这里比喻许多坏人在朝中做官。巢:做窝。坛:这里指庭院。

㉘露申辛夷,死林薄兮:露申、辛夷死在荒野里。这里比喻贤人被放逐在山野,以致困顿而死。露申、辛夷:都是植物,花很香很美。林薄:草木丛生的地方。

㉙腥臊(sāo)并御,芳不得薄兮:腥的、臭的都用上了,芳香的却不能接近。这里比喻坏人得势,好人被排挤。臊:臭气。御:用。薄:接近。

㉚阴阳易位,时不当兮:阴阳颠倒,时运不好。阴阳:比喻邪正。当:合适。

㉛怀信侘傺(chà chì),忽乎吾将行兮:怀着忠信而不得志,我就要飘然远行了。信:忠诚。侘傺:失意的样子。

㉜《国殇》是《楚辞·九歌》中的一篇。"九歌",原为传说中一种远古歌曲的名称。《九歌》是一组祭歌,共11篇。《楚辞·九歌》是屈原根据民间祭神乐歌的再创作。国殇(shāng):一般指为国战死的将士,也可以理解为国家的悲伤。殇:死在外面,非正常死亡,通常指战死的人。本诗即是取民间"九歌"祭奠之意,以哀悼死难的爱国将士。

㉝操吴戈兮被犀甲:手里拿着吴国的戈,身上披着犀牛皮制作的甲。吴戈:吴国制造的戈,当时吴国的冶铁技术较先进,吴戈因锋利而闻名。犀甲:犀牛皮制作的铠甲,特别坚硬。

㉞车错毂(gǔ)兮短兵接:敌我双方战车交错,彼此短兵相接。毂:车轮的中心部分,有圆孔,可以插轴,这里泛指战车的轮轴。短兵:指刀剑一类的短兵器。

㉟敌若云:敌兵众多如云。

㊱矢交坠:敌我双方对射出的箭相互交错坠落。

㊲凌:侵犯。躐(liè):践踏。行:行列。

㊳左骖(cān)殪(yì)兮右刃伤:左边的骖马倒地而死,右边的骖马被兵刃所伤。

㊴霾(mái)两轮兮絷(zhí)四马:战车的两个车轮陷进泥土被埋住,四匹马也被绊住了。霾:通"埋"。

㊵援玉枹(fú)兮击鸣鼓:手持镶嵌着玉的鼓槌,击打着声音响亮的战鼓。先秦作战,主将击鼓督战,以旗鼓指挥进退。

㊶天时怼兮威灵怒:天地一片昏暗,连威严的神灵都发起怒来。天怨神怒。天时:上天际会,这里指上天。天时怼(duì):指上天都怨恨。怼:怨恨。威灵:威严的神灵。

㊷严杀尽兮弃原野:在严酷的厮杀中战士们全都死去,他们的尸骨都丢弃在旷野上。严杀:严酷的厮杀。一说严壮,指士兵。尽:皆,全都。

㊸反:通"返"。

㊹忽:不分明。超远:遥远无尽头。

㊺秦弓:指良弓。战国时,秦地木材质地坚实,制造的弓射程远。

㊻首身离:身首异处。心不惩:壮心不改,勇气不减。惩:终止。

㊼诚:实在是。以:且,连词。武:威武。

㊽凌:侵犯。

㊾神:精神。

㊿鬼雄:战死了,魂魄不死,即使做了死鬼,也要成为鬼中的豪杰。

【作品简析】

《涉江》着重记述了诗人被放逐的历程和心情。从诗中,我们可以具体了解到诗人这次被放逐的地区和所行的路线。从具体的描写中,可以看到诗人所到达的流放地区十分僻远、荒凉,作者的处境十分悲惨。但作品所表现出的矢志不渝、坚持理想的精神感人肺腑,动人心魄。

《涉江》全诗分四部分:

第一部分从"余幼好此奇服兮"到"旦余济乎江湘"。写诗人的理想与现实的矛盾。诗人志行高远,不同凡俗,不为"溷浊"之"世"所"知",被迫离去,不得不"济乎江湘"。

第二部分从"乘鄂渚而反顾兮"到"云霏霏而承宇"。写途中景色和流放的艰辛。在鄂渚时,诗人忽而"反顾",忽而欸叹,忽而"步余马",忽而"邸方林",眷念之情,溢于言表。溯沅水时,船在逆水与漩流中难以前进;入溆浦后诗人孤寂徘徊,备受艰辛。既写出了前行的困难,又表达了对郢都的怀念。

第三部分从"哀吾生之无乐兮"到"固将重昏而终身"。列举古代贤士的不幸遭遇,以接舆、桑扈、伍子、比干四个历史人物自况,说明自己虽身处劣境,却不愿同流合污,甘愿"重昏而终身"。

第四部分从"乱曰"到"忽乎吾将行兮!"是全章的结语。诗人用一连串的比喻抨击楚国政治腐败,以"阴阳易位,时不当兮"对楚国现实作了入木三分的概括,表现了愤世的悲痛和远行的意志。全诗真实地反映了诗人再遭放逐的经历和悲愤苦闷的心情,表现了诗人愤世嫉俗、洁身自好的高尚品德和忧国忧民、眷念故土的爱国情感,具有感人肺腑的力量。

《涉江》叙事井然有序,历历如见;抒情真挚深沉,激情澎湃;议论合理警策,引人深思。在秋冬绪风中我们看到了国破的悲伤;在山皋步马中我们看到了作者的依恋与怀念。在纷飞的霰雪、霏霏的云中我们体会到诗人的孤寂与悲痛的心情。作品在写景、叙事中揉进了诗人强烈的思想感情。诗人还善于驰骋想象,巧用比喻、象征手法,不仅塑造了抒情主人公鲜明的艺术形象,而且使诗歌具有浓郁的浪漫主义色彩。

在写作特点上,诗人将写景与抒情交织,融情于景。通过大量运用的比喻句以及创造性的想象塑造了诗人自己鲜明的艺术形象，写出了诗人高远的志行。同时“兮”字的大量运用，使诗句既整齐匀称，又参差错落，极富有韵味，有助于诗人表达思想感情。

《国殇》是祭祀为国牺牲将士的诗歌，热烈颂扬了他们的英雄气概和壮烈精神。在艺术上首先采用夸张的手法，写出敌众如云，矢如雨下的战争场面，烘托出楚方将士的英勇壮烈。其次，运用白描手法，写出楚方将士出征、冲杀、战死的英雄行为，寄寓了作者无限的崇敬和沉痛的悼念之情。

《国殇》开篇描写了战争开始的情景。我们仿佛看到手持锋利吴戈，身皮犀牛铠甲的威武战士，一个残酷的战争厮杀场面。看到战车交错的激烈，嗅到肉搏的血腥；敌军来势汹汹，战旗遮蔽了天日，大队人马像乌云般压过来；敌我双方对射，那密集的箭破空乱窜，又纷纷落地，战士在箭雨中奋勇争先；敌军侵入了我方的阵脚，进而践踏了我军的行列，左右的骖马或倒地而死，或身受重伤；主将战车陷入泥土之中，战马被绳索绊住；主将仍然锤击着战鼓督军奋勇向前；两军厮杀得天昏地暗，上天为之怨恨了，神灵为之震怒了。整个战场布满了战士们的尸骸……战争的严酷与悲壮，被诗人表现得淋漓尽致。将士们的牺牲精神，惊天地而泣鬼神。诗人于有限的字句中留给读者无限的空间，也激发起读者高昂的情感。诗人在后八句中对这些视死如归的将士寄予了深深的悼念。将士们义无反顾地奔赴战场，却一去不返。旷野茫茫，大路迢迢，沙场之上，他们虽死犹生。想当初，他们持着剑，挟着弓；而如今虽已身首异处，却仍凛然如生。他们勇敢又有武技；他们伟大的爱国精神，永垂不朽。诗人对他们报以无限的哀悼与崇敬。

【复习思考题】

1.《涉江》从哪些方面体现了浓郁的浪漫主义色彩？

2. 找出《涉江》中比喻、象征的句子，并简要说明其比喻、象征的意义。

3. 试分析《国殇》的思想内容。

相关拓展性阅读材料推荐：

1.《楚辞要论》，褚斌杰，北京大学出版社，2003.

2.《史记》，（汉）司马迁，中华书局，2006.

3.《楚辞集注》，朱熹，上海古籍出版社，1982.

4.《屈原集校注》，金开诚，中华书局，1996.

5.《楚辞选》，马茂元，人民文学出版社，1983.

6.《屈原》，游国恩，中华书局，1980.

7.《屈原和他的时代》，赵逵夫，人民文学出版社，1996.

8. 国学网-楚辞 http://www.guoxue.com/jibu/chuci/content/cc_01.htm

道德经六章

老 子

老子(约前600—约前470),姓李,名耳,字伯阳,谥曰聃,楚国苦县(河南鹿邑厉乡曲仁里)人。是我国古代伟大的哲学家和思想家,道家学派创始人,世界文化名人。老子又名老聃,相传他一生下来就是白眉毛白胡子,所以被称为老子。老子生活在春秋时期,曾在周国都洛邑(今河南洛阳)任藏室史。他博学多才,孔子周游列国时曾到洛邑向老子问礼。老子晚年乘青牛西去,在函谷关(位于今河南灵宝)写成了五千言的《老子》,因书中内容以"道"和"德"为主,所以后人又称其为《道德经》。

《道德经》含有丰富的辩证法思想,其学说对中国哲学发展有深远影响。老子哲学与古希腊哲学一起构成了人类哲学的两个源头,老子也因其深邃的哲学思想而被尊为"中国哲学之父"。老子的思想被庄子所传承,并与儒家和后来的佛家思想一起构成了中国传统思想文化的内核。道教出现后,老子被尊为"太上老君";从《列仙传》开始,老子就被尊为神仙。从汉代起,历代帝王就开始到河南鹿邑去祭拜老子。《道德经》的国外版本有一千多种,是被翻译语言最多的中国书籍。

第一章　道可道,非恒道。名可名,非恒名①。无名,天地之始②;有名,万物之母③。故常无欲,以观其妙④;常有欲,以观其徼⑤。此两者同出而异名,同谓之玄⑥。玄之又玄,众妙之门⑦。

第二章　天下皆知美之为美,斯恶已⑧。皆知善之为善,斯不善矣⑨。有无相生⑩,难易相成,长短相形,高下相盈⑪,音声相和,前后相随。恒也⑫。是以圣人处无为之事,行不言之教⑬;万物作而弗始⑭,生而弗有,为而弗恃,功成而弗居⑮。夫唯弗居,是以不去⑯。

第八章　上善若水⑰。水善利万物而不争,处众人之所恶,故几于道⑱。居善地⑲,心善渊⑳,与善仁㉑,言善信㉒,政善治㉓,事善能㉔,动善时㉕。夫唯不争,故无尤㉖。

第三十三章　知人者智㉗,自知者明㉘。胜人者有力,自胜者强㉙。知足者富㉚。强行者有志㉛。不失其所者久㉜。死而不亡者寿㉝。

第四十五章　大成若缺,其用不弊㉞。大盈若冲,其用不穷㉟。大直若屈㊱,大巧若拙,大辩若讷㊲。躁胜寒,静胜热㊳。清静为天下正㊴。

第八十一章　信言不美㊵,美言不信㊶。善者㊷不辩㊸,辩者不善。知者不博㊹,博者不知。圣人不积㊺,既以为人已愈有㊻,既以与㊼人已愈多。天之道,利而不害㊽。圣人之道,为而不争㊾。

【注释】

①第一个"道"是名词,为哲学概念上的"道",指的是宇宙的本原和实质,引申为原理、原则、真理、规律等。第二个"道"是动词。指解说、表述的意思,犹言"说得出"。第一个"名"是名词,为哲学概念上的"名",指"道"的形态。实际之物,真实与本质的表述。第二个"名"是动词,

说明、命名的意思。恒:一般的,普通的。

②无名,天地之始:混沌未开时,即无形之时,命名为"天地之始"。无名:指无形。

③有名,万物之母:有形之时,命名为"万物之母",意即万物本原。有名:指有形。母:母体,根源。

④妙:深邃奥妙。

⑤徼:边际、边界。引申为缘由、端倪的意思。

⑥谓:称谓。此为"指称"。玄:深黑色,引申为玄妙深远、精深奥妙,难以理解之事物。

⑦众妙之门:所有玄妙出现的法门。门:之门,一切奥妙变化的总门径,此用来比喻宇宙万物的唯一原"道"的门径。

⑧天下皆知美之为美,斯恶已:天下人都知道美之所以为美,那是由于有丑陋的存在。恶:丑。

⑨皆知善之为善,斯不善矣:都知道善之所以为善,那是因为有恶的存在。不善:恶。

⑩有无相生:有和无互相转化。有无:"道"的玄妙所出现的"有"和"无"。无之又有,有之又无。

⑪难易相成,长短相形,高下相盈:难和易互相形成,长和短互相显现,高和下互相充实。盈:充盈。

⑫音声相和,前后相随。恒也:音与声互相谐和,前和后互相接随——这是永恒的。恒:永恒不变。

⑬是以圣人处无为之事,行不言之教:因此圣人用无为的观点对待世事,用不言的方式施行教化。圣人:充满智慧、效法自然的圣贤之人。

⑭万物作而弗始:听任万物自然兴起而不为其创始。弗:不。

⑮生而弗有,为而弗恃,功成而弗居:有所施为,但不加自己的倾向,功成业就而不自居。恃:依靠。

⑯夫唯弗居,是以不去:正由于不居功,就无所谓失去。

⑰上善若水:最高的德行就似水的品性。上善:合乎道的意识、行为,意谓最高的德行。

⑱水善利万物而不争,处众人之所恶:水善于便利万物而又好让不争,处在众人所厌恶的低卑处,所以近似于道。几于道:近似于道。

⑲居善地:居,能自然而然,随遇而安。

⑳心善渊:心,能恬淡宽厚,虚怀若谷。

㉑与善仁:施,能云行雨施,惠而不费。

㉒言善信:言,能实事求是,至诚守信。

㉓政善治:政,能循道顺民,无为而治。

㉔事善能:事,能统筹兼顾,谨始虑终。

㉕动善时:动,能审时度势,随时制宜。

㉖夫唯不争,故无尤:正因为他不与客观当然之道相争,所以没有过失。尤:过失。

㉗知人者智:能了解、认识别人叫做智慧。智:智慧。

㉘自知者明:能认识、了解自己才算聪明。明:聪明。

㉙胜人者有力,自胜者强:能战胜别人是有力的,能克制自己的弱点才算刚强。强:刚强、果决。

㉚知足者富:知道满足的人才是富有的人。

㉛强行者有志:坚持力行、努力不懈的就是有志。强行:坚持不懈、持之以恒。

㉜不失其所者久:不离失本分的人就能长久不衰。

㉝死而不亡：身虽死而“道”犹存。寿：真正的长寿。

㉞大成若缺，其用不弊：最完满的东西，好似有残缺一样，但它的作用永远不会衰竭。大成：完善、完美。弊：衰竭，减少。

㉟大盈若冲，其用不穷：最充盈的东西，好似是空虚一样，但是它的作用是不会穷尽的。大盈：充实。穷：穷尽。

㊱大直若屈：最正直的东西，好似有弯曲一样。大直：直捷。

㊲大巧若拙，大辩若讷：最灵巧的东西，好似最笨拙的；最卓越的辩才，好似不善言辞一样。大巧：灵巧。大辩：善辩。

㊳躁胜寒，静胜热：运动克服寒冷，清静克服暑热。躁：剧烈的运动。静：顺任自然，指保持随缘任运的随遇稳态。

㊴清静为天下正：谐和稳态是天下动荡摇摆所围绕的中心，即清静无为才能统治天下。清静：谐和稳态。清：喻指系统的谐和。

㊵信言不美：诚实的言谈是不漂亮的。信言：诚实的话，真话。美：漂亮、华丽。

㊶美言不信：华丽的言谈是不诚实的。

㊷善者：此“善者”可以理解为善良的人，也可以理解为善于言说的人。今从后者，则与老子“大智若愚，大巧若拙，大辩若讷”等思想是同一个意思。

㊸辩：能说会道，有口才。

㊹知者不博：一说博是显示自己懂得多，卖弄的意思，即真正懂的人并不卖弄。一说博是广博，即真有知识的人不广博。今从后者。知识越专精，相对来说，就越狭窄；博杂的人往往不可能在某一领域有所建树，这就是“博者不知”。

㊺积：指私自保留、积藏。

㊻既以为人己愈有：尽全力帮助别人，自己反而更加充足。有：富有。

㊼与：给予。

㊽利而不害：利物而不害物。

㊾为而不争：帮助人而不与人争夺。

【作品简析】

《老子》从古至今有很多种翻译，很多种版本，本文主要依据 1973 年出土于湖南长沙马王堆汉墓帛书本《道德经》和任继愈的《老子今译》(修订本)(上海古籍出版社 1985 年版本)编写。《道德经》、《易经》和《论语》被认为是对中国人影响最深远的三部思想巨著。根据 1993 年出土的郭店楚简“老子”年代推算，《道德经》成书年代至少在战国中前期。分为上下两册，上下共 81 章，5 000 字左右。本文所选的是其中 6 章。

第一章重点介绍了老子的哲学范畴——“道”。《老子》(《道德经》)最著名的句子，莫过于“道可道，非恒道”。这句话说出了“事物的总支配依据、天下的总初始本原，都是超越具体之上的玄微、普遍、永恒”的深层含义。哲学家们在解释“道”这一范畴时并不完全一致，有的认为它是一种物质性的东西，是构成宇宙万物的元素；有的认为它是一种精神性的东西，同时也是产生宇宙万物的泉源。不过在“道”的解释中，学者们也有大致相同的认识，即认为它是运动变化的，而非僵化静止的；而且宇宙万物包括自然界、人类社会和人的思维等一切运动，都是遵循“道”的规律而发展变化。总之，在这一章里，老子说“道”产生了天地万物，但它不可以用语言来说明，而是非常深邃奥妙的，并不是可以轻而易举地能够领会的，这需要一个从“无”到“有”的循序渐进的过程。

第二章介绍了比较的方法，指出比较要有参与比较的两个方面：本体和比较体。最为重要的是老子指出了要对事物作比较，则需要人的逻辑思维。人可以利用自身的逻辑思维与宇宙的逻辑产生同一性，从而从逻辑上再造宇宙，解决宇宙的起源问题，除此以外别无他法。

第八章《上善若水》指导人们在言行之中要“善”，要循“道”。在人们的思想观念中，至今还存在着认为老子思想是反对仁义智慧、反对革命斗争，主张消极被动、无所作为、甘守懦弱、逆来顺受，是保守倒退的观点。其实老子讲的“道”，只是客观存在的宇宙物理的基本法则，其法则不以人的主观意志为转移。循“道”而行，就是要依从自然和社会的客观规律而不强行，不违反物性。

第三十三章讲个人修养与自我设计的问题，主张人们要丰富自己精神生活的一系列观点。在老子看来，“知人”、“胜人”十分重要，但是“自知”、“自胜”更加重要。老子认为，一个人倘若能省视自己、坚定自己的生活信念，并且切实推行，就能够保持旺盛的生命力和饱满的精神风貌。

第四十五章指出合于道的行为体会在各种“名状”之间作及“徼”而“反”的柔弱周行，在递相胜克的状态演变中，清静是动荡摇摆所围绕的稳态中心。老子借此以喻示清静是一般系统的理想状态，也是行为体所要归休、护持的常态。

第八十一章以一系列格言式的话语，阐述自己的辩证思想。诚实的话，由于它的朴质，所以并不华丽、动听；华美的言语，由于它的动听，往往虚饰夸张。老子通过真与美（以及后面涉及的善与辩、知与博）等对立范畴，实际上讨论了真与假、美与丑、善与恶等矛盾对立的一系列问题，说明事物的外在形态与内在本质往往是不一致的，甚至恰恰是相反的。正因为人们在现实生活中往往看重表面现象，看不透或不愿直面表象背后的东西，因此老子才以绝对的方式揭示这个矛盾。老子深恶痛绝人类的私欲与争夺，提出“不争”的思想，这个“不争”并非消沉颓废，而是要人们顺任自然去发挥自己的能力。有“道”便是一种理想的人格。本着自然的心境去作为，有所成就却不据为己有，永远帮助别人。具有这种人格的人，真可谓淡泊自然、了无包袱。

老子的思想主张是“无为”，即通过无为产生有为。比如说“不尚贤”，就是建立一个良好的制度让人才脱颖而出，而不是让政府劳师动众地挖掘人才，导致民众为贤人之名争得头破血流。经济发展也是这样，只要政府创造一个良好的制度就可以，让人民自己去创造，政府不可插手过多。政府建立好制度，为百姓服务，主要是做好宏观调控工作，做一些基础设施建设和社会保障、教育、治安方面的事情。民间能做的事情尽量让民间去做。

老子哲学思想的核心是“道”。《道德经》以“道”解释宇宙万物的演变，“道”是一切事物存在的根源，是客观自然规律，它具有无限的潜在力和创造力，天地间万物的蓬勃生机都是它发动和创造的，遵循着固有的规律。同时又具有“独立不改，周行而不殆”的永恒意义。《道德经》书中包括大量朴素辩证法观点，其学说对中国哲学发展具深刻影响。其哲学思想不但对我国古代思想文化的发展作出了重要贡献，而且对我国 2 000 多年来思想文化的发展也产生了深远的影响。

【复习思考题】

1. 你如何理解老子的哲学思想“无为”和“道”？

相关拓展性阅读材料推荐：

1.《老子注译及评价》，陈鼓应，中华书局，1984.

2.《史记·老庄申韩列传》，（汉）司马迁，中华书局，1975.

3.《老子政治思想概论》，孙思昉，商务印书馆，1931.

4.《老子养生智慧》，王珏，曹军，中国中医药出版社，2008.

5. 思问哲学网 http://www.siwen.org/

6. 老子文化网 http://www.laozi.net/

7. 老子文化论坛 http://cccc.wangzhan8.com/main.asp

8. 原道（儒学联合论坛） http://www.yuandao.com/

论语八则[1]

孔子(前551—前479),名丘,字仲尼,鲁国人。春秋末期伟大的思想家和教育家,儒家学派的创始人。

孔子早年丧父,家境衰落。他曾说过:“吾少也贱,故多能鄙事。”年轻时曾做过“委吏”(管理仓廪)与“乘田”(管放牧牛羊)。虽然生活贫苦,孔子十五岁即“志于学”。他善于取法他人,曾说:“三人行,必有吾师焉。择其善者而从之,其不善者而改之。”(《论语·述而》)。孔子“三十而立”,并开始授徒讲学。教育上主张“有教无类”与“因材施教”,政治上主张实行“仁政”。

这里所选《论语》里的八则语录,内容主要侧重在增进学业以及人格修养两个方面。

子曰:“吾十有五而志于学,三十而立[2],四十而不惑[3],五十而知天命[4],六十而耳顺[5],七十而从心所欲,不逾矩[6]。”

子曰:“君子有九思[7]:视思明,听思聪,色思温,貌思恭,言思忠,事思敬,疑思问,忿思难[8],见得思义[9]。”

子曰:“学而不思则罔,思而不学则殆[10]。”

子曰:“由,诲女知之乎[11]!知之为知之,不知为不知,是知也。”

子曰:“三人行,必有我师焉。择其善者而从之,其不善者而改之。”

子曰:“其身正[12],不令而行[13];其身不正,虽令不从。”

子曰:“君子食无求饱,居无求安,敏于事而慎于言[14],就有道而正焉[15],可谓好学也已[16]。”

子曰:“见贤思齐焉[17],见不贤而内自省也[18]。”

【注释】

①《论语》:儒家学说经典,主要记载孔子及其弟子的言行,由孔子的弟子及再传弟子记录编纂而成。

②立:站得住的意思。

③不惑:掌握了知识,不被外界事物所迷惑。

④天命:指不能为人力所支配的事情。

⑤耳顺:对此有多种解释。一般而言,指对那些于己不利的意见也能正确对待。

⑥从:遵从的意思。逾:越过。矩:规矩。

⑦思:思考。

⑧忿:忿怒。难:后患。

⑨得:得到。指取得名利地位等。义:合乎义的准则。

⑩殆:危险。

⑪女:通“汝”,你。

⑫正:行为端正。

⑬不令而行:没有命令也有人服从实行。

⑭敏:奋勉。

⑮就：趋向，接近。有道：指有道德有学问的人。正：改正，修正。
⑯已：同"矣"。
⑰思齐：想要（向他）看齐。
⑱内：内心。省（xǐng）：检查。

【作品简析】

在语录中，孔子自述了他学习和修养的过程。这一过程，是一个随着年龄的增长，思想境界逐步提高的过程。就思想境界来讲，整个过程分为三个阶段：十五岁到四十岁是学习领会的阶段；五十到六十岁是安心立命的阶段，也就是不受环境左右的阶段；七十岁是主观意识和做人的规则融合为一的阶段。在这个阶段中，道德修养达到了最高的境界。孔子的道德修养过程，有合理因素：第一，他看到了人的道德修养不是一朝一夕的事，不能一下子完成，不能搞突击，要经过长时间的学习和锻炼，要有一个循序渐进的过程。第二，道德的最高境界是思想和言行的融合，自觉地遵守道德规范，而不是勉强去做。这两点对任何人，都是适用的。

孔子所谈的"君子有九思"，把人的言行举止的各个方面都考虑到了，他要求自己和学生们的一言一行都要经过认真思考和自我反省，这里包括个人道德修养的各种规范，如温、良、恭、俭、让、忠、孝、仁、义、礼、智、信，等等，所有这些，都是孔子关于道德修养学说的重要组成部分。这些语录言简意赅，富有哲理意味和格言色彩。

【复习思考题】

1. 你认为，孔子有关人格道德修养的这些论述，今天是否有借鉴的意义？
2. 熟读并尽可能背诵这些语录。

相关拓展性阅读材料推荐：

1.《史记·孔子世家》，（汉）司马迁，中华书局，1975.
2.《于丹〈论语〉心得》，于丹，中华书局，2006.
3.《儒学概论》，干春松，中国人民大学出版社，2009.
4.《论语译注》，杨伯峻，中华书局，1980.
5.《论语集释》，程树德，中华书局，1997.
6.《孔子思想体系》，蔡尚思，上海人民出版社，1982.
7. 中国孔子网 http://www.chinakongzi.org/rjwh/ddmj/huangys/
8. 中国当代儒学网 http://www.cccrx.com/

礼记二篇

《礼记》是战国(前 475—前 221)到秦汉时期(前 221—220)儒家论说或解释礼制的文章汇编,是儒家经典之一。汉代把孔子定的典籍称为"经",弟子对"经"的解说是"传"或"记",《礼记》因此得名,即对"礼"的解说。《礼记》有《大戴礼记》和《小戴礼记》两种繁简不同的传本,写作时间也有先有后。相传戴德选编其中八十五篇,称为《大戴礼记》;戴圣选编其中四十九篇,称为《小戴礼记》。东汉后期大戴本不流行,以小戴本专称《礼记》,而且和《周礼》、《仪礼》合称"三礼",郑玄作了注,于是地位上升为经。

《大同小康》节选自《礼记·礼运》,题目是编者加的。《礼运》全篇主要记载了古代社会政治风俗的演变,社会历史的进化,礼的起源、内容以及与社会生活的关系等内容,表达了儒家社会历史观和对礼的看法。

《大学》原为《礼记》第四十二篇。宋朝程颢、程颐兄弟把它从《礼记》中抽出,编次章句。朱熹将《大学》、《中庸》、《论语》、《孟子》合编注释,称为《四书》,从此《大学》成为儒家经典。至于《大学》的作者,程颢、程颐认为是"孔氏之遗言也"。朱熹把《大学》重新编排整理,分为"经"一章,"传"十章。认为,"经一章盖孔子之言,而曾子述之;其传十章,则曾子之意而门人记之也。"就是说,"经"是孔子的话,曾子记录下来;"传"是曾子解释"经"的话,由曾子的学生记录下来。《大学》的版本主要有两个体系:一是经朱熹编排整理,划分为经、传的《大学章句》本;一是按原有次序排列的古本,即《礼记》中的《大学》原文。以朱熹《大学章句》本,流传最广、影响最大,本篇就是采用的《大学章句》本中"经"一章。

大同小康[①]

昔者仲尼与于蜡宾,事毕,出游于观之上[②],喟然而叹[③]。仲尼之叹,盖叹鲁也。言偃在侧,曰:"君子何叹?"孔子曰:"大道之行也[④],与三代之英[⑤],丘未之逮[⑥]也,而有志焉。大道之行也,天下为公。选贤与能[⑦],讲信修睦[⑧]。故人不独亲其亲[⑨],不独子其子,使老有所终,壮有所用,幼有所长,鳏、寡、孤、独、废疾者皆有所养[⑩],男有分[⑪],女有归[⑫]。货,恶其弃于地也,不必藏于己[⑬];力,恶其不出于身也,不必为己[⑭]。是故谋闭而不兴[⑮],盗窃乱贼而不作[⑯],故外户[⑰]而不闭[⑱]。是谓大同[⑲]。"

"今大道既隐[⑳],天下为家。各亲其亲,各子其子,货、力为己。大人世及以为礼[㉑],城郭沟池以为固[㉒]。礼义以为纪,以正君臣,以笃父子[㉓],以睦兄弟,以和夫妇,以设制度,以立田里,以贤勇知[㉔],以功为己[㉕]。故谋用是作[㉖],而兵由此起[㉗]。禹、汤、文、武、成王、周公,由此其选也[㉘]。六君子者,未有不谨于礼者也。以著其义[㉙],以考其信[㉚],著有过,刑仁讲让[㉛],示民有常。如有不由此者,在执者去[㉜]众以为殃。是谓小康。"

大学

大学之道[㉝],在明明德[㉞],在亲民[㉟],在止于至善。知止[㊱]而后能定;定而后能静;静而后能安;安而后能虑;虑而后能得[㊲]。物有本末,事有终始。知所先后,则近道矣。古之欲明明德于天下者，先治其国；欲治其国者，先齐其家[38]；欲齐其家者，先修其身[39]；欲修其身者，先正其心；欲正其心者，先诚其意；欲诚其意者，先致其知[40]；致知在格物[41]。物格而后知至；知至而后意诚；意诚而后心正；心正而后身修；身修而后家齐；家齐而后国治；国治而后天下平。自天子以至于庶人[42]，壹是皆以修身为本[43]。其本乱而未治者否矣[44]。其所厚者薄，而其所薄者厚[45]，未之有也[46]！

【注释】

①选自《礼记·礼运》。《礼运》全篇主要记载了古代社会政治风俗的演变，社会历史的进化，礼的起源、内容以及与社会生活的关系等内容，表达了儒家社会历史观和对礼的看法大道，古代指政治上的最高理想。《礼记》，儒家经典之一，西汉戴圣对秦汉以前各种礼仪论著加以辑录、编纂而成，共49篇。礼运是《礼记》篇名，大约是战国末年或秦汉之际儒家学者托名孔子答问的著作。

②与于蜡(zhà)宾：参加鲁国在年终举行的祭典，作助祭者。与：参加。蜡：年终举行的祭祀，又称蜡祭。观(guàn)：宗庙门外两旁的楼。

③喟(kuì)然：感叹的样子。

④大道：指太平盛世的社会准则。

⑤代：指夏朝、南朝和周朝。英：英明君主。

⑥逮：赶上。

⑦贤与(jǔ)能：把品德高尚的人、能干的人选拔出来。与：通“举”。

⑧讲信修睦(mù)：讲求诚信，培养和睦(气氛)。

⑨亲：用如动词，以……为亲。下文“子其子”中的第一个“子”也是动词。

⑩鳏：同“矜”，老而无妻或丧妻的人。寡：五十岁无夫曰寡，今妇人丧夫皆曰寡。孤：年幼无父或父母双亡的人。独：年老无子的人。废疾：精神或肢体残废的人。

⑪男有分(fèn)：男子有职务。分：职分，指职业。

⑫女有归：意思是女子有归宿。归：指女子出嫁。

⑬货恶(wù)其弃于地也，不必藏于己：意思是，对于财货，人们憎恨把它扔在地上的行为，却不一定要自己私藏。恶：憎恶。

⑭力恶其不出于身也，不必为己：意思是，人们都愿意为公众之事竭尽全力，而不一定为自己谋私利。

⑮是故谋闭而不兴：因此奸邪之谋不会发生。谋：指阴谋诡计。

⑯盗窃乱贼而不作：盗窃、造反和害人的事情不发生。乱：指造反。贼：指害人。作：兴起。

⑰外户：住宅外面的门。泛指大门。

⑱闭：关闭大门。

⑲大同：当时儒家的理想社会境界，人人都各得其所。同：有和，平的意思。

⑳隐：消逝。

㉑大人：这里指国君。世：父亲传位给儿子。及：哥哥传位给弟弟。

㉒郭：外城。沟池：护城河。

㉓笃：淳厚。

㉔田里：田地与住宅。贤：尊重。

㉕功：成就功业。
㉖用是：因此。
㉗兵：这里指战争。
㉘选：指杰出的人物。
㉙著：彰显。义：指合理的事情。
㉚考：成就。
㉛刑：典范。让：礼让。
㉜执：指职务。去：斥退。
㉝大学之道：大学的宗旨。"大学"一词在古代有两种含义：一是"博学"的意思；二是相对于小学而言的"大人之学"。它不是讲"详训诂，明句读"的"小学"，而是讲治国安邦的"大学"，是大人之学。古人八岁入小学，学习"洒扫应对进退、礼乐射御书数"等文化基础知识和礼节；十五岁入大学，学习伦理、政治、哲学等"穷理正心，修己治人"的学问。所以，后一种含义其实也和前一种含义有相通的地方，同样有"博学"的意思。"道"的本义是道路，引申为规律、原则等，在中国古代哲学、政治学里，也指宇宙万物的本原、个体，一定的政治观或思想体系等，在不同的上下文环境里有不同的意思。
㉞明明德：前一个"明"作动词，有使动的意味，即"使彰明"，也就是发扬、弘扬的意思。后一个"明"作形容词，明德也就是光明正大的品德。
㉟亲民：根据后面的"传"文，"亲"应为"新"，即革新、弃旧图新。亲民，也就是新民，使人弃旧图新、去恶从善。
㊱知止：知道目标所在。
㊲得：收获。
㊳齐其家：管理好自己的家庭或家族，使家庭或家族和和美美，蒸蒸日上，兴旺发达。
㊴修其身：修养自身的品性。
㊵致其知：使自己获得知识。
㊶格物：认识、研究万事万物。
㊷庶人：指平民百姓。
㊸壹是：都是。本：根本。
㊹末：相对于本而言，指枝末、枝节。
㊺厚者薄：该重视的不重视。薄者厚：不该重视的却加以重视。
㊻未之有也：即未有之也。没有这样的道理（事情、做法等）。

【作品简析】

《大同小康》记载了孔子关于"大同社会"和"小康社会"的一席谈话，其中心意思是说，在小康社会之上，有一个"天下为公"的大同社会，在那个社会中，夜不闭户，道不拾遗，充满了"和谐"的色彩；而由禹、汤、文、武、成王、周公所治理的小康社会，虽然讲究礼义，政教修明，但毕竟是"各亲其亲，各子其子"的私有制社会，因而仍然比不上大同社会。这种对"大同社会"的向往，可以说是一种原始朴素的"和谐社会"理想。本篇所记具体反映了孔子所追求的以仁爱为基础的理想社会。孔子希望，在一个社会里，人人为公，举贤任能，讲究信义，重视团结。每个人都能自觉地关心爱护他人，使男女老少，鳏寡孤独各得其所，生活有所保障。阴谋不生，盗贼不作，门户不闭……如能如此，社会也就达到了所谓的“大同”境界。

关于大同社会的描述可分为三个层次，“大道之行也……讲信修睦。”这一层是对“大同”社会的纲领性说明。“大道”，可以理解为治理社会的最高准则。这一句是总提，以下三句是分述。“天下为公”，这是说政权（也可以把社会财富包括进来）属于社会的全体成员，而不属于任何个人。“选贤与能”，这是说社会的管理者应由社会成员选举产生。选举的标准是“贤”和“能”，“贤”指品德高尚，“能”指才能出众——用现代话来说，叫做“德才兼备”。“讲信修睦”，说的是社会成员间应当建立起良好的关系，要讲求诚信以消除欺诈，要崇尚和睦以止息争斗，使社会保持和平安定。

“故人不独亲其亲……不必为己。”这一层阐述“大同”社会的基本特征。可以归纳为三个方面：一是人人都能受到全社会的关爱。“不独亲其亲，不独子其子”，说的是每个人都能推己及人，把奉养父母、抚育儿女的心意扩大到其他人身上，使全社会亲如一家。“老有所终，壮有所用，幼有所长”，意思是对各种年龄段的人群都要做出合适的安排。又特别提到，对“鳏、寡、孤、独、废疾者”这五种人要实行生活保障，更充分地体现了全社会的关爱。二是人人都能安居乐业。“有分”，就是有稳定的职业，能安心地工作；“有归”，就是男女婚配及时，有和乐的家庭。古代男耕女织，妇女在家也要从事蚕桑，这样才能丰衣足食。以上两个方面主要是就物质生活说的。三是货尽其用，人尽其力。“货，恶其弃于地也，不必藏于己”，这是说人们珍惜劳动产品，但毫无自私自利之心，不会将它据为己有；“力，恶其不出于身也，不必为己”，这是说人们在共同劳动中以不出力或少出力为耻，都能尽全力地工作，却没有“多得”的念头。这主要是就人们的思想观念说的，因为只有树公心、去私心，才能达到货尽其用、人尽其力的境界。

“是故谋闭而不兴……是谓大同。”这一层是对大同社会的总括语。文章拿现实社会跟这个理想的“大同”社会作对比，从而顺理成章地指出，现实社会中诸多黑暗现象如搞阴谋、盗窃财物、作乱等等，在“大同”社会里将不复存在，代之而兴的将是一个“外户而不闭”的和平、安定局面。这个结论非常鼓舞人心。

《大学》为“初学入德之门也”。这里所展示的，是儒学三纲八目的追求。所谓三纲，是指明德、新民、止于至善。它既是《大学》的纲领旨趣，也是儒学“垂世立教”的目标所在。所谓八目，是指格物、致知、诚意、正心、修身、齐家、治国、平天下。它既是为达到“三纲”而设计的条目，也是儒学为我们所展示的人生进修阶梯。纵览四书五经，我们发现，儒家的全部学说实际上都是循着这三纲八目展开的。在八个条目中，修身是根本的一条，“自天子以至于庶人，壹是皆以修身为本”。十章分别解释明明德、新民、止于至善、本末、格物致知、诚意、正心、修身、齐家、治国平天下。明明德是指弘扬光明正大的品德。新民是指让人们革旧图新。止于至善是指要达到最好的境界。本末是指做事要分清主次，抓住根本。格物致知是指穷究事物的原理来获得知识。诚意就是“勿自欺”，不要“掩其不善而著其善”。正心就是端正自己的心思。修身就是加强自身修养，提高自身素质。齐家就是管理好自己的家庭、家族。治国平天下是谈治理国家的事。

【复习思考题】

1．试析孔子的“大同”社会在当时为什么不可能实现。

2．对孔子这种理想，今天应如何评价？

3. 你如何理解儒学中对三纲八目的追求？

相关拓展性阅读材料推荐：

1.《礼记集解》，孙希旦，中华书局，1989.

2.《白话十三经·礼记·大学》，关永礼，济南出版社，1994.

3.《四书章句集注》，（宋）朱熹，中华书局，1983.

4.《四书白话句解》，王天根，成都古籍书店，1988.

5.《四书全译》，张以文，湖南大学出版社，1989.

6.《大学直解》，来可泓，复旦大学出版社，1998.

7.《白话史记》，（汉）司马迁著，杨燕起，陈焕良等译，岳麓书社，2002.

8. 莱西教育网-国学经典-《大学》在线阅读 http://www.lx.qdedu.net/readnews.asp?newsid=887

秋 水[1]

庄 子

庄子(约前369—前286),名周,战国时宋国蒙(今安徽省蒙城县)人。中国古代著名思想家、哲学家、文学家,老子之后道家学派的主要代表人物,老子哲学思想的继承者和发展者。他的学说涵盖着当时社会生活的方方面面,但根本精神还是归依于老子的哲学。后世将他与老子并称为“老庄”,称他们的哲学为“老庄哲学”。

他的思想包含着朴素的辩证法,认为一切事物都在变化,他认为“道”是“先天生地”的,从“道未始有封”(即“道”是无界限差别的)。主张“无为”,放弃生活中的一切争斗。又认为一切事物都是相对的,因此他否定知识,否定一切事物的本质区别,极力否定现实,幻想一种“天地与我并生,万物与我为一”的主观精神境界,安时处顺,逍遥自得,倒向了相对主义和宿命论。

庄子的文章,想象力很强,文笔变化多端,具有浓厚的浪漫主义色彩,并采用寓言故事形式,富有幽默讽刺的意味,对后世文学语言有很大影响。著作有《庄子》,亦称《南华经》,是道家经典之一。《汉书·艺文志》著录《庄子》五十二篇,但留下来的只有三十三篇。其中内篇七篇,一般定为庄子著;外篇杂篇可能掺杂有他的门人和后来道家的作品。

《庄子》在哲学、文学上都有较高研究价值。本文节选自《庄子·秋水》篇的第一部分。通过北海海神与河神的对话,强调了认识事物的复杂性,即事物本身的相对性和认知过程的变异性,指出了认知之不易和准确判断的困难。

秋水时至,百川灌河[2],泾流之大,两涘渚崖之间不辨牛马[3]。于是焉河伯欣然自喜[4],以天下之美为尽在己[5]。顺流而东行,至于北海,东面而视,不见水端。于是焉河伯始旋其面目[6],望洋向若而叹曰[7]:“野语有之曰[8],‘闻道百,以为莫己若’者[9],我之谓也。且夫我尝闻少仲尼之闻而轻伯夷之义者[10],始吾弗信;今我睹子之难穷也[11],吾非至于子之门则殆矣,吾长见笑于大方之家[12]。”

北海若曰:“井蛙不可以语于海者[13],拘于虚也[14];夏虫不可以语于冰者,笃于时也[15];曲士不可以语于道者[16],束于教也。今尔出于崖涘,观于大海,乃知尔丑[17],尔将可与语大理矣。天下之水,莫大于海,万川归之,不知何时止而不盈[18];尾闾泄之[19],不知何时已而不虚;春秋不变,水旱不知[20]。此其过江河之流,不可为量数[21]。而吾未尝以此自多者[22],自以比形于天地,而受气于阴阳[23],吾在于天地之间,犹小石小木之在大山也。方存乎见少[24],又奚以自多[25]!计四海之在天地之间也,不似礨空[26]之在大泽乎?计中国之在海内,不似稊米之在大仓乎[27]?号物之数谓之万[28],人处一焉[29];人卒九州[30],谷食之所生,舟车之所通,人处一焉[31];此其比万物也,不似毫末[32]之在于马体乎?五帝之所连[33],三王之所争[34],仁人之所忧,任士之所劳[35],尽此矣!伯夷辞[36]之以为名,仲尼语之以为博,此其自多也;不似尔向之自多于水乎[37]?”

【注释】

①本文节选自《庄子》的《秋水》篇(属“外篇”部分)。

②秋水时至，百川灌河：秋雨不停地下，河水上涨，千百条河流都灌注于黄河。

③泾流：指黄河主流之宽度。泾(jīng)：通“径”，指河之宽度。涘(sì)：水边、岸边。渚(zhǔ)：水中间小块陆地、小洲。由于河水上涨，河面宽阔，两岸之间，小洲之上，相互望去，见物不真，连牛马都不能分辨。

④河伯：黄河水神。黄河泛滥带来深重灾难，古人无力征服，不得不祈求河神福佑。

⑤以天下之美为尽在己：“以……为”结构，以为天下的美景全集中在自己这里。

⑥旋其面目：改变态度。旋：转，转变。

⑦望洋：仰视的样子。若：海神。

⑧野语：俗语。

⑨百：泛指数量很大、很博。莫己若：“莫若己”的语序颠倒，没有人及得上自己。听了很多道理，自以为广博，没有人能比得上自己。

⑩仲尼：孔子之字，孔子是以博学著称的，伯夷以重义清高著称。尽管如此，有人却敢于小看仲尼之博学，轻视伯夷之高义。

⑪子：您。本指海神，这里借指海。难穷：难以穷尽。穷：尽。

⑫殆：危险。见：被。大方之家：深明大道之人。

⑬以：与。语(yù)：谈论。

⑭拘：拘束，限制。于：被。虚：同“墟”，指蛙所居之土井之类。

⑮笃：困，限制。时：四时，四季。夏虫受时令所限，不能和它说冬天之事。

⑯曲士：乡曲之士。指识见偏狭、孤陋寡闻的人。

⑰丑：鄙陋无知。

⑱盈：盈满。

⑲尾闾：传说为排泄海水之处，传说海水到那里就被蒸发掉。

⑳春秋不变，水旱不知：海水不会因春雨少秋雨多而变化。天旱天涝，也没有感觉。

㉑不可为量数：没有办法能估量、计算。

㉒自多：自我夸耀。多：赞美，自负。

㉓比形于天地：列身于天地之间。受气于阴阳：从阴阳秉受生气。

㉔方存乎见少：正存在着“自己所见甚少”的想法。

㉕奚以自多：哪里会自足自多呢。奚以：何以，怎么。

㉖礨(lěi)空：小孔穴。

㉗稊(tí)：一种形似稗的草，其种子很小，如小米。大(tài)仓：储藏粮食的大仓库。

㉘号物之数谓之万：称物的数量叫做“万”。号：称。

㉙人处一焉：人只是万物中的一类。处：居，占。焉：于此(于万物之中)。

㉚人卒九州：九州之内尽为人居，卒：尽。九州：天下。

㉛人处一焉：人类所居之地只占谷物生长、舟车通行之处的万分之一。

㉜毫末：兽类绒毛末梢。

㉝连：连续，继承之意。所连：指五帝间以禅让方式连续统治之事。

㉞所争：以武力所争夺的。

㉟任士：以治世为己任的贤能之士。所劳：所劳碌的事。

㊱辞：辞让。

㊲向：以前，从前。自多于水：指河伯未至海前，识见狭小，以黄河之水自夸其多。

【作品简析】

庄子生活的战国后期，社会正处于剧烈的大变动之中，奴隶主统治政体已分崩离析，封建君主制度尚未建立，诸侯兼并，天下纷争，政治腐败，社会混乱。庄子对当时的社会现实深感不满，但又无力反抗，便从批判现实走向了悲观厌世、否定一切的极端。总体说来，他的哲学思想核心是超乎万物的"道"，虽竭力描画人的个体精神自由境界，但却终归于虚无缥缈。他的思想方法主要是相对主义，虽有一些朴素的辩证法因素，但却时常陷入诡辩。本文是《庄子·秋水》篇七个部分中的第一部分。其写作意图，主要是以相对主义为武器，宣扬道家之"道"的无限性，并进而嘲讽孔孟之道。但其中关于宇宙无限、认识无止境的观点，却具有积极意义。

全文第一部分写河伯望洋兴叹，自识其丑。第一个层次展现河水满涨的景象，突出河伯沾沾自喜；第二个层次展现北海的浩瀚景象，突出河伯自识其丑。第二部分写北海若以自然之广大、宇宙之无穷开导河伯。第一个层次说明人的认识要受到客观条件的限制；第二个层次是说与天地、阴阳相比，大海也微不足道，所以自己不敢自满；第三个层次阐发世间万物的大小都是相对而言的道理；第四个层次是对伯夷、仲尼的"自多"进行嘲笑。

作为一篇说理文，《秋水》的意理结构十分严谨。与文章所阐析的认识无止境的问题相适应，作者采用了由个别到一般、由具体到抽象的层层推进、生发无穷的论说方法。先说河，再说海，再说天地万物，由小到大，层层推进；先说海比河大，再说天地比海大，由此得出宇宙无穷、认识无止境的结论，阐析事理由个别到一般，由具体到抽象；先让河伯自喜自傲于河水的满溢，再让它看到大海的浩瀚而自卑自丑，然后海若才进行开导，在此基础上，再进行宇宙无穷、认识无止境的说教，并顺势嘲笑伯夷、仲尼的"自多"，这就使全文的论说，在层层推进中呈水到渠成之势。

【复习思考题】

1. 本文揭示了什么道理？这种道理在客观上有何意义？
2. 本文是怎样把抽象的哲理化为具体的形象的？

相关拓展性阅读材料推荐：

1.《庄子解》，(明)王夫之，中华书局，1985.
2.《庄子译詁》，杨柳桥，上海古籍出版社，1991.
3.《庄子哲学》，王博，北京大学出版社，2004.
4.《庄子今注今译》，陈鼓应，中华书局，1983.
5.《庄子注》，(晋)郭象，商务印书馆，1983.
6.《庄子集解》，(清)王先谦，中华书局，1997.
7. 中国国学网-庄子 http://www.confucianism.com.cn/Showdashi.asp? id=9412&bid=A000100090001
8. 中国网-庄子 http://www.china.com.cn/culture/txt/2007-08/20/content_8712255.htm

非　攻①

墨　子

墨子(约前468—前376),名翟,战国时鲁国人(一说宋国人),战国初期著名的思想家,墨家学派创始人。他出身低微,具有勤俭节约、劳身苦志的作风,"量腹而食,度身而衣"。注重实践,善于制作,相传他的木工技术,与鲁班齐名。在学术上,初受孔子影响,"学儒者之业,受孔子之术",后逐渐成了孔子和儒家的叛逆,创建了与儒家相对立的墨家学派。儒和墨两派互相驳辩,在先秦首先揭开了百家争鸣的序幕。人们常把孔墨、儒墨并提。

墨家学说以墨子的"兼爱"、"非攻"、"尚贤"、"尚同"、"天志"、"明鬼"、"节葬"、"节用"、"非乐"、"非命"等思想为宗旨,反对儒家"亲亲有术,尊贤有等";反对兼并战争,主张打破贵族垄断政治,"虽在农与工肆之人,有能则举之,高予之爵,重予之禄"(《墨子·尚贤上》);提倡"强力",反对天命观;主张节俭,反对奢侈浪费。在一定程度上反映了当时小生产者的利益和要求。到了汉代,随着儒学统治地位的确立,墨家学派渐趋衰微。但体现墨家思想精华的《墨子》一书得以保存下来,并一直流传至今。

《非攻》(上篇)部分对打着"义"的旗号侵略他国的掠夺性战争行为的非正义性予以抨击,表达了墨子的"非攻"思想。通过层层比喻和推论,抨击了攻掠他国的不义战争。

今有一人,入人园圃②,窃其桃李,众闻则非之,上为政者得则罚之③。此何也?以④亏人自利也。至攘人犬豕鸡豚者⑤,其不义⑥又甚入人园圃窃桃李。是⑦何故也?以亏人愈多。苟⑧亏人愈多,其不仁兹⑨甚,罪益厚⑩。至入人栏厩⑪,取人马牛者,其不义又甚攘人犬豕鸡豚。此何故也?以其亏人愈多。苟亏人愈多,其不仁兹甚,罪益厚。至杀不辜⑫人也,扡⑬其衣裘,取戈剑者,其不义又甚入人栏厩取人马牛。此何故也?以其亏人愈多。苟亏人愈多,其不仁兹甚矣,罪益厚。当此⑭,天下⑮之君子皆知而非之,谓之不义。今至大为不义攻国⑯,则弗⑰知非,从而誉之⑱,谓之义,此可谓知义与不义之别乎?

杀一人,谓之不义,必有一死罪矣。若以此说往⑲,杀十人,十重⑳不义,必有十死罪矣;杀百人,百重不义,必有百死罪矣。当此,天下之君子皆知而非之,谓之不义。今至大为不义攻国,则弗知非,从而誉之,谓之义。情㉑不知其不义也,故书其言㉒以遗后世;若知其不义也,夫奚说㉓书其不义以遗后世哉?

今有人于此,少见黑曰黑,多见黑曰白,则必以此人为不知白黑之辩㉔矣。少尝苦曰苦,多尝苦曰甘㉕,则必以此人为不知甘苦之辩矣。今小为非,则知而非之;大为非攻国,则不知非,从而誉之,谓之义:此可谓知义与不义之辩乎?是以知㉖天下之君子也,辩义与不义之乱也㉗。

【注释】

①选自《墨子·非攻上》。《墨子》是由墨子的弟子根据墨子的言行和墨家的学说编写的,今存53篇。《墨子》里的《非攻》有上、中、下三篇,这里选的是上篇。非:责难,反对。攻:攻伐。

此处指侵略性的攻伐战争。
②园圃(pǔ):果园和菜园。园:果园。圃:菜园。
③非之:责备他,反对他。上为政者:上面执政的人。
④以:因为。
⑤攘(rǎng)人犬豕(shǐ)鸡豚者:偷窃别人的狗猪鸡的人。攘:偷盗。豕:猪。豚:小猪。
⑥不义:不正当。
⑦是:代词,此:这。文言里“是”多用作代词。
⑧苟:假使。
⑨兹:同“滋”,更加。
⑩益厚:更严重。益:更。厚:重。
⑪栏厩(jiù):养家畜的地方,这里指牛栏。厩:马棚。
⑫不辜:无罪。
⑬扡(tuō):同“拖”,剥下来,夺取。
⑭当此:遇到这种情形。
⑮天下:古人称周朝统治的地区(包括各诸侯国)为天下。
⑯攻国:攻打别国。
⑰弗:不。
⑱从而誉之:就(这件事情)来称赞他。
⑲若以此说往:如果用这个说法类推下去。往:向前行。
⑳重(chóng):倍。
㉑情:实在。
㉒其言:指君子的错误言论。
㉓奚说:怎么解说,有什么理由。奚:何,什么。
㉔辩:同“辨”,分别。
㉕甘:甜。
㉖是以知:以是知,因此可以知道。
㉗辩义与不义之乱也:在分辨“义”与“不义”上,思想是混乱的。

【作品简析】

和平,众之所求。先秦诸子对于和平有着深刻的理解,表现在著作上,主要就是关于仁与义的争论。这是残酷的环境使然。当其时,道家的创始人老子愤于世事而无奈,骑牛出函谷而不还;儒家的创始人孔子著述春秋,希望以此劝世,但是闻说祥瑞麒麟被猎获,对世事极度失望,掷笔绝书。孟子是孔子理念的继承者,也是“义”的创建者。孟子说:“春秋无义战。”

无论是“仁”或“义”,都是从建立社会秩序的角度来说的。社会秩序的实质是社会各利益群体相互间的一种妥协。问题是,战国期间的诸侯们并非性“善”者,而是性“恶”者,于是就有了“十年十一战,民不堪命”的战争,他们是用战争的方式来进行关于建立社会秩序的讨论。而墨子是作为人民的代言人参与关于社会秩序的讨论。《非攻》篇就是墨子讨伐不义战争的檄文。这篇檄文对非正义战争的批判可谓入木三分。

从思想内容而言，文章锋芒直指不义战争。人人园圃，窃人桃李，尽管是偷，但只是对别人造成了轻微的损失，至于偷鸡摸狗，尽管比窃人桃李严重，但也仅仅是鸡鸣狗盗而已，至多给牲畜的主人造成丢失财产的阵痛。人人栏厩，取人牛马，这似乎有点严重了，因为牛马是主人家中耕种负载主要的依靠，没有了牛马，主人可能无法完成春种秋收，进而影响到主人的生计。所以这就比偷鸡摸狗更严重了一些，但还不至于威胁到主人的身家性命。至于杀不辜人，则剥夺了别人最基本的人权——生存权。那就犯下了不可饶恕的罪行，那他自己也受到严厉的惩罚，而被处以极刑。以上四种行为都是不义行为，而且程度由浅入深，应当受到不同程度的惩罚。“天下之君子皆知而非之，谓之不义”，这也是可以理解的，毕竟这四种行为给社会造成了不同程度的伤害。至于攻打别的国家，尸横遍野，血流成河，这种发动战争侵略别国、荼毒生灵的行为才是真正的大不义。这样，文章就把批判的矛头直指不义战争，从而揭示出不义战争才是造成百姓流离失所、横尸荒野的罪魁祸首。

在表现手法方面，文章层层铺垫，对照鲜明。文章先说情节极其轻微的窃人桃李，次说情节不太严重的鸡鸣狗盗，又说情节较为严重的取人牛马，再说情节相当严重的杀人越货，情节是越来越严重，不义的程度也越来越深。这些行为的确应当受到不同程度的惩罚。但是上述四种行为的伤害即使再严重，也比不上“伏尸百万，流血漂橹”的侵人之国行为的伤害严重。按照常理，侵人之国应当是罪大恶极，其罪行应该是罄竹难书的，但却赢得一片颂扬之声，何等可憎！何等可恨！鲜明的对比使得文章的主旨更加突出。

《非攻》思想内容极为深刻，反映了当时民众的呼声，艺术手法效果突出，使得文章摇曳多姿。正因为如此，文章才历千年而不衰，让人常读常新，屡受教益。

【复习思考题】

1. 理解《非攻》的思想观点。
2. 谈谈本文比喻说理的特点。

相关拓展性阅读材料推荐：

1.《墨子研究》，曹胜强，中国社会科学出版社，2008.
2.《墨子校释》，王焕镳，浙江文艺出版社，1984.
3.《墨子思想研究》，胡子宗，李权兴等，人民出版社，2007.
4.《墨子词汇研究》，孙卓彩，刘书玉，中国社会科学出版社，2008.
5.《中国墨学通史（上下）》，郑杰文，人民出版社，2006.
6. 中国国学网-墨家思想 http://www.confucianism.com.cn/html/zhexue/8022051.html

郑伯克段于鄢[①]

《左　传》

《左传》是《春秋左氏传》的简称，原名《左氏春秋》，汉人也称《春秋古文》、《左氏传》。它是我国早期的一部编年体历史著作，同时也是具有文学价值的散文名著。相传为春秋末鲁国史官左丘明撰写。全书的体例和思想大体与《春秋》一脉相承。其编年记事起于鲁隐公元年(前722)，止于鲁悼公4年(前464)，系统而具体地记载了春秋列国的政治、军事、外交、文化、风俗等方面的重大事件，较真实地反映了这一时期的社会现实。其文学成就突出表现在叙事和写人上。语言上，简练丰润，含蓄畅达，曲折尽情，极富表现力，尤其是外交辞令，许多是脍炙人口的名篇。

本文以朴素生动的笔墨描述了春秋初期郑庄公与他的母亲、弟弟为争夺统治权而骨肉相害的历史事实，揭示了历史上世袭制社会统治阶级内部权力斗争的尖锐、残酷及统治者精神道德的虚伪性。文章首先简要地介绍郑庄公与姜氏、共叔段之间的关系，交代母子争斗、兄弟不和的缘起，构成悬念，接着围绕这两对矛盾展开叙述。全文文笔简洁，情节生动，详略有致，张弛有度，结构完整。文中塑造了郑庄公、武姜、共叔段、祭仲、公子吕、颍考叔等一系列个性鲜明的人物形象。

另外，从记叙文角度看，本文选材精当，裁剪繁简适宜，重点写矛盾的起因、结局，略写战争经过。叙事冷静，作者的态度藏而不露，语言简括而蕴含深意。

初，郑武公娶于申，曰武姜[②]。生庄公及共叔段[③]。庄公寤生，惊姜氏[④]，故名曰寤生，遂恶之[⑤]。爱共叔段，欲立之，亟请于武公[⑥]，公弗许[⑦]。

及庄公即位，为之请制[⑧]。公曰："制，岩邑也[⑨]，虢叔死焉[⑩]，他邑唯命[⑪]"。请京[⑫]，使居之，谓之"京城大叔[⑬]"。

祭仲曰[⑭]："都城过百雉，国之害也[⑮]。先王之制，大都不过参国之一；中，五之一[⑯]；小，九之一。今京不度[⑰]，非制也，君将不堪。"公曰："姜氏欲之，焉辟害[⑱]？"对曰："姜氏何厌之有[⑲]？不如早为之所[⑳]，无使滋蔓[㉑]。蔓，难图也。蔓草犹不可除，况君之宠弟乎？"公曰："多行不义，必自毙[㉒]，子姑待之[㉓]。"

既而大叔命西鄙、北鄙贰于己[㉔]。公子吕[㉕]曰："国不堪贰[㉖]，君将若之何？欲与大叔，臣请事之；若弗与，则请除之，无生民心。"公曰："无庸[㉗]，将自及[㉘]。"

大叔又收贰以为己邑，至于廪延[㉙]。子封曰："可矣，厚将得众[㉚]。"公曰："不义不暱[㉛]，厚将崩[㉜]。"

大叔完聚[㉝]，缮甲兵，具卒乘[㉞]，将袭郑。夫人将启之[㉟]。公闻其期[㊱]，曰："可矣。"命子封帅车二百乘以伐京[㊲]。京叛大叔段，段入于鄢，公伐诸鄢[㊳]。五月辛丑[㊴]，大叔出奔共。

遂置姜氏于城颍[㊵]，而誓之[㊶]曰："不及黄泉[㊷]，无相见也！"既而悔之。颍考叔为颍谷封人[㊸]，闻之，有献于公[㊹]。公赐之食。食舍肉[㊺]。公问之，对曰："小人有母，皆尝小人之食矣，未尝君之羹，请以遗之[㊻]。"公曰："尔有母遗，繄我独无[㊼]！"颍考叔曰："敢问[㊽]何谓也？"公语之故，且告之悔。对曰："君何患[㊾]焉！若阙地及泉[㊿]，隧而相见[51]，其谁曰不然？"公从之。公入而赋[52]："大隧之中，其乐也融融[53]！"姜出而赋："大隧之外，其乐也泄泄[54]！"遂为母子如初。

君子曰[55]："颍考叔，纯孝也，爱其母，施及庄公[56]。诗曰：'孝子不匮，永锡尔类[57]。其是之谓乎？"

【注释】

①本文选自《左传·隐公元年》。郑伯：郑庄公，郑国当时是伯爵之国，所以称它的国君为郑伯。段：即其弟共叔段。鄢(yān)：郑邑名，在今河南鄢陵。"郑伯克段于鄢"本来是《春秋》里的一句话，意思是郑庄公在鄢这个地方打败了共叔段。此事发生在鲁隐公元年(前722)。

②初：当初。郑武公：庄公之父，姓姬，名掘突，"武"是其死后的谥号。申：国名，姜姓，在今河南省南阳县。武姜：郑武公从申国娶的妻子姜氏。姜是其母亲之姓，武为其夫号。

③共(gōng)叔段：本名段。古人按伯、仲、叔、季排行，段在兄弟中依次称叔段。他失败后出奔共国(在现在河南省辉县)，故称共叔段。

④寤(wù)生：出生时脚先出，即难产。寤：通"牾"，逆，倒着。惊：使……惊。

⑤恶(wù)：厌恶。

⑥亟(qì)：屡次，多次。

⑦弗：不。许：答应。

⑧制：地名，即虎牢，在今河南荥(xíng)阳汜(sì)水西。

⑨岩邑(yán yì)：险要的城镇。

⑩虢(guó)叔：东虢国的国君。他曾仗恃据有险要的地势，不修德政，后为郑武公所灭，死在制这个地方，制就成为郑地。

⑪唯命：就是唯命是听。

⑫京：地名。郑邑：在今河南荥阳东南。

⑬大(tài)：同"太"。

⑭祭(zhài)仲：郑国大夫。

⑮都：城邑。过：超过。雉(zhì)：计算城墙长度的单位，长三丈、高一丈为一雉。

⑯参：同"三"。参国之一：指国都的三分之一。全句意谓：按照先王的制度，当时侯伯一级的国都只能方五里，径三百雉。它下面所属的城市，最大不能超过国都的三分之一，即一百雉。中，五之一：即中等城市，不超过国都的五分之一。小，九之一：即小城市，不超过国都的九分之一。

⑰不度：不合制度。

⑱焉：怎么。辟：同"避"。

⑲厌：同"餍"，满足。何厌之有：是"有何厌"的倒装。

⑳为：作动词用，安排。之：代词，指共叔段。

㉑滋蔓：滋生、蔓延。

㉒毙：跌倒。引申为灭亡。

㉓子：先生，古时对男子的尊称。姑：暂且。

㉔鄙：边邑。贰：两属。指西鄙和北鄙原本属于郑国国君的地方兼属于自己管辖。

㉕公子吕：郑国大夫，字子封。

㉖国不堪贰：一个国家不可能由两个君主来统治。不堪：受不了。

㉗庸:同“用”。
㉘将自及:将自及于祸。
㉙至:达到,这里是扩展的意思。廪(lǐn)延:地名,在今河南延津县北。
㉚厚:指占的土地多。众:百姓,这里指民心。
㉛不义不昵:指对国君不义,对兄长不亲。昵(nì):亲近。
㉜厚将崩:占的地越多,越是垮台得快。
㉝完:修葺(qì),指修治城郭。聚:指聚集百姓,储积粮食。
㉞缮(shàn):修理。具:准备。卒:步兵。乘(shèng):四匹马拉的战车。
㉟夫人:指武姜。启:开启城门,这里指做内应。
㊱期:指约定的时间。
㊲二百乘:二百辆战车。古代每辆战车配备七十二名步卒,三名甲士。
㊳诸:之乎的合音,同“之于”。之:指段。鄢:地名,今河南省鄢陵县。
㊴辛丑:鲁隐公元年五月二十三日。
㊵置:安置,这里有幽禁的意思。城颍:地名,今河南省临颍县西北。
㊶誓之:对着她(即姜氏)发誓。
㊷黄泉:地下深处的泉水,这里指墓穴。
㊸颍考叔:郑国大夫。颍谷:邑名,在今河南省登封县西南。封人:为管理疆界的官。
㊹有献:有所贡献,即贡献意见。
㊺舍肉:指把肉放在一旁。
㊻羹(gēng):有汁的肉。遗(wèi):赠与,送给。
㊼繄(yī):助词,用在句首。
㊽敢:表谦敬的副词,有“冒昧”的意思。
㊾何患:即“患何”,忧愁什么。
㊿阙:同“掘”,挖掘。
51隧:用作动词,挖隧道。
52赋:赋诗。
53融融:和乐的样子。
54泄泄(yì yì):舒畅的样子。
55君子曰:作者假托君子对事件进行议论的方式。
56施(yì):扩延,这里是启迪、影响的意思。
57“诗曰”二句:孝子的孝道是没有穷尽的,永远赐给与你同类的人。诗:即《诗经》,这里指《诗经·大雅·既醉》篇中的诗句。匮(kuì):穷尽。锡:同“赐”。尔类:与你同类的人。

【作品简析】

本文以兄弟、母子之间的矛盾为主线,完整地记叙了“郑伯克段于鄢”的全过程,反映了统治阶级内部权利斗争的残酷,通过人物的不同言行刻画了性格鲜明的人物形象。

本文分四大部分,第一部分(第一自然段):姜氏讨厌庄公偏爱共叔段并想立共叔段为太子,武公不答应,埋下母子不和、兄弟相残的祸根。第二部分(第二至第四自然段):共叔段被封于京,在姜氏的支持下,得寸进尺,扩大势力,企图篡夺王位,郑庄公则处心积虑、静待时机,清除此患。第三部分(第五自然段):兄弟之争终于发展到白热化程度。共叔段和姜氏,准备外攻内应,篡位夺权;庄公认为反击时机已到,一举打败共叔段。第四部分(最后两个自然段):庄公处置了姜氏,并发誓不再相见,但不久又后悔。后采纳颍考叔的建议,母子终于和好如初。

全篇通过记述郑庄公同共叔段、姜氏之间的兄弟之争和母子矛盾,反映了春秋时代封建王室内部的权力之争,说明母子、兄弟的血缘关系和孝悌之道,都是从属于这种政治斗争的。

在写作特点上,文章重点突出,详略得当,文字精练。对比烘托,人物性格鲜明。寓褒贬于冷静的叙述之中。

【复习思考题】

1. 本文在叙事上运用了什么技巧?
2. 本文是怎样刻画人物形象的? 主要人物郑庄公、共叔段、姜氏等各有哪些性格特征?
3. 本文通过郑庄公母子、兄弟矛盾斗争的叙写,反映了当时怎样的社会现实?

相关拓展性阅读材料推荐:

1.《春秋左传注》,杨伯峻,中华书局,1990.
2.《春秋左传诂》,(清)洪亮吉,中华书局,1987.
3.《春秋左传正义》,(晋)杜预注,(唐)孔颖达等正义,中华书局,1980.
4.《左传译注》,李梦生,上海古籍出版社,1998.
5.《左传纪事本末》,(清)高士奇,中华书局,1979.
6. 中国国学网—左传 http://www.confucianism.com.cn/detail.asp?id=23165

齐桓公求管仲[①]

《国 语》

《国语》是一部记述春秋时代历史的国别体史书。一般认为是先秦史家编纂各国史料而成。全书共21卷，分八个部分，以记述西周末年至春秋时期各国贵族言论为主。它的内容可以与《左传》相参证，所以有《春秋外传》之称。《国语》比较善于选择历史人物的一些精彩言论，来反映和说明某些社会问题；在叙事方面，亦时有缜密、生动之笔；所记朝聘、飨宴、辩诘、应对之辞，有些部分写得较精练、真切。

本篇行文委婉，有一定的说服力量。讲述鲍叔牙在齐桓公上台后，竭力推荐管仲执政的故事。根据史籍记载，管鲍二人在年轻时，一起做过买卖，一起打过仗。做买卖时，鲍叔牙总是让本钱少的管仲多得一份；打仗时，鲍叔牙总让管仲拉在后面，撤退时则让他跑在前头。别人都以为管仲贪生怕死，鲍叔牙为之争辩说："谁说管仲贪生怕死，他为的是老母亲多病，得留着性命去奉养母亲。管仲的勇敢是天下少有的。"管仲感叹说："生我的是父母，知我的是鲍叔牙！"这就是鲍叔牙推荐管仲的基础，也是后来传为美谈的友情典范：管鲍之交。

桓公自莒反于齐，使鲍叔为宰[②]，辞[③]曰："臣，君之庸[④]臣也，君加惠[⑤]于臣，使不冻馁[⑥]，则是君之赐也。若必治国家者，则非臣之所能也；若必治国家者，则其[⑦]管夷吾乎。臣之所不若夷吾者五：宽惠柔民[⑧]，弗若[⑨]也；治国家不失其柄[⑩]，弗若也；忠信可结于百姓，弗若也；制礼义可法于四方[⑪]，弗若也；执枹鼓[⑫]立于军门，使百姓皆加勇[⑬]焉，弗若也。"桓公曰："夫管夷吾射寡人中钩，是以滨于死[⑭]。"鲍叔对曰："夫为其君动也[⑮]；君若宥而反之[⑯]，夫犹是[⑰]也。"桓公曰："若何[⑱]？"鲍子对曰："请诸鲁[⑲]。"桓公曰："施伯[⑳]，鲁君之谋臣也，夫知吾将用之，必不予我矣，若之何[㉑]？"鲍子对曰："使人请诸鲁，曰：'寡君有不令之臣[㉒]在君之国，欲以戮之于群臣[㉓]，故请之。'则予我矣。"

桓公使请诸鲁，如鲍叔之言。庄公以问施伯，施伯对曰："此非欲戮之也，欲用其政[㉔]也。夫[㉕]管子，天下之才[㉖]也，所在之国则必得志于天下[㉗]，令彼在齐，则必长为鲁国忧[㉘]矣。"庄公曰："若何？"施伯对曰："杀而以其尸授之。"庄公将杀管仲，齐使者请曰："寡君欲亲以为戮[㉙]，若不生得以戮于群臣，犹未得请也[㉚]，请生之[㉛]。"于是庄公使束缚以予齐使[㉜]，齐使受之而退。

【注释】

①本文选自《国语·齐语》。齐桓公：名小白，前685—前643在位，春秋五霸之一。管仲：名夷吾，字仲，春秋时有名的政治家，辅助齐桓公成霸业。

②自莒(jǔ)反于齐：从莒回到齐国。这句话的背景是，齐襄公（桓公之兄）做国君时期，国内混乱，鲍叔辅佐小白逃到莒国（在现在山东省南部）。后来襄公被公孙无知杀了，公孙无知作了国君。不久公孙无知也被杀，小白和公子纠争作齐君。管仲辅佐公子纠，曾带兵截击小白，射中小白的带钩。小白逃回齐国，作了国君。使鲍叔为宰：让鲍叔做太宰。鲍叔：姓鲍，名叔牙。宰：太宰，相当于宰相。

③辞：谢绝。这里省去主语“鲍叔”。
④庸：平庸，无才能。
⑤加惠：给予恩惠。
⑥馁(něi)：饥饿。
⑦其：助词，表示测度的语气。
⑧宽惠柔民：宽大和善，感化人民。
⑨弗(fú)若：不如。
⑩柄：本，根本，指治国的准则。
⑪法于四方：为四方之法，全国都适用。
⑫枹(fú)鼓：战阵之间，击鼓以振作士气。枹：鼓槌。
⑬加勇：增加勇气。
⑭射寡人中钩，是以滨于死：射中我的衣带钩，因此（我）几乎死掉。钩：衣带上的钩。滨：同“濒”，迫近。
⑮夫为其君动也：他是为他的国君而行动。夫：彼。以下两个“夫”字同。君：指公子纠。
⑯宥(yòu)而反之：宽恕了他而使他回来。
⑰夫犹是：他也会像这样。是：代“为其君动”。
⑱若何：怎么办。
⑲请诸鲁：往鲁国去请求。诸：之于。
⑳施伯：鲁国大夫。
㉑若之何：同“若何”。之：代“鲁国不与”的情况。
㉒不令之臣：不好的臣子。令：善。
㉓戮之于群臣：在群臣面前杀了他。
㉔用其政：用他的执政能力，让他执政。
㉕夫：句首助词。
㉖天下之才：治理天下的才士。
㉗得志于天下：在整个天下都能如愿，称霸。
㉘长为鲁国忧：长期成为鲁国的忧患。
㉙欲亲以为戮：想亲眼看着杀掉他。
㉚犹未得请也：还是没有达到请求的目的呀。
㉛请生之：请使他活着，请求给活的。“生”是使动用法。
㉜束缚以予齐使：捆起（管仲）来交给齐国的使臣。

【作品简析】

本文的背景是：齐襄公夺取齐国君位后，既凶恶又荒唐，他的两个兄弟也被迫逃往别国避难。公元前686年，年长些的公子纠，逃到了鲁国，因为他母亲是鲁国人。年少些的公子小白，逃到了莒国，因为他母亲是莒国人。不久，齐国发生内乱，公孙无知杀了襄公，自立为君。

第二年春天，齐国的大臣又杀了公孙无知。齐国有一帮人派使者到鲁国迎接公子纠，另一帮人则派使者去莒国迎接公子小白。二位公子开始了对君位的争夺。鲁国出兵护送公子纠及其师傅管仲。管仲则领兵堵住公子小白去齐之路。小白和他的师傅鲍叔推说回齐办丧事去，管仲加以阻挡，并对准小白射了一箭。小白大叫一声，咬破舌头，口吐鲜血。其实是他急中生智，麻痹对方；箭只射中他的衣带钩。管仲以为小白已死，不慌不忙保护着公子纠回齐国去。而小白则抄小路，赶在公子纠之前回到齐国，被推为齐君，这就是齐桓公。后来，齐国威逼鲁国杀掉公子纠，交出管仲。本文所述故事就在上述背景之下展开。

本文按两个自然段分为两个部分。第一部分讲鲍叔牙推荐管仲的起因和理由。第二部分述鲍叔和桓公共同设巧计迎回管仲的过程。最后，管仲回到齐国，受到齐桓公热烈隆重的欢迎。“桓公厚礼以为大夫，任政”（《史记·齐太公世家》）。这里，不仅能看出齐桓公的豁达大度，也说明他求贤心切。齐桓公日后能成为春秋头号霸主，与他这些性格特征是分不开的。

【复习思考题】

1. 读后想一想：在鲍叔牙看来，他哪些方面不如管仲？
2. 既然施伯明知管仲“所在之国则必得志于天下”，庄公为什么还“使束缚以予齐使”？

相关拓展性阅读材料推荐：

1.《国语》，（三国吴）韦昭注，上海古籍出版社，1995.
2.《国语集解》，王树民，沈长云，中华书局，2002.
3.《国语译注》，邬国义等，上海古籍出版社，1996.
4.《国语直解》，来可泓，复旦大学出版社，2000.
5.《国语》，上海师范大学古籍整理研究所，上海古籍出版社，1988.
6. 中国国学网-国语 http://www.confucianism.com.cn/detail.asp?id=19448

晏子辞[①]千金

《晏子春秋》

晏子是春秋时期齐国继管仲之后的大政治家。他生活俭朴，忧国爱民，敢于主持正义，又善于辞令，在外交活动中不畏强暴，维护国家尊严，所以在当时名声很大。

这篇课文选自《晏子春秋·内篇杂下》，《晏子春秋》是春秋时代齐相晏婴言行轶事的汇编，作品通过一个个结构完整、描写生动的故事，塑造了一个贤良正直的忠臣形象。全书共八卷。课文《晏子辞千金》写晏子不受齐景公千金之赐，宁过俭朴生活，并从与管仲的对比中，突出了晏子的高尚品德。

晏子方食[②]，景公使使者至，分食食之[③]，使者不饱，晏子亦不饱。使者反[④]，言之公[⑤]。公曰："嘻[⑥]！晏子之家，若是其贫也[⑦]！寡人不知，是寡人之过也[⑧]。"使吏致[⑨]千金与市租[⑩]，请以奉宾客[⑪]。晏子辞。三致之，终再拜[⑫]而辞曰："婴之家不贫，以[⑬]君之赐，泽覆三族[⑭]，延及交游[⑮]，以振[⑯]百姓，君之赐也厚矣，婴之家不贫也。婴闻之[⑰]，夫厚取之君而施之民[⑱]，是臣代君君民也[⑲]，忠臣不为[⑳]也；厚取之君，而不施于民，是为筐箧之藏[㉑]也，仁人不为也；进[㉒]取于君，退得罪于士[㉓]，身死而财迁于它人[㉔]，是为宰藏[㉕]也，智者不为也。夫十总之布[㉖]，一豆之食[㉗]，足于中，免矣[㉘]。"

景公谓晏子曰："昔吾先君桓公以书社五百封管仲[㉙]，不辞而受，子辞之何也？"晏子曰："婴闻之，圣人千虑，必有一失，愚人千虑，必有一得[㉚]。意者管仲之失而婴之得者耶[㉛]？故再拜而不敢受命。"

【注释】

①辞：辞却，不受。

②方食：正在吃饭。

③景公使使者至：齐景公派使臣来到。景公：春秋时齐国国君。使使者：派使臣。分食食（sì）之：把食物分出来，给使者吃。

④反：同"返"。

⑤言之公：言之于公。把（晏子贫困的情况）告诉齐景公。

⑥嘻（xī）：叹词，表示惊叹。

⑦若是其贫也：其贫若是乎！他穷得像这样。

⑧是寡人之过也：这是我的过错。是：这。过：错误。

⑨致：送。

⑩市租：买卖货物的税款（指收税权）。

⑪请以奉宾客：请求让他用（千金与市租）供养宾客。奉：供养。

⑫再拜：拜两次。表示十分恭敬。

⑬以：由于。

⑭泽覆三族:恩泽遍及父族、母族、妻族。
⑮延及交游:延伸到朋友。交游:朋友。
⑯振:同“赈”,救济。
⑰婴闻之:我听说这样(引古语常常这样说)。
⑱夫厚取之君而施之民:从君主那里拿来厚赏散给百姓。夫:助词,引起下文。
⑲是臣代君君民也:这就是臣子代替君主统治人民。君民:为人民之君,统治人民。
⑳不为:不这样做。
㉑筐箧之藏:用筐箧收藏财物,指敛财。筐和箧都是竹器。
㉒进:向上。指在朝中。下文“退”指在朝外。
㉓得罪于士:取得君主赏赐不能与士人共享而得罪他们。
㉔财迁于它人:财物转为别人所有。
㉕为(wèi)宰藏:为家臣蓄积财物。
㉖十总之布:一种质地较粗的布。总:丝八十根。
㉗一豆之食:一样食物。豆:古代一种食器。
㉘足于中,免矣:意思是内心满足就可以免于忧患。
㉙昔吾先君桓公以书社五百封管仲:从前我们前代的君主桓公用五百里的土地人口授予管仲。书社:书写社的人名。社:古代二十五家为一里,里各立社。
㉚“圣人”四句:圣明者考虑多了,也会有失误。愚蠢的人多次考虑,也有可取之处。
㉛意者管仲之失而婴之得者耶:想来这是管仲的错,是我的对吧?意:推测。

【作品简析】

《晏子辞千金》侧面表现晏子的“德”。全篇以记言为主,在汩汩滔滔的思辨中折射出人物的心灵之光。全文可分为两部分。第一部分写晏子辞“千金”的原委。不但表现了晏子一尘不染、廉洁刚正的操行,而且从反面写出了其爱民如子、思贤若渴及为国为君竭忠尽智的高尚品质。第二部分写晏子面对齐景公的亲自劝说,不为所动,坚辞“千金”。此段以管仲为衬托,进一步突出晏子的俭朴美德。两相对照,晏子的美德令后世钦佩不已。

全文语言风格质朴而不尚藻饰,小处皆含大义,寻常道白,亦成格言警句,这是本文长于记言之处。《晏子辞千金》从不同的角度反映了晏子的思想性格,塑造了一个理想的贤臣形象。其叙事、记言之法,也于拙朴中杂有灵动的变化。这也可从一个侧面看出,《晏子春秋》作为“传记之祖”(《四库全书总目》评语)是当之无愧的。

【复习思考题】

1. 从晏子的言行表现来看,你认为晏子是一个什么样的人?
2. 晏子从哪些方面陈述了他辞千金的理由?

相关拓展性阅读材料推荐：

1.《晏子名言译评》，关立勋，华文出版社，2002.

2.《晏子春秋》，陈涛，中华书局，2007.

3.《晏子春秋译注》，卢守助，上海古籍出版社，2006.

4.《晏子春秋集解》，关则虞，中华书局，1982.

5. 中国国学网-晏子春秋 http://www.confucianism.com.cn/html/wenxue/451482.html

第二章　秦汉文学

秦汉文学简况

公元前221年，秦始皇统一中国，结束了诸侯纷争的局面，建立起历史上第一个强大的、中央集权的封建专制王朝。中国的文学也随之进入一个新的阶段。秦代和两汉文学，由于秦代历时短促，文学成就不高，因而主要是两汉文学的成就。从文学样式看，秦汉文学主要在辞赋、史传文、政论文和乐府诗歌等四个方面取得较高成就，在文学史上有较为深远的作用和影响。

秦代文学自秦始皇二十六年(前221)建立了大一统中央集权国家，至嬴子婴为刘邦所灭，仅历时15年。秦王朝历时甚短而轻视文化，流传下来的文学作品屈指可数，大致只有一部《吕氏春秋》和李斯的一篇《谏逐客书》。《吕氏春秋》由吕不韦门客集体撰写，完成于公元前239年。这部著作体系完整，广泛吸收诸子百家的观点，客观上反映了战国末年即将实现国家统一的历史形势，具有一定的时代意义。秦代唯一有作品流传的文人是李斯，他的《谏逐客书》铺陈排比，纵横议论，逻辑性强，富有文采，对后世的辞赋有一定的积极影响。另外记载秦始皇巡游封禅的刻石铭文在形式上模仿雅颂，为四言韵文，三句一韵，质实雄壮，是今存最古的碑文，对后世的碑志铭文有一定影响。

两汉王朝总共四百余年，是中国历史上的昌盛时期。汉初的文学成就，主要表现在政论文和辞赋的发展上。汉初政论文作者以贾谊、晁错最为著名。他们的代表作分别为《过秦论》、《论贵粟疏》，文中注意总结秦王朝由弱转强、政权得而复失的经验教训，对如何巩固汉王朝的统治，完善中央集权的政治制度，表达了自己的政治见解。

东汉政论散文继承了西汉的传统，以王符《潜夫论》、崔寔《政论》、仲长统的《昌言》最为著名，它们反映了东汉中叶以后的各种社会矛盾和激烈的政治斗争。王充的《论衡》批判了当时"华而不实，伪而不真"的文风，提出了一系列文学主张，具有时代意义。

赋是汉代文学最具代表性的样式，它的发展大致经历了三个阶段：一是由楚地民歌演变而来的骚体赋，二是由诸子问答体和游士说辞演变而来的散体大赋，三是东汉末年的抒情小赋。汉初的辞赋，多是骚体赋，如贾谊贬谪长沙时写有《吊屈原赋》和《鹏鸟赋》。枚乘是文景时期的重要作家，他的《七发》写法和格局都可以说是汉代新体赋——汉散体大赋形成的第一篇作品，在汉赋发展史上占有重要地位。汉武帝时期，辞赋创作进入繁荣期，《汉书·艺文志》著录西汉的赋，不算杂赋在内，有900余篇，而武帝时的赋就有四百余篇。司马相如是新体大赋创作成就最高的代表作家。他的《子虚赋》、《上林赋》，以宏大的结构、绚烂的文采和夸张铺陈的手法，描写了汉天子上林苑的壮丽和天子田猎的盛大，表现出汉赋作为宫廷文学的特质。西汉末年新体赋的主要作家是扬雄，所作《甘泉赋》、《羽猎赋》、《长杨赋》、《河东赋》等颇富讽刺意义。

东汉以班固《两都赋》、张衡《二京赋》为开始的京都大赋，由宫苑而都城，在题材开拓上是一个进步。张衡的《归田赋》以清丽的语言、情景交融的手法，表现了作者归隐田园的恬静心绪。桓灵以后，一些愤世嫉俗的士人如赵壹，他的《刺世嫉邪赋》等，是揭露现实、抨击社会黑暗的短赋。

汉武帝时代，经过六七十年的休养生息，经济得到一定的恢复和发展，西汉封建王朝进入了全盛时期，西汉的文学也步入一个繁荣时期。代表这个时期最高成就的是司马迁的《史记》。《史记》是我国第一部纪传体通史，不仅创立了纪传体史书的新样式，也开辟了传记文学的新纪元。全书由十二本纪、十表、八书、三十世家、七十列传组成，叙述上自黄帝，下至汉武帝太初年间 3 000 年的政治、经济、文化等多方面的历史发展，是对我国古代历史的伟大总结。《史记》叙事写人均围绕“究天人之际，通古今之变，成一家之言”的宗旨，司马迁力求透过现象去挖掘本质，在对历史事件和人物生平的描述中，蕴涵着他对历史规律和人物命运的深刻思考。《史记》体例严谨，脉络分明，最具文学价值的是人物传记。它塑造了一系列丰富生动的人物形象。鲁迅先生誉之为“史家之绝唱，无韵之离骚”。《史记》不但是我国纪传体文学的奠基之作，同时也是我国传记文学的典范，更是古代散文的楷模。其叙事写人的技艺，也为后世小说的创作积累了宝贵经验。在《史记》的影响下，东汉产生了不少历史著作，班固的《汉书》是东汉史传文学的杰出代表。两汉班马并称，说明《汉书》同《史记》一样对后世的史学和文学都产生了巨大的影响。

两汉文学的繁荣除表现在政论散文、史传文学、辞赋上之外，还主要表现在乐府诗歌上。汉高祖时设立了音乐机构——乐府，汉武帝把乐府规模和职能加以扩大，大规模搜集各地的民间歌谣，以丰富朝廷乐章。乐府机关的设立和扩大，使各地民歌有了记录、集中和提高的条件，这在中国文学史上有着划时代的意义，它对中国古代诗歌的发展有着深远的影响。

宋人郭茂倩总集汉至唐乐府诗而成《乐府诗集》，分 12 大类，现存汉乐府民歌 40 余篇，多为东汉时期作品，如《诗经》的民间歌谣一样，两汉乐府诗也是“饥者歌其食，劳者歌其事”，深刻反映了当时的社会现实与人民生活，是继《诗经》之后，古代民歌的又一次大汇集，不同于《诗经》的浪漫主义手法，它开创了诗歌的现实主义新风。汉乐府民歌中女性题材作品占重要位置，《陌上桑》和《孔雀东南飞》是汉乐府民歌的代表作品，《孔雀东南飞》是我国古代最长的叙事诗，它与《木兰诗》合称“乐府双璧”。

先秦诗歌多四言，到了汉代，创作四言诗的仍不乏其人，但已不再占主导地位，在五言乐府民歌和民谣影响下，一种新型诗歌体式——五言诗，逐渐兴起于民间并受到了文人阶层的高度关注，一般认为，以班固《咏史诗》为最早。除了一些有姓名可考的文人五言诗外，汉代还有很多无名氏的五言诗，今存无名氏《古诗十九首》是东汉文人五言诗的最高成就。诗歌主要反映了没落时期剥削阶级的思想情绪，是汉末黑暗动乱社会中一般下层文士毫无出路的痛苦呻吟，反映了尖锐的阶级矛盾。诗歌在创作中以“比兴”手法，既保持了乐府民歌朴素自然、平易流畅的特色，又借鉴了《楚辞》长于抒情的艺术手法，在朴素自然中求工整，在平易流畅中见清丽，“深衷浅貌，短语长情”，极大地提高了诗歌的表现力和抒情性，这对以后魏晋五言诗的发展和近体诗的形成都产生了巨大影响。

相关拓展性阅读材料推荐：

1.《秦汉史》，吕思勉，上海古籍出版社，1983.

2.《中国文学发展史》（上），刘大杰，中华书局上海编辑所，1963.

3.《先秦两汉史研究》，吴荣曾，中华书局，1995.

4.《秦汉问题研究》，张传玺，北京大学出版社，1985.

5.《秦汉史》，翦伯赞，北京大学出版社，1983.

6.《先秦两汉史论丛》，韩连琪，齐鲁书社，1986.

7.《秦汉魏晋史探微》，田余庆，中华书局，1993.

8. 中国百科网 http://www.chinabaike.com/article/1/78/80/2007/2007022258978.html

谏逐客书[①]

李 斯

李斯(? —前208),战国时期楚国上蔡(今河南上蔡)人,秦著名政治家。青年时为郡中小吏,后与韩非子一起向荀子学"帝王之术"。学成后到秦国游说,为吕不韦舍人,后得到秦王嬴政赏识,拜为客卿。秦统一后,官至丞相,为巩固新兴的中央集权制作出了重要贡献。秦始皇死后,赵高矫诏谋杀太子而立胡亥,李斯被迫胁从。后赵高欲专朝政,诬陷李斯谋反,秦二世二年七月(前208),李斯被腰斩于咸阳,夷灭三族。

鲁迅说:"秦之文章,李斯一人而已。"(《汉文学史纲要》)他的文章继承了战国纵横家文章纵横捭阖的余风,论事周详,说理透彻,气势充沛,文采斐然,开汉赋铺陈藻饰之先风,具有很强的感染力。

李斯的文章留下的不多,代表作主要有《谏逐客书》、《论统一书》、《自罪书》,大都收入《史记·李斯列传》。另外还有一些奏议和碑刻铭文。如《泰山刻石》、《碣石刻石》等刻石文,大都称颂秦始皇统一天下之功绩,对后世的碑志铭文影响极大。

臣闻吏议逐客,窃以为过矣[②]!

昔缪公求士[③],西取由余于戎,东得百里奚于宛[④],迎蹇叔于宋[⑤],来丕豹、公孙支于晋[⑥]。此五子者,不产于秦,而缪公用之,并国二十,遂霸西戎。孝公用商鞅之法[⑦],移风易俗,民以殷盛,国以富强,百姓乐用[⑧],诸侯亲服[⑨],获楚、魏之师,举地千里,至今治强[⑩]。惠王用张仪之计[⑪],拔三川之地[⑫],西并巴、蜀[⑬],北收上郡[⑭],南取汉中[⑮],包九夷[⑯],制鄢、郢[⑰],东据成皋之险[⑱],割膏腴之壤,遂散六国之从[⑲],使之西面事秦,功施到今[⑳]。昭王得范雎[㉑],废穰侯[㉒],逐华阳,强公室,杜私门[㉓],蚕食诸侯,使秦成帝业。此四君者,皆以客之功。由此观之,客何负于秦哉?向使四君却客而不内[㉔],疏士而不用,是使国无富利之实而秦无强大之名也。

今陛下致昆山之玉[㉕],有随、和之宝[㉖],垂明月之珠[㉗],服太阿之剑[㉘],乘纤离之马[㉙],建翠凤之旗[㉚],树灵鼍之鼓[㉛]。此数宝者,秦不生一焉,而陛下说之,何也?必秦国之所生然后可,则是夜光之璧不饰朝廷[㉜],犀、象之器不为玩好[㉝],郑、卫之女不充后宫[㉞],而骏良駃騠不实外厩[㉟],江南金锡不为用,西蜀丹青不为采[㊱]。所以饰后宫、充下陈、娱心意、说耳目者[㊲],必出于秦然后可,则是宛珠之簪,傅玑之珥,阿缟之衣,锦绣之饰,不进于前,而随俗雅化、佳冶窈窕赵女不立于侧也[㊳]。夫击瓮叩缶,弹筝搏髀,而歌呼呜呜快耳者,真秦之声也[㊴];《郑》、《卫》、《桑间》、《昭虞》、《武象》者[㊵],异国之乐也。今弃击瓮叩缶而就《郑》、《卫》,退弹筝而取《昭虞》,若是者何也?快意当前,适观而已矣[㊶]。今取人则不然。不问可否,不论曲直[㊷],非秦者去,为客者逐。然则是所重者,在乎色、乐、珠、玉,而所轻者,在乎人民也[㊸]。此非所以跨海内、制诸侯之术也。

臣闻地广者粟多,国大者人众,兵强则士勇[㊹]。是以泰山不让土壤,故能成其大;河海不择细流,故能就其深;王者不却众庶,故能明其德。是以地无四方[㊺],民无异国[㊻],四时充美[㊼],鬼神降福,此五帝三王之所以无敌也[㊽]。今乃弃黔首以资敌国[㊾],却宾客以业诸侯[㊿],使天下之士退而不敢西向,裹足不入秦[51],此所谓"藉寇兵而赍盗粮"者也[52]。

夫物不产于秦，可宝者多；士不产于秦，而愿忠者众。今逐客以资敌国，损民以益仇[33]，内自虚而外树怨于诸侯，求国无危，不可得也。

【注释】

①本文选自《史记·李斯列传》，是李斯的一个奏章，写于秦王嬴政十年(前237)。韩国利用秦国广招人才之际，派水利专家郑国到秦国，劝秦王修筑一条水渠，目的在于使秦国消耗财力，不能对韩国用兵。但是秦国很快发现了韩国的企图，于是秦国宗室大臣纷纷建议秦王逐客。斯也在被逐之列，就在勒令出境的途中，他给秦王写了这个奏章，力陈逐客之过，劝说秦王收回成命。秦王最终采纳了李斯的建议，取消驱逐令，并任他为廷尉(最高司法官)。谏：劝君王、尊长者采纳自己意见或改正错误的用语。客：客卿，指来自其他诸侯国家又在秦国做官的人。书：古代臣子向君主陈述意见的一种文体。

②窃以为过矣：私下认为这是错误的。窃：私下。过：错误。

③缪公：即秦穆公(前659—前621在位)，春秋五霸之一。缪：通“穆”。

④由余：春秋时晋国人，后流亡到戎，为戎王效力，秦穆公用计离间由余、戎王，使由余归降了秦国。后秦采纳由余计策征伐西戎，消灭十二戎国，开地千里，秦穆公遂为西方霸主。戎：我国古代对西部少数民族的统称。百里奚：楚国宛(今河南南阳)人，曾任虞国大夫，晋灭虞后，百里奚被晋国俘虏，并作为晋献公女儿的陪嫁奴送到秦国，后逃回楚国，又被楚边防军俘虏。秦穆公知道他有才干，就以五张黑羊皮将其赎回，授以国政，相秦七年。

⑤蹇(jiǎn)叔：岐(陕西境内)人，寓居宋国，是百里奚的好友，受百里奚推荐，穆公重金聘其为大夫。

⑥来：招徕。丕豹：晋大夫丕郑之子，晋惠公杀了丕郑，丕豹逃到秦国，秦穆公让他率军攻晋，陷八城，生俘晋惠公。公孙支：岐人，寓居晋，穆公收为谋臣。

⑦孝公：秦孝公(前361—前338在位)，他用商鞅为相，使秦强盛。商鞅：战国时卫国人，姓公孙，名鞅。因他的封地在商，故名商鞅。他任秦相十年，先后两次变法。

⑧百姓乐用：老百姓乐于为国家效力。

⑨诸侯亲服：各诸侯国亲近并服从(秦国)。

⑩“获楚”句：俘获了楚魏两国的军队，国土面积扩大了上千里，秦国至今安定强大。秦孝公二十二年，商鞅先后率秦军打败魏军和楚军，魏被迫割河西之地给秦国。举：攻占。治：安定。获：俘获。

⑪惠王：秦惠王(前337—前311在位)，秦孝公之子，秦国从他开始称为王。张仪：魏国人，秦惠王时为相，著名纵横家，他用连横之术破坏六国合纵之策，以便让秦国各个击破，逐一削弱六国的实力，从而称霸天下。

⑫拔：攻取。三川之地：原属韩地，在今河南、灵宝一带。惠文王时，张仪请求出兵三川，当时并未实现，拔三川当是秦武王时的事。三川：指黄河、伊水、洛水。

⑬巴、蜀：当时的两个小国，巴在今天的四川东部巴县一带，蜀在四川西部成都一带。秦惠文王二十二年，遣司马错将兵灭之，置巴郡、蜀郡。

⑭上郡：魏地，在今陕西北部和宁夏、内蒙古一带。惠文王十年，魏国战败，以上郡十五县献秦求和。

⑮汉中：原属楚，在今陕西西南部。惠文王二十六年，秦大败楚军于丹阳，斩首八万，接着攻汉

中，取地六百里，置汉中郡。

⑯包：包围，引申为收复、吞并。九夷：指当时楚国境内少数民族居住的地区。九：泛指多数，非确指。

⑰制：控制、掌握。鄢(yān)：楚地名，在今湖北宜城东南。郢(yǐng)：楚国国都，在今湖北江陵一带。

⑱成皋(gāo)：又名虎牢，在今河南荥阳汜水镇，古代军事要地。

⑲遂散六国之从：于是瓦解了(东方)六国的合纵联盟。从：通“纵”，即合纵，战国时期与连横相对的一种统一策略。六国：韩、魏、楚、燕、赵、齐。

⑳功施(yì)至今：功业延续到现在。施：延续。

㉑昭王：秦昭襄王(前306—前251在位)，惠王之子。范睢(jū)：魏国人，受魏相迫害，逃到秦国，后成为秦昭襄王的国相。他提出远交近攻的策略，使秦国蚕食诸侯，不断扩张。

㉒穰(rǎng)侯：即魏冉，昭王母亲宣太后的异父兄弟，封于穰(今河南邓县)，故称穰侯，为秦相国。阳：即华阳君，宣太后的同父弟，封于华阳，故称华阳君，同穰侯一同在朝专权三十多年。昭王听从了范睢的劝告，将穰侯、华阳逐出关外。

㉓强官室，杜私门：使君主王室的权利得到加强，抑制了贵族豪门的势力。杜：杜绝、抑制。

㉔“向使”句：假如当初这四位国君拒不接受这些来自其他诸侯国的人才。向使：当初、假如。内：通“纳”。

㉕致昆山之玉：得到了昆仑山上的美玉。昆山：昆仑山，古代传说昆仑山北的和田产美玉。致：获得。

㉖随、和之宝：隋侯珠、和氏璧。随：同“隋”。隋：周初小国，在今湖北境内。传说隋侯用药治疗一条受伤的大蛇，此蛇后来于夜间衔着一颗宝珠来报恩，故称“隋侯珠”。和：卞和，春秋时楚国人，于荆山下得一璞玉，将此玉献给楚厉王，厉王认为是石头，砍掉了卞和的左足。楚武王即位，卞和再献其璞，仍被认为是石头，又被砍掉了右足。及至楚文王即位，卞和又献其玉，文王果然琢得美玉。世称“和氏璧”。

㉗垂明月之珠：悬挂着明月般的夜明珠。一说明月珠即隋侯珠。垂：悬挂。

㉘服太阿之剑：佩戴着太阿宝剑。太阿(ē)之剑：宝剑名，相传为春秋时吴国名匠干将所铸。服：佩戴。

㉙纤离：古骏马名。

㉚建翠凤之旗：立着用翠鸟羽毛编织成凤形而装饰成的旗子。建：树立。

㉛树灵鼍(tuó)之鼓：架着用灵鼍皮蒙的大鼓。灵鼍：鳄鱼类动物。用这种皮蒙的鼓，声音特别洪亮。

㉜“必秦”句：一定要秦国出产的才可以用，那么夜间发光的美玉就不会装饰在秦国的朝廷之上。夜光之璧：夜间能发光的美玉。

㉝犀、象之器不为玩好：犀牛角和象牙雕刻的东西就不会成为(你喜欢)把玩欣赏的东西。完好：供玩赏用的东西。

㉞郑、卫之女不充后宫：赵、卫两国美女就不会挤满(秦国的)后宫。郑、卫两地的美女以善歌舞出名。

㉟駃騠(jué tí)：骏马名。厩(jiù)：马棚。

㊱丹青：两种颜料。

㊲所以饰后宫、充下陈、娱心意、说耳目者：凡用来装点后宫、站满堂下、让人心情愉快、耳目快活的东西。所以：用来。下陈：堂下，指站在堂下侍奉君主的姬妾等。说：同“悦”。

㊳“则是”句：那么这些宛地珍珠装饰的簪子，镶着珍珠的耳环，东阿丝绸做的衣服，五彩刺绣做的饰品，就不会进献到您的面前。宛珠：宛地产的珠子。傅：同“附”，附着。玑：不圆的珠子。珥：耳饰。阿缟：山东东阿产的白色丝绸。锦绣：织锦和刺绣。随俗雅化：顺应时尚、时髦漂亮的打扮。雅：美好。佳冶窈窕：容貌艳丽，体态美好。

㊴“夫击瓮”句：那敲着瓦罐瓦盆，弹着秦筝，拍着大腿，呜呜地唱着叫着，让人听了非常痛快的，是地道的秦国音乐。夫：发语词。瓮（wèng）、缶（fǒu）：都是陶器，秦人用其兼作打击乐器。筝：秦地的一种弦乐器。搏髀（bì）：拍大腿。

㊵《郑》、《卫》：指郑、卫两地的乐曲。《桑间》：卫国濮水之滨的音乐。《昭虞》：相传是虞舜时的乐曲。《武象》：周武王时的音乐。

㊶快意当前，适观而已矣：不过是贪图一时听着舒服，看着适意而已。适观：适合观赏。

㊷曲直：邪正。

㊸“然则”句：这样看来，您所重视的是美人、音乐、珍珠和美玉，而对人却非常轻视。

㊹兵强则士勇：兵器精良，士兵就会勇敢。

㊺是以：因此。地无四方：土地不分四方。

㊻民无异国：人民不分国界。

㊼四时充美：一年四季都充实美满。

㊽五帝：指黄帝、颛顼、帝喾、尧、舜。三王：指夏禹、商汤、周文王。

㊾黔首：指百姓。黔：黑。资：资助。

㊿却宾客以业诸侯：拒绝人才而让他们去成就其他诸侯的事业。业：使……成就事业。

(51)裹足：停住脚步。

(52)“此所谓”句：这就是通常所说的拿武器借给强盗，拿粮食资助贼寇的行为啊。藉：借。赍（jī）：赠送。

(53)损民以益仇：减少自己的人力而增加仇敌的力量。益：增加。

【作品简析】

《谏逐客书》是一篇脍炙人口的名文。文章从秦国统一天下的高度立论，正反对比、利害对举，写得理足辞胜，雄辩滔滔，千百年来一直被人们所传诵。

全文由五段组成，第一段开门见山地提出文章的中心论点：“臣闻吏议逐客，窃以为过矣”。显得非常鲜明有力。明明是秦王下了逐客令。却把逐客的过错归之于“吏”，说明作者措词委婉，十分注意讽谏策略。第二段是以历史事实说明客卿为秦国做出了重大贡献，为论证逐客的错误提供依据。第三段作者笔锋一转，设下了比喻，立足成就统一大业之高度，说明重物轻人，驱逐客卿非统一天下之术。第四段论述驱逐客卿利敌损秦。作者运用古今对比，敌我对举，提出两种作法，两种后果。以此说明逐客对敌有利，对秦国统一大业不利，论证鞭辟入里，雄辩有力。最后一段收束全文，进一步说明逐客关乎秦之安危。并总结了前三段，与文章开头提出的总论点“窃以为过矣”相呼应，具有首尾相连，前后贯通之妙。

这篇文章在论证秦国驱逐客卿的错误和危害时没有在逐客这个具体问题上就事论事，也没有涉及自己个人的进退出处，而是站在“跨海内、制诸侯”完成统一天下大业的高度，来分析阐明逐客的利害得失，这反映了李斯的卓越见识，体现了他顺应历史潮流的进步政治主张和用人路线。文章所表现的不分区域、任人唯贤的思想，在今天也有一定的借鉴意义。作为一篇谏书，本文除观点明确外，还具有援古证今，正反对比；既摆事实，又重铺叙；措辞婉转，语锋犀利；结构严谨，句式多变；词采缤纷，气势充沛等特点，极大地增强了文章的说服力。正如明人谢榛所说："李斯上奏皇帝书，文中之诗也。"(《四溟诗话》)《谏逐客书》开散文辞赋化风气之先河，对汉代散文和辞赋产生了一定的影响。

【复习思考题】

1. 本文是怎样援古论今，采用正反对比的论证方法来阐述观点的？
2. 试分析本文的语言艺术特色。
3. 李斯为什么要对秦王所喜好的珍宝、美色、音乐等进行铺张描写？
4. 阅读本篇，试析对于国家、民族、地区之间建立一种海纳百川的科学人才观，有何历史启示意义？

相关拓展性阅读材料推荐：

1.《史记》，(宋)司马迁，中州古籍出版社，1991.
2.《秦相李斯》，钱宁，上海文艺出版社，2000.
3.《李斯》，冯惠民，中华书局，1981.
4.《商鞅·李斯》，孙明若，中华书局，1964.
5. 雅虎口碑论坛 http://bbs.koubei.com/thread_109_2407_1.html
6. 中国国学网—李斯的散文 http://www.confucianism.com.cn/html/wenxue/1594297.html
7. CCTV.com-[百家讲坛]李斯 http://tvguide.cctv.com/20070306/103550.shtml
8. 中国百科网 http://www.chinabaike.com/article/1/78/80/2007/2007022258978.html

七　发[1]

枚　乘

枚乘(？—约前140)，字叔，淮阴(今江苏清江市西南)人，西汉著名辞赋家。初为吴王刘濞郎中，吴王企图谋反，枚乘上书谏劝，吴王不听，于是枚乘投奔梁孝王刘武。景帝时，吴王参预六国谋反，枚乘又上书劝阻，吴王仍然拒绝了他的劝告，最后兵败身死。枚乘也因此而知名。"七国之乱"平定后，景帝拜他为弘农都尉，他不愿做郡吏，称病离职，仍旧到梁国，为梁王的文学侍从。据《汉书·艺文志》载，枚乘有赋9篇，今仅存3篇(《七发》见于萧统《文选》、《柳赋》见于《西京杂记》、《梁王菟园赋》见于《古文苑》)，他的文笔流畅犀利，思想超凡，《七发》最为著名，是汉大赋形成的标志，也是确立枚乘在中国古代文学发展史地位的作品。

客曰[2]："将以八月之望，与诸侯远方交游兄弟[3]，并往观涛乎广陵之曲江[4]。至则未见涛之形也，徒观水力之所到[5]，则恤然足以骇矣[6]。观其所驾轶者[7]，所擢拔者[8]，所扬汩者[9]，所温汾者，所涤汔者[10]，虽有心略辞给，固未能缕形其所由然也[11]。怳兮忽兮，聊兮慄兮，混汩汩兮[12]；忽兮慌兮，俶兮傥兮，浩瀇瀁兮，慌旷旷兮[13]。秉意乎南山，通望乎东海[14]；虹洞兮苍天，极虑乎崖涘[15]；流揽无穷，归神日母[16]。汩乘流而下降兮[17]，或不知其所止。或纷纭其流折兮，忽缪往而不来[18]。临朱汜而远逝兮，中虚烦而益怠[19]。莫离散而发曙兮，内存心而自持[20]。于是澡概胸中，洒练五藏，澹澉手足，颒濯发齿[21]；揄弃恬怠，输写淟浊，分决狐疑，发皇耳目[22]。当是之时，虽有淹病滞疾，犹将伸伛起躄[23]，发瞽披聋而观望之也[24]；况直眇小烦懑[25]，酲醲病酒之徒哉[26]！故曰：发蒙解惑，不足以言也[27]。"太子曰："善。然则涛何气哉[28]？"

客曰："不记也[29]。然闻于师曰，似神而非者三[30]：疾雷闻百里；江水逆流，海水上潮；山出内云，日夜不止。衍溢漂疾[31]，波涌而涛起。其始起也，洪淋淋焉[32]，若白鹭之下翔[33]。其少进也，浩浩溰溰[34]，如素车白马帷盖之张[35]。其波涌而云乱，扰扰焉如三军之腾装[36]。其旁作而奔起也[37]，飘飘焉如轻车之勒兵[38]。六驾蛟龙[39]，附从太白[40]；纯驰浩蜺[41]，前后骆驿[42]；颙颙卬卬[43]，椐椐强强[44]，莘莘将将[45]；壁垒重坚[46]，沓杂似军行[47]。訇隐匈礚[48]，轧盘涌裔[49]，原不可当[50]。观其两傍，则滂渤怫郁[51]，闇漠感突[52]，上击下律[53]，有似勇壮之卒，突怒而无畏；蹈壁冲津[54]，穷曲随隈[55]，逾岸出追[56]；遇者死，当者坏。初发乎或围之津涯[57]，荄轸谷分[58]。回翔青篾[59]，衔枚檀桓[60]。弭节伍子之山[61]，通厉骨母之场[62]。凌赤岸[63]，篲扶桑[64]，横奔似雷行。诚奋厥武[65]，如振如怒[66]。沌沌浑浑[67]，状如奔马。混混庉庉[68]，声如雷鼓。发怒庢沓[69]，清升逾跇[70]，侯波奋振[71]，合战于藉藉之口[72]。鸟不及飞，鱼不及回，兽不及走。纷纷翼翼[73]，波涌云乱。荡取南山，背击北岸，覆亏丘陵，平夷西畔[74]。险险戏戏[75]，崩坏陂池[76]，决胜乃罢[77]。瀄汩潺湲[78]，披扬流洒[79]，横暴之极。鱼鳖失势[80]，颠倒偃侧[81]，沋沋湲湲[82]，蒲伏连延[83]。神物怪疑，不可胜言，直使人踣焉[84]，洄闇凄怆焉[85]。此天下怪异诡观也[86]，太子能强起观之乎？"太子曰："仆病，未能也[87]。"

客曰："将为太子奏方术之士有资略者[88]，若庄周、魏牟、杨朱、墨翟、便蜎、詹何之伦[89]，使之论天下之精微[90]，理万物之是非。孔、老览观[91]，孟子持筹而算之[92]，万不失一。此亦天下要言妙道也，太子岂欲闻之乎？"于是太子据几而起曰[93]："涣乎若一听圣人辩士之言[94]。"涊然汗出，霍然病已[55]。

【注释】

①七发：从七件事予以启发。

②客：吴客，与下文的"（楚）太子"都是作者杜撰的人物。

③望：阴历每月十五日。交游：朋友。

④广陵：今江苏扬州。曲江：指长江。

⑤徒：只，仅。

⑥恤然：惊恐的样子。

⑦驾轶：此指超越。

⑧擢（zhuó）拔：此指高耸。擢：拔起。

⑨扬汩（gǔ）：激急的样子。

⑩温汾：水回旋、结聚的样子。涤汔（qì）：冲刷。以上五句都是写江涛的动态。

⑪心略：心智，才略。辞给：有口才、辩才。缕：细致，详细。所由然：指形成江水上述动态的原因。江涛如此变化多端，纵使是有心计辩才的人也不能细致地把它的种种形态描述出来。

⑫怳（huǎng）兮忽兮：即怳忽，同"恍惚"，形容江涛浩渺，模糊朦胧的样子。聊兮慄兮：惊恐而战慄的样子。混：波涛相聚。汩汩：波浪声。

⑬忽兮慌兮：同"恍惚"。俶（tì）兮傥兮：同"倜傥"，特异的样子。俶："倜"的借字。瀇瀁（wǎng yǎng）：水势浩大的样子。慌：义同"恍惚"。旷旷：无边无际的样子。

⑭秉意：集中注意力。秉：执。南山：江涛发源的地方。以下四句均写观涛者神态的变化和目光的动向。通望：一直望到。东海：指江涛流向的地方。

⑮虹洞：天水相连，混然一片的样子。极虑：极尽思虑。此指极目远望。涯涘（sì）：水边。

⑯流揽：同"浏览"。归神：集中精神。日母：太阳。是说观涛者观赏奇景无有穷尽，然后心神又随浪潮东流而注意到日出之处。

⑰汩（gǔ）：迅疾。乘流而下降：指潮头随水流奔向下游。

⑱纷纭流折：纷乱曲折地奔流。缪（liǎo）：绞结，缠结。往而不来：指水流回旋向上游而不返回。以上两句是说，有许多浪头纷乱曲折地奔流，忽然纠缠错杂一起流去而不回返。

⑲朱汜：南方水涯。一说地名。"中虚"句：是说观涛者见浪潮远逝，心中感到空虚烦躁而更加倦怠。

⑳莫（mù）离散：晚潮退去。莫：此同"暮"。发曙：早潮到来。"内存"句：是说观潮人对江涛的印象长久保持在心中。以上两句意思是说，观涛之后，精神被惊涛骇浪所摄，凝结不散，直到天明，才心安神定而能自持。

㉑澡概：洗涤。概：通"溉"。洒（xǐ）练：洗濯。五藏：即五脏。澹澉（dàn gǎn）：洗涤。颒（huì）濯：洗濯。

㉒揄（shù）弃：丢弃。恬怠：懒散。输写（xiè）：排除，泻出。写：同"泻"。淟（tiǎn）浊：污浊。分决：分辨是非，决定取舍。狐疑：犹豫不定。发皇：因受启发而清明。皇：明。从"于是澡概胸中"至本句全都是写观涛者经目眩神夺到心神安定阶段后，从内心到外表都经过一番洗涤，精神振奋，耳目清明。

㉓淹病：久病。伸伛（yǔ）起躄（bì）：使驼背者挺直，跛脚人站立。伛：驼背。躄：跛脚。

㉔发瞽(gǔ)披聋：使盲人睁眼看见东西，聋子听到声音。瞽：目盲。披：开。以上两句是说虽然久病残疾的人，也将挺背起立，开张耳目来观看浪潮。

㉕直：只是。眇小：小。

㉖酲(chéng)醲(nóng)：醉酒。酲：酒后神志不清。醲：味厚的酒。以上两句写何况患一些烦躁、病酒等小病的人，更会振作起来前往观看了。

㉗"发蒙"二句：(观涛可使)头脑清醒解除迷惑，这是不用再说的了。蒙：不明。

㉘何气：是什么样的一种气象呢？

㉙不记：指不见于记载。

㉚"似神"句：似是由于神力，而实际上不是的。三：三件。

㉛出内(nà)：犹吞吐，山上日夜吞吐云气。内：同"纳"。衍溢：平满的样子。漂疾：水流迅速的样子。

㉜洪淋淋：形容浪头掀起在半空后像山洪下泻的样子。淋淋：从高处泻下的样子。

㉝鹭：一种水鸟。

㉞浩浩：水深广的样子。皑(ái)皑：洁白的样子。

㉟帷：指车的帷幔。盖：车盖。张：开张。

㊱扰扰焉：纷乱的样子。腾装：奔腾前进，装备完整。

㊲旁作：指浪头从旁掀起。奔起：指浪头向上涌起。

㊳轻车之勒兵：将军在轻便战车上指挥军队。勒：约束。

㊴六驾蛟龙：六条蛟龙驾车。

㊵附从：跟随。太白：河神，河伯。

㊶纯驰：专一驰骋。浩蜺(ní)：高大的样子。浩：同"皓"，洁白。这里写江涛高大。

㊷骆驿：同"络绎"，不绝的样子。

㊸颙(yōng)颙卬(áng)卬：浪涛高起的样子。

㊹椐(jū)椐强强：波浪连绵相随的样子。

㊺莘莘将(qiāng)将：波涛激荡的样子。

㊻重(chóng)坚：波涛如军营壁垒一样，重叠而坚固。

㊼沓(tà)杂：众多杂乱的样子。行(háng)：行列。

㊽訇(hōng)、隐、匈、磕(gài)：均描摹浪涛的巨大声响。

㊾轧(yà)盘：广大的样子。涌裔：波涛流动的样子。形容波涛奔腾，气势浩大。

㊿原：本。这句说，江涛势盛，不可抵挡。

51 滂渤：形容气势勃发盛大。怫(fú)郁：此形容怒涛激荡。

52 闇(àn)漠：昏暗不明的样子。感(hàn)突：冲撞激荡的样子。感：通"撼"。

53 上击下律：上下冲击。律：当作"硉(lù)"，从高处滚石而下，形容涛的下坠。

54 蹈壁：指波涛拍打高岸。津：渡口。

55 穷：极尽。曲、隈：江湾曲折处。这里写浪涛遍及江流曲折处。

56 追(duī)：通"堆"，丘。

57 或围：地名。津涯：渡口边。

58 荄(gāi)轸(zhěn)：形容巨浪遇到山陇而回转。荄：通"陔"，山陇。轸：转。谷分：形容分流的波涛像川谷一样裂开。

⑲回翔：形容浪潮回流如鸟飞翔。青篾：古地名。
⑳衔枚：形容此时江流寂静。枚：形如筷，古代行军时令士卒衔于口中，以免喧哗。檀桓：古地名。
㉑弭节：缓行。伍子之山：因纪念伍子胥而得名的山。
㉒通厉：远行。厉：通"历"。骨母：当为"胥母"，山名。
㉓凌：上。赤岸：古地名。
㉔彗：扫。扶桑：神话中太阳升起的地方。以上两句形容江涛势大。
㉕诚：确实。奋：振作，发扬。厥：其。武：威武。言江涛确实奋发了它的威武。
㉖振：通"震"，威。本句写江涛如示威，如发怒。
㉗沌沌浑浑：波涛相随的样子。
㉘混混庉(tún)庉：波涛声。
㉙庢(zhì)沓：受阻而涌起。庢：通"窒"，阻碍。沓：水沸涌。
㉚清升：水清而涨起。逾跇(yì)：(后浪)超越(前浪)。跇：超越。
㉛侯波：等于说大波。侯：阳侯，波涛之神。
㉜合战：会战。藉藉：地名。
㉝纷纷翼翼：交错的样子。
㉞背击：回击。覆：倾覆，颠覆。亏：损。平夷：荡平。夷：平。畔：岸。
㉟险险戏戏：倾危的样子。
㊱陂池(pí tuó)：同"陂陀"，倾斜不平的样子，此指江边斜坡。
㊲罢(pí)：同"疲"。
㊳澥汩(jié gǔ)：水流激荡的样子。潺湲(yuán)：水流徐缓的样子。
㊴披扬：指波涛飞扬。流洒：指水花四溅。
㊵失势：失去常态。
㊶偃：仰倒。
㊷沋(yóu)沋湲湲：鱼鳖颠倒的样子。
㊸蒲伏：即"匍匐"，伏地爬行。连延：连续不断。
㊹踣(bó)：跌倒。
㊺洄闇：昏聩不明的样子。以上四句写浪涛惊骇之状不能尽述，简直使人昏头昏脑。
㊻诡(guǐ)观：奇观。
㊼本段写客以观涛之乐启发太子，太子称善，但仍不能接受。
㊽奏：进，引荐。方术：道术。资略：才智和谋略。
㊾庄周、魏牟、杨朱、墨翟、便蜎、詹何：皆为春秋战国时的才智之士。伦：类。
㊿精微：精深微妙的道理。
91理：分析。孔、老：指孔子和老子。览观：审定。
92筹：古代算数的筹码。
93据：倚着。几：几案。
94涣：流散，引申为领悟。
95涊(niǎn)然：汗出的样子。霍然：忽然，迅速，这里形容很快。

【作品简析】

《七发》虚构楚太子生病，吴客探问的经过。吴客认为太子的病因是过于安乐淫逸，于是叙说音乐、饮食、车马、游览、田猎、观涛、论道七事，予以启发，使太子"据几而起"，出了一身大汗，"霍然病已"。这里节选的观涛一段，描写最为精彩，宋玉《高唐赋》也有对于山洪暴发场面生动逼真的描写，二者的描写对象相似，而且都铺陈得非常充分。然而，枚乘成功地突破了宋玉所采用的客观的描写手法，而把潮水写成一支声势显赫的军阵。他从形貌、动态、气势、声威各方面加以比较，多角度展现潮水与军阵之间近乎神似的相通之处。枚乘对潮水的描写发挥出丰富的想象力，人的主观精神贯注于自然，使自然的再现闪耀着人的生命的光辉，因而有一种激动人心的力量。

《七发》结构宏大，辞藻华丽，讲究文采、韵律，以叙事写物为主，多用比喻和叠字，对江涛在不同阶段、不同位置上的情形、气象描绘得极为细致生动，其中以夸张的笔墨把汹涌的江涛刻画得尤其惊心动魄。说江涛初起时的一片细浪像大群白鹭纷纷降落，说后来的滔天巨浪像无数张着帷幔的素车白马在狂奔，描写铺张恰当而精彩。

《七发》在对先秦文学借鉴、继承的过程中又有很大的创造性，表现出有异于先秦时期的审美情趣和艺术取向，昭示出新的文学时代的到来，是一篇完整的新体赋，标志着汉赋体制的正式确立。自此，以七段成篇的赋成为一种专门文体，号称"七体"，各朝作家时有摹拟。

【复习思考题】

1. 发挥想象，把本段节选改写成一篇即景抒情的美文。
2. 查找资料，阅读《七发》全文，仔细体味汉新体大赋的特点。

相关拓展性阅读材料推荐：

1.《汉魏六朝赋选注》，裴晋南，上海古籍出版社，1983.
2.《汉魏六朝赋选》，瞿蜕园，上海古籍出版社，1964.
3.《全汉赋》，费振刚，北京大学出版社，1993.
4.《江苏历代文学家》，李绍成，江苏古籍出版社，1992.
5.《汉赋研究》，龚克昌，山东文艺出版社，1984.
6.《汉魏六朝赋精华注译评》，吴云，长春出版社，2008.
7.《名家赏文坊　汉魏六朝文》，程千帆，王达津，王运熙，上海辞书出版社，2004.
8. 中国国学网-从贾谊赋到枚乘《七发》http://www.confucianism.com.cn/html/wenxue/1594609.html

论衡[1]

王充

王充(27—97?),字仲任,会稽上虞(今浙江上虞县)人。出身于孤门细族,曾受业太学,师事班彪,博通众流百家而不守章句;生性恬淡,“得官不欣,失位不恨。处逸乐而欲不放,居贫苦而志不倦”(《论衡·自纪》)。他平生只做过几任小官,游必择友,不好苟交。后辞官归家。后来肃宗颁发诏书,任命王充担任公车徵,并派公车前去迎请王充。然而王充无意于仕途,借口多病推辞了任命。王充因病去世后,葬于上虞县西南的乌石山上。

王充因涉世落魄并有感于“俗儒守文,多失其真”,乃闭门潜思,户牖墙壁各置刀笔,著《论衡》85 篇,“释物类同异,正时俗嫌疑”。王充一生的主要著作除了《论衡》,还包括《讥俗节义》、《政务》和《养性》。但得以流传至今的仅有《论衡》一书。《论衡》一书,分为 30 卷,85 篇(除《招致》一篇外,其余 84 篇都保存了下来)。全书共计 20 余万字。

王充的文章富于创新性,在汉代散文中独树一帜,长于辩析、鞭辟入里是王充散文的基本特点。王充好论说,始若诡异,终有理实。刘熙载认为:“王充《论衡》独抒己见,思力绝人,虽时有激而近僻者,然不掩其卓诣。”(《艺概·文概》)

天地合气[2],万物自生,犹夫妇合气,子自生矣。万物之生,含血之类,知饥知寒。见五谷可食,取而食之;见丝麻可衣,取而衣之。或说以为天生五谷以食人[3],生丝麻以衣人;此谓天为人作农夫桑女之徒也,不合自然[4],故其义未可从也。试依道家论之。

天者,普施气万物之中,谷愈饥而丝麻救寒[5],故人食谷衣丝麻也。夫天之不故生五谷丝麻以衣食人,由其有灾变不欲以谴告人也[6]。物自生,而人衣食之;气自变而人畏惧之。以若说论之,厌于人心矣[7]。如天瑞为故[8],自然焉在?无为何居?

何以知天之自然也?以天无口目也。案有为者[9],口目之类也。口欲食而目欲视,有嗜欲于内,发之于外[10],口目求之,得以为利欲之为也[11]。今无口目之欲,于物无所求索,夫何为乎?何以知天无口目也?以地知之。地以土为体,土本无口目。天地,夫妇也,地体无口目,亦知天无口目也。使天体乎?宜与地同[12]。使天气乎,气若云烟。云烟之属,安得口目?

【注释】

①《论衡》一书为东汉王充(27—97 年)所作,大约作于汉章帝元和三年(86 年)。《论衡》分为 30 卷,85 篇(除《招致》一篇外,其余 84 篇都保存了下来)。全书共计 20 余万字。“衡”字本义是天平,《论衡》就是评定当时言论价值的天平。它的目的是“冀悟迷惑之心,使知虚实之分”(《论衡·对作》篇)。

②天地合气:天地之气互相交合。

③天生五谷以食人:天有意识地生长五谷给人吃。

④天为人作农夫桑女:天为人类充当种五谷的农民和养蚕织布的女人。自然:自然而生。

⑤普施气:普遍地散布气。愈:治。愈饥:充饥。

⑥不故：无意识地。谴告：谴责警告。
⑦若：此。厌：满足，符合。厌于人心：合乎人心。
⑧天瑞：自然界的祥瑞现象。为故：有意识而为。
⑨案：考察。有为：有意识地作。
⑩有嗜欲于内：在内心有欲望。发：发现。
⑪得以为利欲之为：表现为追求利欲的行为。
⑫使天体乎：假若天是实体。宜：应该。

【作品简析】

《论衡》是中国历史上一部古典唯物论的不朽之作，在中国哲学史上具有划时代的意义。

王充哲学思想的核心是元气自然论。《论衡·自然篇》反映了王充重要的朴素唯物主义自然观，王充在《自然篇》中开篇说道："天地合气，万物自生，犹如夫妻合气，子自生矣。"在这里，王充阐述了关于"元气"的基本观点。认为元气是天地万物的由来，元气和天地万物有密不可分的关系，犹如父母和子女的关系一样，有了元气，万物自然而然便产生，万物都是由"气"形成的。《自然篇》是天人关系说所依据的理论，表述了王充的自然主义天道观。王充运用朴素唯物主义的自然观点，有力抨击了董仲舒及其著述中所鼓吹的唯心主义观点。王充的思想及观点，虽然没有彻底摆脱天人感应的神秘主义思想影响，但的确有了很高的反神学觉悟，具备了唯物主义的斗争精神。

《论衡》一书在当时被视为"诡异"禁止流行，埋没近百年，王充也被认为是离经叛道的异端，始终做小官，结果"裁节嗜欲"，老死家园。直到灵帝时，《论衡》才由蔡邕带至洛阳，但蔡邕仍不敢公开献之世人，而密藏于书库。

《论衡》一书，以唯物主义的自然观，批判了当时盛行的谶纬迷信思想和天地万物由神主宰的谬论，书写了两汉哲学史上朴素唯物主义的篇章。

本文节选自《论衡·自然篇》开篇部分，由三个自然段组成，开篇第一自然段以类比的论证方式提出"元气"的基本观点。他继承前人的"气"为天地万物之源的思想，认为天地因气而成，从而有万物。不仅如此，人也是因气而生；第二段联系实际提出"天者，普施气万物之中，谷愈饥而丝麻救寒，故人食谷、衣丝麻也。"……进一步阐述天地与万物、人与万物的自然关系；第三段联系实际类比论证"何以知天之自然也？"，进一步阐述"自然观"，深化主题，首尾呼应。本文采用了科学的理论论据和事实论据，进行类比论证，并对自然现象进行了合理的分析，做出了符合科学的解释。

《论衡》作为一部"疾虚妄"之书，全书每篇内容到形式一贯都是别具一格的：一是广泛深刻的批判性。东汉一代，整个学术文化界充斥着愚妄与迷信。王充出自"细族孤门"，仕途坎坷，因此形成了自觉的批判意识，一生志在纠正世俗的虚妄。《论衡》现存的84篇，内容涉及文化与学术、历史与现实、哲学与政治等诸多方面，体现了王充的反叛精神和他的"疾虚妄"宗旨。二是注重为文的实用性。王充的"疾虚妄"，在其文学批评上也得以体现，这主要反映在《艺增》、《超奇》、《佚文》、《对作》、《自纪》等篇中。概括而言，在文学批评上，王充主张为文要实用，反对浮夸因袭。三是紧扣事理的论辩性。《论衡》一书具有很强的论辩性，是一部实论型散文。王充在批驳各种"虚妄"之说时，重在用事实说话，旁征博引历史与现实中的事例进行条分缕析。或同类相证，或巧设比喻，或依生活经验，或据逻辑推理，多方求证，于质朴无华中显出雄辩的气度。

王充在《论衡》中愤世嫉俗，欲为持平之论，订真伪，辨虚妄，辞锋犀利。对于有人批评他文章不“纯美”，他辩说“大简必有大好，良工必有不巧”（《论衡·自纪》），这番辩解可以表现出他作文重实际功用而轻文华的趋向；对于有人批评他文章“稽合于古，不类前人”，他则谓“文必有与合然后称善，是则代匠斫而不伤手，然后称工巧也”（《论衡·自纪》），由此可见他为文的创新精神。

【复习思考题】

1. 结合这段文字思考、总结王充的自然观。
2. 结合王充所处的时代背景，讨论《论衡》的唯物主义思想具有怎样的进步意义。
3. 课外阅读《论衡》，并结合本文体会、总结王充《论衡》的基本内容和语言风格。

相关拓展性阅读材料推荐：

1.《桓谭　王充评传》，钟肇鹏，周桂钿，南京大学出版社，1993.
2.《王充的文学理论》，蒋祖怡，上海古籍出版社，1980.
3.《王充文学思想研究》，王慧玉，岳麓书社，2007.
4.《王充新八论续编 》，邓红，中国社会科学出版社，2007.
5.《王充及其文学思想》，王治理，齐鲁书社，2007.
6.《论衡之人　王充传》，徐斌，浙江人民出版社，2005.
7. 中华五千年-中国儒学-王充 http://www.zh5000.com/ZHJD/zgrx/2006/rxrw/zgrx-0087.htm
8. 华夏经纬-王充 http://www.huaxia.com/wh/mjmp/00096206.html

李将军列传

司马迁

司马迁(约前145—约前87),字子长,夏阳(今陕西省韩城)人。西汉史学家、文学家和思想家。司马迁10岁到长安学"古文",20岁后多次漫游各地,考察民风,搜集史料。父逝后继任太史令,几年后遵父遗志写作《史记》。汉武帝二年,因李陵事件受"腐刑"之辱。忍辱含垢,发愤著书,于公元前92年前后完成《史记》的创作,不久去世。

《史记》是我国第一部纪传体通史,开创了中国史书的一大范式,影响深远。全书记述了从黄帝到汉武帝太初年间约3 000年的历史,共130篇,包括"本纪"、"世家"、"列传"、"表"、"书"五部分,具有很高的史学价值。在文学方面,司马迁善于选取典型情节精心布局,以浓厚的抒情色彩刻画历史人物,语言通俗、简洁、明朗,富有个性色彩,具有很强的艺术感染力,是后世散文、小说等创作的光辉典范。

匈奴是我国历史上一个游牧民族,主要活动于北方的草原和沙漠地区。秦汉之际,匈奴族逐渐强大起来,四面用兵,统一长城以北的广大地区,强极一时。西汉王朝自立国以来,一直受到匈奴的侵犯。汉武帝时,由于采取一系列的集权措施,国力空前强大。发动大小战争近50年,终于击败匈奴,扫除了边境威胁。在抗击匈奴的战争中,曾涌现出一批著名的军事将领,如卫青、霍去病等,李广当然也在其中。李广的一生基本上与抗击匈奴的战争相始终,他身经大小七十余战,出入沙场,战功卓著,其威名远播,使匈奴闻而丧胆。司马迁之所以为他作传,首先看到的就是他在抗击匈奴战争中的巨大贡献。

李将军广者,陇西[①]成纪人也。其先曰李信,秦时为将,逐得燕太子丹者也[②]。故槐里[③],徙成纪。广家世世受[④]射。孝文帝十四年,匈奴大入萧关,而广以良家子从军击胡,用善骑射,杀首虏多,为汉中郎[⑤]。广从弟李蔡亦为中郎,皆为武骑常侍,秩八百石[⑥]。尝从行,有所冲陷折关,及格猛兽[⑦],而文帝曰:"惜乎,子不遇时!如令子当高帝时,万户侯岂足道哉!"及孝景初立,广为陇西都尉,徙为骑郎将[⑧]。吴楚军时,广为骁骑都尉,从太尉亚夫击吴楚军,取旗,显功名昌邑下[⑨]。以梁王[⑩]授广将军印,还,赏不行。徙为上谷太守[⑪],匈奴日以合战。典属国公孙昆邪为上泣曰[⑫]:"李广才气,天下无双,自负其能,数与虏敌战,恐亡之[⑬]。"于是,乃徙为上郡太守。后广转为边郡太守,徙上郡[⑭]。尝为陇西、北地、雁门、代郡、云中太守,皆以力战为名。

匈奴大入上郡,天子使中贵人从广勒习兵击匈奴[⑮]。中贵人将骑数十纵[⑯],见匈奴三人,与战。三人还射[⑰],伤中贵人,杀其骑且尽。中贵人走广[⑱]。广曰:"是必射雕者也[⑲]。"广乃遂从百骑往驰三人[⑳]。三人亡马步行,行数十里。广令其骑张左右翼,而广身自[㉑]射彼三人者,杀其二人,生得一人,果匈奴射雕者也。已缚之上马,望匈奴有数千骑,见广,以为诱骑,皆惊,上山陈[㉒]。广之百骑皆大恐,欲驰还走。广曰:"吾去大军数十里,今如此以百骑走,匈奴追射我立尽。今我留,匈奴必以我为大军诱之[㉓],必不敢击我。"广令诸骑曰:"前!"前未到匈奴陈二里所[㉔],止,令曰:"皆下马解鞍!"其骑曰:"虏多且近,即有急[㉕],奈何?"广曰:"彼虏以我为走,今皆解鞍以示不走,用坚其意[㉖]。"于是胡骑遂不敢击。有白马将出护其兵,李广上马与十余骑奔射杀胡白马将，而复还至其骑中，解鞍，令士皆纵马卧[27]。是时会暮，胡兵终怪之，不敢击。夜半时，胡兵亦以为汉有伏军于旁，欲夜取之[28]，胡皆引兵而去。平旦，李广乃归其大军。大军不知广所之，故弗从[29]。

居久之，孝景崩，武帝[30]立，左右以为广名将也，于是广以上郡太守为未央卫尉[31]，而程不识亦为长乐卫尉。程不识故与李广俱以边太守将军屯[32]。及出击胡，而广行无部伍行阵，就善水草屯，舍止，人人自便，不击刁斗以自卫，莫府省约文书籍事，然亦远斥候[33]，未尝遇害。程不识正部曲行伍营陈[34]，击刁斗，士吏治军簿至明[35]，军不得休息，然亦未尝遇害。不识曰："李广军极简易，然虏卒犯之，无以禁也，而其士卒亦佚乐[36]，咸乐为之死[37]。我军虽烦扰，然虏亦不得犯我。"是时汉边郡李广、程不识皆为名将，然匈奴畏李广之略，士卒亦多乐从李广而苦程不识。程不识孝景时以数直谏为太中大夫[38]。为人廉，谨于文法[39]。

后，汉以马邑[40]城诱单于，使大军伏马邑旁谷，而广为骁骑将军，领属护军将军[41]。是时单于觉之[42]，去，汉军皆无功。其后四岁，广以卫尉为将军，出雁门击匈奴。匈奴兵多，破败广军，生得广。单于素闻广贤，令曰："得李广必生致之。"胡骑得广，广时伤病，置广两马间，络而盛卧广[43]。行十余里，广佯死，睨[44]其旁有一胡儿骑善马，广暂腾[45]而上胡儿马，因推堕儿，取其弓，鞭马南驰数十里，复得其余军，因引而入塞。匈奴捕者骑数百追之，广行取[46]胡儿弓，射杀追骑，以故得脱。于是至汉，汉下广吏[47]。吏当广所失亡多，为虏所生得，当斩，赎为庶人[48]。

顷之，家居数岁。广家与故颍阴侯孙屏野居蓝田南山中射猎[49]。尝夜从一骑出，从人田间饮[50]。还至霸陵亭[51]，霸陵尉醉，呵止广。广骑曰："故李将军。"尉曰："今将军尚不得夜行，何乃故也！"止广宿亭下。居无何，匈奴入，杀辽西太守，败韩将军，后韩将军徙右北平[52]。于是天子乃召拜广为右北平太守。广即请霸陵尉与俱，至军而斩之。广居右北平，匈奴闻之，号曰"汉之飞将军"，避之数岁，不敢入右北平。

广出猎，见草中石，以为虎而射之，中石没镞[53]，视之，石也。因复更射之，终不能复入石矣。广所居郡闻有虎，尝自射之。及居右北平，射虎，虎腾伤广，广亦竟射杀之。

广廉，得赏赐辄分其麾下，饮食与士共之。终广之身，为二千石四十余年[54]，家无余财，终不言家产事。广为人长，猿臂[55]，其善射亦天性也。虽其子孙他人学者，莫能及广。广讷口少言，与人居则画地为军陈，射阔狭以饮[56]。专以射为戏，竟死。广之将兵，乏绝之处[57]，见水，士卒不尽饮，广不近水；士卒不尽食，广不尝食。宽缓不苛，士以此爱乐为用[58]。其射，见敌急，非在数十步之内，度不中不发，发即应弦而倒[59]。用此，其将兵数困辱，其射猛兽亦为所伤云[60]。

居顷之，石建卒[61]，于是上召广代建为郎中令。元朔六年，广复为后将军，从大将军军出定襄，击匈奴。诸将多中首虏率[62]，以功为侯者，而广军无功。

后二岁，广以郎中令将四千骑出右北平，博望侯张骞将万骑与广俱，异道行[63]。可数百里，匈奴左贤王将四万骑围广，广军士皆恐，广乃使其子敢往驰之[64]。敢独与数十骑驰，直贯胡骑，出其左右而还[65]。告广曰："胡虏易与耳[66]。"军士乃安。广为圜陈外乡[67]，胡急击之，矢下如雨。汉兵死者过半，汉矢且尽。广乃令士持满毋发，而广身自以大黄射其裨将，杀数人，胡虏益解[68]。会日暮，吏士皆无人色，而广意气自如，益治军[69]。军中自是服其勇也。明日，复力战，而博望侯军亦至，匈奴军乃解去。汉军罢，弗能追。是时广军几没，罢归[70]。汉法，博望侯留迟后期，当死，赎为庶人。广军功自如[71]，无赏。

初，广之从弟李蔡与广俱事孝文帝。景帝时，蔡积功劳至二千石。孝武帝时，至代相[72]。以元朔五年为轻车将军，从大将军击右贤王，有功，中率，封为乐安侯[73]。元狩二年中，代公孙弘为丞相[74]。蔡为人在下中，名声出广下甚远，然广不得爵邑，官不过九卿，而蔡为列侯，位至三公[75]。诸广之军吏及士卒或取封侯。广尝与望气王朔燕语[76]，曰："自汉击匈奴，而广未尝不在其中，而诸部校尉以下，才能不及中人，然以击胡军功取侯者数十人，而广不为后人[77]，然无尺寸之功以得封邑者，何也？岂吾相不当侯邪？且固命也[78]？"朔曰："将军自念，岂尝有所恨乎[79]？"广曰："吾尝为陇西守，羌尝反[80]，吾诱而降，降者八百余人，吾诈而同日杀之。至今大恨独此耳。"朔曰："祸莫大于杀已降，此乃将军所以不得侯者也。"

后二岁，大将军、骠骑将军大出击匈奴，广数自请行[81]。天子以为老，弗许；良久乃许之，以为前将军。是岁，元狩四年也。

广既从大将军青击匈奴，既出塞，青捕虏知单于所居，乃自以精兵走之，而令广并于右将军军[82]，出东道。东道少回远，而大军行，水草少，其势不屯行[83]。广自请曰："臣部为前将军，今大将军乃徙令臣出东道；且臣结发而与匈奴战，今乃一得当单于，臣愿居前，先死单于[84]。"大将军青亦阴受上诫，以为李广老，数奇，毋令当单于，恐不得所欲[85]。而是时公孙敖新失侯，为中将军，从大将军，大将军亦欲使敖与俱当单于，故徙前将军广[86]。广时知之，固自辞于大将军[87]。大将军不听，令长史封书与广之幕府，曰："急诣部，如书。"[88]广不谢大将军而起行，意甚愠怒而就部，引兵与右将军食其合军出东道。军亡导，或失道，后大将军[89]。大将军与单于接战，单于遁走，弗能得而还。南绝幕[90]，遇前将军、右将军。广已见大将军，还入军。大将军使长史持糒醪遗广，因问广，食其失道状，青欲上书报天子军曲折。广未对，大将军使长史急责广之幕府对簿[91]。广曰："诸校尉无罪，乃我自失道。吾今自上簿。"至幕府，广谓其麾下曰："广结发与匈奴大小七十余战，今幸从大将军出接单于兵，而大将军又徙广部，行回远，而又迷失道，岂非天哉！且广年六十余矣，终不能复对刀笔之吏[92]。"遂引刀自刭[93]。广军士大夫一军皆哭。百姓闻之，知与不知，无老壮皆为垂涕。而右将军独下吏，当死，赎为庶人。

……

太史公曰：《传》曰"其身正，不令而行；其身不正，虽令不从。"[94]其李将军之谓也！余睹李将军，悛悛如鄙人，口不能道辞[95]。及死之日，天下知与不知，皆为尽哀。彼其忠实心诚信于士大夫也[96]。谚曰"桃李不言，下自成蹊"，此言虽小，可以谕大也[97]。

【注释】

①陇西：汉郡名，在今甘肃省东部。成纪：汉县名，在今甘肃省秦安县北，汉初属陇西郡。

②先：祖先。逐得燕太子丹者：就是追获燕太子的那个人。战国时燕太子丹派荆轲去刺秦王，不中。秦发兵击燕，秦将李信追太子丹，燕王斩太子丹头献给李信。逐得：追获。

③故槐里：原籍是槐里。槐里：汉县名，今陕西省兴平东南。

④受：通"授"，传授，学习。

⑤孝文帝：汉高祖之子刘恒，在位二十三年。匈奴：当时北方少数民族。大入：大举侵入。萧关：在今宁夏固原县东南，为关中通向西北边地的交通要道。良家子：家世清白的子弟。汉制，医、巫、商贾、百工都不能列入良家。用：因为，由于。杀首虏多：斩杀敌人首级和虏获多。中郎：近侍之官，属郎中令，侍卫皇宫，皇帝外出则护卫。

⑥从弟：堂弟。郎：中郎。武骑常侍：皇帝的侍从官。以上两句谓二人皆为郎而补武骑常侍。秩：官禄的等级。八百石：汉禄秩之制凡十五等，约为十五等中的第六、七等。

⑦尝：曾经。从行：侍卫皇帝出行，指从文帝出行。有所：指下面这些行为。冲陷折关：冲锋陷

阵，攻取关隘。格：格斗，搏击。

⑧孝景：即孝景帝，汉文帝子刘启，在位十六年。陇西都尉：即陇西郡尉，协助郡守掌管该郡的武事。骑郎将：统率骑郎（骑马护从皇帝车驾的郎官）的将领。

⑨吴楚军时：指景帝三年吴楚等七个封国起兵叛乱的时候。骁骑都尉：统率骁骑（快速骑兵）的将领。太尉：掌管全国军政大权的长官。丞相、御史大夫并称三公。亚夫：周亚夫，景帝时为太尉，是平定吴楚七国叛乱的军事将领。取旗：指夺取敌人的军旗。显功名昌邑下：在昌邑城下显身扬名。昌邑：今山东省金乡西北，为梁国要邑。

⑩梁王：即梁孝王刘武，文帝次子，景帝同母弟。封于梁。吴楚七国叛乱时，他站在朝廷一边，抗击吴楚叛军使其不得西下，有功。李广因在梁地作战有功，故梁王授李广将军印。但李广本为汉将，却私自接受地方政府（梁王）授予他的将军印，违反了朝廷的法令。朝廷认为李广功不抵过，没有给李广封赏。

⑪徙：调任。上谷：汉郡名，在今河北省怀来县南。

⑫典属国：处理当时向汉称臣的各少数民族事务的官。公孙昆邪（hún yé）：人名。为上泣：向景帝哭泣。

⑬数（shuò）：屡次。敌战：正面交战。恐亡之：恐怕失掉他。意指害怕李广在战斗中阵亡。

⑭上郡：汉郡名，在今陕西省北部及内蒙古自治区南部部分地区。后广转为边郡太守，徙上郡：这一句是插叙，意思说，李广从上谷太守历转沿边诸郡太守，然后才徙上郡太守，并非是从上谷太守直接调任上郡太守的。

⑮中贵人：指皇帝宠幸的宦官。勒习兵：约束和训练军队。将：率领。

⑯纵：放马驰骋。

⑰还（xuán）射：转身射箭。

⑱走广：逃奔到李广处。

⑲射雕者：射雕的能手。雕：鸷鸟，似鹰而大，黑色。飞翔能力极强且十分迅猛，非善射者不能射中它，其羽是做箭尾的良材。

⑳从百骑：带一百骑作自己的随从。往驰：前往追赶。

㉑身自：亲自

㉒诱骑：引诱敌人的骑兵。陈：通“阵”，布列阵势。

㉓以我为大军诱：以为我们是给自己的大军作诱骑。

㉔所：大约。

㉕即：假若。

㉖用坚其意：用这个办法来坚定他们认为我们是大军诱骑的想法。

㉗出护：出来监护。纵马卧：把马匹放开，各自就地躺下。

㉘会暮：恰巧天色将晚。欲夜取之：打算夜里攻击他们。

㉙弗从：没有办法去接应。

㉚武帝：景帝子刘彻，在位五十四年。

㉛未央卫尉：未央宫（皇帝所居）禁卫军的长官。

㉜程不识：西汉名将。长药卫尉：长药宫（太后所居）禁卫军的长官。故：过去，从前。将：率领。屯：驻防。俱以边太守将军屯：都是以边郡太守的身份率军屯驻。

㉝广行无部伍行（háng）陈：李广行军，没有严格的编制和行列阵势。就善水草屯：选择有好水

好草的地方屯驻。舍止:犹言起居。刁斗:行军用铜锅,白天用来煮饭,夜里用来做巡夜敲击的器具。莫府:莫:通“幕”。即幕府。将帅驻扎的大帐幕,引申为将帅的办事处。省约:俭省节约,即简化。文书籍事:指公文表册之类。远斥候:远远地布置侦探敌情的哨兵。斥候:侦察敌情的哨兵。斥:侦察。候:窥伺。

㉞正部曲行伍营陈:严格地约束手下的部队,整顿编制和军规。行伍营陈:军队的编制和军营的规章制度。那时领军都有部曲,大将军营五部,部有校尉一人,部下有曲,曲有军候一人。曲下有屯,屯有屯长一人。五人为伍,二十五人为行。

㉟治军簿至明:办理军事文书直到天亮。

㊱然虏卒(cù)犯之,无以禁也:可是敌人骤然来犯,也不能奈何他。卒:同“猝”,突然。禁:干涉。佚乐:同“逸乐”,安逸而快乐。

㊲咸乐为之死:都是心甘情愿替他拼命。

㊳略:策略。太中大夫:属郎中令,执掌论议的官,秩千石。

㊴谨于文法:严格执行文书法令。

㊵马邑:在今山西省朔县。武帝元光二年(前133),采用马邑豪绅聂壹之计,欲诱破匈奴。暗派聂壹扮作商人去匈奴,假称愿做内应,劝匈奴进攻马邑。于是单于将兵十万进攻马邑。汉朝派三十万大军预先埋伏于马邑城两边的山谷中伏击匈奴。

㊶骁骑将军、护军将军:都是将军的冠号。当时有冠号的将军部常设,后来名目繁多,后世称之为“杂号将军”。当时韩安国为护军将军,是主将。李广受其节制,故云领属护军将军。领属:隶属于。

㊷觉之:发觉了汉军的计谋。当时匈奴单于率领大军到达雁门关,俘获了一个雁门尉吏,从他口中得知汉兵埋伏在山谷中,随即退回。汉人发觉以后,发兵去追,没有追上,因此无功。

㊸络而盛卧广:在两马之间结成网络,让李广躺在网上。络:用绳结成的网。盛:放。

㊹睨(nì):斜视。

㊺暂腾;突然跳起。暂:突然,猝然。

㊻行取:一边奔行一边拿取。

㊼下广吏:把李广交给执法官审问。

㊽当(dàng):判决。赎为庶人:纳金赎罪,免去死刑,降为平民。

㊾故颍阴侯孙:已故的颍阴侯灌婴之孙,名强。屏野:退隐田野。蓝田南山:今陕西省蓝田县终南山,为当时朝贵退休之地。

㊿从人田间饮:跟人在野外饮酒。

51 霸陵亭:保护霸陵的亭驿。霸陵:汉文帝的陵墓,其地因而设霸陵县,在今陕西省长安县东南。霸陵亭亭长由霸陵县县尉兼任,故下文称“霸陵尉”。亭:驿亭。尉:主办盗贼的地方官吏。

52 居无何:过了不久。“匈奴”二句:汉武帝元朔元年(前128),匈奴入侵汉境,杀害了辽西太守。辽西:郡名,在今河 北省东北南部,内蒙古自治区昭乌达盟和辽宁省西部。韩将军:指韩安国。韩安国当时以卫尉为材官将军,驻守渔阳(今北京密云县西南),为匈奴所败,掠去千余人及大量财物,武帝大为愤怒,使人责斥之,使屯驻右北平(汉郡名,在今河北省蓟县以东及辽宁省部分地区)。

53 中石没镞(zú):箭射入石头,连箭头全部陷入石内。没:埋没。镞:箭头。

⑭为二千石四十余年：指为二千石级（太守，郎中令等）的长官四十余年。

⑮长：身材高大。猿臂：喻两臂像猿臂那样长而且灵活。

⑯讷（nè）口少言：拙于口才，不大说话。讷：说话迟钝。与人居则画地为军陈，射阔狭以饮：与人闲居无事的时候，就在地上画行列作军阵，以比赛射箭的阔狭来饮酒。古代的一种游戏，在地上画很多的行列，从高处行列射箭，射中宽阔的行列或射出行列之外为负，射在狭窄的行列则为胜，负者饮酒。

⑰乏绝之处：指粮食、水草缺乏的时候。

⑱宽缓不苛：对士卒宽大、和缓、不苛刻。爱乐为用：爱戴李广而乐于为他效命。

⑲应弦而倒：弓弦一响，敌人就应声倒下。

⑳"用此"三句：因此，他领兵出战屡次被困受辱，射虎也被虎扑伤过。用此：因此。

㉑石建：以孝谨著称，武帝时的郎中令（掌管宫殿门户的官）。

㉒元朔六年：公元前123年。后将军：当时有前、后、左、右四将军。大将军：指卫青，武帝卫后同母弟，西汉名将。定襄：汉郡名，在今山西省右玉县以北及内蒙古自治区西南部。中（zhòng）首虏率：斩敌人的首级和俘获敌人的数量符合军中论功行赏的标准。中：符合。率（lǜ）：标准。

㉓后二岁：即汉武帝元狩三年（前120）。博望侯张骞（qiān）：汉中人，武帝初为郎，应募使西域（大部分在新疆维吾尔自治区），历尽艰辛，最终将西域大宛诸国的情况回报武帝，以功封博望侯。异道：不同路，分路进兵。

㉔左贤王：匈奴单于手下的统帅，由单于的亲近贵族担任。当时匈奴置左、右贤王。匈奴尚左，通常以单于继承者为左贤王，左贤王居东方；右贤王居西方，李广、张骞出右北平，恰在左贤王的辖区。敢：李广第三子，时为郎。往驰之：前往匈奴围骑中迎敌。

㉕直贯胡骑，出其左右而还：一直穿过匈奴的围骑，超出它们的左右两边，回到自己的阵地。

㉖易与耳：容易对付的。轻蔑之辞。

㉗为圜陈外乡：把部队排成圆形的阵势。圜：同"圆"。外乡：面向外。乡：同"向"。

㉘持满毋发：张满弓弦，留箭不发。大黄：弓弩名，也叫黄肩弩，在当时是最能远射的武器。裨（pí）将：副将。益解（xiè）：渐渐地松懈。解：通"懈"。益：有渐加之意，可译为渐渐。

㉙无人色：脸色苍白，不像活人的样子。指军吏因为惊恐而面容失色。益治军：更加注意整修队伍。

㉚罢（pí）：通"疲"，疲倦。几没：几乎全军覆没。罢归：罢兵而归。

㉛留迟后期：行军迟缓，没能按期到达。军功自如：谓为匈奴所败，但杀敌亦多，功过相抵。如：当。

㉜代相：代国（在今河北省蔚县东北及山西省北部）的相。

㉝元朔五年：公元前124年。轻车将军：杂号将军之一。乐安：汉县名，在今山东省博兴县北。

㉞元狩二年：公元前121年。公孙弘：字季。武帝元朔中为丞相，以推贤节俭为武帝所赏识，封平津侯（平津古城在今河北省盐山县南）。其为人外宽内深，凡同他有仇隙的，表面上他表现得很和善，暗中却设法排挤，主父偃被杀，董仲舒被疏远，均是他从中作祟。元狩二年，弘死，李蔡代为丞相。

㉟为人在下中：他的行为品格在中下等。当时以九品论人，即上上、上中、上下、中上、中中、中下、下上、下中、下下。李蔡在八品，下中等。爵邑：爵位和封邑。李广没有封侯，所以没有爵

位和封邑。九卿：汉时以太常、光禄勋、卫尉、太仆、廷尉、鸿胪、宗正、大司农、少府为九卿。九卿位在三公之下。列侯：指异姓有功封侯的。李蔡既为丞相，又封为平津侯，所以说他为列侯，位至三公。三公：汉时以丞相、太尉、御史大夫为三公。李广做官只任过卫尉、郎中令之职，所以说官不过九卿。

⑯望气：古代观测星象或望人气色以预言吉凶叫望气。王朔：当时有名的天文学家，善于观测星象，占卜吉凶。燕语：私下闲谈。燕：私下。

⑰才能不及中人：他们的才能还够不上中等的档次。不为后人：不落在人家后面。

⑱岂吾相不当侯邪？且固命也：难道是我的骨相决定了不该封侯吗？还是我的命数早就注定了呢？相：面相，骨相。且：或者。固：本来。

⑲将军自念，岂尝有所恨乎：将军您自己想一想，难道曾经做过什么遗憾的事吗？岂：难道。恨：遗憾。

⑳羌：古代西方少数民族之一，在汉时居住在陇西一带的少数民族。

㉑后二岁：即元狩四年（前119）。大将军、骠骑将军大出击匈奴：大将军卫青、骠骑将军霍去病大举进兵出击匈奴。骠骑将军，指霍去病，是大将军卫青的外甥，初为剽骁校尉，以击匈奴军功显赫，封冠军侯（冠军只是称号，初无此地名，武帝为褒奖去病，以南阳穰县的庐阳乡为冠军侯的封国）。元狩二年为骠骑将军。骠骑将军位比三公，仅次于大将军。数（shuò）自请行：屡次主动请求随同出征。乃自以精兵走之：就亲自率领精兵出击匈奴。

㉒令广并于右将军军：命令李广军队和右将军赵食（yì）其（jī）所率领的部队合并前进。

㉓少回远：稍微迂回绕远。少：通“稍”。回：迂回。屯行：群聚而行，即并队而行。

㉔“且臣”二句：况且我自幼就与匈奴作战，如今才得到一个机会与单于的主力相抗。结发：束发，古代男子二十岁时结发于顶。先死单于：当先与单于拼一死战。

㉕数奇（jī）：命数（命运）不好。奇：不偶，可引申为不遇，不合。古代所谓“孤星照命”即是命数不好。“毋令”二句：不要让他正面抗击匈奴，恐怕达不到俘获单于的目的。

㉖公孙敖：义渠人。与卫青友好，曾救卫青脱难，后青贵，敖以护军都尉的身份三次从卫青击匈奴有功，封合骑侯。元狩二年，将兵击匈奴，因与骠骑将军霍去病不能如期会合，当斩，赎罪后贬为庶人，故云新失侯。公孙敖失侯后以校尉的身份随大将军卫青出征，所以说他“为中将军从大将军”。中将军可能是他封侯以前的旧官名。“大将军”二句：大将军想让公孙敖和自己一起抗击匈奴，所以把前将军李广调开。意思是说卫青欲报私恩，因此把李广调开而并入右将军的军中。

㉗固自辞于大将军：坚决向大将军要求辞去与右将军合军出东道的任命。

㉘令长史封书与广之幕府：让自己幕府里的长史下一道文书给李广的幕府。长史：丞相府诸史之长，相当于现代的秘书长。三公府和大将军幕府都有此官。急诣部，如书：赶快到右将军的军部去，照文书上说的执行。诣：往。如书：照文书执行。

㉙愠怒：怨忿，恼怒。就部：前往右将军的军部。亡导：没有向导。亡：通“无”。导：向导。或失道：有时迷失道路。或：有时。后大将军：落后耽误了与大将军会合的期限。

㉚南绝幕：横渡沙漠南归。绝：横渡。幕：通“漠”。

㉛糒（bèi）：干粮。醪（láo）：浊酒。遗（wèi）：给予，赠送。青欲上书报天子军曲折：卫青打算把东路绕远失道的曲折详情报告武帝。急责广之幕府对簿：催促李广的幕府人员前往接受审查。对簿：就文书对质，即接受审问。下文“上簿”与“对簿”同。

㉒终不能复对刀笔之吏：到底不能再受刀笔吏的凌辱了。刀笔之吏：管文书的官吏，古时文书写在简牍上，用笔书写，用刀削去误字。笔用来记事，刀用来削误，本是两物。刀笔连成，有舞文弄墨的意思，含贬义，引申为那些借助文字来罗织罪名而置人于死地的文法之吏。

93引刀自颈：拔刀自刎。引刀：抽刀，拔刀。颈：用刀割脖子。

94太史公：司马迁。当时任太史令。以下都是他针对本文的论赞之辞。史家撰史，本来均以叙事为主，而稍作议论，司马迁在篇末加上论赞以总结全篇，或阐述一篇之立意，或发表自己的感慨与评价，或补充篇末未及之事。自司马迁创立此体，后世史家多沿袭不改。《传》曰"其身正，不令而行；其身不正，虽令不从"：该句出自《论语·子路》篇。意思是说，处上位的人，如果他的作风正派，即使不颁布命令，事情也可办成；如果他的作风不正，即使颁发严令，老百姓也不会听从的。《传》指《论语》。

95悛（xún）悛如鄙人：诚恳质朴的像个乡野之人。悛悛：通"恂恂"，诚谨貌。鄙人：乡野的人。口不能道辞：不善于说话。

96彼其忠实心诚信于士大夫也：他那忠诚朴实的思想品德确实得到了天下士大夫们的信服与赞叹。

97"桃李"两句：桃树和李树不会言语（夸耀自己），但他们华实并茂，引起人们的爱慕，树下的泥土都被踩成一条一条的小路。蹊（xī）：小路。谕：通"喻"，比喻。该句的意思是说虽然这只是一个关于桃李的小寓言，但却可以用来比喻像李广那样忠诚朴实、讷口少言但却让大家都感动的人。

【作品简析】

《李将军列传》是《史记》中久享盛誉的名作。作者紧紧围绕抗击匈奴，以赞颂的激情，多层次地描绘了李广传奇、悲剧的一生，塑造出古代英雄的高大形象，卓立千古，彪炳万世。

李广一生与抗击匈奴的战争相始终，他身经大小七十余战，出入沙场，战功卓著，威名远播，匈奴闻而丧胆。本篇人物传记中，"数奇"是全文的眼目，"力战"、"善射"为贯穿全文的线索。作者以具体生动的事例，错综灵活的笔法，描述了李广射技盖世、骁勇善战、沉着镇定、临危不乱的军事才能，塑造了"飞将军"的鲜明形象，同时也写出李广廉洁轻财、爱护士卒、忠实厚道的品性，使这一形象更加丰满、光彩照人。在这篇传记中，作者还着重记叙了李广将军的坎坷遭遇，记叙了他虽战功显赫，但却屡屡蒙受屈辱，以致自刎身亡的不幸结局，指责了最高统治者赏罚不公、刻薄寡恩，任人唯亲，揭示出造成李广一生悲剧的根本原因。

本篇人物传记的艺术特色主要表现在以下几个方面：

一是善于围绕写作意图精心选材。李广一生经历的战争有七十余次，但作者只选择了四次战争：上郡遭遇战、雁门出击战、右北平之战、从卫青击匈奴之战。前三次战争都是在寡不敌众、险象环生的不利情况下，李广凭借智勇转危为安。后三次战争，反映了李广以抗击匈奴为毕生志愿，并立下累累战功，非但未升官晋爵，反而屡遭罪责，乃至被迫自刎的不幸遭遇。这些材料不仅有力的凸现了李广骑射高超和勇猛善战的英雄风采，而且强烈地显示了他的才能、功绩与遭遇、结局之间的巨大反差，激起读者为其不幸而生出无限惋惜之情的同时，也准确地表达了作者的写作意图。

二是用富于特征的细节描写刻画人物形象。通过着力描写一些生动的故事及细节，突出人物形象。如李广爱好射箭。作者选取了“广讷口少言，与人居则画地为军陈，射阔狭以饮”的细节，使“专以射为戏”的性格特征具体可感，同时“画军阵”又符合李广将军的身份，是他长期从军生活经历的写照。再如对“中石没簇”的细节精心描写，表现李广的善射，生动地展示了这位名将的风采，令读者过目不忘，人物形象刻画极其深刻。

三是用对比烘托方法揭示人物命运，丰富人物形象。全文中作者将李广与其他人物对比，展现李广的不同性格。与匈奴射雕者比，突出李广神射，天下罕见；与程不识相比，描绘出李广不同于众的带兵作风，也体现出他对士卒的关爱之情，同时违反常规带兵作战，却从未遇害，更显示他的胆略与才能；同部下吏士相比，体现李广的英雄虎胆和临危不惧；李广与李蔡对比，建立的卓著功勋与所遭受的不公平待遇对比，形成强烈的反差，由此来突出李广的不幸遭遇和寄寓作者的感慨和孤愤，同时也使李广的形象更富有立体感。

【复习思考题】

1. 本文重点叙述了哪几次战役来刻画李广这一人物形象？
2. 本篇写了晚年李广什么样的人生遭际？试分析造成李广悲剧结局的根本原因是什么？
3. 分析如何通过典型事例、生动细节和个性化人物语言表现人物性格的文学艺术特色。

相关拓展性阅读材料推荐：

1.《史记方法试论》，游信利，文史哲出版社，1988.
2.《司马迁和史记》，胡佩韦，中华书局，1962.
3.《司马迁之人格与风格》，李长之，天津人民出版社，2007.
4.《汉书·李广传》，班固，中华书局，1999.
5. 中国国学网-李广 http://www.confucianism.com.cn/html/junshi/957074.html
6. 百家讲坛-王立群读史记-(十七)汉武帝——李广难封 http://www.cctv.com/program/bjjt/20070306/103763.shtml
7. 梦远书城 http://www.my285.com/shishu/shiji/

归田赋

张 衡

张衡(78—139),字平子,河南南阳西鄂(今河南南阳石桥镇)人,东汉时期的著名科学家、文学家,哲学家。祖父张堪是地方官吏,曾任蜀郡太守和渔阳太守。张衡幼年时候,家境已经衰落,有时还要靠亲友的接济。正是这种贫困的生活使他能够接触到社会下层的劳动群众和一些生产、生活实际,加上他自幼刻苦好学,在青少年时代就已经为后来从事文学和科学事业打下了良好的基础。为求学,张衡少游西京长安和东京洛阳,"通五经","贯六艺",曾任太史令、侍中、河间道等职。精通天文历算,在前人研究的基础上,发明了世界上最早的水力转动的浑天仪和测定地震的地动仪。他第一次正确地解释了月食形成的原因,认为月光是日光的反照,月食是由于月球进入地影而产生的。他依据当时的天文学知识,肯定了宇宙的物质性和无限性。张衡把中国古代自然科学和哲学推向了一个新的高度。

张衡善作文,尤善辞赋,最著名的词赋是《二京赋》(《东京赋》和《西京赋》)。另外,《归田赋》是汉代散体大赋向抒情小赋转变的标志性作品。诗歌则以《四愁诗》、《同声歌》较有影响。明人辑有《张河间集》(见《汉魏六朝百三家集》)。

游都邑以永久,无明略以佐时①;徒临川以羡鱼②,俟河清乎未期③。感蔡子之慷慨,从唐生以决疑④;谅天道之微昧⑤,追渔父以同嬉⑥。超埃尘以遐逝⑦,与世事乎长辞。

于是仲春令月⑧,时和气清,原隰郁茂⑨,百草滋荣⑩。王雎鼓翼⑪,仓庚哀鸣⑫,交颈颉颃⑬,关关嘤嘤⑭。于焉逍遥,聊以娱情⑮。尔乃龙吟方泽,虎啸山丘⑯。仰飞纤缴⑰,俯钓长流。触矢而毙,贪饵吞钩。落云间之逸禽⑱,悬渊沉之魦鰡⑲。

于时曜灵俄景⑳,继以望舒㉑,极般游之至乐㉒,虽日夕而忘劬㉓。感老氏之遗诫㉔,将回驾乎蓬庐㉕。弹五弦之妙指㉖,咏周、孔之图书㉗。挥翰墨以奋藻㉘,陈三皇之轨模㉙。苟纵心于物外㉚,安知荣辱之所如㉛!

【注释】

①都邑:指当时京都洛阳。永久:长时间停留。明略:明智的治国方略。佐时:指辅佐时政。

②徒临川以羡鱼:《淮南子·说林训》:"临流而羡鱼,不如归家织网",此句谓空有"佐时"的美好愿望而无法实现。

③俟:等待。河清:传说黄河一千年清一次,古人认为河清是政治清明的标志。未期:未可预期。此句连上句谓等待政治清明,然后为国效力,还不知要等到什么时候。

④"感蔡子"二句:蔡子指战国游士蔡泽。唐生指唐举,战国时魏国人,善相面。慷慨:心中不平。决疑:通过相面来解决自己对仕途命运的疑惑。《史记·范雎蔡泽列传》载,蔡泽游说诸侯不得志,因而请求唐举为他看相,以消除自己对前途的疑虑。作者由此所感触,借以表达自己实现理想的愿望。

⑤谅:信,确实是。微昧:幽隐不明,指当时黑暗的社会现实。

⑥渔父：屈原作品有《渔父》篇，后以渔父指渔隐之士。嬉：乐。

⑦埃尘：指纷浊的世俗社会。遐逝：远逝，远离。

⑧仲春：二月。令：善，这里指美好的月辰。

⑨原：高的平地。隰（xí）：低洼的平地。郁茂：草木繁盛的样子。

⑩滋：增加的意思，此处指生长茂盛。荣：草盛。

⑪王雎：鸟名，指雎鸠。

⑫仓庚（cāng gēng）：即黄莺。哀鸣：指鸣声动听。

⑬颉颃（jié háng）：飞而上叫颉，飞而下叫颃。

⑭关关嘤嘤：均指鸟和鸣声。关关指王雎，嘤嘤指仓庚。

⑮“于焉”二句：谓作者于此美好的景色中悠游自得，借以娱乐自己的情志。

⑯“尔乃”二句：自己在山泽间可以像龙虎一样从容吟啸。尔乃：于是。方泽：大泽。

⑰仰飞：向上射。纤：细。缴（zhuó）：生丝缕，系在箭的尾部，用以射鸟。

⑱逸禽：鸿雁，一说飞的很高的鸟。

⑲悬：将鱼钓起。魦鰡（shā liú）：鱼名。

⑳曜（yào）灵：指太阳。俄：偏斜。景：同“影”，日影。

㉑望舒：神话中月亮的御者，此处代指月亮。此连上句谓太阳西沉，月亮东升。

㉒般（pán）游：游乐。般：同“盘”。至乐：最大的乐趣。

㉓劬（qú）：劳苦，劳累。

㉔老氏之遗诫：指老子《道德经》第十二章所说：“驰骋畋猎，令人心发狂。”

㉕回：返。驾：车驾。蓬庐：茅屋。

㉖五弦：五弦琴，相传为舜所造。指：同“旨”，意趣。《史记·乐书》：“舜弹五弦之琴，歌南风之诗，而天下治。”

㉗周、孔之图书：周公、孔子所修的典籍。《易·系辞上》：“河出图，洛出书，圣人则之。”传说伏羲氏时，有神马从黄河背负“河图”而出，有神龟从洛水背负“洛书”而出。此处“图书”泛指儒家典籍。

㉘翰：笔。奋：发。藻：辞藻、文采。此句写挥笔著书。

㉙陈：陈述。三皇：上古圣皇，或谓天皇、地皇、人皇；或谓燧人氏、伏羲氏、神农氏；或谓伏羲、神农、女娲，传说不一。轨模：古代圣王之遗法。

㉚苟纵心于物外：如果放任自己的心神于世外，指超脱污浊的现实社会。苟：如果。

㉛如：往，归。

【作品简析】

一般来说，中国古代有作为的文人，当他们在仕途中遇到挫折，或不满于当时朝政之时，大都会走向退隐归田、洁身自好的道路。张衡也是其中一例。《归田赋》就是张衡从仕途转向退隐时所作的一篇小赋。自东汉安、顺以后，外戚宦官当权，朝政日非，汉顺帝有一段时间曾升迁张衡为侍中，讽议左右。然阉党终恐张衡揭露他们，永和初，张衡遂被罢黜为河间相。永和三年（138），张衡六十一岁由河间相上书乞骸骨，《归田赋》就是这时作的。

文章大体可以分为三段：第一段叙归田之由。第二段叙归田之乐。第三段叙罢游归庐，著书立说。《归田赋》是一篇短小明畅的小赋，有着独特的艺术风格，它一洗汉大赋铺采缛文、繁重凝滞、虚夸堆砌的规矩，转为文句平淡清丽、结构短小灵活。

多用典故是《归田赋》的一大特色，如“徒临川以羡鱼，俟河清乎未期”，分别引用《淮南子·说林训》和《左传·襄公八年》的典故；“感蔡子之慷慨，从唐生以决疑”，事见《史记·范睢蔡泽列传》；“追渔父以同嬉，超埃尘以遐逝”，也是从《楚辞·渔父》中“渔父莞尔而笑，鼓枻而去”及“安能以皓皓之白，而蒙世俗之尘埃乎”化来的。张衡充分利用了历史典故词句短小、内涵量大的优点，于文辞之外又平添了更加丰富的内容，因而《归田赋》并未因为篇制短小而显干瘪。同时，《归田赋》所选用的多是为人们所熟悉的典故，并不晦涩难懂。所以这篇小赋以其雅致精练、平易清新的语句，包容了内涵丰富的史实，并赋之以新意。

此外，《归田赋》还用了一些叠韵、重复、双关等修辞方法，如“关关嘤嘤”、“交颈颉颃”，形象地描绘了田园山林那种和谐欢快、神和气清的景色；而“仰飞纤缴，俯钓长流。触矢而毙，贪饵吞钩”，既反映了作者畅游山林，悠闲自得的心情，又颇含自诫之意。

总之，《归田赋》已很不同于先前的汉大赋了，它已开始由叙事大赋转入抒情小赋，风格上也不再追求气势的铺排、辞藻的堆砌，而类似于四六句骈文，开了骈赋的先河。

【复习思考题】

1. 本文通过哪些写作手法表现作者的退隐心理？
2. 你如何理解“苟纵心于物外，安知荣辱之所如”这句话？
3. 课外阅读其他同类作品，总结抒情小赋的特点（与汉大赋比较）。

相关拓展性阅读材料推荐：

1.《汉赋通论》，万光治，巴蜀书社，1989.
2.《张衡评传》，许结，南京大学出版社，1999.
3.《科圣张衡》，刘永平，河南人民出版社，1996.
4.《张衡》，赖家度，上海人民出版社，1956.
5. 名人资料网-东汉大科学家张衡 http://www.mrzl.com/mrjs/keyan/200512/mrjs_133.html
6. 北京科普之窗 http://www.bjkp.gov.cn/bjkpzc/kxcl/rw/fmj/8501.shtml

汉乐府民歌(三首)

“乐府”原本是西汉时建立的音乐官署的名称。后人就将此音乐机构所采集、创作的乐歌称为“乐府”。于是“乐府”就成为一种古体诗的名称。后代文人用乐府古题或仿效乐府风格而写的歌词也称为“乐府”。宋人郭茂倩所编的《乐府诗集》是收罗乐府诗最为完备的一部总集。它把唐以前的乐府诗分为十二类加以著录,汉代乐府民歌大多保存在“相和歌辞”、“鼓吹曲辞”、“杂曲歌辞”等三类中。

《乐府诗集》现存汉乐府民歌40余篇,多为东汉时期作品。汉乐府民歌中女性题材作品占重要位置,它用通俗的语言构造贴近生活的作品,由杂言渐趋向五言,采用叙事写法,刻画人物细致入微,创造人物性格鲜明,故事情节较为完整,而且能突出思想内涵,着重描绘典型细节,开拓叙事诗发展成熟的新阶段。

汉乐府是继《诗经》之后,古代民歌的又一次大汇集,是中国诗史五言诗体发展的一个重要阶段。汉乐府民歌“感于哀乐,缘事而发”的现实主义精神,开诗歌现实主义新风;汉乐府民歌反映社会现实具有浓厚的生活气息,是汉代政治面貌和社会面貌的一面镜子。汉乐府诗以叙事为主,常用比兴和铺陈手法,句式有五言、七言和杂言,其中五言诗最为成熟。其语言朴素生动,善于通过言行表现人物性格,形式多样、风格清新,为建安诗歌的繁荣在形式上作了准备。

上　邪

上邪①!吾欲与君相知,长命无绝衰②。山无陵③,江水为竭,冬雷震震④,夏雨雪⑤,天地合,乃敢与君绝!

白头吟

皑如山上雪⑥,皎如云间月⑦。闻君有两意⑧,故来相决绝⑨。今日斗酒会⑩,明旦沟水头⑪;躞蹀⑫御沟上,沟水东西流。凄凄复凄凄⑬,嫁娶不须啼;愿得一心人,白头不相离。竹竿何嫋嫋⑭,鱼尾何簁簁⑮。男儿重义气⑯,何用钱刀为⑰!

东门行

出东门,不顾归⑱。来入门,怅欲悲⑲。盎中无斗米储⑳,还视架上无悬衣㉑。拔剑东门去㉒,舍中儿母牵衣啼㉓:“他家但愿富贵㉔,贱妾与君共哺糜㉕。上用仓浪天故㉖,下当用此黄口儿㉗。今非㉘!”“咄㉙!行!吾去为迟!白发时下难久居㉚。”

【注释】

①上邪:犹言“天啊”。这句是指天为誓。上:指天。《上邪》、《白头吟》均选自《乐府诗集·鼓吹曲词·汉铙歌》,《东门行》选自《乐府诗集·相和歌辞·瑟调曲》。

②相知:相亲相爱。命:令,使。不但要“与君相知”,还要使这种相知相爱永不绝衰。

③陵:指山峰。意思是说山峰变为平地。

④震震：雷声。
⑤雨(yù)：动词，落的意思。
⑥皑：白。
⑦皎：洁白。
⑧两意：犹“二心”，与下文“一心”相对。
⑨决绝：断绝。决，一作“诀”。
⑩斗：酒器。
⑪明旦：明日。
⑫躞蹀(xiè dié)：小步徘徊貌。御沟：指环绕宫墙或流经宫苑的渠水。
⑬凄凄：悲伤貌。
⑭嫋嫋(niǎo)：柔弱貌。
⑮簁簁(shāi)：形容鱼尾像濡湿的羽毛。在中国歌谣里钓鱼常是男女求偶的象征隐语。这两句意思是说，二人在情意相投的时候，正如用竹竿钓鱼一样，竹竿是多么柔长，鱼又是多么欢悦活泼。
⑯意气：情义。
⑰钱刀：钱币。刀：刀币。为：语末疑问词。这两句是说，男子应当注重爱情，而今何以为了钱币而抛弃了我。
⑱顾：思，念。
⑲怅：失意貌。
⑳盎(àng)：肚大口小的瓦罐。
㉑架：衣架。
㉒拔剑东门去：是说男主人公决定再次出门。
㉓舍中儿母：指主人公的妻子。
㉔他家：别家。
㉕哺：吃。糜：粥。
㉖用：因。仓浪天：苍天。仓浪，乃叠韵连绵字，青苍色。
㉗黄口儿：幼儿。这两句是妻子用天道、人情劝说丈夫安贫守法。
㉘今非：是说今去铤而走险不对。
㉙咄(duō)：指丈夫因妻子一再劝阻而发出的埋怨声。
㉚此四句是说我要走了！我现在出门都已经晚了！我头上的白发已不时脱落，实难再在家久待了！

【作品简析】

《上邪》是汉乐府《铙歌》中的一首情歌，是一位痴情女子对爱人的热烈表白，在艺术上匠心独具。诗的主人公在呼天为誓，直率地表示了“与君相知，长命无绝衰”的愿望之后，转而从“与君绝”的角度落墨，构思巧妙，更具情味。

主人公先对天发誓，后设想了奇特的自然变异作为“与君绝”的条件：高山变平地、江水流干、冬打雷、夏飘雪、天地合并。这些设想根本不可能发生。这就把主人公生死不渝的爱情强调得无以复加，以至于把“与君绝”的可能从根本上排除了。这种独特的抒情方式准确地表达了热恋中人特有的绝对化心理。深情奇想，确实是“短章之神品”。全诗从二言到六言，不同句式错落间杂，加以排比，使全诗显得格外活泼奔放。

《白头吟》塑造了一位个性鲜明的弃妇形象，不仅反映了封建社会妇女的婚姻悲剧，而且着力歌颂了女主人公对于爱情的高尚态度和美好情操。她重视情义，鄙夷金钱；要求专一，反对“两意”。当她了解到丈夫感情不专之后，既没有丝毫的委曲求全，也没有疯狂的诅咒和软弱的悲哀，表现出了妇女自身的人格尊严。她把痛苦埋在心底，冷静而温和地和负心丈夫置酒告别，气度何等闲静，胸襟何等开阔！虽然她对旧情不无留念和幻想，但更多的却是深沉的人生反思。

全诗多用比兴和对偶，雪、月、沟水、竹竿、鱼尾等喻象鲜明生动而又耐人寻味。一、二、五、六、十三、十四等句皆工对而又自然。此外四句一节，每节换韵，而诗意亦随之顿挫，声情与辞情达到完美的统一。

《东门行》写一个为贫穷所迫而铤而走险的人。要么冻馁待毙，要么同命运作最后的决斗，诗歌入情入理地写出主人公之所以走上这样一条可怕的人生道路，乃是为贫穷所逼。诗的主题建立在无衣无食的现实基础之上，就不致使人产生伦理上的厌恶之感。这便是此诗不可动摇的美学价值。妻子牵衣哭劝一段文字，是对主人公这不顾一切的戏剧性烘托。妻子说，别人富贵我不羡慕，我甘愿和你喝稀饭。又说，你看在老天爷的分上，为儿女着想吧，岂知他正是为了儿女才这样做的啊。妻子想到的是另一层：一旦事败，触犯“王法”，不但救不了一家老小，而且还会将他们投入更深的深渊。这句话加深了本篇悲剧的内涵。最后妻子无可奈何地说，“今时清，不可为非。”主人公这样回答他的妻子：“咄！行！我去为迟！”两个单字句，一个四字句，短促有力，声情毕肖地表现了主人公的决难回转，他要去拼命了。“咄”在这里是急叱之声，吆喝他的妻子走开，不要拦阻他。他说现在去已经为时太晚，并非指这次行动，而是说先前对自己的可悲处境尚不觉悟，对这世道尚缺少清醒的认识。“白发”一句，可能是汉代的俗语，意思大概如今天所说的“谁知还能活几天”。表明主人公把这罪恶的人生看穿了，而不是说人的年龄。

这首诗虽然采取了杂言形式，但是由于用字简练，句子长短相济，读来有顿挫流离之感。

【复习思考题】

1. 分析《上邪》的艺术特色。
2.《上邪》诗中“山无陵”等句表达了怎样的思想感情？试谈谈你的见解。
3. 认真分析体会《白头吟》反映的主题思想和汉代突出的女性社会问题。
4. 认真分析《东门行》诗歌内容，谈谈本诗反映的主题思想和社会现实。

相关拓展性阅读材料推荐：

1.《乐府诗集》，(宋)郭茂倩，中华书局，1983.
2.《汉魏六朝乐府诗评注》，王运熙，王国安，齐鲁书社，2000.
3.《汉乐府研究》，张永鑫，江苏古籍出版社，1992.
4.《汉魏六朝乐府文学史》，萧涤非，人民文学出版社，1984.
5.《乐府文学史》，罗根泽，东方出版社，1996.
6. 中国国学网-秦汉文学 http://www.confucianism.com.cn/detail.asp?id=4425

古诗十九首(三首)

《古诗十九首》的名称最早见于南朝梁代昭明太子萧统所编的《文选》。汉代流传着一批无名氏所作的五言抒情诗,被人们统称为"古诗"。原非一时一人所为,因各篇风格相近,萧统从中选择十九首编入《文选》,题名《古诗十九首》,后世一直沿用。

古诗是与今体诗相对而言的诗体。一般唐代以后的格律诗称近体诗或今体诗,非格律诗则称古诗或古体诗。《古诗十九首》是乐府古诗文人化的显著标志。汉末文人对个体生存价值的关注,使他们与自己生活的社会环境、自然环境建立起更为广泛而深刻的情感联系。《古诗十九首》的作者大约都是东汉末年中下层士人,通过闺人怨别、游子怀乡、游宦无成、追求享乐等内容的描写,表现了浓厚的感伤情绪。语言朴素自然,描写生动真切,抒情真挚深入。它的艺术成就是非常突出的,它语言朴素自然,善于运用比兴手法,使诗意含蓄蕴藉,具有独特的艺术风格,大体代表了当时古诗的艺术成就,在五言诗的发展上有重要地位,成为早期抒情诗的典范。它的出现,是我国五言诗成熟的标志,对后来的诗歌发展产生了重要影响。

青青河畔草

青青河畔草,郁郁[1]园中柳。
盈盈楼上女,皎皎当窗牖[2]。
娥娥红粉妆[3],纤纤出素手[4]。
昔为倡家女[5],今为荡子妇[6]。
荡子行不归,空床难独守。

涉江采芙蓉

涉江采芙蓉[7],兰泽多芳草[8]。
采之欲遗[9]谁,所思在远道[10]。
还顾望旧乡,长路漫浩浩[11]。
同心而离居[12],忧伤以终老。

明月皎夜光

明月皎夜光[13],促织鸣东壁[14]。
玉衡指孟冬[15],众星何历历。
白露沾野草,时节忽复易。
秋蝉鸣树间,玄鸟逝安适[16]。
昔我同门友[17],高举振六翮[18]。
不念携手好[19],弃我如遗迹。
南箕北有斗,牵牛不负轭[20]。
良无盘石固[21],虚名复何益?

【注释】

①郁郁：浓密茂盛的样子。汉人有折柳赠别的风俗，“园中柳”是容易引起离别回忆的。

②盈：通“赢”，美好多仪的意思。皎皎：白皙、明洁的样子。

③娥娥：美貌。

④纤纤：细。

⑤倡：歌舞女。

⑥荡子：在外乡漫游的人，和游子的意思差不多。

⑦芙蓉：莲花的别名，亦作夫容，又名芙蕖，或称菡萏。

⑧泽：低下之地。兰泽：生长着兰草的低洼之地。芳草：指兰。

⑨遗：赠予。

⑩所思：所思念的人，这里是指在“旧乡”的妻子。远道：指下句的“旧乡”。

⑪漫浩浩：犹言漫漫浩浩。漫漫：路长貌。漫：古通“曼”。浩浩：水流貌。这里用以形容路途的广宽无边。

⑫同心：一般习用于男女间的爱情关系，这里是说夫妇情感的融洽。这句里的“同心”与“离居”为对称词。

⑬皎夜光：犹言明夜光。

⑭促织：蟋蟀的别名，一作趣织。趣是促的古字。蟋蟀的鸣声标志着秋天的到来，是妇女们忙着织寒衣的时候了。这句是表明气候已经进入渐渐寒冷的深秋。

⑮玉衡指孟冬：从星空的流转说明秋夜已深。玉衡：北斗七星之一。

⑯白露，秋蝉，玄鸟：这三种事物用来点明时令是仲秋八月。玄鸟就是燕，亦作鷰，白露沾草，寒蝉鸣树，也都是带有季节特征的秋天景象。

⑰同门友：同在师门受学的朋友。

⑱高举振六翮(hé)：就是奋翅高飞的意思。用以比喻同门友的得志。六翮：指翅膀。

⑲携手好：指共患难的交谊。

⑳“南箕”二句：这两句取诗经成语，加以变化，用来比喻同门友，空有同门之名而无真实交谊。

㉑良：诚也。磐：大石也。用以象征坚定不移的感情。

【作品简析】

《青青河畔草》是《古诗十九首》中第二首，它是一首以第三人称写成的思妇诗。在《古诗十九首》中这种写法仅见于此篇。此诗的语言并不惊奇，只是用了民歌中常用的叠词，一连用了六个，但是贴切而又生动地勾勒出一副精美的丽春少妇图。青青与郁郁，同是形容植物的生机畅茂，但青青重在色调，郁郁兼重意态，且二者互易不得。柳丝堆烟，方有郁郁之感，河边草色，伸展而去，是难成郁郁之态的，而如仅以青青状柳，亦不足尽其意态。盈盈、皎皎，都是写美人的风姿，而盈盈重在体态，皎皎重在风采，由盈盈而皎皎，才有如同明月从云层中步出那般由隐绰到鲜亮的感觉。娥娥与纤纤同是写其容色，而娥娥是大体的赞美，纤纤是细部的刻画。六个叠词由外围而中心，由总体而局部，由朦胧而清晰，烘托刻画了楼上女子尽善尽美的形象。这位楼上女在深情地远望期盼什么呢？诗的后半部分为我们写出答案：盼望远行未归的丈夫。撩人的春光，如花的容颜，寂寂的空房，明艳的色彩与内心世界的寂寥形成极强烈的对比，让人油然而生一种悲凉之感。诗人笔墨简洁，令人回味无穷。

《涉江采芙蓉》为《古诗十九首》之六。表现一位漂流异地失意的人，怀念他在家乡的妻子，欲归不得的愁苦心情。《古诗十九首》的作者绝大多数是漂泊在外的游子，他们身在他乡，胸怀故土，心系家园，每个人都有无法消释的思乡情结。《涉江采芙蓉》的主人公采撷芳草想要赠给远方的妻子，并且苦苦吟叹："还顾望旧乡，长路漫浩浩。同心而离居，忧伤以终老。"天涯芳草，他乡明月，都没有给游子带来心灵的慰藉，相反，倒是激发起难以遏制的思乡之情。游子思乡，这是人类普遍的情感，在以往的史传文学作品中，人们经常见到的是富贵以后流露出的乡情，衣锦还乡的热烈场面。《古诗十九首》的作者多是失意士子，他们在穷困潦倒之际所弹奏的思乡曲，语悴情悲，充满天涯沦落人的凄楚，引来的是同情和怜悯。《古诗十九首》所展示的思妇心态也是复杂多样的。《古诗十九首》中思妇和游子的形象都是孤独的，不过，和游子相比，思妇显得更加孤独。思妇只能徘徊庭院、空室，只能对空长叹，她们难言的寂寞经常是靠泪水冲洗。

《明月皎夜光》为《古诗十九首》之七，是秋夜即兴之作，篇中写出秋季景物的凄清，失意人生的孤独和惆怅，归结到显贵朋友的不相援引，表示出无限怨望。主要表现汉代失意之士对于世态炎凉和动乱年代的苦闷怨愤心情。本诗则以悲秋万物萧瑟的景致起兴，道出了作者所欲表达的情绪。"明月皎夜光，促织鸣东壁……"以下八句均写晚秋的悲凉。一年四季，春夏秋冬是反复变化的，没想到人的感情、友谊也像自然一样，变幻莫测，令人难以置信。以上八句正是作者内心的感慨。纵观全诗，有与含蕴的意境相联系的委婉曲折的结构。从"玉衡指孟冬"到"时节忽复易"再到"虚名复何益"，作者从深秋的景物推出时节变异之迅忽，又从自然书及人情反复之无常，在委婉曲折、含蓄自然之中将意境表述得合情合理。作者通过感叹"虚名何益"，实际上表述了他对当时现实社会的苦闷心情。诗中对朋友情谊的不满与烦恼实质上是对世态炎凉的愤恨。

【复习思考题】

1. 认真分析《青青河畔草》的内容，体会人物独特复杂的内心世界。
2. 体会比兴手法在《涉江采芙蓉》中的作用。
3. 试分析《明月皎夜光》的艺术特点。

相关拓展性阅读材料推荐：

1.《朱自清＜古诗十九首＞释手稿》，朱自清，浙江古籍出版社，2008.
2.《古诗十九首解》，张庚，中华书局，1985.
3.《古诗十九首集释》，隋树森，中华书局，1955.
4.《朱自清马茂元说古诗十九首》，朱自清，马茂元，上海古籍出版社，1999.
5.《古诗十九首研究》，贺扬灵，光华书局，1928.
6.《汉魏六朝诗讲录》，叶嘉莹，河北教育出版社，1997.
7.《中国文学名篇鉴赏诗卷》，萧涤非，刘乃昌，山东大学出版社，2007.
8. 若雨中文网-古诗十九首 http://www.ruoyu.net/Book/48476/1171236.aspx

第三章　魏晋南北朝文学

魏晋南北朝文学简况

魏晋南北朝文学，上起建安（汉献帝年号，196—220），经三国、两晋、南北朝，至隋朝统一天下（589年灭陈），历时393年。魏晋南北朝文学是从汉末建安开始的。但这时政权实际上掌握在曹操手中，汉朝已经名存实亡。而且，正是在这二十几年间文学发生了重要的变化，出现了许多影响着后代的新趋势和新因素。隋文帝统一中国标志着魏晋南北朝文学的终结，魏晋南北朝时期，文学获得了更为自觉的发展，诗歌、散文、辞赋、骈文、小说等文学形式，都取得了显著成就，诗歌的位置仍然是最重要的。

建安文学实际上包括了建安年间和魏朝前期的文学，汉末魏初，“世积乱离，风衰俗怨”，文人诗歌创作进入了“五言腾踊”的大发展时期。这时的文坛以曹操、曹丕、曹植父子为核心，在他们周围集中了孔融、王粲等“建安七子”组成的邺下文人集团，形成了众星拱月的局面。与两汉的儒生相比，这是在动乱中成长的一代新人。他们既有政治理想和政治抱负，又有务实的精神、通脱的态度和应变的能力；他们不再拘于儒学，表现出鲜明的个性。建安文人的作品具有“慷慨任气”的共同风格，其中以曹植和王粲的诗歌成就最为杰出。他们的创作反映了动乱的时代，政治理想的高扬、人生短暂的哀叹、强烈的个性、浓郁的悲剧色彩，这些特点构成了“建安风骨”这一时代风格。

正始文学泛指魏朝后期的文学。正始是魏齐王曹芳的年号，这时正是魏晋易代之际，司马氏掌握了大权，残暴地屠杀异己，形成恐怖的政治局面。在哲学史上，正始是魏晋玄学的开创期，主要代表人物是何晏和王弼。在文学史上，正始文学的主要代表是嵇康和阮籍。他们本身也是玄学家。他们对抗司马氏的残暴统治，崇尚自然，他们的作品揭露礼教的虚伪，表现政治重压下的苦闷与抗议。作品风格或沉郁艰深，或风调峻切，或气骨遒上，在精神上继承建安文学，推动了诗歌创作的发展。

西晋武帝太康前后，文坛呈现繁荣的局面，钟嵘《诗品序》说：“太康中，三张、二陆、两潘、一左，勃尔复兴。”但西晋代表文人陆机、张协、潘岳等人的作品多丽辞缛采，总的看来，太康诗风以繁缛为特点，丧失了建安诗歌的那种风力，唯有左思的《咏史》诗，抗议门阀制度，抒发寒士的不平，尚有建安诗歌的特点。

西晋灭亡以后，在南方经历了东晋、宋、齐、梁、陈这五个朝代，在北方经历了十六国和北朝许多的变动，最后由北周平北齐，隋又取代北周并平定了南方的陈而统一全国，经历272年的分裂。东晋南北朝文学就是在这样一个南北分裂、战乱频仍、朝代不断更迭的大背景下发展的。

西晋末年，在士族清谈玄理的风气下，产生了玄言诗，东晋玄佛合流，更助长了它的发展，以至玄言寺占据东晋诗坛达百年之久。宋初由玄言诗转向山水诗，谢灵运是第一个大力写作山水诗的人。山水诗的出现扩大了诗歌题材，丰富了诗的表现技巧，是中国诗史上的一大进步。东晋玄言诗泛滥一时，在晋宋易代之际，出现了一位伟大的诗人陶渊明。陶诗多写田园生活，风格自然恬淡。他在日常生活中发掘诗意，并开创了田园诗这个新的诗歌园地，对唐代山水田园诗派有直接影响。他将汉魏古朴的诗风带入更纯熟的境地，并将“自然”提升为美的境界。其散文和小赋数量不多，却十分出色。他是整个魏晋南北朝时期成就最高的，也是对后来的文学发展产生了巨大影响的人物。

晋宋之间文学发生了重要的转折，此后更追求艺术形式的华美。南北朝时“文”、“笔”之分日渐明显，许多文人专力于诗歌和骈文的创作。南有谢灵运、谢朓，多作描绘自然景色的山水诗。鲍照擅用七言古体抒发愤世嫉俗情怀、颇有气魄。北有庾信，其诗在北方比较沉寂的文苑中独标清新，在诗歌形式上可称为六朝诗歌的集大成者。骈文则是这一时期的流行文体，规矩虽多，有些佳作仍粲然可观。

南北朝乐府民歌给诗坛带来的清新气息，也足以与汉乐府诗前后辉耀。齐梁两代有两个值得注意的文学现象。其一是诗体发生了重大变革，周颙发现汉语的四声，沈约将四声的知识运用到诗歌的声律上，并与谢朓、王融共同创立了“永明体”。他们试图建立比较严格的、声调和谐的诗歌格律，并且在辞藻、用典、对偶等方面做了许多新的探索。这就为唐朝近体诗的形成做了必要的准备，“永明体”从而成为从古体诗向近体诗过渡的一种重要诗歌形式。其二是在皇帝和太子周围聚集了一批文人，形成三个文学集团，分别以南齐竟陵王萧子良，梁代萧衍、萧统，梁代萧纲为中心。创作活动的群体参与，容易导致取材和风格的趋同性，也可以在互相切磋中提高艺术技巧。梁陈两代，浮靡轻艳的宫体诗成为诗歌创作的主流，它主要是以艳丽的词句表现宫廷生活，多有咏物的题材，女性也像宫廷的其他器物一样成为吟咏的对象。这种创作风气一直延续到初唐，到“四杰”和陈子昂手中才有了根本的改变。

南北的对峙和文化发展的不平衡，也因地域、民族、心理等的差异，导致南北文风的不同，南方清绮，北方质朴。南朝吴歌、西曲大都具有明丽柔婉的风格，北朝少数民族歌曲却刚健亢爽，如袭马大风。但南北对峙并没有断绝南北的文化交流，文人的来往，文献的传播，都有记载可寻。北朝的诗歌模仿南朝的痕迹相当明显。梁代末年，庾信的北上促进了南北文风的交流，而他也成为南北朝文学的集大成者。隋朝统一中国后，南北文化的交流继续扩大深入，到了盛唐终于出现了一个文学的新高峰。

这一时期的作家敢于标新立异，开创了许多新的文学题材。阮籍的咏怀诗，左思的咏史诗，郭玲的游仙诗，陶渊明的田园诗，谢灵运、谢朓的山水诗等，在人与社会、人与历史、人与自然之间拓展了更为广阔的文学空间，给后世文学，尤其是诗歌拓宽了发展空间。这一时期的文人深入探索并提高了文学语言的艺术表现力。曹植的诗赋，很讲究语言技巧和对偶。西晋张华、陆机等人，在语言的对称美、辞采美方面大力开掘。齐梁以后，由于汉语四声的发现，沈约、庾信等人自觉注重语言的韵律美，并努力将文学语言的对称美、辞采美和韵律美结合起来。而东晋末年的陶渊明的作品语言更是质朴自然、明净凝练。这一时期，五言诗趋于成熟和完善。

曹丕、鲍照等人在七言古诗和乐府歌行方面的创作和探索，推动了七言诗的发展；永明年间的新体诗则奠定了近体格律诗的基础。有美文之称的骈文最为兴盛，被称为这个时期的“一代之文学”。赋受骈文影响，发展成为形式华美的骈赋。

魏晋南北朝的小说创作和文学理论批评，颇引人注目。以晋干宝的《搜神记》等为代表的志怪小说和以刘宋时刘义庆的《世说新语》为代表的轶事小说，实开后世笔记小说之先声。文学批评和文学选集的兴起，进一步推动了文学的独立和发展。曹丕的《典论·论文》明确提出“诗赋欲丽”，对“丽”的特性作了探讨和归纳，并用“气”的理论解释了作家各不相同的文学风格的形成。陆机的《文赋》进一步指出“诗缘情而绮靡，赋体物而浏亮”，并研究了创作活动中形象思维的特点，对文学创作有指导作用。齐梁时期，则出现了刘勰的《文心雕龙》这样的文学理论专著，涉及文体、创作和批评等重要方面，体大思精，成就斐然，今已成为显学。钟嵘的《诗品》则是研究五言诗的专著，对五言诗创作进行了阶段性总结，是我国文学理论批评史上具有划时代意义的论著。梁代昭明太子萧统编辑了《文选》，《文选》中所确立的文学观念，对后世影响很大。徐陵编辑了诗歌专集《玉台新咏》，保存了大量的诗歌作品，如收录了《孔雀东南飞》等名篇。这些工作无疑深化了人们对文学本质的认识，反过来又进一步促进了文学的创作实践。

总之，魏晋南北朝是我国文学史上一个重要的阶段，“文学的自觉”是这个时期文学的显著特点。曹丕在其文学批评著作《典论·论文》中指出：“盖文章，经国之大业，不朽之盛事。”他把文章写作抬到一个很高的地位，表现了当时人们强烈的创作欲望。这一时期涌现出了大批的作家，他们以文学创作为手段抒写自己独特的个性和情怀。在中国文学史上，魏晋南北朝是一个酝酿着新变的时期，是文学自觉的时代，也是我国文学史上一个重要的阶段，为唐代文学的全面繁荣进行了多方面有益的积累。

相关拓展性阅读材料推荐：

1.《魏晋南北朝文学史参考资料》，北京大学中文系，中华书局，1962.
2.《汉魏六朝乐府文学史》，萧涤非，人民文学出版社，1984.
3.《魏晋诗歌艺术原论(修订本)》，钱志熙，北京大学出版社，2005.
4.《理学、佛学、玄学》，汤用彤，北京大学出版社，1990.
5.《晋书》，(唐)房玄龄等，中华书局，1974.
6.《先秦汉魏晋南北朝诗》，逯钦立，中华书局，1983.
7.《全上古三代秦汉三国六朝文》，(清)严可均，中华书局，1965.
8.《东晋门阀政治》，田余庆，北京大学出版社，1991.
9. 诗词在线 http://www.chinapoesy.com/
10. 复旦大学中国古代文学研究中心 http://www.gdwx.fudan.edu.cn/

蒿里行①

曹 操

曹操(155—220),字孟德,小名阿瞒、吉利,沛国谯县(今安徽亳州)人。东汉末年杰出的政治家、军事家和文学家。汉献帝时官至丞相,封魏王。其子曹丕称帝,追尊其为魏武帝。在政治方面,曹操消灭了北方的众多割据势力,恢复了中国北方的统一,并实行一系列政策恢复经济生产和社会秩序。文化方面,在曹操父子的推动下形成了以曹氏父子(曹操、曹丕、曹植)为代表的建安文学,史称"建安风骨",在文学史上留下了光辉的一笔。

曹操诗质朴自然,气韵沉雄,慷慨悲凉,体现了建安诗歌的典型风格。《蒿里行》、《步出夏门行》、《短歌行》等是他的代表作。

《蒿里行》是汉乐府旧题,为古代的挽歌,汉乐府古辞尚存,见于宋人郭茂倩《乐府诗集》中的《相和歌辞·相和曲》。曹操的《蒿里行》是借旧题写时事,内容记述了汉末军阀混战的现实,真实、深刻地揭示了人民的苦难,堪称"汉末实录"的"诗史"。

关东有义士②,兴兵讨群凶③。初期会盟津④,乃心在咸阳⑤。军合力不齐⑥,踌躇而雁行⑦。势利使人争,嗣还自相戕⑧。淮南弟称号⑨,刻玺於北方⑩。铠甲生虮虱⑪,万姓以死亡⑫。白骨露於野,千里无鸡鸣。生民百遗一⑬,念之断人肠。

【注释】

①蒿里行:汉乐府旧题,属《相和歌·相和曲》,本为当时人们送葬所唱的挽歌,曹操借以写时事。汉献帝初平元年(190),关东各州郡推渤海太守袁绍为盟主,曹操为奋威将军,联合起兵讨伐董卓,但联军各怀异心,观望不前,继而互相攻杀,从此开始长期军阀混战,造成人民大量死亡和社会经济极大破坏。本诗即是对这一历史事件的反映。蒿里:指死人所处之地。

②关东:函谷关(今河南灵宝西南)以东。义士:指讨伐董卓的各位将领。

③讨群凶:指讨伐董卓及其党羽。

④初期:本来期望。盟津:即孟津(今河南孟县南)。相传周武王伐纣时曾在此大会八百诸侯,此处借指本来期望关东诸将能够同心协力。

⑤乃心:其心,指上文"义士"之心。咸阳:秦时的都城,此借指长安,当时献帝被挟持到长安。

⑥力不齐:指讨伐董卓的诸州郡将领各有打算,力量不集中。

⑦踌躇:犹豫不前。雁行(háng):飞雁的行列,形容诸军列阵后观望不前的样子。此句倒装,正常语序当为"雁行而踌躇"。

⑧嗣:后来。还:同"旋",不久。自相戕(qiāng):自相残杀。当时盟军中的袁绍、公孙瓒等发生了内部的攻杀。戕:杀害。

⑨"淮南"句:指袁绍的异母弟袁术于建安二年(197)在淮南寿春(今安徽寿县)自立为帝。

⑩"刻玺"句:指初平二年(191)袁绍谋废献帝,想立幽州牧刘虞为皇帝,并刻制印玺。玺:印,秦以后专指皇帝用的印章。

⑪“铠甲”句：由于长年战争，战士们不脱战服，铠甲上都生了虱子。铠甲：古代的护身战服，金属制成的叫铠，皮革制成的叫甲。虮：虱卵。

⑫万姓：百姓。以：因此。

⑬生民：百姓。遗：剩下。

【作品简析】

这首《蒿里行》是曹操早年的杰出作品，文章所表达的爱国忧民之心让人肃然起敬。

《蒿里行》是以古题写时事，描述了东汉末年，袁绍等关东诸郡将领起兵讨伐董卓时的互争权利，以及人民在战乱中遭到的严重灾难。袁绍起兵的结果虽然造成自相戕杀、军阀混战的局面，但开始时心存忠义，是“心在王室”的正义之举，故首四句仍予以肯定。“军合”以下六句一转，写关东诸将各怀异心，不免导致争权夺利的混战。“踟躇”句以“雁行”喻诸军貌合神离，尤其生动。“势利”四句，扣紧“势利”二字，写尽诸将的自私心理。“铠甲生虮虱，万姓以死亡。白骨露于野，千里无鸡鸣。生民百遗一，念之断人肠”四句写战争给军民带来的深重苦难，给社会造成的巨大破坏，概括而形象，“生民”二句直抒胸怀，怜世悯人，热肠自见，充分表达了诗人愤怒伤感的心情，使本诗更具思想深度。

《蒿里行》通过讲述故事，逼真地反映了动乱年代人民的苦难。语言质朴，感情悲凉，表现了曹操诗的独特风格。曹操作为一个伟大的政治家，对东汉末年的现实社会有他自己独特的看法和立场。他有自己的理想，有自己的人生观，他尊奉汉室，恪守臣节。他爱护百姓，讲究礼让，希望社会安定、生产发展，人民过上安定的生活。

全诗气度雄阔，笔力雄健。诗以叙事起，以抒发战争带给人民深重灾难之情终，是诗亦是史，“诗史”之誉，足以当之。

【复习思考题】

1. 这首诗表达了怎样的思想感情？
2. 这首诗在写作上具有怎样的特点？
3. 诵读全诗，并译成现代汉语。

相关拓展性阅读材料推荐：

1.《汉魏六朝百三家集题辞注》，(明)张溥，中华书局，2007.

2.《曹操集》，中华书局，1974.

3.《魏武帝魏文帝诗注》，黄节，人民文学出版社，1958.

4.《三曹研究资料汇编》，河北师范学院中文系，中华书局，1981.

5. 中国国学网-曹操 http://www.confucianism.com.cn/html/junshi/830442.html

赠白马王彪[1](并序)

曹 植

曹植(192—232),字子建,曹操之子,曹丕之弟。他是建安时期最负盛名的作家,《诗品》称其为"建安之杰"。现在流传下来的作品也最多,诗有八十多首,辞赋、散文完整的与残缺不全的共四十余篇。从这些作品来看,其成就的确在建安时期一般作家之上。曾封陈王,死后谥"思",故世称"陈思王"。少聪敏,有才华,很受曹操宠爱,一度想立为太子。曹丕即位后,对他甚是猜忌,多方迫害,不得参与政事,最后郁郁而死。其诗风华美,骨气奇高,语言精练优美,情感强烈,善用比兴。散文和辞赋亦清丽流畅。今有《曹子建集》传世。

黄初四年五月,白马王、任城王与余俱朝京师,会节气[2]。到洛阳,任城王薨[3]。至七月,与白马王还国[4]。后有司以二王归藩,道路宜异宿止[5]。意毒恨之[6]。盖以大别在数日,是用自剖[7],与王辞焉[8]。愤而成篇。

谒帝承明庐,逝将归旧疆[9]。清晨发皇邑,日夕过首阳[10]。伊洛广且深,欲济川无梁[11]。泛舟越洪涛,怨彼东路长[12]。顾瞻恋城阙,引领情内伤[13]。

太谷何寥廓,山树郁苍苍[14]。霖雨泥我途,流潦浩纵横[15]。中逵绝无轨,改辙登高冈[16]。修坂造云日,我马玄以黄[17]。

玄黄犹能进,我思郁以纡[18]。郁纡将何念?亲爱在离居[19]。本图相与偕,中更不克俱[20]。鸱枭鸣衡轭,豺狼当路衢[21]。苍蝇间白黑,谗巧令亲疏[22]。欲还绝无蹊,揽辔止踟蹰[23]。

踟蹰亦何留?相思无终极!秋风发微凉,寒蝉鸣我侧[24]。原野何萧条,白日忽西匿[25]。归鸟赴乔林,翩翩厉羽翼[26]。孤兽走索群,衔草不遑食[27]。感物伤我怀,抚心长太息[28]。

太息将何为?天命与我违[29]。奈何念同生,一往形不归[30]。孤魂翔故域,灵柩寄京师[31]。存者忽复过,亡没身自衰[32]。人生处一世,去若朝露晞[33]。年在桑榆间,影响不能追[34]。自顾非金石,咄唶令心悲[35]。

心悲动我神,弃置莫复陈[36]。丈夫志四海,万里犹比邻[37]。恩爱苟不亏,在远分日亲[38]。何必同衾帱,然后展殷勤[39]。忧思成疾疢,无乃儿女仁[40]。仓卒骨肉情,能不怀苦辛[41]?

苦辛何虑思?天命信可疑[42]。虚无求列仙,松子久吾欺[43]。变故在斯须,百年谁能持[44]?离别永无会,执手将何时[45]?王其爱玉体,俱享黄发期[46]。收泪即长路,援笔从此辞[47]。

【注释】

①该诗最早见于《三国志·魏书·陈思王传》。本无序,序最早见于萧统编的《文选》。白马王彪:曹彪,曹植异母弟,封白马王。白马:地名,在今河南滑县东。

②黄初四年:公元223年。黄初,魏文帝曹丕年号。任城王:曹彰,字子文,曹植同母兄,封任城王。任城:地名,在今山东济宁市。京师:京城洛阳。会节气:魏制,每年立春、立夏、立秋和立冬四节气前十八天,诸王到京城朝会,举行迎节气之礼。

③薨(hōng):诸侯及有爵位之臣死亡称薨。

④还国:返回封地。

⑤有司:官吏。此指魏文帝派往各诸侯封地监督诸侯的监国使者。藩:封地,属国。道路宜异宿止:二王在路上不得同行同宿。宜:应当。异:分开。宿止:行止。

⑥毒恨:痛恨。

⑦大别:永别。自剖:自己表露心意。

⑧辞:告别。

⑨谒(yè)帝:进见皇帝。承明庐:《三国志·魏书文帝纪》裴注:"是时帝(指魏文帝)居北宫,以建始殿朝群臣,门曰承明,陈思王植诗曰'谒帝承明庐'是也"。逝:发语词。旧疆:指曹植此时的封地鄄(juàn)城(今属山东)。

⑩发:出发。皇邑:皇都洛阳。日夕:傍晚。首阳:山名,在洛阳东北。

⑪伊洛:两水名。济:渡。川:河流。梁:桥梁。

⑫泛舟越洪涛:乘船越过汹涌的伊、洛二水。洪:汹涌。东路:鄄城在洛阳东,故称。

⑬顾瞻:回头观望。城阙:指都城洛阳。引领:伸长脖子,形容远望。

⑭太谷:谷名,在洛阳东南五十里。一说关名。寥廓:空阔貌。郁:树木丛生集聚。苍苍:深青色。

⑮霖雨:三日以上的雨为霖。泥:滞。涂:同"途",路。流潦(lǎo):水流浩荡横溢。潦:大雨积水曰潦。

⑯"中逵(kuí)"句:四通八达的道路为水所淹,不能行车。中逵:道路交错之处。此指大路。轨:轨道,指车道。改辙:改道。

⑰修坂(bǎn):长山坡。造云日:形容山坡高达云日。造:至。玄以黄:指马因累而病。《诗经·周南·卷耳》:"我马玄黄。"

⑱郁:忧愁。纡:屈曲难解。

⑲何念:念何。亲爱:亲爱的人,指曹彪。

⑳图:打算。偕:一起。中更:中途改变。克:能够。俱:一起。

㉑"鸱枭(chī xiāo)"句:喻小人在皇帝面前拨弄是非。鸱枭:猫头鹰,古人认为是恶鸟,此处喻奸邪小人。衡轭(è):古代车辕前端的横木和套在马颈上的曲木。豺狼:喻险恶小人。当:阻挡。衢(qú):通达四方的路。

㉒"苍蝇"句:喻小人颠倒黑白。谗巧:谗言巧语。令亲疏:使亲人疏远。

㉓蹊(xī):小路。揽辔(pèi):握着马缰绳。踟蹰:徘徊不前。

㉔寒蝉:秋蝉,又名寒蜩(tiáo),较小,鸣则天凉。

㉕西匿(nì):夕阳西下。匿:隐藏。

㉖乔林:高大的树林。厉:振。

㉗走:跑。索:寻找。不遑(huáng):不暇。

㉘太息:叹息。

㉙天命:指命运。

㉚"奈何"二句:悲叹任城王曹彰突然死去。同生:亲兄弟。往:指死亡。

㉛故域:指曹彰生前的封地任城。灵柩(jiù):装着尸体的棺材。

㉜"存者"二句:活着的人很快就要度过一生,死去的人身体不久就要衰朽。存者:指自己和白马王曹彪。亡没(mò):指死去的任城王曹彰。

㉝“人生”二句：人生一世，若日照朝露，须臾即干。晞(xī)：干。

㉞“年在”二句：人至晚年，时光迅逝；快如光速、声音，无法追及。桑榆：二星名。每当傍晚时太阳就会运行到桑榆间。此喻人之将老。影响：影子和回声。此以影响易逝难追比喻晚年岁月。

㉟自顾：自念。咄唶(duō jiè)：惊叹声。

㊱神：精神。陈：陈说。

㊲比邻：近邻。

㊳苟：倘使。分(fèn)：情分。日亲：日益亲密。

㊴“何必”二句：不一定生活在一起，才能深表情意。衾(qīn)：被子。帱(chóu)：帐子。

㊵疾疢(chèn)：疾病。无乃：岂非。儿女仁：指小儿女的脆弱感情。仁：相亲相爱。

㊶仓卒(cù)：匆忙之间。指与白马王在匆忙之间要分别。苦辛：痛苦。

㊷信：的确。

㊸虚无：意指求仙之事虚无不可信。列仙：诸仙。松子：赤松子，传说中的神仙名。吾欺：欺骗我。

㊹变故：发生灾祸。斯须：转瞬之间。百年：指长命百岁。持：保持。

㊺执手：握手相见。

㊻王：白马王曹彪。黄发：人老后头发由白变黄，此谓高寿。

㊼即长路：登上远程，即：就，登。援：取，提。意即提笔作诗相赠，就此告别。

【作品简析】

曹植的一生以曹丕称帝为界，明显地分为前后两期。前期他以才华深得曹操的赏识与宠爱，几乎被立为太子，志满意得；后期曹丕父子做了皇帝，由于前期争夺“太子”地位的经历，对他深怀猜忌，横加压抑与迫害，他虽然仍不失王侯的地位，却“抑郁不得志”，终于在愤懑与苦闷中死去。这种生活遭遇，对他的创作有着深刻的影响。

写于黄初四年的《赠白马王彪》是诗人后期的一篇重要作品。当时诗人和白马王曹彪、任城王曹彰都去京师朝会，任城王到京后不明不白地死去，诗人与白马王返回封地时，又为有司所阻，不能同行，于是诗人“愤而成篇”，写下了这首赠诗。全诗共分七章，表现了丰富复杂的感情。第一章写离开洛阳时的眷恋伤情。第二章写途中受淫雨困顿的情形。第三章说明骨肉之亲被强行隔绝是由于小人的颠倒黑白和挑拨离间。第四章以秋日萧条暮景抒发诗人凄凉的孤独感。第五章由悲悼任城王之死而叹息人生的短促。第六章转入抒写与白马王彪的惜别之情。第七章感叹天命可疑、人生无常，又意识到后会无期，故只希望彼此保重，共享天年。诗中如“鸱枭鸣衡轭，豺狼当路衢，苍蝇间白黑，谗巧令亲疏”，痛斥了迫使他们分行的有司；“奈何念同生，一往形不归。孤魂翔故域，灵柩寄京师”，表现了对任城王暴亡的深沉悼念；“变故在斯须，百年谁能持”，也吐露了诗人在岌岌可危的处境中惴惴不安的心境。这首诗虽然只是抒发诗人的主观感情，客观上却深刻地暴露了统治阶级内部萁豆相煎的残酷，有深刻的思想意义。这首诗的抒情艺术水平也很高。诗人把复杂的感情，通过章章蝉联的轳辘体的形式，一步步抒发出来，极有层次。另外，诗人的感情虽然十分悲愤激切，却不是一味的直接倾诉，往往通过叙事、写景，或通过哀悼、劝勉等方式宕开去写，这就把感情表现得沉着从容，丰富深厚。

【复习思考题】

1. 这首诗表达了怎样的思想内容？

2. 诵读全诗，并译成现代汉语。

相关拓展性阅读材料推荐：

1.《汉魏六朝百三家集题辞注》，（明）张溥，中华书局，2007.

2.《全汉三国晋南北朝诗》，（清）丁福保，中华书局，1959.

3.《曹子建诗注》，黄节，人民文学出版社，1957.

4.《曹植集校注》，赵幼文，人民文学出版社，1984.

5.《三曹研究资料汇编》，河北师范学院中文系，中华书局，1981.

6. 中国国学网-曹植 http://www.confucianism.com.cn/html/wenxue/668017.html

登楼赋

王　粲

王粲(177—217),字仲宣,山阳高平(今山东邹县西南)人。三国时曹魏名臣,也是著名文学家。其祖为汉朝三公。汉献帝初平元年(190),因董卓劫持汉室君臣迁都时,王粲随父由洛阳徙至长安,左中郎将蔡邕见而奇之。后到荆州依附刘表。刘表以王粲其人貌不副其名而且躯体羸弱,不甚见重。刘表死后,王粲劝刘表次子刘琮,令归降于曹操。曹操辟王粲为丞相掾,赐爵关内侯。魏国始建宗庙,王粲与和洽、卫觊、杜袭同拜侍中。

王粲强识默记,善算术行文,少有才名,诗有四言、五言两种,五言成就最高。其诗辞气慷慨,部分诗作反映了社会动乱和人民疾苦,现实性比较强烈。其小赋抒情真挚,风格清丽。与鲁国孔融、北海徐干、广陵陈琳、陈留阮瑀、汝南应玚、东平刘桢,合称"建安七子"。王粲在"建安七子"中成就最高,与曹植并称"曹王"。建安二十二年卒,享年四十一岁。著诗、赋、论等六十篇,其中《七哀诗》、《登楼赋》等皆为名作,有《王侍中集》。

登兹楼以四望兮,聊暇日以销忧①。揽斯宇之所处兮②,实显敞而寡仇③。挟清漳之通浦兮④,倚曲沮之长洲⑤。背坟衍之广陆兮⑥,临皋隰之沃流⑦。北弥陶牧⑧,西接昭丘⑨。华实蔽野⑩,黍稷盈畴⑪。虽信美而非吾土兮⑫,曾何足以少留⑬!

遭纷浊而迁逝兮⑭,漫逾纪以迄今⑮。情眷眷而怀归兮⑯,孰忧思之可任⑰?凭轩槛以遥望兮⑱,向北风而开襟⑲。平原远而极目兮,蔽荆山之高岑⑳。路逶迤而修迥兮㉑,川既漾而济深㉒。悲旧乡之壅隔兮㉓,涕横坠而弗禁㉔。昔尼父之在陈兮,有"归欤"之叹音㉕。钟仪幽而楚奏兮㉖,庄舄显而越吟㉗。人情同于怀土兮㉘,岂穷达而异心㉙?

惟日月之逾迈兮㉚,俟河清其未极㉛。冀王道之一平兮㉜,假高衢而骋力㉝。惧匏瓜之徒悬兮㉞,畏井渫之莫食㉟。步栖迟以徙倚兮㊱,白日忽其将匿㊲。风萧瑟而并兴兮㊳,天惨惨而无色㊴。兽狂顾以求群兮㊵,鸟相鸣而举翼㊶。原野阒其无人兮㊷,征夫行而未息㊸。心凄怆以感发兮㊹,意忉怛而憯恻㊺。循阶除而下降兮㊻,气交愤于胸臆㊼。夜参半而不寐兮㊽,怅盘桓以反侧㊾。

【注释】

①兹楼:此楼。指麦城城楼。麦城故址在今湖北当阳东南,漳、沮二水会合处。聊:姑且,暂且。暇日:假借此日。暇:通"假",借。销忧:解除忧虑。

②斯宇之所处:指这座楼所处的环境。

③实显敞而寡仇:此楼的宽阔敞亮很少能有与它相比的。显敞:明亮宽敞。寡:少。仇:匹敌。

④挟清漳之通浦兮:漳水和沮水在这里会合。挟:带。障:指漳水,发源于湖北南漳,流经当阳,与沮水会合,经江陵注入长江。通浦:两条河流相通之处。

⑤倚曲沮(jǔ)之长洲:弯曲的沮水中间是一块长形陆地。倚:靠。曲沮:弯曲的沮水。长洲:水边沙洲。

⑥背坟衍之广陆:楼北是地势较高的广袤原野。背:背靠,指北面。坟:高。衍:平。广陆:广袤的原野。

⑦临皋(gāo)隰(xí)之沃流:楼南面地势低洼的低湿之地。临:面对,指南面。皋隰:水边之地为皋,低湿之地为隰。沃流:可以灌溉的水流。

⑧北弥陶牧:北接陶朱公所在的江陵。弥:接。陶牧:春秋时越国的范蠡帮助越王勾践灭吴后弃官来到陶,自称陶朱公。牧:郊外。湖北江陵西有陶朱公墓,故称陶牧。

⑨昭丘:楚昭王的坟墓,在当阳郊外。

⑩华实蔽野:(放眼望去,)花和果实覆盖着原野。华:同“花”。

⑪黍稷盈畴:农作物遍布田野。黍稷:泛指农作物。盈:满。畴:田野。

⑫信美:确实美。信:诚然,确实。吾土:这里指作者的故乡。

⑬曾何足以少留:曾不能暂居一段。曾:竟。以:稍许。

⑭遭纷浊而迁逝兮:生逢乱世到处迁徙流亡。纷浊:纷乱混浊,比喻乱世。迁逝:迁徙流亡。

⑮漫逾纪以迄今:这种流亡生活已超过了十二年。逾:超过。纪:一纪为十二年。迄今:至今。

⑯眷(juàn)眷:形容念念不忘。

⑰孰忧思之可任:这种忧思谁能经受得住呢?任:承受。

⑱凭:倚,靠。轩槛:栏杆。

⑲向北风:王粲的家乡在荆州之北,故云。开襟:敞开胸襟。

⑳蔽荆山之高岑(cén):高耸的荆山挡住了视线。荆山:在湖北南漳。高岑:小而高的山。

㉑路逶(wēi)迤(yí)而修迥兮:道路曲折漫长。修:长。迥:远。

㉒川既漾而济深:河水大而深,很难渡过。这两句是说路远水长归路艰难。漾:水流很大的样子。济:渡。

㉓悲旧乡之壅(yōng)隔兮:想到与故乡阻塞隔绝就悲伤不已。壅隔:阻塞隔绝。

㉔涕横坠而弗禁:禁不住泪流满面。涕:眼泪。弗禁:止不住。

㉕昔尼父之在陈兮,有“归欤”之叹音:据《论语·公冶长》记载,孔子周游列国的时候,在陈、蔡绝粮时感叹:“归欤,归欤!”尼父:指孔子。

㉖钟仪幽而楚奏兮:指钟仪被囚,仍不忘弹奏家乡的乐曲。幽:囚禁。《左传·成公九年》载,楚人钟仪被郑国作为俘虏献给晋国,晋侯让他弹琴,所奏皆楚乐,晋侯称赞说:“乐操土风,不忘旧也。”

㉗庄舄(xì)显而越吟:指庄舄身居楚国要职,病中呻吟时说的仍为家乡越国的方言。显:显达,做大官。《史记·张仪列传》载,庄舄在楚国做官时病了,楚王说,他原来是越国的穷人,现在楚国作了大官,还能思念越国吗?便派人去看,原来他正在用家乡话自言自语。

㉘人情同于怀土兮:人都有怀念故乡的心情。土:故土,故乡。

㉙岂穷达而异心:哪能因为穷困和腾达就不同了呢?穷:逆境。达:顺境。

㉚惟日月之逾迈兮:日月如梭,时光飞逝。惟:念。

㉛俟(sì)河清其未极:黄河水还没有到澄清的那一天。俟:等待。河:黄河。极:至,到。

㉜冀王道之一平兮:希望国家统一安定。冀:希望。王道:即“王政”,朝廷局势。一:统一。平:平定。

㉝假高衢(qú)而骋力:自己可以施展才能和抱负。假:凭借。高衢:大道。

㉞惧匏(páo)瓜之徒悬兮:担心自己像匏瓜那样被白白地挂在那里。《论语·阳货》:“吾岂匏

瓜也哉？焉能系而不食?”这是以匏瓜徒悬比喻不被任用。匏瓜：葫芦。

㉟畏井渫(xiè)之莫食：害怕井淘好了，却没有人来打水吃。这是比喻自己虽志向高洁，但仍不被任用。渫：淘井。《周易·井卦》：“井渫不食，为我心恻。”

㊱步栖(qī)迟以徙倚：在楼上漫步徘徊。栖迟、徙倚都有徘徊、漫步义。

㊲白日忽其将匿(nì)：太阳将要沉没。匿：隐藏。

㊳风萧瑟而并兴兮：林涛阵阵，八面来风。萧瑟：树木被风吹拂的声音。并兴：指风从不同的地方同时吹起。

㊴天惨惨而无色：天空暗淡无光。

㊵兽狂顾以求群兮：野兽惊恐地张望寻找伙伴。狂顾：惊恐地回头望。

㊶鸟相鸣而举翼：鸟张开翅膀互相地鸣叫。

㊷原野阒(qù)其无人兮：原野静寂无人。阒：静寂。

㊸征夫行而未息：离家远行的人还在匆匆赶路。征夫：行人。

㊹心凄怆以感发兮：指自己为周围景物所感触，不禁觉得凄凉悲怆。

㊺意忉(dāo)怛(dá)而憯(cǎn)恻：指心情悲痛，无限伤感。与上句为互文。忉怛：悲痛。憯：同“惨”。

㊻循阶除而下降兮：沿着阶梯下楼。循：沿着。阶除：台阶，阶梯。

㊼气交愤于胸臆：胸中闷气郁结，愤懑难平。

㊽夜参半而不寐兮：直到半夜还难以入睡。夜参半：半夜。

㊾怅盘桓以反侧：惆怅难耐，辗转反侧。盘桓：逗留不进的样子。这里是思前想后，内心不平静的意思。反侧：翻来覆去，难以入睡。

【作品简析】

这篇小赋选自《文选》卷十一，是王粲于建安九年(205)在荆州依刘表时登麦城(在现在湖北当阳东南)城楼时所作。

《登楼赋》的作者王粲是东汉末年建安时期的著名文人。他身当乱世，经历流离颠沛的生活，因此作品对当时社会现实有真切的反映，具有沉郁悲愤、慷慨任气的格调。他又怀抱进步的社会政治理想，在作品中表现了强烈的建功立业愿望。这篇《登楼赋》主要抒写作者生逢乱世、长期客居他乡、才能不得施展而产生思乡、怀国之情和怀才不遇之忧，表现了作者对动乱时局的忧虑和对国家和平统一的希望，也倾吐了自己渴望施展抱负、建功立业的心情。可以说比较集中地体现了王粲的政治倾向和思乡情绪。所以，其主题可以归结为：通过登楼四望，抒发了浓重的思念故土之情，倾吐了怀才不遇、宏图难展的苦闷，表现了渴望舒展政治抱负的迫切心情。全篇抒情意味很浓，“忧”字贯穿全篇，风格沉郁悲凉，语言流畅自然，是建安时代抒情小赋的代表性作品。

这篇赋的成功，在于真切动人的直接抒情。文章开首，以一个“忧”字奠定抒情基调，并通贯全篇，始终不懈。以下依次写城楼形势和登楼所见，由山高水长而引发穷达不易之乡情，最后揭示内心忧思的深层政治内涵。终篇之际，作者将一个夜半不能入睡、辗转反侧的抒情主人公形象突现在读者面前，使人强烈感受到作者内心起伏的感情波澜和浓重压抑的悲愁气氛。

此赋中的写景变化灵动，对抒情起到陪衬、辅佐作用。在写法上，有时虚实相间，如第一段中实写秋野景色；有时则由实转虚，如以“陶牧”、“昭丘”的古人故事暗示未遇明君的现实处境；

有时明暗相映，如第一段的明朗之景与第三段中昏暗暮景，对感情的启动有感发之效；有时主客相兼，如第一、三段所写之景偏于客观描绘，而第二段中凭栏遥望所见，则属主观虚撰。无论是情随景迁，还是因情设景，都有情景相生之妙。

表面看来，这篇赋的感情似乎比较低沉压抑，开头说“聊暇日以销忧”，继而说“孰忧思之可任”、“涕横坠而弗禁”，末了又说“心凄怆以感发兮，意忉怛而憯恻”，反复喟叹，忧愁难遣。但细读全文，我们可以发现，这种忧思乃由怀才不遇、壮志难酬而引起，政治上的失意之叹，根源于追求社会统一安定的进步政治理想不得实现。在赋的第二段，作者超越了一般的怀乡之情，向深层发掘，揭示了其忧思的政治内涵：“遭迁逝而纷浊兮”。“纷浊”二字概括了当时动乱不定的时代特征，“迁逝”二字概括了作者个人的不幸遭际；“惟日月之逾迈兮，俟河清其未极”，表达了时不我待、急欲乘时而起的迫切感；“冀王道之一平兮，假高衢而骋力”，又表达了以天下为己任、急于建功立业的使命感。这种积极进取的精神，应该得到肯定的评价。

【复习思考题】

1. 本文多次用典，分别说明这些典故在文中的含意。
2. 本文中的景物描写有哪些？这些景物描写对抒情起了什么作用？

相关拓展性阅读材料推荐：

1.《汉魏六朝百三家集题辞注》，(明)张溥，中华书局，2007.
2.《全汉三国晋南北朝诗》，(清)丁福保，中华书局，1959.
3.《建安七子集校注》，吴云，天津古籍出版社，1991.
4.《王粲集》，俞绍初，中华书局，1980.
5. 中国国学网-建安七子 http://www.confucianism.com.cn/html/lishi/1626997.html

咏怀诗①

阮 籍

阮籍(210—263),字嗣宗,陈留尉氏(今河南开封)人,魏晋时代著名的文学家,音乐家。阮籍是“竹林七贤”的主要成员,其父是“建安七子”之一的阮瑀。曾任司马氏的步兵校尉,世称“阮步兵”,但实际上又跟司马氏集团有相当的矛盾。他本有济世之志,生活在魏晋易代之际,既不满于黑暗现实,又不敢正面反抗,因此纵酒谈玄,佯狂放诞以避祸。乱世之中,他常以“醉酒”保身,司马昭想与他联姻时,他竟会大醉六十日加以拒绝。

阮籍嗜烈酒、善弹琴,喝酒弹琴往往复长啸,得意时忽忘形骸,甚至即刻睡去。实可谓“我今欲眠君且去,明朝有意抱琴来”。史书记载阮籍“或闭户经书,累月不出;或登山临水,经日忘归。博览群籍,尤好老庄。嗜酒能啸,善弹琴,当其得意,忽忘形骸。”

阮籍的主要作品是82首五言《咏怀诗》。

驾言发魏都②,南向望吹台③。萧管有遗音④,梁王安在哉⑤?战士食糟糠,贤者处蒿莱⑥。歌舞曲未终,秦兵已复来⑦。夹林非吾有⑧,朱宫生尘埃⑨。军败华阳下⑩,身竟为土灰⑪。

【注释】

①咏怀:即长言抒怀之意。这里选的是第三十一首。陈沆《诗比兴笺》说这首诗“借古以喻今也。明帝末年,歌舞荒淫,而不求贤讲武,不亡于敌国,则亡于权奸,岂非百世殷鉴哉!”

②驾:驾车。言:语助词。魏都:指大梁(今河南开封市),战国时为魏国都城。在阮籍的时代,政治中心是洛阳,其次是邺城,大梁并不是一个重要城市。阮诗中的大梁,多借喻曹魏政权。

③吹台:战国时魏王宴乐之所,又名繁台、范台,遗址在今开封市东南。

④萧管有遗音:这是诗人的假设之辞,意思是说,战国时魏王在吹台欢宴吹奏的音乐,可能还有遗传下来的。遗音:指战国时魏国流传下来的音乐。

⑤梁王:指战国时魏王。魏王都大梁,所以魏王又称梁王。

⑥处蒿莱:指居于草野之中,不被朝廷任用。蒿莱:两种野草名,此指草野之地。

⑦“歌舞”二句:言魏王歌舞欢宴尚未结束,秦国军队已经又来攻打了。

⑧夹林:地名,亦为魏王游乐之所,在吹台之南。吾:拟魏王自称。

⑨朱宫:指吹台的宫殿。

⑩华阳:地名,在今河南新郑东。公元前273年,秦将白起围大梁,破魏军于华阳,魏割南阳求和。这是秦国灭魏中的重要一仗。

⑪身竟:身死。竟:终,尽。为土灰:化为尘土,指魏王身亡名灭。

【作品简析】

阮籍不满司马氏黑暗残暴的统治,从进步的政治思想出发,他对曹魏统治者的日趋荒淫腐朽进行了揭露。这首诗以战国时魏王比当时魏君,借咏魏国衰亡的史实,指出了统治阶级荒淫无耻,失政必然导致灭亡的教训。抨击曹魏后期政治的腐败和统治者的荒淫,结尾大胆地指出曹魏政权如不汲取历史教训，就必然要灭亡的命运。

这首诗的主要特色是善用对比。诗人或用对比抒发对统治者的讥嘲之情，如“箫管有遗音，梁王安在哉”两句；或用对比揭示政治腐败与国家灭亡的因果关系，如诗中“战士”两句是因，“夹林”四句是果。又如“歌舞”两句，一句写淫乐未已，一句写大军压境。这些都形成鲜明对照，用意精警，感情强烈。

阮籍处于政治高压之下，虽然满腹愤懑不平却不能直接说出来，因此，尽管他是“使气以命诗”（《文心雕龙·才略》），言在此而意在彼，隐约曲折地表现思想内容，也颇具启发意义，正如《诗品》所说：“言在耳目之内，情寄八荒之表。……厥旨渊放，归趣难求”。本首诗全篇无一句写曹魏，而又是处处在讲曹魏，委婉含蓄，机巧旷放，很能显示阮诗的艺术特色。“虽志在刺讥，而文多隐避，百代之下，难以猜测”（《文选》李善注引）。

阮籍的《咏怀诗》继承了《小雅》和《古诗十九首》的风格，也受到了楚辞的影响。所以阮籍不仅是建安以来第一个全力作五言诗的人，而且能吸收多方面的影响，创造独特的风格，在五言诗的发展中占有重要的地位。

阮籍这种以咏怀为题的抒情诗对后世作家有很大影响。陶渊明的《饮酒》，庾信的《拟咏怀》，陈子昂的《感遇》，李白的《古风》，这些成组的咏怀之作，显然都是继承阮籍《咏怀诗》这一传统而来的。

【复习思考题】

1. 分析本诗的思想意义。
2. 试析阮籍《咏怀诗》（驾言发魏都）的主要写作特色。

相关拓展性阅读材料推荐：

1.《全汉三国晋南北朝诗》，（清）丁福保，中华书局，1959.
2.《建安七子集校注》，吴云，天津古籍出版社，1991.
3.《阮籍集校注》，陈伯君，中华书局，1987.
4.《阮步兵咏怀诗注》，黄节，人民文学出版社，1957.
5.《阮籍集》，李志钧等，上海古籍出版社，1978.
6. 中国国学网-建安七子 http://www.confucianism.com.cn/html/lishi/1626997.html

悼亡诗

潘 岳

潘岳(247—300),字安仁,俗称潘安,美男子,荥阳中牟(今属河南中牟)人,西晋文学家。天资聪颖,很早就有才名。但仕宦不得意,仅作过一些小官。曾任河阳令、著作郎、给事黄门侍郎等职,后为赵王司马伦及孙秀所害。

潘岳不仅貌美,且文采斐然。《晋书》称"潘岳以才颖见称,乡邑号为神童","总角辩惠,文藻清艳",当时就有"岳藻如江,濯美锦而增绚"的美誉。他善于写哀伤诗文,长于抒情,诗与陆机齐名。

潘岳对结发妻子一往情深,杨氏是晋代名儒杨肇的女儿,十岁就许配给潘家。杨氏一家门第清高,男女都有真才实学。潘安与杨氏伉俪和谐,始终如一。不料杨氏早逝。妻子死后他写的悼亡诗非常优秀,悼亡一词自他而起,成了悼念亡妻的代名词,开创了悼亡诗的题材。有《潘黄门集》。

荏苒冬春谢,寒暑忽流易①。
之子归穷泉,重壤永幽隔②。
私怀谁克从,淹留亦何益。
僶俛恭朝命,回心反初役③。
望庐思其人,入室想所历。
帏屏无仿佛④,翰墨有余迹。
流芳未及歇,遗挂犹在壁⑤。
怅恍如或存,周遑忡惊惕⑥。
如彼翰林鸟⑦,双栖一朝只。
如彼游川鱼,比目中路析⑧。
春风缘隙来,晨溜承檐滴⑨。
寝息何时忘,沉忧日盈积。
庶几有时衰,庄缶犹可击⑩。

【注释】

①荏苒:辗转。谢:去。流易:消逝、变换。以上二句是说一年很快就过去了。古代礼制,妻死夫服丧一年,这首诗是作于妻亡一周年时。

②之子:那人,指亡妻。穷泉:地下。这两句是说妻死埋葬土中,和生人永远隔绝。

③僶俛(mìn miǎn):勉强。回心:转念。反初役:回原官任所。反:通"返"。

④仿佛:相似的形影。

⑤"流芳"、"遗挂":都承翰墨而言,言亡妻笔墨遗迹,挂在墙上,还有余芳。

⑥怅恍:恍忽。周遑:惶恐的意思。忡:忧。惕:惊惧。

⑦翰：飞。
⑧析：分开。
⑨隙：指门缝、窗缝。溜：屋顶上流下来的水。
⑩庶几：表示希望的词。衰：减退。指思亡妻之情。“庄缶”句：战国时代宋国人庄周的妻死了，惠施去吊丧，见他正在敲着瓦盆（乐器）唱歌。惠施问他：妻死不哭也还罢了，又唱起歌来，岂不是太过分了？他道：我妻刚死的时候我也不免伤感，后来想人由无到有，又由有到无，也不过是像四季循环似的自然变化，又何必悲伤呢？（《庄子·至乐》）这诗末尾是说沉忧逐日累积，但愿有时衰减，还可以如庄周那样达观。

【作品简析】

本篇是诗人为哀悼亡妻所作《悼亡诗》三首中的第一首，叙亡妻安葬后将要赴任时的情景。此首是潘岳妻子死后一年，送灵返乡所作。在诗中他感叹自己沉浸在永恒的哀伤中，竟然不觉冰雪消融，春风吹拂。时节交替了，时光流逝了，而自己对亡妻的哀念反而更深长。诗人望庐思人，睹物伤情：“帏屏无仿佛，翰墨有余迹。流芳未及歇，遗挂犹在壁”，环顾家中，物在人去，帏屏之后，已无昔日持家妻子的身影，见其墨迹犹存，而属于她的气味也还散布在屋内，但伊人却早已香销玉殒，此物、此情也只能成为追忆。结句：庶几有时衰，庄缶犹可击。诗人也曾希望自己能仿效先贤庄子那样达观，但哀愁缭绕在心间，永远拂拭不去。

诗歌给读者展示了一个充满永恒哀伤的时空。全诗的镜头随着诗人的步履移动，逐次呈现了庐舍、居室、帷幕、屏风、翰墨的余迹、檐头的滴水等，这些连续的空间场景中弥漫着阴沉凄凉的气氛，在沉寂中倾诉着诗人丧妻的悲痛和孤独。与此同时，诗歌又从时间的角度来表现丧妻之痛的深广。光阴流逝了，而诗人对亡妻的哀念并不因此而淡薄，“寝息何时忘，沉忧日盈积”，反而越来越沉重。在伤痛莫解的情况下，他想起达观的庄子，希望自己有朝一日能像庄子那样从感情的重压下解脱出来。而这种企望，则又暗示出诗人的哀伤不仅占据了他的今天，也将延伸到他的明天、后天……读罢全诗，一个陷入永恒哀痛之中的诗人形象粲然浮现在读者眼前。这首诗情至深而语至浅，悼亡的深情婉转地流动于清浅的字句之间。比如“帏屏”数句以极其平淡的语言道出物是人非的悲怆之感；“怅怳”二句更是微妙地表现出失去了朝夕相处的伴侣而精神痛苦、恍惚迷离的神态。另外“如彼翰林鸟”等四句，两个比喻通俗浅近，却准确地表达了诗人的沉痛心情。这首诗“悲而不壮”，情词哀艳，后人写哀悼亡妻的诗多以“悼亡”为题，正是受了潘岳的影响。

【复习思考题】

1. 试析潘岳悼亡诗的意义。
2. 这首诗表达了作者怎样的思想感情？

相关拓展性阅读材料推荐：

1.《全汉三国晋南北朝诗》，(清)丁福保，中华书局，1959.

2.《晋书》，(唐)房玄龄等，中华书局，1974.

3.《潘黄门集校注》，王增文，中州古籍出版社，2002.

4.《潘岳集校注(修订版)》，董志广，天津古籍出版社，2005.

5.《先秦汉魏晋南北朝诗》，逯钦立，中华书局，1983.

6.《魏晋南北朝文学史参考资料》，北京大学中国文学史教研室，中华书局，1962.

7. 中国古诗文网 http://www.capaw.com/

8. 中国国学网-魏晋南北朝 http://www.confucianism.com.cn/Category.asp?cataid=A000100040003

咏史二首

左　思

左思(约250—约305),字太冲,临淄(今山东淄博)人,西晋文学家。出身于寒族家庭,母早逝,父亲左熹,出身小吏,做过太原相、弋阳太守,后升殿中侍御史。左思少时,发愤苦读。据说他相貌不扬,又拙于言辞,因而不善于交游,平日只以读书为乐,曾用一年时间写成《齐都赋》(全文已佚,若干佚文散见《水经注》及《太平御览》)。272年,其妹左棻以文才出众,被召入武帝内宫,左思遂举家迁至洛阳。曾为权臣贾谧门下"二十四友"之一。入京之初,左思尚有求取仕进、报效国家的志向,然而排斥寒族的门阀制度最终浇灭了他的热情,官止于秘书郎。他最后退出了官场,将满腔不平,写在八篇一组的《咏史诗》中。

《三都赋》与《咏史》诗是其代表作。《三都赋》历时十年,一经问世,立即轰动一时,人们竞相传颂,致使"洛阳纸贵"。著名诗人陆机读后,十分叹服。左思自此蜚声文坛。左思的《咏史诗》,相较于《三都赋》来,文学成就更高,在文学史上的地位也更高。

左思之作,多是借古讽今,抒发个人的怀抱。其《咏史诗》中流露出郁郁不平的磊落之气和对当时政治局面的讥讽之意,而且他志高才雄,笔力矫健,形成"左思风力",风靡当时诗坛。后人沈德潜称他的《咏史诗》为"千秋绝唱"。刘勰在《文心雕龙》中说左思"尽锐于《三都》,拔萃于《咏史》"。左思的诗文,后人辑为《左太冲集》。

咏史(其二)

郁郁涧底松①,离离山上苗②。以彼径寸茎③,荫此百尺条④。世胄蹑高位⑤,英俊沉下僚⑥。地势使之然,由来非一朝⑦。金张藉旧业⑧,七叶珥汉貂⑨。冯公岂不伟,白首不见招⑩。

咏史(其五)

皓天舒白日⑪,灵景耀神州⑫。列宅紫宫里,飞宇若云浮⑬。峨峨高门内⑭,蔼蔼皆王侯⑮。自非攀龙客⑯,何为欻来游⑰?被褐出阊阖⑱,高步追许由⑲。振衣千仞冈⑳,濯足万里流㉑。

【注释】

①郁郁:繁茂浓绿的样子。涧:两山之间。涧底松:比喻才高位卑的寒士。

②离离:轻散下垂的样子。山上苗:山上小树。苗:初生的草木。

③彼:指山上苗。径寸茎:即一寸粗的茎。径寸:直径一寸。径:直径。

④荫此百尺条:山上苗能遮住涧底的松树。荫:遮蔽,遮盖。此:指涧底松。百尺条:指涧底松。条:树枝,这里指树木。

⑤世胄:世家子弟。胄:长子。蹑(niè):履、登。

⑥沉下僚:沉没于下级的官职。下僚:下级官员,即属员。

⑦"地势"二句:"世胄蹑高位,英俊沉下僚"这种情况恰如涧底松和山上苗一样,是地势造成的,其由来久矣。

⑧金:指金日磾(mì dí),金家自汉武帝到汉平帝,七代为内侍(见《汉书·金日传》)。张:指汉张汤,张家自汉宣帝以后,子孙中有十余人为侍中、中常侍。《汉书》云:“功臣之世,唯有金氏、张氏亲近贵宠,比于外戚。”藉旧业:凭借祖先的遗业。

⑨七叶珥汉貂:金张两家的子弟凭借祖先的基业,七代做汉朝的贵官。七叶:七代。珥汉貂:汉代侍中、中常侍的帽子上,皆插貂尾。珥(ěr):插。

⑩“冯公”二句:冯唐难道不奇伟?年老了还不被重用。以上四句引证史实说明“世胄蹑高位,英俊沉下僚”的情况,是由来已久。冯公:指汉冯唐,他曾上书汉文帝针砭时弊,匡正朝政,但未受重用,年七十左右,仍居小官,作中郎署长。伟:卓异奇伟,人才出众。不见招:不被皇帝召见重用。

⑪皓天:明亮的天空。皓:明。舒:展现。

⑫灵景:日光。神州:指中国。

⑬紫宫:指皇都。飞宇:房屋的飞檐。宇:屋檐。

⑭峨峨:高峻的样子。

⑮蔼蔼:盛多的样子。

⑯攀龙客:追随皇帝以求仕进的人。这句是说自己并非攀龙附凤之人。

⑰何为:为什么。欻(xū):忽。这句是说为什么忽然到这里来了呢?

⑱被褐:穿着布衣。阊阖:宫门。

⑲高步:指隐居。许由:传说尧时隐士。尧要把天下让给他,他不肯接受,便逃到箕山之下,隐居躬耕。

⑳仞:七尺为一仞。

㉑濯足:洗脚,指去世俗之污垢。

【作品简析】

《咏史》(其二)取喻松、草,猛烈抨击了压抑人才的门阀制度,具有极强的针对性,愤激之情,溢于言表。借史咏怀,笔力雄健。篇末以反诘句点明题旨,更显得气势逼人。

在当时的门阀制度下,有才能的人,因为出身寒微而受到压抑,世家大族子弟不管有无才能,均可占据要位,造成“上品无寒门,下品无势族”(《晋书·刘毅传》)的不平现象。“郁郁涧底松”四句,以比兴手法表现了当时人间的不平。以“涧底松”比喻出身寒微的士人,以“山上苗”比喻世家大族子弟。仅有一寸粗的山上树苗竟然遮盖了涧底百尺长的大树,从表面看来,写的是自然景象,实际上诗人借此隐喻人间的不平,包含了特定的社会内容。形象鲜明,表现含蓄。中国古典诗歌常以松喻人的高尚品格。“世胄蹑高位”四句,写当时的世家大族子弟占据高官之位,而出身寒微的士人却沉没在低下的官职上。这种现象就好像“涧底松”和“山上苗”一样,是地势使他们如此,由来已久,不是一朝一夕的事。本诗以形象的语言,有力地揭露了门阀制度所造成的不合理现象。“金张藉旧业”四句用对比手法,借历史以抒发自己的怀抱,对不合理的社会现象进行无情地揭露和抨击。可以说本诗通首皆用对比,所以表现得十分鲜明生动。加上内容由隐至显,一层比一层具体,具有良好的艺术效果。

《咏史》(其五)抒写作者鄙视豪门世俗,隐居高蹈的志向和对理想人格的追求。本诗艺术上采用对比手法,前六句写京城洛阳皇宫中的高大建筑和高门大院内的“蔼蔼王侯”。后六句写诗人要摒弃人间的荣华富贵,走向广阔的大自然,隐居高蹈,涤除世俗的尘污。诗句之中,作者的不平之气和涤除世间尘污的激情写得豪迈高远，雄健劲挺。

在门阀社会中，像左思这样出身寒微的士人，往往壮志难酬，备受压抑，也使他渐渐醒悟："自非攀龙客，何为欻来游？"自己不是攀龙附凤之人，为什么到洛阳这种地方来呢？其实，左思曾是"攀龙客"，他希望能跟随王侯将相，追求功名利禄，只有在此路不通的情况下，才感到无限的悔恨。于是，他下定决心，与门阀社会作最后的决裂："被褐出阊阖，高步追许由。"他决心穿着粗布衣服，追随高士许由过隐居高蹈的生活。许由何许人也？他是传说中的隐士。据《高士传》记载，唐尧要将天下让给他，他拒不接受，逃到颍水之滨，箕山之下隐居。左思要像许由那样隐居高蹈，虽然只是一时的排忧解闷之辞，但也是对门阀统治的强烈反抗。"振衣千仞冈，濯足万里流。"写的是左思所想象的隐居生活。在高山上抖衣，在长河中洗脚，表示他要涤除世俗的尘污。写得豪迈高亢，雄健劲挺。所以沈德潜评曰："俯视千古。"(《古诗源》卷七)

《咏史》(其五)是左思《咏史》诗中最有代表性的一首，它不仅表现了诗人愤懑的感情，同时也表现了诗人高尚的情操，是西晋五言诗的扛鼎之作。

从历史上看，门阀制度在东汉末年已经有所发展，至曹魏推行"九品中正制"，对门阀统治起到了巩固作用。西晋时期，由于"九品中正制"的继续实行，门阀统治有了进一步的加强，其弊病也日益明显。当时朝廷用人，只据中正品第，结果，上品皆显贵之子弟，寒门贫士仕途堵塞。左思的咏史诗从自身的遭遇出发，对时弊进行了猛烈的抨击，具有一定的政治意义。

【复习思考题】

1. 试析左思《咏史》诗的主旨。
2. 结合这两首诗的特点，谈谈你对"左思风力"的理解。

相关拓展性阅读材料推荐：

1.《全汉三国晋南北朝诗》，(清)丁福保，中华书局，1959.
2.《左太冲集》，(晋)左思，上海古籍出版社，1982.
3.《先秦汉魏晋南北朝诗》，逯钦立，中华书局，1983.
4.《魏晋南北朝文学史参考资料》，北京大学中国文学史教研室选注，中华书局，1962.
5. 中国国学网-魏晋南北朝 http://www.confucianism.com.cn/Category.asp?cataid=A000100040003

移居二首

陶渊明

陶渊明(约365—427),字元亮,一名潜,字渊明,卒后友朋私谥靖节,故又称靖节先生。浔阳柴桑(今江西九江西南)人。东晋诗人、辞赋家、散文家。陶渊明出身于没落的仕宦家庭,少时丧父,生活贫苦。在家族中,他既钦敬曾祖陶侃的积极进取,又特别赞赏外祖孟嘉的冲淡自然,思想中融入了儒道两种精神。前期(41岁以前),他渴望进取,渴望干一番事业,做过江州祭酒,刘裕幕下镇军参军、彭泽令,起主导作用的是儒家精神;但由于儒道思想的矛盾性,又时官时隐,举棋不定。后期(41岁以后),陶渊明因时局动荡,仕途险恶,以及官场政治腐败,门阀制度森严而对现实极端不满,任彭泽县令时,因不愿"为五斗米而折腰",仅80多天就辞官回家,作《归去来兮辞》,自明本志。从此"躬耕自资",直至63岁在贫病交迫中去世。

陶渊明长于诗文歌赋,诗文兼有平谈与爽朗的风格,语言质朴自然,又极为精炼。陶诗今存125首,多为五言诗,多取材于田园风光、平常生活。从内容上可分为饮酒诗、咏怀诗和田园诗三大类。陶渊明的田园诗数量最多,成就最高。这类诗充分表现了诗人鄙夷功名利禄的高远志趣和守志不阿的高尚节操,表现了诗人对黑暗官场的极端憎恶和彻底决裂,表现了诗人对淳朴田园生活的热爱,对劳动的认识和对劳动人民的友好感情,表现了诗人对理想世界的追求和向往。今有《陶渊明集》。陶渊明的散文主要有《五柳先生传》、《桃花源记》、《与子俨等疏》等。

移居(其一)①

昔欲居南村,非为卜其宅②。
闻多素心人,乐与数晨夕③。
怀此颇有年,今日从兹役④。
弊庐何必广?取足蔽床席⑤。
邻曲时时来,抗言谈在昔⑥。
奇文共欣赏,疑义相与析⑦。

移居(其二)⑧

春秋多佳日,登高赋新诗⑨。
过门更相呼,有酒斟酌之⑩。
农务各自归,闲暇辄相思⑪。
相思则披衣⑫,言笑无厌时。
此理将不胜?无为忽去兹⑬。
衣食当须纪,力耕不吾欺⑭。

【注释】

①这首诗写迁居南村的原因和迁居后的乐趣。诗中热情赞美了南村“素心”人，表现了志同道合的高雅而纯洁的志趣。诗人与这些纯朴的“素心”人朝夕相处，无拘无束，叙谈往事，品评文章，感情融洽而欢乐无限。

②非为卜其宅：语出《左传·昭公三年》：“非宅是卜，惟邻是卜。”古人在建宅前，先用占卜的方法选取吉祥之地。这句诗的意思是说，我不是为了选择好的宅地，而是要选择好的邻居。南村：又名南里，在浔阳负郭。

③素心人：心地纯朴的人。素心：心地朴素。数(shǔ)晨夕：屡共朝夕，谓朝夕相处。

④从兹役：进行这次劳动，指移居。

⑤弊庐：破旧的房屋。指移居后的住房。取足蔽床席：只要能遮蔽床和席就足够了。意谓只要有个睡觉的地方就行了。

⑥邻曲：邻居。抗言：直言不讳地谈论。在昔：过去，古时，这里指往古之事。

⑦奇文：指好的文章。疑义：指疑难问题。

⑧这首诗写移居南村后，与邻居们同劳作、共游乐，建立了亲密无间的友谊。同时，对躬耕自岭的生活也表示了适意与满足。

⑨登高：登山，指游赏。赋新诗：即作新诗。

⑩更相呼：相互招呼。斟酌：指饮酒。斟：执壶注酒。酌：饮酒。

⑪农务：指农忙时。与下句“闲暇”相对。辄：就，总是。

⑫披衣：谓披上衣服出门互相寻访。

⑬此理：指上述与邻居交往的乐趣。将不胜：犹言岂不美。将：岂，难道。胜：强。高。无为：不要。去兹：离开这里。

⑭纪：经营，料理。不吾欺：即“不欺吾”。

【作品简析】

陶渊明的这两首《移居》诗，写于义熙五年(公元409年)。义熙四年，陶渊明在上京的居所失火，陶渊明只得栖身船上；一年多以后，移居到浔阳郊外的南村，写下了这两首诗。他借移居之乐来表达自己朴素的人生理想。

第一首主要表现的是良友过从谈论之乐。首先，陶渊明写到了移居的理由：不是出于迷信的原因，为了挑风水，而是因为那里有很多心地质朴的朋友，很乐意和他们朝夕相处。而且，这次移居不是一时的冲动，而是很早就有打算——“怀此颇有年”。诗的后半部分则是对移居后生活的描写，集中在物质层面和精神层面。陶渊明的物质条件并不好，他的新居“取足蔽床席”，简陋之极；但他的精神生活是非常丰富的，“奇文共欣赏，疑义相与析”。我们不难看出诗人坦荡的襟怀，不言高而品格自高，不言逸而风神自逸。

第二首则描述了他闲适的生活：登高、赋诗、饮酒和令人相处的快乐。陶渊明眼中的农村生活：“衣食当须纪，力耕不欺吾”。在这里，陶渊明向我们讲述着他在自己的人生经历中所领悟到的“自己动手，丰衣足食”的朴素真理。

从以上两首诗，我们不难看出，陶渊明的诗歌的主要特色是意味淡而实厚。正是在这些朴实无华的文字中，陶渊明为我们描绘了他的人生理想，他的人生感悟。以《移居(其一)》为例，陶渊明仅仅是描述了他移居南村和他与邻里相处的平常不过的情景，但其中流淌着的是汩汩的真情。他的文字清新、质朴，犹如山里田间拂面的清风；他的诗情真挚、实在，犹如蓝天明月，不加雕饰。历代诗论家认为，读懂陶诗需有两个基本条件：一是要有一定的人生况味和生活阅历；二是要反复吟诵，领会其中的蕴涵。陶渊明的诗虽朴虽淡，但确实值得细细玩味。

建安文学带给我们的是悲怆凄凉，那是在战火纷飞时代下的无奈；西晋文人则为我们贡献了绮丽之美。而陶渊明，则以一己之力，为我们开创了以自然朴素为美的新的文学天地。对于后世的诗歌发展，尤其是后来中国文学史上唐诗的繁荣，陶渊明也是功不可没的，他对后世诗歌，尤其是田园诗派的发展起到了重要的作用。到了唐朝，诞生了真正意义上的以孟浩然、王维为代表的山水田园诗派，他们继承了陶渊明素淡的诗风，成为了唐诗中一道独特的风景线，而他们的诗歌发源于真，归乎自然，则和陶诗的风格一脉相承。同时，对于其他诗人的创作，陶渊明的田园诗也产生了一定的影响。

【复习思考题】

1. 简析陶渊明的性格、生活志趣。
2. 试分析陶渊明诗歌创作的特色。

相关拓展性阅读材料推荐：

1.《先秦汉魏晋南北朝诗》，逯钦立，中华书局，1983.
2.《陶渊明诗文汇评》，中华书局，1961.
3.《陶渊明集》王瑶，人民文学出版社，1956.
4.《陶渊明集校注》，逯钦立，中华书局，1979.
5.《陶渊明研究资料汇编》，中华书局，1962.
6.《靖节先生集》，(清)陶澍，文学古籍刊行社，1956.
7.《魏晋南北朝文学史参考资料》，北京大学中国文学史教研室，中华书局，1962.
8. 中国国学网-魏晋南北朝 http://www.confucianism.com.cn/Catego

西洲曲①

南朝乐府民歌

南朝乐府民歌，在内容上有一共同的特点，就是几乎全是情歌，所谓“郎歌妙意曲，侬亦吐芳词”(《子夜歌》)。之所以有此特点或者有此说局限性的主要原因，首先，是由于这些民歌并不是来自广大的农村，而是以城市都邑为其策源地。其次，是由于统治阶级有意识地采集。南朝统治阶级是腐朽的士族地主，他们采集民歌，只是按照他们的阶级趣味、享乐要求，来加以选择和集中。来自民间的民歌，或者反抗皇帝的迁都，或者控诉将官的残忍，他们便不予采集。这是南朝民歌几乎全是情歌的关键。

南朝民歌在一定程度上在某些方面仍然揭露了封建社会的罪恶。其中还有不少是屈辱的妓女们的悲诉，也有少数作品结合劳动来描写爱情，反映劳动人民的爱情生活，也有反映爱情胜利者喜悦的诗篇。这类作品往往对爱情作真诚而大胆地抒写，最能显示出南朝情歌的特色。

在艺术形式方面，南朝民歌最突出的一个特点，是体裁短小，语言清新自然，多是五言诗句，《西洲曲》就是南朝民歌中最杰出的代表作品。

忆梅下西洲②，折梅寄江北③。单衫杏子红，双鬓鸦雏色④。西洲在何处？两桨桥头渡⑤。日暮伯劳飞，风吹乌臼树⑥。树下即门前，门中露翠钿⑦。开门郎不至，出门采红莲⑧。采莲南塘秋，莲花过人头。低头弄莲子，莲子青如水⑨。置莲怀袖中，莲心彻底红⑩。忆郎郎不至，仰首望飞鸿⑪。鸿飞满西洲，望郎上青楼⑫。楼高望不见，尽日栏杆头⑬。栏杆十二曲，垂手明如玉。卷帘天自高，海水摇空绿⑭。海水梦悠悠⑮，君愁我亦愁。南风知我意，吹梦至西洲⑯。

【注释】

①西洲曲：属“杂曲歌辞”，写一江南女子对江北情人的缠绵情思。西洲：地名。当在女子住所附近，是昔日与男子幽会之处。

②梅：梅花。当为女子在西洲与情人幽会时所见之景物。下：往。

③折梅寄江北：六朝人有折梅寄远以示思念的习俗。江北：长江以北，当指男子所在。

④单衫：暗示已是春夏之交，杏红色的单衫与杏子红熟的季节相应。鸦雏色：像小乌鸦一样的颜色，形容女子的双鬓乌黑发亮。鸦雏：小乌鸦。

⑤两桨桥头渡：划着双桨经过桥头渡口就是西洲，意指桥头离女子家不远。

⑥伯劳：鸟名，仲夏始鸣，喜独处。乌臼树：落叶乔木，夏日开小黄花。

⑦翠钿(diàn)：饰有翠玉的首饰。

⑧莲：与“怜爱”的“怜”谐音。又，莲即“芙蓉”，隐指“夫容”，是因物思人。

⑨莲子：谐音“怜子”(爱你)。怜：怜爱。青如水：谐“清如水”，隐喻爱情的纯洁。

⑩莲心：谐音“怜心”(爱你之心)。彻底红：红透，喻女子的爱情赤诚忠贞。

⑪望飞鸿：望飞雁，指盼望男方书信。古有鸿雁传书的说法。

⑫青楼：富贵人家用青漆涂饰的闺楼。曹植《美女篇》：“青楼临大路，高门结重关。”六朝以前的

诗中常用来指女子居处，与后来用以指妓院不同。

⑬尽日：终日。

⑭海水：从上文“折梅寄江北”看，此处实指江水，因江水很大，浩渺似海，故称。摇空绿：指海水空自摇荡着绿波。

⑮海水梦悠悠：思梦如海水一样悠悠不断。悠悠：渺茫的样子。

⑯吹梦至西洲：把我吹到与情人在西洲相会的梦境中去。

【作品简析】

《西洲曲》通过四季景物的变化，表现一个女子对情人的深长思念，感情细腻缠绵。全篇涉想新奇，显而不露，形成一种婉约含蓄的风格。这是一首“侬亦吐芳词”的闺情诗，声情摇曳，流转圆美。相思的时间自春及秋，自早及晚；相思的空间由西洲而江北，由“门中”而南塘、青楼，时空不断转换，思情似断还连，恍如梦境。

本诗写一个少女倾诉自己的四季相思之情，但并没有出现春夏秋冬等字样，通过“折梅”、“采莲”、“望飞鸿”这类带有季节特征的人物活动，将时序的变迁写得非常清楚。此诗表述细腻，如：“单衫杏子红，双鬓鸦雏色”两句，结合眼前景色，作自我写照，言外便含有无限自怜自惜之意，取喻新颖，联对自然。又如从“采莲”，更生出“弄莲”、“怀莲”等事，便觉一往情深。

此诗运用了民歌惯用的“接字”法，语语相承，首尾相衔，蝉联而下，更加强了诗的节奏美，声情摇曳，语语动人，更是余味无穷。结句“南风知我意，吹梦至西洲”，涉想新奇，范云《闺思》诗：“几回明月夜，飞梦到郎边”；李白名句：“春风复无情，吹我梦魂散”、“我寄愁心与明月，随风直到夜郎西”，都是由此化出。我们可以说《西洲曲》标志着南朝民歌在艺术发展上的最高成就。

【复习思考题】

1. 试析本诗运用“接字”法的表达效果。
2. 后人评论《西洲曲》涉想新奇，请举例加以说明。

相关拓展性阅读材料推荐：

1.《先秦汉魏晋南北朝诗》，逯钦立，中华书局，1983.
2.《乐府诗述论》，王运熙，上海古籍出版社，1996.
3.《乐府诗集》，(宋)郭茂倩，中华书局，1979.
4.《文选(注)》，(唐)李善，中华书局，1977.
5.《汉魏六朝诗选》，余冠英，人民文学出版社，1957.
6.《汉魏乐府风笺》，黄节，人民文学出版社，1958.
7. 国学论坛-六朝文学 http://bbs.guoxue.com/forumdisplay.php?fid=18&page=1
8. 诗词总汇 http://www.sczh.com/asp/index.asp

搜神记三篇

干 宝

干宝，生卒年不详，字令升，新蔡(今河南新蔡人)。自幼博学多才，遍览群籍，东晋史学家和文学家。历任著作郎、始安太守、司徒右长史、散骑常侍等职。领修国史。所著《晋纪》二十卷，时称“良史”，为后世史学家所推崇。

他的短篇小说集《搜神记》共二十卷，是魏晋南北朝时期志怪笔记小说的代表作品。书中记录了大量神仙鬼怪的故事，其中所采集的许多神话故事和民间传说，反映了人民反抗压迫的斗争精神，揭露了封建统治者欺压人民、官吏冤杀百姓的现实，鞭挞了社会的黑暗。叙事生动具体，情节曲折，具有后代短篇小说的规模。在中国小说史上有着极其深远的影响，被称作中国小说的鼻祖。

董永卖身[①]

汉董永，千乘人。少偏孤[②]，与父居。肆力田亩，鹿车载自随[③]。父亡，无以葬，乃自卖为奴，以供丧事。主人知其贤，与钱一万，遣[④]之。永行三年丧毕。欲还主人，供其奴职。道逢一妇人曰：“愿为子妻。”遂与之俱[⑤]。主人谓永曰：“以钱与君矣。”永曰：“蒙君之惠，父丧收藏[⑥]。永虽小人，必欲服勤致力，以报厚德。”主曰：“妇人何能？”水曰：“能织。”主曰：“必尔[⑦]者，但令妇为我织缣[⑧]百匹。”于是永妻为主人家织，十日而毕。女出门，谓永曰：“我，天之织女也。缘[⑨]君至孝，天帝令我助君偿债耳。”语毕，凌空[⑩]而去，不知所在。

干将莫邪

楚干将莫邪为楚王作剑[⑪]，三年乃成。王怒，欲杀之。剑有雌雄，其妻重身当产[⑫]，夫语妻曰[⑬]：“吾为王作剑，三年乃成，王怒，往必杀我。汝若生子是男，大[⑭]，告之曰：‘出户望南山[⑮]，松生石上，剑在其背。’”于是即将雌剑往见楚王[⑯]。王大怒，使相之[⑰]。剑有二，一雄一雌，雌来，雄不来。王怒，即杀之。

莫邪子名赤，比后壮[⑱]，乃问其母曰：“吾父所在[⑲]？”母曰：“汝父为楚王作剑，三年乃成，王怒，杀之。去时嘱我语汝：‘出户望南山，松生石上，剑在其背。’”于是子出户南望，不见有山，但睹堂前松柱下[⑳]，石低之上[㉑]，即以斧破其背，得剑。日夜思欲报楚王[㉒]。

王梦见一儿，眉间广尺[㉓]，言欲报仇。王即购之千金[㉔]。儿闻之，亡去[㉕]，入山行歌[㉖]。客有逢者[㉗]。谓：“子年少，何哭之甚悲耶？”曰：“吾干将莫邪子也。楚王杀吾父，吾欲报之。”客曰：“闻王购子头千金，将子头与剑来，为子报之。”儿曰：“幸甚[㉘]。”即自刎，两手捧头及剑奉之[㉙]，立僵[㉚]。客曰：“不负子也[㉛]。”于是尸乃仆[㉜]。

客持头往见楚王，王大喜。客曰：“此乃勇士头也。当于汤镬煮之[㉝]。”王如其言，煮头，三日三夕不烂。头踔出汤中[㉞]，嗔目大怒[㉟]。客曰：“此儿头不烂，愿王自往临视之，是必烂也。”王即临之，客以剑拟王[㊱]，王头随堕汤中，客亦自拟己头，头复堕汤中。三首俱烂，不可识别。乃分其汤肉葬之。故通名三王墓。今在汝南北宜春县界[㊲]。

韩凭夫妇

宋康王舍人韩凭[38]，娶妻何氏，美，康王夺之。凭怨，王囚之，论为城旦[39]。妻密遗凭书[40]，缪其辞曰[41]："其雨淫淫[42]，河大水深，日出当心[43]。"既而王得其书，以示左右，左右莫解其意。臣苏贺对曰："其雨淫淫，言愁且思也；河大水深，不得往来也；日出当心，心有死志也。"俄而凭乃自杀[44]。其妻乃阴腐其衣[45]。王与之登台，妻遂自投台[46]，左右揽之，衣不中手而死[47]。遗书于带曰："王利其生，妾利其死。愿以尸骨，赐凭合葬。"王怒，弗听。使里人[48]埋之，冢相望也[49]。王曰："尔夫妇相爱不已，若能使冢合，则吾弗阻也。"宿昔之间[50]，便有大梓木生于二冢之端[51]，旬日而大盈抱，屈体相就[52]，根交于下，枝错于上[53]。又有鸳鸯，雌雄各一，恒栖树上，晨夕不去，交颈悲鸣，音声感人。宋人哀之，遂号其木曰"相思树"。相思之名，起于此也。南人谓此禽即韩凭夫妇之精魂。

今睢阳有韩凭城[54]，其歌谣至今犹存[55]。

【注释】

①《董永卖身》、《干将莫邪》、《韩凭夫妇》均选自《搜神记》。

②偏孤：年幼时死去了母亲。

③肆力：尽力，极力。鹿车：古时候的一种小车。

④遣：打发走。

⑤俱：一起。

⑥收藏(zàng)：收葬。

⑦尔：这样，如此。

⑧缣(jiān)：细绢。

⑨缘：因为。

⑩凌空：升向空中。

⑪干将莫邪：干将、莫邪是当时铸剑者夫妇之名。《吴越春秋·阖闾内传》载：吴人干将、莫邪夫妇，为吴王阖闾铸剑，与《搜神记》所载有异。一说，干将莫邪是一个人，姓干将，名莫邪。

⑫重(chóng)身：指怀孕。当产：将要生产。

⑬语(yù)：告诉。

⑭大：长大成人。

⑮出户：出门。

⑯将：携带。

⑰相(xiàn)：察看。

⑱比(bì)：及至，等到。

⑲所在：何在。

⑳松柱：松木檐柱。

㉑石低：即石砥，柱础石。

㉒报楚王：向楚王报父仇。报：报复，报仇。

㉓眉间广尺：两眉之间有尺把宽。

㉔购之千金：悬千金重赏捉拿他。购：重赏征求。

㉕亡去:逃走。
㉖行歌:边走边唱。
㉗客:侠客,指行侠仗义之士。
㉘幸甚:好极了。
㉙奉:献。
㉚立僵:尸体僵硬,直立不倒。
㉛负:辜负。
㉜仆:倒下。
㉝汤:滚水。镬(huò):形似鼎而无足,秦汉时用作刑具,用以烹人。
㉞踔(zhuō)出:跳出。
㉟嗔(chēn)目:瞪大眼睛,形容发怒的样子。
㊱拟:对准,用兵器砍杀的动作。
㊲汝南:郡名,汉置,在今河南汝南县东南。北宜春:汉代县名,属汝南郡。
㊳宋康王:名偃,谥号康王,战国末宋国国君,公元前318—前286年在位。好酒荒淫。舍人:官名。战国及汉初,王公大臣左右均有舍人,类似门客,为左右亲近通称。
㊴论:论定罪名。城旦:一种徒刑,刑期四年,获刑者黥面髡(kūn)首,白日戍边,晚上筑城。
㊵遗(wèi):给予。
㊶缪其辞:把信中的话说得很隐曲。缪:通"缭",缭绕曲折之意。
㊷淫淫:形容雨水连绵不断,这里比喻愁思的深长。
㊸当心:指太阳照着心。表示对天发誓,死志已定。当:正对。
㊹俄而:不久。
㊺阴:暗地。腐:使朽烂。
㊻投台:从台上跳下自杀。
㊼衣不中手:衣服经不住抓拉。
㊽里人:韩凭夫妇同乡之人。
㊾相望:远远相对。意思是韩凭夫妇的坟墓远远相对,相隔一段距离。
㊿宿昔:旦夕,谓时间不长。
(51)梓(zǐ):一种枝干高大的落叶乔木。
(52)就:靠近。
(53)错:交错。
(54)睢阳:宋国国都,在今河南商丘市南。
(55)歌谣:当是关于韩凭夫妇故事的歌谣。《彤管集》:"韩凭为宋康王舍人,妻何氏,美,王欲之,捕舍人筑青陵之台。何氏作《乌鹊歌》以见志:'南山有鸟,北山张罗;鸟自高飞,罗当奈何!''乌鹊双飞,不乐凤凰。妾是庶人,不乐宋王。'遂自缢。"这里所指,当是此类歌谣。

【作品简析】

《董永卖身》的故事最早见于三国魏曹植的《灵芝篇》:"董永遭家贫,父老财无遗,举假以供养,作致甘肥。责(债)家填门至,不知何用归。天灵感至德,神女为秉机。"作者强调的是董永孝行的感人程度。在古代小说家笔下,在人神交往中,神和人恋爱渐渐成为主唱,《搜神记》中的《董永卖身》，是比较早的人神恋爱，至今《天仙配》的故事盛演不衰。“愿作鸳鸯不羡仙”是仙凡恋爱的最常见模式。

《干将莫邪》以短小的篇幅记述了一个惊险曲折的故事，暴露了统治阶级的残酷本质，歌颂了反抗者的优秀品德，描写也比较细致，历来被推许为名篇。这篇小说记叙了干将莫邪为楚王铸剑，反被楚王杀害，其子赤长大后为父报仇的故事，揭露了以楚王为代表的统治阶级的暴虐，歌颂了人民对统治者刻骨的仇恨以及报仇雪恨的坚强意志、不屈不挠的斗争精神。山中行客的豪侠行为，展示了其路见不平，拔刀相助，甘愿为他人牺牲自己的高尚品质，也体现了劳动人民同仇敌忾的团结精神。

《韩凭夫妇》通过韩凭夫妇双双被封建统治者迫害致死的悲剧情节，无情地揭露了以宋康王为首的统治者荒淫残暴无耻的恶行，颂扬韩凭夫妇对爱情的忠贞和宁死不屈的抗暴精神，结尾富于幻想。故事从何氏“美”，康王“夺之”始，通过何氏“密遗凭书”、“阴腐其衣”、“遂自投台”、“遗书于带”等一系列细节、行为描写，在情节的发展中，层层递进地塑造了何氏温柔、细致、机敏、刚毅的性格特征，生动而丰满。最后以幻想和虚构手法编织的恩爱夫妻精魂化作相思树、鸳鸯鸟作结，极富浪漫主义特色。

在《搜神记》里面，有不少具有抗暴倾向的故事。在极权专制的社会制度下，在统治者的暴力淫威面前，民众在一般情况下都是很无力、很无奈的，但他们又极为憎恨暴政，具有天然的抗暴心态。无奈之下，这种心态的抒发，往往借助于神灵鬼怪故事。这在《搜神记》中，表现为两种情况。一种是以人的力量来消灭制服神怪，如《李寄斩蛇》。一种是赋予人以神的力量来对抗强大的统治者。《干将莫邪》则属于第二种情况。故事篇幅虽短，情节富于变化，想象丰富，具有浪漫主义色彩。描写细致生动，对人物刻画也注意到鲜明的个性，末段写侠客剑拟楚王，尤其惊心动魄。

干宝在序中自称：“虽考志于载籍，收遗佚于当时，盖非一耳一目所亲闻睹也，又安敢谓无失实者哉！”此书为我国魏晋志怪小说中成就最高的代表作，保存了许多古代民间的传说，如《董永卖身》、《干将莫邪》、《韩凭夫妇》、《李寄斩蛇》等，给后世文学艺术以深远影响。志怪小说《搜神记》初具小说的格局，在我国小说发展史上有一定的地位。它在中国文化史上也有一定的意义。它真实地记录了我国乃至人类在特定历史阶段的科学、思想、语言、文学等诸方面的发展状况，对研究中国和人类文化演进的轨迹有一定的认识价值。在文学史上，《搜神记》不但对六朝创作鬼神志怪之书成为风气有推动作用，对唐代小说创作的成熟，对唐以后的小说甚至戏曲的创作，也有一定的影响。

【复习思考题】

1. 试以现代汉语复述《董永卖身》、《干将莫邪》、《韩凭夫妇》的故事情节。
2. 干宝的《搜神记》在我国小说发展史上有何意义？

相关拓展性阅读材料推荐：

1.《搜神记》,(晋)干宝,汪绍楹校注,中华书局,1979.

2.《搜神后记》,(晋)陶潜,汪绍楹校注,中华书局,1981.

3.《古小说钩沉》,鲁迅,人民文学出版社,1953.

4.《新辑搜神记新辑搜神后记》,(晋)干宝,(宋)陶潜,李剑国校注,中华书局,1900.

5.《汉魏六朝小说选》,徐震堮,古典文学出版社,1955.

6.《魏晋南北朝文学史参考资料》,北京大学中国文学史教研室,中华书局,1962.

7. 中国国学网-魏晋南北朝 http://www.confucianism.com.cn/Catego

8. 国学论坛-六朝文学 http://bbs.guoxue.com/forumdisplay.php?fid=18&page=1

世说新语三则

刘义庆

刘义庆(403—444),彭城(今江苏徐州)人,文学家。南朝宋武帝刘裕的侄儿,袭封临川王。曾任中书令、荆州刺史、散骑常侍、卫将军、江州刺史等一系列重要职务。刘义庆为人"性简素,寡嗜欲",性爱文艺,喜与文学之士交游。在他的周围,聚集着一大批名儒硕学。他的著作丰富,其中以《世说新语》和《幽明录》最为有名。

《世说新语》是记载魏晋人物言谈轶事的笔记小说,后人为避免与刘向所叙《世说》混淆,便在题名下增字以示区别,唐时称《世说新书》,北宋时通行的本子都叫《世说新语》。全书分德行、言语、政事、文学等36个门类,主要记载了自东汉末年至东晋时豪门贵族和官僚士大夫的言谈轶事,较为集中地反映了这一时期的社会面貌和士大夫的思想品格。此书不仅保留了大量反映当时社会生活的珍贵史料,而且语言简练,文字生动鲜活,是一部文学价值极高的古典名著。自问世以来,便得到读者的喜爱和重视,至今仍在海内外广为流传。刘义庆也因为此书而名垂千古。

《世说新语》的语言以精练含蓄、隽永传神见长。鲁迅说:"记言则玄远冷峻,记行则高简瑰奇。"(《中国小说史略》)作者善于以小见大,即事见人,通过生活细节的描写来刻画人物个性。《世说新语》对后世文学有很大影响。书中许多故事成为后世诗文、小说、戏剧的典故和题材,有的成为人们常用的成语,如望梅止渴、新亭对泣、口若悬河、一往情深、别无长物、盲人骑瞎马、夜半临深池,等等。

过江诸人[①]

过江诸人[②],每至美日[③],辄相邀新亭[④],藉卉饮宴[⑤]。周侯中坐而叹曰[⑥]:"风景不殊,正自有山河之异[⑦]!"皆相视流泪。唯王丞相愀然变色曰[⑧]:"当共戮力王室[⑨],克复神州[⑩],何至作楚囚相对[⑪]!"

王子猷居山阴[⑫]

王子猷居山阴[⑬],夜大雪,眠觉[⑭],开室,命酌酒,四望皎然。因起仿徨,咏左思《招隐诗》[⑮],忽忆戴安道[⑯]。时戴在剡[⑰],即便夜乘小船就之[⑱]。经宿方至[⑲],造门不前而返[⑳]。人问其故,王曰:"吾本乘兴而行,兴尽而返,何必见戴?"

温公娶妇[㉑]

温公丧妇[㉒],从姑刘氏值乱离散[㉓],唯有一女,甚有姿慧。姑以属公觅婚[㉔],公密有自婚意。答云:"佳婿难得,但如峤比,云何[㉕]?"姑云:"丧败之余[㉖]、乞粗存活[㉗],便足慰吾余年,何敢希汝比。"却后少日[㉘],公报姑云:"已觅得婚处,门地粗可[㉙],婿身名宦[㉚],尽不减峤。"因下玉镜台一枚[㉛]。姑大喜。既婚,交礼[㉜],女以手披纱扇[㉝],抚掌大笑曰[㉞]:"我固疑是老奴[㉟],果如所卜[㊱]。"玉镜台,是公为刘越石长史[㊲],北征刘聪所得[㊳]。

【注释】

①《过江诸人》选自《世说新语》言语篇。

②过江诸人：西晋末年战乱不断，中原人士相继过江避难。“过江诸人”本指这些人，这里实际是指其中的朝廷大官，士族人士。

③美日：风和日丽的日子。

④新亭：古地名，故址在今南京市的南面，三国时吴所建。

⑤藉卉：坐在草地上。卉：草。

⑥周侯：周顗(yǐ)，字伯仁，汝南安城(今属河南)人，官至尚书左仆射，后在王敦之乱中被害。

⑦不殊：没有不同。正自：只是。山河之异：山河不同于故乡，指北方广大领土已被各族占领。

⑧王丞相：王导，字茂弘，晋元帝时任丞相。愀(qiǎo)然：形容脸色变得不愉快。

⑨戮力：并力，合力。

⑩神州：中国，这里指沦陷的中原地区。

⑪楚囚：楚国的囚犯。据《左传·成公九年》载：一个楚囚弹琴时奏南方乐调，表示不忘故旧。后来借指处境窘迫的人。

⑫《王子猷居山阴》选自《世说新语》任诞篇，是书中表现魏晋名士风度的重要篇章之一。

⑬王子猷(yóu)：王徽之，字子猷，王羲之的儿子，性孤高。山阴：旧县名，在今浙江绍兴市。

⑭眠觉：睡醒。

⑮左思：字太冲，临淄(今山东淄博)人。西晋初年著名作家，代表作是《咏史》诗和《三都赋》。其《招隐诗》有句云：“策杖招隐士，荒涂横古今。岩穴无结构，丘中有鸣琴。白云停阴岗，丹葩曜阳林。”

⑯戴安道：戴逵，字安道，谯郡铚(今安徽宿州市)人。博学多艺，隐居不仕。

⑰剡(shàn)：今浙江嵊州市。

⑱即便：立即。

⑲经宿方至：经过一夜才到。

⑳“造门”句：到门前不进去见面就返回。造：到。前：进见。

㉑《温公娶妇》选自《世说新语》假谲篇。

㉒温公：温峤，字太真，晋太原祁(今山西省祁县东南)人。初为刘琨参军。司马睿即位后很器重他，任命为散骑侍郎。官至骠骑大将军，封始安郡公，卒谥忠武。为人聪明有胆识，博学能文。

㉓从姑：父亲的同祖姐妹。

㉔有姿慧：漂亮、聪明。属：同“嘱”。

㉕“但如”句：只不过像我一样，如何？但：只。比：类。云何：如何。

㉖丧败之余：兵荒马乱后的幸存者。

㉗乞粗存活：只求勉强存活下去。粗：大体上，马马虎虎。

㉘却后少日：过不了几天。

㉙门地粗可：门阀地位大致还说得过去。

㉚婿身名宦：女婿的名望、官职。

㉛玉镜台：玉制镜座，用以承托圆形的铜镜。

㉜交礼：交拜成礼。

㉝披：揭开。古代婚礼，两旁有人执扇遮住新娘面，交拜完毕入新房后撤扇，称“却扇”。

㉞抚掌：拍掌。

㉟老奴：老家伙、老东西，为对温峤的昵称。此时温峤已是中年。

㊱卜：预料。

㊲刘越石(271—318)：即刘琨，字越石，魏昌(今河北东部)人。元帝时拜侍中太尉，素有重望。建武初年，与段匹磾(dī)共同讨伐石勒时，为段氏所害。长史：官名，统领僚属的长官，类似后来的秘书长。

㊳刘聪(？—318)：名戴，字玄明。五胡十六国时期汉(前赵)的国君，匈奴族。南匈奴自汉以来入居塞内，冒姓刘氏，定居于汾晋之间。父刘渊，乘八王之乱起兵乱华。其后，聪杀兄夺帝位。

【作品简析】

《过江诸人》这则笔记小说重在记言语。“过江诸人，每至美日，辄相邀新亭，藉卉饮宴”，仅一句话，就交代了人物身份：过江诸人；时间：每逢美景良辰；地点：新亭；事由：坐在草地上宴饮。在野外宴饮是晋代士族的一种高级社交文化，王羲之的《兰亭集序》中也展现了这一文化特点。

本文寥寥百余字，场景、气氛与人物的表情、风貌俱跃然纸上。而通过周顗的感慨与王导的呵斥之间的对比，则更鲜明、生动地传达出各自的精神境界。南下渡江避难的中原人士在天气晴朗的日子，在“新亭”聚会时因所见景物不同于故乡之景，而抒发国土沦陷的感慨，通过对其相对而泣的描述，表现了当时士人的爱国思想。

西晋末年，刘曜攻陷长安，晋愍帝被俘，司马睿在江南建业做了皇帝，建立东晋王朝。当时黄河流域广大地区被内迁的少数民族贵族统治者占领，中原一带士大夫大多渡江逃到南方。过江诸人，这里指两晋之交北方南渡的部分士族官僚，在当时的士族中，能够对北方国土沦陷发发感慨，并表示恢复的心愿，已是很难得的了。

《王子猷居山阴》通过王徽之访戴逵“乘兴而行，兴尽而返”的言行，表现了当时名士率性任情的风度。

主人公王子猷雪夜访戴安道，未见戴而返，人们问之，他答道：“吾本乘兴而来，兴尽何必见戴？”一语道出了名士潇洒自适的真性情。王子猷这种不讲实务效果，但凭兴之所至的惊俗行为，十分鲜明地体现出当时士人所崇尚的“魏晋风度”的任诞放浪、不拘形迹，有窥一斑而见全豹之效。眠觉、开室、命酒、赏雪、咏诗、乘船、造门、突返、答问，王子猷一连串的动态细节均历历在目，虽言简文约，却形神毕现，气韵生动。

《温公娶妇》按故事情节的发展，可分为前后两部分。第一部分交代温峤丧偶，从姑刘氏女待字闺中，温峤有意娶，但又不便明说，因此，在同从姑讲话的时候，处处隐约其辞。从姑对温峤的用心似乎毫未察觉。因此，两人说话一者有心，时时处心积虑；一者无意，无可无不可，声口、情状宛然若活。小说将故事放在战乱的大背景下，从姑嘱温峤代女儿找婿，只图嫁女，不计其他就显得真实可靠。

第二部分写婚礼。刘氏女明知就里，却不动声色，静观事态发展。在婚礼上，真相大白，她忍不住拍手大笑。“我固疑是老奴，果如所卜”，仅一句极具个性化的语言，即传达出刘氏女对温峤早有垂青之意，对其自婚打算早有察觉，自己猜测得到证实的得意、对这门婚事的满意，又表现出对温峤行事的揶揄，其兴奋之情溢于言表。尤其是“老奴”这个昵称，把她对温峤的爱慕之心表达得淋漓尽致。

小说比较完整地记叙了温峤婚娶的始末。故事有两条线索，一条是明线，即温峤独特的求婚过程；另一条是暗线，即刘氏女对温峤举动的观察、猜测。至婚礼上两条线索才会为一处。小说主要由对话组成，这些对话不仅是情节和事件的构成因素，而且直接刻画出人物的性格特征。人物语言极具个性，温峤的隐约其辞，刘氏女的直率天真，都活灵活现。元代关汉卿据此创作出杂剧《玉镜台》，到明代朱鼎改写为传奇《玉镜台》，深受广大群众喜爱。

【复习思考题】

1. 试分析《过江诸人》的思想内容。
2.《王子猷居山阴》表现了魏晋名士怎样的名士风度？
3. 简析《温公娶妇》的结构特点。

相关拓展性阅读材料推荐：

1.《中国小说史略》，鲁迅，上海古籍出版社，1998.
2.《世说新语》，（南朝宋）刘义庆，上海古籍出版社，1982.
3.《世说新语译注》，张万起等，中华书局，1998.
4.《世说新语校笺》，（梁）刘孝标，中华书局，2006.
5.《世说新语笺疏》，余嘉锡，中华书局，1983.
6.《＜世说新语＞研究》，范子烨，黑龙江教育出版社，1998.
7.《玄学与魏晋士人心态》，罗宗强，浙江人民出版社，1991.
8. 中国国学网-魏晋南北朝 http：//www.confucianism.com.cn/Catego

别赋

江淹

江淹(444—505),字文通,济阳考城(今河南兰考)人。少孤贫而好学,才思藻丽,六朝时期著名诗赋家,尤以《恨赋》、《别赋》著名。历仕宋、齐、梁三朝,但早年官途很不得志。入齐以后,受齐高祖萧道成赏识,才逐渐显达。后又依附萧衍,在梁官至金紫光禄大夫,封醴陵侯。晚年担任高官后,文思渐衰,不再创作,人称"江郎才尽"。

今存作品多作于宋齐间。其诗长于拟古,辞赋多属抒情小赋,深受楚辞影响,最善于描写心理活动,笔触细腻,语言清秀,哀婉动人。有《江文通集》传世。

黯然销魂者[1],唯别而已矣!况秦吴兮绝国,复燕宋兮千里[2]。或春苔兮始生[3],乍秋风兮暂起[4]。是以行子肠断,百感凄恻。风萧萧而异响,云漫漫而奇色。舟凝滞于水滨[5],车逶迟于山侧[6]。棹容与而讵前[7],马寒鸣而不息。掩金觞而谁御[8],横玉柱而沾轼[9]。居人愁卧,怳若有亡[10]。日下壁而沉彩[11],月上轩而飞光。见红兰之受露,望青楸之离霜[12]。巡曾楹而空掩,抚锦幕而虚凉[13]。知离梦之踯躅[14],意别魂之飞扬[15]。

故别虽一绪,事乃万族[16]。

至若龙马银鞍[17],朱轩绣轴[18],帐饮东都[19],送客金谷[20]。琴羽张兮箫鼓陈[21],燕赵歌兮伤美人[22],珠与玉兮艳暮秋,罗与绮兮娇上春[23]。惊驷马之仰秣[24],耸渊鱼之赤鳞[25]。造分手而衔涕[26],感寂寞而伤神。

乃有剑客惭恩[27],少年报士[28],韩国赵厕[29],吴宫燕市[30]。割慈忍爱,离邦去里,沥泣共诀[31],抆血相视[32]。驱征马而不顾,见行尘之时起。方衔感于一剑[33],非买价于泉里[34]。金石震而色变[35],骨肉悲而心死[36]。

或乃边郡未和,负羽从军[37]。辽水无极[38],雁山参云[39]。闺中风暖,陌上草薰[40]。日出天而耀景[41],露下地而腾文[42]。镜朱尘之照烂[43],袭青气之烟煴[44],攀桃李兮不忍别,送爱子兮沾罗裙[45]。

至如一赴绝国,讵相见期[46]?视乔木兮故里[47],决北梁兮永辞[48],左右兮魂动,亲宾兮泪滋。可班荆兮憎恨[49],惟樽酒兮叙悲[50]。值秋雁兮飞日,当白露兮下时,怨复怨兮远山曲,去复去兮长河湄[51]。

又若君居淄右[52],妾家河阳[53],同琼珮之晨照,共金炉之夕香[54]。君结绶兮千里[55],惜瑶草之徒芳[56]。惭幽闺之琴瑟,晦高台之流黄[57]。春宫閟此青苔色[58],秋帐含兹明月光,夏簟清兮昼不暮[59],冬釭凝兮夜何长[60]!织锦曲兮泣已尽,回文诗兮影独伤[61]。

傥有华阴上士[62],服食还仙[63]。术既妙而犹学,道已寂而未传[64]。守丹灶而不顾[65],炼金鼎而方坚[66]。驾鹤上汉[67],骖鸾腾天[68]。暂游万里,少别千年[69]。惟世间兮重别[70],谢主人兮依然[71]。

下有芍药之诗[72],佳人之歌[73],桑中卫女,上宫陈娥[74]。春草碧色,春水渌波[75]。送君南浦[76],伤之如何!至乃秋露如珠,秋月如珪[77],明月白露,光阴往来,与子之别,思心徘徊。

是以别方不定[78],别理千名[79],有别必怨,有怨必盈[80]。使人意夺神骇,心折骨惊[81],虽渊、云之墨妙[82],严、乐之笔精[83],金闺之诸彦[84],兰台之群英[85],赋有凌云之称[86],辨有雕龙之声[87],谁能摹暂离之状，写永诀之情者乎？

【注释】

①黯然：心神沮丧，形容惨戚之状。销魂：这里形容人极度愁苦悲伤的样子。

②秦吴：古国名。秦在今陕西一带。吴在今江苏、浙江一带。绝国：相隔极远的邦国。燕宋：古国名。燕在今河北一带。宋在今河南一带。

③春苔：一种春天生的隐花性植物。

④暂：突然。

⑤凝滞：停止不前。

⑥逶迟：徘徊不行的样子。

⑦棹(zhào)：船桨，这里指代船。容与：缓慢荡漾不前的样子。讵(jù)：岂。此处化用屈原《九章·涉江》："船容与而不进兮，淹回水而凝滞"句意。

⑧掩：覆盖。觞(shāng)：酒杯。御：进用。

⑨横：横放，阁置。玉柱：琴瑟上的系弦之木，这里指琴。沾：泪水浸湿。轼：车前的横木。

⑩恍：丧神失意的样子。有亡：有所失。

⑪沉彩：日光西沉。

⑫楸(qiū)：落叶乔木。枝干端直，高达30米。离：通"罹"，遭受。

⑬曾楹(yíng)：高高的楼房。曾：同"层"。楹：屋前的柱子，此指房屋。锦幕：锦织的帐幕。虚凉：空虚、悲凉。二句写行子一去，居人徘徊旧屋的感受。

⑭踯躅(zhízhú)：徘徊不前的样子。

⑮意：料想。飞扬：飞散而无着落。

⑯绪：端绪。万族：不同的种类。

⑰龙马：骏马。古时八尺以上的马被称为"龙马"。

⑱朱轩：贵者所乘之车。绣轴：绘有彩饰的车轴。此指车驾之华贵。

⑲帐饮：古人设帷帐于郊外以饯行。东都：指东都门，长安城门名。

⑳金谷：晋石崇在洛阳西北金谷所造金谷园。史载石崇拜太仆，出为征虏将军，送者倾都，曾帐饮于金谷园。

㉑羽：五音之一，声最细切，宜于表现悲戚之情。琴羽：指琴中弹奏出羽声。张：调弦。陈：列，这里为演奏之意。

㉒燕赵歌：燕赵的美人唱歌以和。燕赵：《古诗》有"燕赵多佳人，美者颜如玉"句。伤美人：使美人感到悲伤。

㉓"珠与"二句：美人服饰华丽，在春秋佳日，各逞艳姿。上春：即初春。

㉔驷马：古时四匹马拉的车驾称驷，马称驷马。仰秣(mò)：抬起头吃草。语出《淮南子·说山训》："伯牙鼓琴，驷马仰秣。"形容琴声美妙动听。

㉕耸：因惊动而跃起。鳞：指渊中之鱼。语出《韩诗外传》："昔者瓠巴(善乐者名)鼓瑟而潜鱼出听。"

㉖造：等到。衔涕：含泪。

㉗惭恩：自惭于未报主人知遇之恩。

㉘报士：心怀报恩之念的侠士。

㉙韩国：指战国时侠士聂政为韩国严仲子报仇，刺杀韩相侠累一事。赵厕：指战国初期，豫让因自己的主人智氏为赵襄子所灭，乃变姓名为刑人，潜入赵宫厕所，挟匕首欲刺死赵襄子，未成。被捕后，求刺赵襄子衣服后自杀。

㉚吴宫：指春秋时专诸置匕首于鱼腹，在宴席间为吴国公子光（阖闾）刺杀吴王一事。燕市：指荆轲与朋友高渐离等饮于燕国街市，因感燕太子恩遇，藏匕首于地图中，至秦献图刺秦王未成，被杀。高渐离为了替荆轲报仇，又一次入秦谋杀秦王事。

㉛沥泣：洒泪哭泣。沥：滴。诀：长别，永别。

㉜抆（wěn）血：言泣泪以尽，继之以血。抆：擦拭。

㉝衔感：怀恩感遇。衔：怀。一剑：指凭一把剑复仇的事。

㉞买价：追求声名。泉里：黄泉中，指死亡。

㉟金石震：钟、磬等乐器齐鸣。

㊱"骨肉"句：语出《史记·刺客列传》，聂政刺杀韩相侠累后，剖腹毁容自杀，以免牵累家人。韩国当政者暴尸于市，悬赏千金。其姐聂嫈（yíng）云："妾其奈何畏殁身之诛，终灭贤弟之名！"遂扬其弟义举，伏尸而哭，自杀其旁。骨肉：指死者亲人。

㊲负羽：挟带弓箭。

㊳辽水：辽河。在今辽宁省西部，流经营口入海。

㊴雁山：雁门山。在今山西原平县西北。参云：高入云霄。

㊵薰：香。

㊶耀景：闪射光芒。

㊷腾文：指露水在阳光下反射出绚烂的色彩。

㊸镜：照。朱尘：红尘，即飞扬的尘埃。照烂：鲜明绚烂之色。

㊹袭：扑入。青气：春天草木上腾起的烟霭。烟煴（yīn yūn）：同"氤氲"，气盛的样子。

㊺爱子：爱人，指征夫。

㊻讵相见期：岂有相见的日期。讵：岂有。

㊼乔木：高大的树木。

㊽决：同"诀"，长别。北梁：北边的桥。

㊾班：铺设。荆：树枝条。据《左传·襄公二十六年》，楚国伍举与声子相善。伍举将奔晋，遇声子于郑郊。"班荆相与食，而言复故。"后遂以"班荆道故"喻亲旧惜别之悲痛。

㊿樽：酒器。

51湄：水边。

52淄右：淄水右面。在今山东境内。

53河阳：黄河北岸。

54"同琼珮"二句：回忆昔日朝夕共处的爱情生活。琼佩：琼玉之类的佩饰。

55结绶：谓出仕做官。绶：系官印的丝带。

56瑶草：仙山中的芳草。此喻闺中少妇。徒芳：喻虚度青春。

57晦：昏暗不明。流黄：黄色丝绢。

58春宫：指闺房。閟（bì）：关闭。

59簟（diàn）：竹席。

60釭（gāng）：灯。凝：光聚集不动的样子。以上四句写居人春、夏、秋、冬四季相思之苦。

㊶“织锦”二句：写游宦别离和闺中思妇的恋念。锦曲：即回文诗，女子往往用以寄托相思之情。《晋书·列女传》载：前秦苻坚时，秦州刺史窦滔被徙沙漠，妻苏惠遂织锦为回文诗寄赠。

㊷傥(tǎng)：同“倘”，或。华阴：今陕西华阴县。上士：道士，求仙炼丹的方术之士。

㊸服食：道家以为服食丹药可以长生不老。还仙：即成仙。

㊹道已寂：指修道已达到很高的境界。寂：进入微妙之境。传：至，最高境界。

㊺丹灶：炼丹炉。不顾：不顾问尘俗之事。

㊻炼金鼎：在金鼎里炼丹。方坚：意志正坚。

㊼汉：银河。

㊽骖(cān)：乘。三四马驾车称“骖”。鸾：古代神话传说中凤凰一类的鸟。

㊾少别：小别。

㊿重别：重视离别。

(71)谢：告辞，告别。依然：依恋的样子。

(72)下有：还有。芍药之诗：语出《诗经·郑风·溱洧》：“维士与女，伊其不谑，赠之以芍药。”喻男女相恋。

(73)佳人之歌：指李延年歌：“北方有佳人，绝世而独立。”意同芍药之诗。

(74)桑中：卫国地名。上宫：陈国地名。指约会的地方。卫女、陈娥：指恋爱中的少女。

(75)渌(lù)波：清澈的水波。

(76)南浦：送别之地。

(77)珪(guī)：同“圭”，一种上尖下方的瑞玉。

(78)别方：指离别的方面。

(79)别理千名：即离别的原因很多。名：种类。

(80)盈：深，充盈。

(81)心折骨惊：骨折心惊。折、惊：均言创痛之深。

(82)渊：即王褒，字子渊。云：即扬雄，字子云。二人都是汉代著名的辞赋家。

(83)严：严安。乐：徐乐。二人为汉代著名文章家。

(84)金闺：指汉代长安金马门。汉官署名。是聚集才识之士以备汉武帝诏询的地方。彦：有学识才干的人。

(85)兰台：汉代朝廷中藏书和讨论学术的地方。

(86)凌云：直上云霄。据《史记·司马相如列传》载，司马相如作《大人赋》，汉武帝誉之为“飘飘然有凌云之气，似游天地之间意。”

(87)雕龙：比喻善修辞。据《史记·孟子荀卿列传》载，战国时驺奭(shì)作文擅长辩论，文饰如雕镂龙文，人称其为“雕龙奭”。

【作品简析】

这篇抒情小赋，是江淹的代表作。赋中用铺排的手法描写了各种不同类型人物的离情别绪，刻画出他们各自在离别时不同的心理状态。情调低沉伤感，充满了一种失意之人的消极情绪，反映了当时动荡不安的社会现实。江淹早期多年流离不定，遭遇坎坷，情绪不免低沉伤感。故对离别这一令人销魂之事也就感受得倍为深切。他在赋中极尽铺排之能事，将离别的“黯然销魂”抒发得淋漓尽致。但江淹在此并没有过多地抒写个人情感，他主要还是从个人体验出发,把离别这一人类共有的怅恨之情渲染出来,以人类共同悲哀的形式引起读者的共鸣,因而具有较强的感染力。文章语言精丽,感情深婉,环境描写尤为动人。文章通过对时序物色的渲染,突出了人物的心理状态,具有浓郁的抒情气氛。

全文共分十段。第一段开宗明义,点出抒情主题"黯然销魂者,惟别而已矣",然后从总体上铺写离别的悲伤。第二段仅一句话"故别虽一绪,事乃万族",承上启下,既收束上文关于离别观感的描写,又总领下文各种离别的分类叙述。第三至第九段分别描写公卿、侠士、从军、去国、宦游、成仙、情人等各种不同的离别,着重刻画了他们在离别时不同的心理状态。第十段总结全文,写离别的痛苦非笔墨所能形容,照应开头,强化抒情主旨。本文虽是一篇抒情小赋,但形式却似议论文。论点、论据、论证鲜明充分,开合照应流转自然,可谓是一篇情理兼备的佳作。

在写作特点上,首先,本文为标准的四六体骈文,讲求对仗搭配,注意虚词和语气词的调节作用,语法结构富于变化而通篇不失其工整,可以说充分显示了骈体文外在形式的华丽精工。其次,文章无论写离别之人的观感,还是写他们各自面对离别的情状,都使用了大量的清词丽语,文采斐然,尽显赋之本色。第三,文章虽然大量用典,却较少运用生典僻典,使人一读便知。如"韩国赵厕,吴宫燕市"、"芍药之诗,佳人之歌,桑中卫女,上宫陈娥"等,这些典故的恰当运用,不但使文章富有文采,还加深了读者的印象,强化了读者的感情。

【复习思考题】

1. 试分析本文在写作手法上有哪些特点?
2. 这篇赋表达了怎样的思想感情?

相关拓展性阅读材料推荐:

1.《汉魏六朝赋选》,瞿蜕园,上海古籍出版社,1979.
2.《赋史》,马积高,上海古籍出版社,1987.
3.《全上古三代秦汉三国六朝文》,(清)严可均,中华书局,1958.
4.《江淹集校注》,俞绍初,张亚新,中州古籍出版社,1994.
5.《江文通集汇注》,(明)胡之骥,1984.
6. 中国国学网-魏晋南北朝 http://www.confucianism.com.cn/Catego

典论·论文

曹 丕

曹丕(187—226),字子桓,即魏文帝,三国时期曹魏著名的文学家、政治家,曹魏的开国皇帝。公元220—226年在位。曹丕系魏武帝曹操与武宣卞皇后长子,少有逸才,广泛阅读古今经传、诸子百家之书。年仅8岁,即能为文,又善骑射、好击剑。在继承权的争夺中战胜了弟弟曹植,被立为王世子。曹操逝世后,曹丕逼迫汉献帝禅位,代汉称帝,改国号魏,为魏国的开国君王,也是三国中第一个称帝的君主。后因病去世,终年40岁。曹丕在位时间只有短短六年,但颇有政绩。他非常重视文教;重视恢复生产,与民休息;重视发展经济,稳定社会秩序,创立九品中正制,巩固中央集权。陈寿《三国志》中记载:"文帝天资文藻,下笔成章,博闻强识,才艺兼该;若加之旷大之度,励以公平之诚,迈志存道,克广德心,则古之贤主,何远之有哉!"

曹丕爱好文学,并有相当高的成就。写下《燕歌行》等中国较早的优秀七言诗。所著《典论·论文》,在中国文学批评史上占有重要地位。由于文学方面的成就而与其父曹操、其弟曹植并称为"三曹"。

文人相轻[1],自古始然。傅毅之于班固,伯仲之间耳,而固小之[2]。与弟超书曰[3]:"武仲以能属文为兰台令史[4],下笔不能自休[5]。"夫人善于自见[6],而文非一体,鲜能备善[7],是以各以所长,相轻所短。里语曰:"家有弊帚,享之千金[8]。"斯不自见之患也。

今之文人:鲁国孔融文举[9]、广陵陈琳孔璋[10]、山阳王粲仲宣[11]、北海徐干伟长[12]、陈留阮瑀元瑜[13]、汝南应玚德琏[14]、东平刘桢公干[15],斯七子者,于学无所遗[16],于辞无所假[17],咸以自骋骥騄于千里,仰齐足而并驰[18]。以此相服,亦良难矣!盖君子审己以度人[19],故能免于斯累[20]。而作论文。

王粲长于辞赋,徐干时有齐气[21],然粲之匹也[22]。如粲之《初征》、《登楼》、《槐赋》、《征思》[23],干之《玄猿》、《漏卮》、《圆扇》、《橘赋》[24],虽张、蔡不过也[25],然于他文,未能称是[26]。琳、瑀之章表书记[27],今之隽也[28]。应玚和而不壮[29];刘桢壮而不密[30]。孔融体气高妙,有过人者,然不能持论,理不胜辞[31];至于杂以嘲戏,及其所善,扬、班俦也[32]。

常人贵远贱近,向声背实[33],又患暗于自见[34],谓己为贤。夫文本同而末异[35],盖奏议宜雅[36],书论宜理[37],铭诔尚实[38],诗赋欲丽[39]。此四科不同[40],故能之者偏也[41];唯通才能备其体[42]。

文以气为主[43],气之清浊有体[44],不可力强而致。譬诸音乐,曲度虽均[45],节奏同检[46],至于引气不齐[47],巧拙有素,虽在父兄,不能以移子弟[48]。

盖文章,经国之大业[49],不朽之盛事。年寿有时而尽,荣乐止乎其身[50],二者必至之常期[51],未若文章之无穷。是以古之作者,寄身于翰墨[52],见意于篇籍[53],不假良史之辞[54],不托飞驰之势[55],而声名自传于后。故西伯幽而演《易》[56],周旦显而制《礼》[57],不以隐约而弗务[58],不以康乐而加思[59]。夫然则古人贱尺璧而重寸阴[60],惧乎时之过已。而人多不强力[61];贫贱则慑于饥寒[62],富贵则流于逸乐[63],遂营目前之务[64],而遗千载之功。日月逝于上,体貌衰于下,忽然与万物迁化[65],斯志士之大痛也!融等已逝,唯干著论[66],成一家言。

【注释】

①文人相轻：指文人之间互相看不起。轻：轻视、鄙薄。

②傅毅：字武仲，东汉章帝时人。班固：字孟坚，东汉人，著有《汉书》等。伯仲之间：谓相差不多。兄弟排行中，长为伯，次为仲。小：看不起。

③超：即班超，字令升，曾出使西域。

④属文：写文章。兰台令史：主持整理典章书籍等职。

⑤休：止。此句讥讽傅毅文章冗长。

⑥夫：发语词。自见：即有自知之明。

⑦鲜：少。备：全。

⑧里语：即俗语。弊帚：破扫帚。享：当。

⑨孔融：字文举，鲁国（今山东曲阜）人，东汉献帝时任北海相，后为曹操所杀。

⑩陈琳：字孔璋，广陵（今江苏省江都县）人。原为何进主薄，后依袁绍，绍败归曹操，任司空军谋祭酒。

⑪王粲：字仲宣，山阳（今山东邹县）人，初依刘表，后归曹操，任丞相掾、侍中，赐爵关内侯。

⑫徐干：字伟长，北海（今山东寿光县）人，曹操辟为司空军谋祭酒掾属、五官将文学。

⑬阮瑀：字元瑜，陈留（今河南陈留镇）人。曹操辟为司空军谋祭酒掾属、掌记室。

⑭应玚：字德琏，汝南（今河南项城）人。曹操辟为丞相掾属。

⑮刘桢：字公干，东平（今山东东平县）人。曹操辟为丞相掾属。

⑯于学无所遗：即无所不学。

⑰假：借。此句意谓文章无所因袭，有独创性。

⑱咸：全，都。骥騄：泛指良马。仰：仗恃。此二句以马为喻，说明七子各具良才，施展才力，并驾齐驱。

⑲审：明了。度：估量。

⑳累：毛病。斯累：即上文所言文人相轻的毛病。

㉑齐气：齐俗文气舒缓。

㉒匹：敌，相当。

㉓"如粲"句：王粲存赋二十五篇，这里所举《征思》一赋今佚。

㉔"干之"句：徐干存赋八篇，这里所举《圆扇》今存，其他俱佚。

㉕张、蔡：指东汉文学家张衡、蔡邕。过：超越。

㉖称：相称。

㉗章表：大臣呈给皇帝的奏章书信。书记：一般的公文书信。

㉘隽：出众，杰出。

㉙和：平和。

㉚密：细密，精微。

㉛理不胜辞：文辞优美而短于说理。

㉜扬、班：即西汉文学家扬雄和东汉文学家班固。俦：类。

㉝向声背实：仰慕虚名而不重实际。

㉞暗：不明，不懂。

㉟本：指文章表达思想的基本原则。末：指各种文体的具体特点。

㊱奏议宜雅：奏疏应当典雅。
㊲书论宜理：文书和论文应精于说理。
㊳铭：刻在器物上以记述事件和功德的一种文体。诔（lěi）：哀悼称述死者的一种文体。此句意谓铭诔应注重真实。
㊴诗赋欲丽：诗赋要辞采华丽。
㊵科：种类。
㊶偏：偏重，侧重。
㊷"唯通才"句：只有通才，才能掌握所有的文体。
㊸气：作者的气质。一说文章的语气。
㊹体：区别。
㊺曲度：曲谱。均：同。
㊻检：法度。
㊼引气：运气，用气。
㊽移：传授。
㊾经国：治国。
㊿止乎其身：限于自己的一生。
51常期：一定的期限。
52翰墨：指文章。
53见（xiàn）：表现。
54假：假借。史：史官。
55飞驰之势：指位高权重的达官贵人。
56西伯：周文王。幽：囚。演：推算。文王被纣王囚禁在羑里时推演《易》象而作卦辞。
57周旦：即周公姬旦，他是周武王之弟、成王之叔。显：显达。周公辅佐年幼的成王时曾创制礼法。
58隐约：困厄，不得志。
59加思：改变心志。
60贱：轻视。璧：玉。阴：光阴。
61强力：努力。
62慑：恐惧。
63流：放纵。
64营：经营。务：事。
65迁化：死亡。
66干：徐干，著有《中论》二十篇。

【作品简析】

《典论》是魏文帝曹丕在建安后期为魏太子时所撰的一部论述政治、社会、道德、文化等关于国家大事一系列问题的论文总集，共二十篇。《典论·论文》是其中的一篇。但是很可惜，这二十篇文章到现在大多已经失散，只剩下残章断简。幸运的是，《论文》由于被南朝的萧统选入了《昭明文选》而得以完整保留下来。

《典论·论文》是中国文学批评史上第一篇文学专论。文章包括四部分内容。第一，它批评了“文人相轻”的陋习，指出那是“不自见之患”，提出应当“审己以度人”，才能避免此累。第二，评论了“今之文人”亦即建安“七子”在文学上的才力及不足，分析了不同文体的不同写作要求，说唯有“通才”才能兼备各体。第三，提出“文以气为主”的命题，说“气之清浊有体，不可力强而致”，“虽在父兄，不能以移子弟”。这里的“气”，实际上指的是作家的气质和个性。曹丕的这一观点，表明他对创作个性的重要性已有比较充分的认识。第四，论述了文学事业的社会功能，将它提到“经国之大业，不朽之盛事”的高度，又说“年寿有时而尽，荣乐止乎其身”，都不如文章能传之无穷。

《典论·论文》的出现，与建安时期文学的繁荣有密切关系。当时文人不仅致力于创作，互相切磋之风也颇盛。曹植《与杨德祖书》，陈琳《答东阿王牋》，曹丕、曹植各自的《与吴质书》等，都讨论过文学的社会功能问题，作者的个人“好尚”问题，也曾议论过“今世作者”的创作特色，以及相互取长补短等问题。《典论·论文》实际上是对这些讨论的一个总结。这篇专论的出现，反过来也对提高文学的社会地位，促使文人们重视创作个性，提高创作质量，起着积极的作用。

【复习思考题】

1. 简述《典论·论文》的主要思想内容。
2. 试分析《典论·论文》在文学史上的价值。

相关拓展性阅读材料推荐：

1.《汉魏六朝百三家集题辞注》，(明)张溥，中华书局，2007.
2.《三曹诗选》，余冠英，人民文学出版社，1956.
3.《三曹研究资料汇编》，河北师范学院中文系，中华书局，1981.
4.《魏武帝魏文帝诗注》，黄节，人民文学出版社，1958.
5.《曹丕集校注》，夏传才，唐绍忠，中州古籍出版社，1992.
6.《魏晋南北朝文学批评史》，王运熙，杨明，上海古籍出版社，1989.
7. 学术批评网 http://www.acriticism.com/
8. 中国思维网 http://www.chinathink.net/

诗品三则

钟 嵘

钟嵘(约468—518),字仲伟,颍川长社(今河南长葛西)人,齐梁时期杰出的文学理论家、批评家。他出身世族,做过参军、记室等小官。

《诗品》是继《文心雕龙》后出现的一部品评诗歌的文学批评名著,它所论述的范围主要是五言诗。据《序》说,作者因见当时人们对诗歌的评价漫无标准、意见分歧,所以作此书,意在通过对诗人的品评,建立可靠的准则。全书实际包含两个部分,《序》总论五言诗的起源和发展,表达作者对诗歌写作以及当代诗风的一些看法,正文共品评了汉魏至齐梁一百二十多位五言诗的主要作者及作品,分置于上、中、下三卷之中。卷上十二人(《古诗》按一人计),为"上品";卷中三十九人,为"中品";卷下七十二人,为"下品"。显优劣,叙源流,指出各家利病。这种方法是时代风气的产物。汉末清议,士人常相聚评论人物,至曹魏建立九品中正制,更以品第论人。影响到文学艺术领域,在南朝产生过很多像《棋品》、《画品》一类著作,《诗品》也由此而来。

文章阐述了诗歌的性质、产生、社会功用,提出了诗歌批评的审美标准以及文学批评的内容和方法,对后代诗歌的批评产生了深远的影响。

魏陈思王曹植①

其源出于《国风》②。骨气奇高③,词采华茂,情兼雅怨④,体被文质⑤,粲溢今古⑥,卓尔不群⑦。嗟乎!陈思之於文章也,譬人伦之有周、孔⑧,鳞羽之有龙凤⑨,音乐之有琴笙⑩,女工之有黼黻⑪。俾尔怀铅吮墨者⑫,抱篇章而景慕⑬,映余晖以自烛⑭。故孔氏之门如用诗,则公干升堂,思王入室,景阳、潘、陆,自可坐于廊庑之间矣⑮。

晋黄门郎潘岳⑯

其源出于仲宣⑰。《翰林》⑱叹其翩翩然如翔禽之有羽毛,衣服之有绡縠⑲,犹浅于陆机⑳。谢混云㉑:"潘诗烂若舒锦,无处不佳,陆文如披沙简金,往往见宝。"嵘谓益寿轻华㉒,故以潘为胜;《翰林》笃论㉓,故叹陆为深。余常言陆才如海,潘才如江。

宋征士陶潜诗㉔

其源出于应璩㉕,又协左思风力㉖。文体省静㉗,殆无长语㉘。笃意真古㉙,辞兴婉惬㉚。每观其文,想其人德㉛。世叹其质直㉜。至如"欢言酌春酒","日暮天无云",风华清靡,岂直为田家语耶㉝,古今隐逸诗人之宗也㉞。

【注释】

①选自《诗品》上品。魏陈思王植:指三国时魏国曹植,字子建,曹操第三个儿子,"生于乱,长于军",晚年被封陈王,死后谥号"思",故称陈思王。虽天资聪颖但性格"任性而为,不自雕励"、饮酒不节,这也是造成曹植一生悲剧命运的主要原因。曹植是建安时期最有成就的诗人,现

存诗九十多首，其中五言诗的成就最为突出。钟嵘《诗品》中把曹植的五言诗评价为上品。

②其源出于《国风》：指曹植的诗歌写实的风格源自于《国风》。《诗品》从诗歌的风格来考察诗人所属的流派和渊源关系，钟嵘把诗人的风格分为三系：国风、小雅、楚辞，属国风一系的主要诗人多居上品。

③骨气奇高：骨指文辞挺拔有力，气指气韵生动，犹风骨。曹植的诗体现着阳刚之气，刚健挺拔，体现出少年壮志的气概，雄姿英发，倜傥不群。这是曹植诗最重要的特点。

④华茂：艳丽而丰富。雅：正。

⑤文质：有文有质，有文采有内容。

⑥粲溢今古：曹植诗光彩夺目，彪炳古今。粲：光芒四射。

⑦卓尔：卓然而突出的样子。不群：不一般，超群。

⑧人伦：人类。周、孔：指周公和孔子等，皆古之圣人。

⑨鳞羽之有龙凤：鳞甲类动物中的龙，羽毛类动物中的凤。龙和凤都是传说中的神奇吉祥之物。

⑩音乐之有琴笙：《诗经·小雅·鹿鸣》：我有嘉宾，鼓瑟吹笙！我有嘉宾，鼓瑟鼓琴！琴和笙都是古代宴礼所用之乐器。

⑪女工：是指女子擅长的工作，泛指纺织、刺绣、缝纫之类。黼黻(fǔ fú)：古代礼服上绘绣的花纹。从“人伦之有周、孔”至此句，极言曹植诗之完美。

⑫俾尔：使你。怀铅吮墨：形容写作时构思的举动和神态。怀铅：带着铅粉笔，以备涂改。吮墨：用口含毛笔尖。

⑬景慕：景仰，仰慕。

⑭余辉：指粲溢今古的曹植诗章发出的光辉。自烛：照亮，自己把自己照亮。

⑮“故孔氏之门如用诗”五句：语出《论语》：子曰：由也，升堂矣，未入于室也。《汉书·艺文志·诗赋略》：如孔氏之门人用赋也，则贾谊登堂，相如入室矣，如其不用何！升堂：即登堂，登堂入室，以喻造诣之深，意谓在诗歌成就上曹植为最，刘桢次之，张华、潘岳、陆机又次之。廊庑：走廊。

⑯选自《诗品》上品。潘岳(247—300)：字安仁，俗称潘安，西晋文学家。荥阳中牟(今属河南)人。曾任河阳令、著作郎、给事黄门侍郎等职。诗与陆机齐名。妻子死后他写的悼亡诗非常优秀，开创了悼亡诗的题材。

⑰仲宣：王粲(177—217)，字仲宣，汉末山阳高平(今山东省邹县)人。东汉建安七才子之冠，代表作《登楼赋》。

⑱《翰林》：李充(晋代文人)编纂《翰林论》一书，《翰林》中所收诸家当有建安、正始、两晋的作者。

⑲绡縠(hú)：泛指轻纱之类的丝织品。

⑳陆机(261—303)：字士衡，西晋吴郡吴县华亭(今上海市松江)人。工书，能章草，所作《文赋》，为古代重要文学理论著作。其书法《平复帖》，为后人师法。

㉑谢混：字叔源，小字益寿，南朝宋文学家，被时人誉为“风华为江左第一”(《南史·谢晦传》)，是中国山水诗文学的先驱人物之一。

㉒益寿：增延寿命。轻华：指诗文的风流妩媚。

㉓笃论：犹确论，确切的评论。

㉔选自《诗品》中品。宋征士陶潜：指东晋诗人陶渊明。其谥号为靖节征士。征士：被皇帝征召的有学识的人叫征士。陶渊明活了六十多岁，有五十余年是在东晋度过的，入刘宋不到十年病故（晋灭于420年）。故称其“宋征士”。因陶诗在当时不受重视，故被列为中品。

㉕应璩：钟嵘《诗品》谓陶渊明诗源出于曹魏应璩。应璩是三国魏文学家。字休琏，汝南（郡治今河南汝南东南）人。官至侍中。博学工文，善为书奏。其诗以语言通俗、拙朴少文著称。

㉖左思风力：指在形式上不事雕琢，辞藻壮丽。左思是太康年间成就最高的作家，其五言诗继承了“建安风骨”的优良传统。协：具备。指出陶诗风格的另一方面。

㉗省静：自然、淳朴。

㉘长语：多余的话。

㉙笃意：厚意，诚意。真古：真率，不流俗。

㉚兴：兴致。

㉛德：品行，操守。

㉜质直：朴质自然。

㉝田家语：指农家日常用语，言其文采不足。

㉞宗：祖宗，即第一人。

【作品简析】

本篇所选三段，分别出自《诗品》的上和中。作者对曹植、潘岳、陶潜的诗风及渊源、特点、价值等进行了分析评价，语言简洁，切合作品实际。

《诗品》讨论的对象比较单纯，作者也无意故作高深，具有显明浅切的特点。对于诗歌，主要重视充沛的感情、华茂的辞采、典雅而明朗的风格，主张自然和谐的音律。总的说来，和时代风气是一致的，但反对声律和用典，是独特的看法。

钟嵘说诗，注意诗歌抒发个人生活感情的作用。《诗品》序一开头就说：“气之动物，物之感人，故摇荡性情，形诸舞咏。”提出诗是人的感情为外物所动的自然结果。

作者所列举诗歌的主要题材，显然偏于哀怨伤感一类。南朝的音乐、文学，都以伤感的情调为主。这不但是时人对生活的一种感受，也与伤感情绪最能动人有关。

有无华美的辞采与典雅而明朗的风格，也是作者决定诗人品等高下的重要标准。他对曹植最为推崇，誉为“譬人伦之有周、孔，麟羽之有龙凤”，无以复加。概括其诗歌特点，说是“骨气奇高，词采华茂，情兼雅怨，体被文质”。这就是钟嵘认为理想的境界。所以，书中列为上品的，除《古诗》、李陵、班婕妤等主要从五言诗起源的角度考虑外（也肯定其深怨雅丽之长），就是曹植、王粲、阮籍、陆机、潘岳、张协、谢灵运这一系列文人诗的代表人物。

作者对陶渊明及其作品提出批评，“叹其质直”。然而，以品第论诗，并不是一种好办法，钟嵘用单一的标准来衡量一切诗人，所得结论难免有偏颇之处。魏晋以来最杰出的诗人中，曹操被列为下品，陶渊明、鲍照被列为中品。当然，这也受当时传统的文学观——崇尚渊雅，反对切直等因素的影响。

论述诗歌的源流，是《诗品》的重要内容，也是一大特点。对各个诗人，都分别指出源于何人，或又兼有何家。大体总源在于《国风》、《小雅》、《楚辞》三种，分散为众多流派，纲目理得很清楚。

《诗品》对诗歌的抒情特点和美的特质十分重视，基本上摆脱了经学的藩篱，被尊奉为中国古代诗话之祖，在诗歌的专门研究上，具有开创意义。

【复习思考题】

1. 浅析《诗品》是如何来品诗的。
2. 你是如何理解钟嵘对陶渊明诗歌的评价的。

相关拓展性阅读材料推荐：

1.《魏晋风度研究》，马良怀，中国社会科学出版社，1993.
2.《魏晋思想论》，刘大杰，上海古籍出版社，1998.
3.《诗品注》，陈延杰，人民文学出版社，1980.
4.《魏晋诗歌艺术原论》，钱志熙，北京大学出版社，2005.
5.《南朝文学与北朝文学研究》，曹道衡，江苏古籍出版社，1998.
6.《魏晋南北朝文学批评史》，王运熙，杨明，上海古籍出版社，1989.
7. 学术批评网 http://www.acriticism.com/
8. 中国思维网 http://www.chinathink.net/

第四章　隋唐五代文学

隋唐五代文学简况

隋代文学，只是融合了南北朝文学之后向唐代文学的一个过渡。隋代文坛，以杨素、薛道衡等人的作品为文风转变的开端，他们的诗与梁代、陈代的靡靡之音相比，已经有了很大不同。

初唐、盛唐大约150年，文学的主要成就是诗歌的繁荣——诗人数量空前之众，作品质量空前之高，对后世所产生的影响也空前之大。大历(766—779)以后的中唐、晚唐时期，除了诗歌进一步繁荣之外，“古文运动”的胜利，传奇小说的成熟，以及“变文”等讲唱文学和词的出现，更如同锦上添花。至五代十国时期，逐渐走向成熟的词，终于成为唐代文学的殿军。

唐初，上官仪和沈佺期、宋之问等宫廷诗人对诗歌的贡献，主要在声律方面。扩大诗的题材领域并改造宫体诗的，是“初唐四杰”——王勃、杨炯、卢照邻和骆宾王；而陈子昂则以“复古”为革新，高扬“汉魏风骨”的旗帜，为唐诗开辟了一条健康发展的道路。此时，唐诗的浪漫气质日趋强化，以另一种风格呈现于刘希夷、张若虚等人描写生命、赞美青春、渴望永恒的诗篇之中。

盛唐诗歌大致可以分为两个流派。一派是山水田园诗人，以王维、孟浩然为代表，还有储光羲、常建等。“诗佛”王维具有多方面的艺术修养，精通音乐，又是著名的书画家，因而能达到“诗中有画，画中有诗”的境界。他的山水诗，描写山川则雄奇壮阔，刻画虫鸟则细致入微；而他的田园诗，往往表现乡村景物的静穆、闲适之美。孟浩然存诗260多首，五律最多；其诗篇熔田园和山水于一炉，既高雅又清新。另一派是以高适、岑参为首的边塞诗人。高适的诗雄浑苍劲，以《燕歌行》为代表；岑参的诗奇丽峻峭，代表作是《白雪歌送武判官归京》。高、岑二人都擅长七言歌行，而岑参的成就更为突出。此外，边塞诗人还有王昌龄、王之涣、王翰、李颀等，连山水诗人王维在早期也写过一些较有影响的边塞诗。

“诗仙”李白和“诗圣”杜甫先后崛起于盛唐的诗坛，成为中国诗歌史上最杰出的两位诗人，有“双子星座”之美誉。李白继承并发扬屈原的积极浪漫主义精神，创造性地运用各种浪漫主义表现手法，实现了诗歌内容与形式的完美结合。李白以其惊世骇俗之笔，全面地表现自己的反抗情绪、英雄性格和理想主义，抒发对祖国和人民的满腔热爱之情。《将进酒》、《蜀道难》、《丁都护歌》等作品，充分表现了其诗风之飘逸、雄奇、直率、自然。杜甫的诗被公认为“诗史”，不仅有丰富的社会内容、鲜明的时代色彩和强烈的政治倾向，而且洋溢着诗人忧国忧民、不惜自我牺牲的崇高精神。组诗“三吏”、“三别”以及《自京赴奉先县咏怀》、《北征》、《兵车行》等，都是杜甫的代表作。杜诗中博大精深的思想内容与深沉蕴藉的表现手法相结合，形成了“沉郁顿挫”的独特风格，达到了现实主义的顶峰。李白和杜甫的创作精神，犹如光芒四射的灯塔，千百年来照耀着华夏文坛；他们所留下的宝贵文学遗产，深受海内外人士的喜爱，因而得到广泛传播。

进入中唐时期，诗坛出现了巨星殒落后相对沉寂的局面。当时，号称“大历十才子”的一班诗人，实际创作成就并不很高。刘长卿、韦应物的山水田园诗和李益等人的边塞诗，还算颇有特色。白居易是继杜甫之后一位杰出的现实主义诗人。他主张“文章合为时而著，歌诗合为事而作”，并倡导了“新乐府运动”。所谓新乐府，是指一种用旧题写时事的乐府式的诗；而元结和顾况是这场运动的先驱者，运动的中坚分子还有元稹、张籍、王建和李绅。白居易的进步文学思想和诗歌创作实践，对这场现实主义的诗歌运动起到了很好的指导和示范作用。“秦中吟”10 首和“新乐府”50 首是他讽喻诗的代表作品，其中的《杜陵叟》、《卖炭翁》尤其脍炙人口；他的感伤诗，则以《长恨歌》和《琵琶行》最为著名。韩孟诗派是与新乐府运动同时兴起的一个重要诗歌流派，其代表人物除了韩愈、孟郊之外，还有贾岛。他们尚古拙，好奇险，标榜“陈言务去”而“词必己出”。其作品在唐诗中别开生面，以才学为本，以议论见长。柳宗元、刘禹锡也是中唐颇有成就的诗人。柳诗多模山范水之作，深沉而委婉，峻洁而清腴；刘诗则企图在文人诗与民歌之间探出一条新路，写下了许多健康、开朗而地方色彩浓厚的“竹枝词”。

“诗鬼”李贺是中唐至晚唐诗风转变的代表人物。他继承了屈原、李白的浪漫主义传统，又受到韩愈的影响，因而他的作品想象丰富，立意新奇，构思精巧，用辞瑰丽。

到了晚唐，唐诗已经走过了漫长的道路，能够另辟蹊径而在艺术上有所创新者，当推杜牧和李商隐。杜牧擅长七绝，诗风清丽俊逸，称得上神韵独高；李商隐工七律，格调绮丽绵密，思想性和艺术性比较统一的是他的一部分咏史诗和无题诗。此外，皮日休、聂夷中、杜荀鹤等继承新乐府运动的余绪，形成了一股现实主义的创作潮流，《橡媪叹》、《伤田家》、《山中寡妇》分别是他们的代表作。司空图有《诗品廿四则》，以比喻的手法描写了诗的二十四种风格。

散文在唐代也取得了丰硕的成果，其划时代的标志是“古文运动”。所谓“古文”，是指继承三代、两汉传统的奇句单行的散文。这场古文运动以“复古”为旗号，实质上是一次文体、文风和文学语言的革新运动。诗文革新运动的领袖人物韩愈和柳宗元，都是一代文章大家。他们倡导“文以明道”，培养了一批优秀的古文作家，也提供了许多具有典范意义的优秀作品。韩愈的散文，众体兼长，从政论、杂说到赠序、祭文，佳作叠出，异彩纷呈。他的《原毁》、《张中丞传后叙》、《祭十二郎文》等篇，无不雄奇奔放，称其能“起八代之衰”，实不为过。柳宗元除了写论说文、传记文而外，还在散文园地中给山水游记和寓言故事割让一隅。他的文章条理井然，意味深长，不乏上品，如《封建论》、《种树郭橐驼传》、《永州八记》、《三戒》等等。以皮日休、陆龟蒙和罗隐为代表的晚唐小品文，既是古文运动的尾声，也是唐末农民战争爆发的前奏。

人们一直习惯于把唐人小说称作“传奇”。唐传奇标志着中国小说的成熟。初唐王度的《古镜记》等，实现了从志怪到传奇的过渡。开元(713—741)、天宝(742—756)之后，传奇进入鼎盛时期，题材转向现实生活，艺术上也有所提高。其代表作有沈既济的《枕中记》、李公佐的《南柯太守传》、白行简的《李娃传》、元稹的《莺莺传》、李朝威的《柳毅传》和姚汝能的《安禄山事迹》等。晚唐杜光庭的《虬髯客传》之类，则是传奇走向衰微时的作品。唐传奇不仅拓宽了中国小说的发展道路，也为后世的戏剧文学提供了丰富的题材。讲唱文学，初唐时期已经存在，至中唐、晚唐时期更加盛行。有讲唱历史故事和时事的变文，如《伍子胥变文》、《张议潮变文》；有只唱不讲的词文，如《季布骂阵词文》；有只讲不唱的话本，如《唐太宗入冥记》。这些作品虽然在艺术上比较粗糙，但对后来的白话小说创作有较大的影响。

作为一种诗歌体式的“词”，原本是为“燕乐”的各种不同曲调填写的歌词。题材广泛而在艺术上还很不成熟的敦煌曲子词，是现存最早的唐代民间词。文人词产生于盛唐以后，晚唐温庭筠是词的发展史上第一位作品较多的词人。到五代时期，前蜀曾经出现一个以韦庄等人为主要成员的“花间词派”，有《花间集》传世。南唐是五代词的又一个中心，代表作家有中主李璟、后主李煜和做过宰相的冯延巳。冯词清丽多彩，较少脂粉气。李煜前期的词，以反映宫廷生活为主；后期的词多抒发故园之思和亡国之恨，如《虞美人》、《浪淘沙》。北宋以后，词在中国文学史上取得了极其崇高的地位。

【复习思考题】

1. 简述唐诗的发展阶段及代表诗人诗作。
2. 你如何理解唐代散文领域的“古文运动”？代表人物主要是哪两位？

相关拓展性阅读材料推荐：

1.《隋唐五代文学思想史》，罗宗强，中华书局，1999.
2.《隋唐五代文学史》，周祖譔，福建人民出版社，1958.
3.《隋唐五代文学史料学》，陶敏，李一飞，中华书局，2001.
4.《唐代文学史》，陈子展，重庆作家书屋，1944.
5.《隋书》，魏征，中华书局，2000.
6.《隋唐五代社会生活史》，李斌城，中国社会科学出版社，1998.
7.《唐代文学概论》，朱炳煦，上海光华书局，1933.
8. 唐诗宋词网 http：//www.shiandci.net/
9. 中国文学网 http：//www.cnwxw.com/

春江花月夜

张若虚

张若虚(约660—约720),扬州(今属江苏省)人。唐代初期著名诗人。曾任兖州(今属山东省)兵曹。据《新唐书·刘晏传》和《旧唐书·文苑传》载,张若虚与贺知章、张旭、包融并称"吴中四士",皆因"文词俊秀"而"名扬于上京"。《全唐诗》仅存张若虚诗作两篇,一篇是千古绝唱《春江花月夜》,另一篇是抒发少妇思春之情的五言排律《代答闺梦还》。

"春江花月夜"属于乐府旧题,宋人郭茂倩《乐府诗集》将其列入"清商曲辞·吴声歌曲"。张若虚的七言歌行《春江花月夜》立足于"春天—夜晚"的"江边—花前—月下",熔画意、诗情、哲理为一炉,在幽深邈远的意境中营造了一个奇丽空灵的世界。沈德潜评曰:"前半见人有变易,月明常在。江月不必待人,唯江流与月同无尽也。后半写思妇怅惘之情,曲折三致。题中五字安放自然,犹是走王杨卢骆之体。"现代诗人、学者闻一多在《宫体诗的自赎》一文中则称之为"诗中的诗,顶峰上的顶峰",因为它表现了"更深沉、更寥廓、更宁静的境界"。

春江潮水连海平,海上明月共潮生①。
滟滟②随波千万里,何处春江无月明。
江流宛转绕芳甸,月照花林皆似霰③。
空里流霜④不觉飞,汀⑤上白沙看不见。
江天一色无纤尘⑥,皎皎⑦空中孤月轮。
江畔何人初见月?江月何年初照人?
人生代代无穷已,江月年年只相似。
不知江月待何人,但见长江送流水。
白云一片去悠悠,青枫浦⑧上不胜愁。
谁家今夜扁舟子⑨?何处相思明月楼?
可怜楼上月徘徊,应照离人⑩妆镜台。
玉户⑪帘中卷不去,捣衣砧⑫上拂还来。
此时相望不相闻,愿逐月华⑬流照君。
鸿雁长飞光不度⑭,鱼龙潜跃水成文。
昨夜闲潭梦落花⑮,可怜春半不还家。
江水流春去欲尽,江潭落月复西斜。
斜月沉沉藏海雾,碣石⑯潇湘⑰无限路。
不知乘月几人归,落月摇情满江树⑱。

【注释】

①两个"海"字:均指长江入海口处宽阔的江面。

②滟(yàn)滟:水波闪烁着光辉的样子,这里指月光随波荡漾。

③芳甸：芳草地。霰(xiàn)：雪珠，这里指月光下的花朵。
④流霜：这里指雪白的月光。
⑤汀(tīng)：水边平地。这里指沙滩。
⑥纤尘：细小的尘埃。
⑦皎(jiǎo)皎：洁白，明亮。
⑧青枫浦：今湖南省浏阳市的“青枫浦”，也叫“双枫浦”。这里泛指分别之地。青枫：夏季的枫树。浦：河边。
⑨扁舟子：四海为家的漂泊者。扁舟：小船。
⑩离人：这里指思妇。
⑪玉户：华美的屋子。这里指闺房。
⑫捣衣砧：捶打浆洗过的衣物时垫在下面的方正而平滑的石砧。也叫“捶布石”。
⑬月华：月光。
⑭度：超越。
⑮昨夜闲潭梦落花：指春天将尽，暗寓美人迟暮之感。闲潭：寂静的水潭。
⑯碣石：今河北省昌黎县西北有碣石山。这里借指北方。
⑰潇湘：潇水和湘水在湖南省永州市合流之后称“潇湘”。这里借指南方。
⑱落月摇情满江树：落月的余辉洒落在江边树林中，水中的树影和着离人的情思一起摇漾。

【作品简析】

全诗共九章(每四句为一章)，呈现出“总—分—总”的结构特点。其脉络，正如清人徐增《而庵说唐诗》所述：“起用出生法，将春、江、花、月逐字吐出；结用消归法，又将春、江、花、月逐字收拾。”此前，晚明竟陵派诗人锺惺和谭元春在《唐诗归·卷六》中也曾有过类似的评价：“将春、江、花、月、夜五字炼成一片奇光，真化工手！”清末民初学者、文豪王闿运在《论唐诗诸家源流——答陈完夫问》中指出：“张若虚《春江花月夜》用《西洲》格调，孤篇横绝，竟为大家。”

开篇两章写景，从“江头明月—月下江潮”写到“江边花木—月下沙汀”：早春二月，江潮涌动。江潮与海水连成一片，明月与江潮同时升起。波光一泻千里，月光无微不至。绿草如茵，江流宛转；月光如水，繁花满树。头上的月光，晶莹如雪；脚下的沙滩，朦胧似梦。

核心五章言情，相继写“江边所见—月下所思”、“江上月光—月下江水”、“客中游子—闺中思妇”、“客栈月光—闺中思妇”以及“闺房月光—客中游子”。水天一色，一尘不染；皓月当空，形单影只。月亮最早出现在哪一年？最先看到月亮的又是谁？人类，有限的生命薪火相传；明月，永恒的光辉夜以继日。长江水不舍昼夜，一直在送往迎来。游子，云游在千里之外；思妇，相思在一望之间。今夜，船上漂泊的是哪位游子？他的亲人又在何处相思？白云飘拂，月亮在屋顶上徘徊；云影迷蒙，月光在妆镜中闪烁。月光进入闺房，挂上帘子也挡不住；月光追随思妇，举起棒槌也轰不走。分别两地无音讯，月光流转寄深情。鸿雁和鲤鱼，本来都是传书能手，月光和江水，却让它们无能为力。

最后两章收束全篇，从“南柯一梦—落花流水”写到“花残月落—春尽情生”：花将残，春将尽，游子还在客中游。潮将平，月将落，思妇还在闺中思。月落花残，江南山北，距离千万里。春尽情生，游子思妇，情感万千重。

解读这首诗的意象，关键词是“春夜”之“月”(累计出现 15 次)和“春夜”之“江”(累计出现

12 次)。“春江花月夜”及其相关景物构成了“客中”和“闺中”两大环境。进入这首诗的境界,至少要瞄准三个“阶梯”:“江畔何人初见月,江月何年初照人”(第一阶梯);“不知江月待何人,但见长江送流水”(第二阶梯);“不知乘月几人归,落月摇情满江树”(第三阶梯)。

总之,宇宙无穷,人生有限;心潮起伏,感慨万千。这首诗描绘了花前、月下、江边的良辰美景,抒发了游子和思妇之间的离情别绪,表现了诗人对宇宙、对社会、对人生的积极而深刻的思考。

【复习思考题】

1. 分类指出《春江花月夜》的意象,并“还原”张若虚当时的“感觉”,进入其“境界”。
2. 归纳一下,《春江花月夜》的主旨是什么?这首诗的章法和句法有哪些特点?

相关拓展性阅读材料推荐:

1.《大学语文》,钟露鑫,南京师范大学出版社,2006.
2.《初盛唐诗歌的文化阐释》,杜晓勤,东方出版社,1997.
3.《唐诗杂论》,闻一多,中华书局,2003.
4.《八代诗史》,葛晓音,陕西人民出版社,1989.
5.《唐诗史》,许总,江苏教育出版社,1994.
6.《全唐诗》,彭定求,中华书局,1999.
7. 唐诗宋词网 http://www.shiandci.net/
8. 中华百科 http://www.wikichina.com/

辋川闲居赠裴秀才迪

王　维

王维(约700—761),字摩诘,盛唐山水田园诗派的代表作家。太原祁(今山西祁县)人。开元九年中进士,受到宰相张九龄的重用,历任右拾遗、监察御史。安史之乱中被叛军所执,被迫任伪职。平叛后,降职为太子中允。官终至尚书右丞,故世称“王右丞”。

王维前期政治上有积极进取的精神,作品多呈现奋发向上的风貌。后期政局发生了变化,张九龄罢相,李林甫上台,王维政治上渐趋消极,在终南、辋川过着亦官亦隐“万事不关心”的闲适生活。晚年长斋奉佛。因而后期作品多寄情山水,诗中明显带有参禅悟道的气息和消极因素。

王维的山水田园诗继承了陶渊明、谢灵运二家之长,融诗情画意、音乐理趣于一体,风格清新淡雅。苏轼曾评价他的作品“诗中有画,画中有诗”。有《王右丞集》。

寒山转苍翠,秋水日潺湲①。
倚杖柴门外,临风听暮蝉②。
渡头余落日,墟里上孤烟③。
复值接舆醉,狂歌五柳前④。

【注释】

①转:变换为。潺湲(yuán):水流动的样子。

②初唐律诗尚未定型时,颔联的对仗是很自由的。直到盛唐,个别律诗的颔联也不对仗。柴门:树枝编作的陋门。

③墟里:村落。

④值:当,碰上。接舆:传说中春秋时的楚国隐士。因迎孔子的车而歌,故称接舆。他对世道不满,遂佯狂避世。这里指沉醉狂歌的裴迪。五柳:陶渊明因“宅边有五柳树”,自号“五柳先生”。王维以陶渊明自况,故自称“五柳”,一说指柴门前的五棵柳树。

【作品简析】

这是写景之诗,描绘了幽居山林,超然物外之志趣,因而以接舆比裴迪,以陶潜比自己。风光人物,交替行文,相映成趣,形成物我一体、情景交融的艺术意境,抒发了闲居之乐和对友人的真切情谊。

首联写景,着意刻画水色山光之可爱,虽深秋,山依然苍翠,水依旧潺流。颔联转而写情,倚杖柴门,临风听蝉,神驰邈远,自由自在。颈联又间写景致,渡头落日,墟里孤烟,地道山村风物。尾联再写人情,接舆、五柳洁身自好,高风脱俗。风光无限,加之人物疏狂,怎不叫人情趣陶然!

苏轼称王维的诗乃“诗中有画”,这首诗堪称为诗、画、音乐完美结合的佳作。诗歌用白描手法,如一幅清新淡雅的画。写景时选景颇具匠心,有山有水,有声有色,有动有静,有时令特征,有村落景象。写人与写景交错融合,写柴门、晚风、暮蝉、五柳,形象地刻画了两个隐士的形象,全诗成为物我相融、情景相谐的一个整体。

【复习思考题】

1. 本诗在写景上采用了怎样的描写手法？
2. 为什么说这首诗是“物我相融、情景相谐的一个整体”？
3. 背诵全诗。

相关拓展性阅读材料推荐：

1.《王维诗》，傅东华，商务印书馆，1930.
2.《王维诗选》，陈贻焮，人民文学出版社，1959.
3.《王维》，何乐之，上海人民美术出版社，1959.
4.《王右丞集笺注》，赵殿成，上海古籍出版社，1961.
5.《王维新论》，陈铁民，北京师范学院出版社，1990.
6.《诗佛王摩诘传》，张清华，河南人民出版社，1991.
7.《王维集校注》，陈铁民，中华书局，1997.
8. 中华百科 http://www.wikichina.com/
9. 唐诗宋词网 http://www.shiandci.net/

走马川行奉送封大夫出师西征

岑　参

岑参(约715—770),唐代著名的边塞诗人。原籍南阳(今属河南),迁居江陵(今属湖北)。曾祖岑文本、伯祖岑长倩、伯父岑羲都以文墨致位宰相。父岑植,仕至晋州刺史。岑参10岁左右,父亲去世,家境日趋困顿。他刻苦学习,遍读经史。20岁至长安,献书求仕无成,奔走京洛,漫游河朔。天宝三载(744),登进士第,授右率府兵曹参军。天宝八载,充安西节度使高仙芝幕府掌书记。初次出塞,满怀报国壮志,想在戎马中开拓前程,但未得意。天宝十载,回长安,与杜甫、高适等游,深受启迪。十三载,又充任安西、北庭节度判官,再次出塞,报国立功之情更切,边塞诗名作大多成于此时。安史乱起,岑参东归勤王,杜甫等推荐他为右补阙,后贬谪虢州长史。代宗大历二年,任嘉州刺史,不久病逝。世称"岑嘉州"。

岑参是盛唐边塞诗派的代表作家。曾两度出塞,对塞外风光与边地的军事生活有亲身的体验。他善于以粗犷的笔调描绘西北边地的奇异风光和紧张激烈的战斗场面,热情歌颂边防战士英勇献身的精神,有些还反映了军中官兵苦乐悬殊的生活以及民族之间的友好交往。

岑参的边塞诗,笔调夸张,想象奇特,格调高亢,气势磅礴,具有挺拔沉雄、新奇瑰丽的特色,极富浪漫主义色彩。岑参与另一位边塞诗人高适并称"岑高"。有《岑嘉州集》。

君不见走马川,雪海边,平沙莽莽黄入天①。
轮台九月风夜吼②,一川碎石大如斗,随风满地石乱走。
匈奴草黄马正肥③,金山西见烟尘飞④,汉家大将西出师⑤。
将军金甲夜不脱,半夜军行戈相拨,风头如刀面如割。
马毛带雪汗气蒸,五花连钱旋作冰⑥,幕中草檄砚水凝⑦。
虏骑闻之应胆慑,料知短兵不敢接,车师西门伫献捷⑧。

【注释】

①走马川:又名左末河,即今新疆车尔臣河。雪海:泛指西北一带苦寒地区。平沙:指广漠的沙原。

②轮台:在今新疆米泉县境。

③匈奴:汉朝对北方少数民族的统称,这里指播仙部族。草黄马正肥:游牧民族作战以骑兵为主,秋后草黄马肥,正是发动战争的好时机。

④金山:即阿尔金,一说指阿尔泰山。

⑤汉家大将:指封常清。唐代诗人常以汉指唐。

⑥五花连钱:指名贵的马。五花:唐人把马颈上的毛剪成五簇的叫五花,一说指马毛色斑驳。连钱:马名。

⑦草檄(xí):起草声讨敌人的文书。

⑧车师:古西域名,分前后两部,前部至今新疆吐鲁番县一带;后部至今新疆古木萨尔县一带。

【作品简析】

这首诗是岑参的代表作之一。全诗以豪迈乐观的情怀，颂扬了出征将士不畏艰险的英雄气概和高昂的爱国精神，表达了对唐王朝大军奏捷凯旋的必胜信心。

整首诗层次分明而布局和谐。开头五句，写塞上黄沙莽莽，狂风夜吼，飞沙走石的情景，起到烘托大军压境，一场激烈战斗即将展开时的紧张气氛，加强了诗歌的艺术感染力。“吼”字用得极生动有力，说是“诗眼”似不为过。这一“吼”，使我们马上联想到这狂风，犹如万千怒兽，横冲直撞，奔腾追逐，呼号咆哮，惊天动地。“一川碎石大如斗，随风满地石乱走”，当然是一种艺术的夸张，不过却是符合艺术真实的，因为这样写能更好地表现当地独特的奇异风光，并以此暗示正酝酿着一场战争风暴。

诗笔一转，写对方，“匈奴草黄马正肥，金山西见烟尘飞”，对方也不弱！只写马肥，却尽显其剽悍强劲；只写远处烟尘飞扬，也显示出匈奴进犯之急迫。描写虽然短小，但精炼且让人读之回味无穷。在明确了匈奴之强悍和军情之紧急的大方向后，又留给读者充分的想象空间。接一句“汉家大将西出师”，则是巧妙地借对方的强大反衬出己方的更强。这一句朴素平淡地道来，尽显“汉家大将”的从容、果敢、镇静而又充满必胜的信心！

接着就着重写己方将士冒着严寒连夜开赴前线途中的事情。“将军金甲夜不脱”，足见军情之紧急；“半夜军行戈相拨”，则是军情紧急之外，更见军纪的森严；若非听见不时发出的兵戈相碰的铿锵之声，在此严寒漆黑之夜，谁想竟有一支英勇的队伍在急行军呢？在这样漆黑的夜晚，当然看不见这支行军的队伍，诗人也不费力去描写其如何逶迤、浩荡。但仅从“戈相拨”一语，读者还是能真切地感受到这支号令严明、士气高涨的大军的存在，而且肃然起敬。

“马毛带雪汗气蒸，五花连钱旋作冰，幕中草檄砚水凝”三句，加上上面“风头如刀面如割”，皆极言塞上夜行军之辛苦，主要是为了衬托将士不避艰险、勇往直前的战斗意志和英雄气概。因此，当这样极力描写了己方军力的强大和将士的英勇之后，紧接着“虏骑闻之应胆慑，料知短兵不敢接，车师西门伫献捷”，肯定己方必胜，才显得水到渠成，事出必然，把握十分，而非一般泛泛之祝福。

总之，本诗神完气足，一气呵成，热情奔放，音调沉雄，既夸张又真实，能充分表现将士英勇艰苦的战斗生活和积极昂扬的精神面貌，是思想性和艺术性相当完美的结合。

【复习思考题】

1. 这首诗的环境描写对表现唐军将士的英雄气概起什么作用？
2. 试分析本诗的艺术特色。
3. 背诵全诗。

相关拓展性阅读材料推荐：

1.《岑参集校注》，陈铁民，侯宗义，上海古籍出版社，1981.
2.《岑参评传》，廖立，人民文学出版社，1990.
3.《岑参诗集编年笺注》，刘开扬，巴蜀书社，1995.
4.《走向盛唐》，尚定，中国社会科学出版社，1994.
5.《初盛唐诗歌的文化阐释》，杜晓勤，东方出版社，1997.
6.《全唐诗》，彭定求，中华书局，1999.
7. 中华百科 http：//www.wikichina.com/
8. 唐诗宋词网 http：//www.shiandci.net/

月下独酌(古风四首选二)

李　白

李白(701—762),字太白,号青莲居士。祖籍陇西成纪(今甘肃省静宁县西南),生于中亚碎叶(隶属于唐安西督护府,在今吉尔吉斯斯坦北部的托克马克附近)。唐代伟大的浪漫主义诗人。幼时迁至绵州昌隆(今四川省江油市南)青莲乡。安史之乱爆发,入永王李璘幕府;后以"附逆"罪被长流夜郎(今贵州省正安县西北),中途遇赦而归。因病卒于其族叔——当涂县(今属安徽省)令李阳冰家里。存诗1 000余首,均收入《李太白全集》。

古风《月下独酌》作于唐玄宗天宝三载(744)春,作者尚未离开长安(今陕西省西安市)。原作四首,今选其一、其二。敦煌写本《唐人选唐诗》把它们合为一首,题为《月下对影独坐》,而无其三、其四。《文苑英华》也收录了这两首诗,题为《对酒》;略早于《文苑英华》的《太平广记》引《本事诗》,仅录其二,文本有所不同。古风,古体诗的一种,兴于唐代。有五言、七言和杂言几种。虽押韵,但格律不严,不拘平仄,不求对仗,而且平仄韵可以通押。

其一

花间一壶酒,独酌无相亲。
举杯邀明月,对影成三人①。
月既不解饮,影徒随我身。
暂伴月将影②,行乐须及春。
我歌月徘徊③,我舞影零乱。
醒时同交欢,醉后各分散。
永结无情游④,相期邈云汉⑤。

其二

天若不爱酒,酒星⑥不在天。
地若不爱酒,地应无酒泉⑦。
天地既爱酒,爱酒不愧天。
已闻清比圣,复道浊如贤⑧。
贤圣既已饮,何必求神仙。
三杯通大道,一斗⑨合自然。
但得酒中趣,勿为醒者传。

【注释】

①三人:指"花间"的"我"、空中的"明月"和"我"留在身后的"影儿"。唐代李延寿《南史沈庆之传》载沈庆之语:"我每履田园,有人时与马成三,无人则与马成二。"

②暂伴月将影:我与明月、影子的相聚是短暂的。将:与。

③月徘徊：月亮出没于云间。
④永结无情游：永远结成忘情的好朋友。无情：月亦忘其为月，我亦忘其为我。游：交往。这里指朋友。
⑤相期邈云汉：期望在遥远的天边。邈：远。云汉：云霄。
⑥酒星：即酒旗星。主管宴飨饮食。
⑦酒泉：在甘肃省酒泉市东关酒泉公园内，泉水如酒，因而得名。
⑧《三国志・魏志・徐邈传》："平日醉客谓酒清者为圣人，酒浊者为贤人。"
⑨斗：有柄的酒器，可以用来酌酒。

【作品简析】

在一般人的眼里，"月下独酌"实在是孤独而寂寞的悲苦与无耐；可是，换一种心态，它也是豁达与洒脱的一种境界。

诗人"招呼"明月及其影儿前来"助兴"，已经难能可贵；"我"与"明月"及其"影儿"先后出现在诗中，交替回环，堪称妙语连珠！诗人先由"花"想到"春"，又由"酌"想到"歌"和"舞"，被贺知章誉为"谪仙人"的李白的确是一位"无中生有"的高手。他的胸襟非常开阔，竟然跟"无情"的月亮及自身影儿结成了永远的"知己"。殊不知，他表现得越是豁达，越是洒脱，人们越能更加深刻地感受到他的孤独与寂寞。

诗人嗜酒成性，饮酒的理由也"天经地义"。酒星在天，酒泉在地，足以证明天上地下的神祇都是喜欢喝酒的；圣贤们都在饮酒，我又何必例外呢？诗人李白既是诗中魁首，有"诗仙"之称；也是酒中魁首，不愧为"酒仙"。他不仅酒量大，酒胆也大，无人可以望其项背。有杜甫《饮中八仙歌》片段为证："李白一斗诗百篇，长安市上酒家眠。天子呼来不上船，自称臣是酒中仙。"至于酒中真趣儿，诗人不想把它说破，于是就卖了一个关子："一般人我不告诉他。"

清代诗歌评论家沈德潜在《唐诗别裁》中曾经给李白的《月下独酌》以极高的评价："脱口而出，纯乎天籁。此种诗人不易学。"

【复习思考题】

1. "天籁"的本义和引申义分别是什么？沈德潜为什么说《月下独酌》是"天籁"？
2. 比较一下，你更喜欢《月下独酌》中的"其一"，还是"其二"？为什么？

相关拓展性阅读材料推荐：

1.《李杜研究》，汪静之，商务印书馆，1928.
2.《李太白年谱》，黄锡珪，作家出版社，1958.
3.《李白诗选》，高铁郎，上海新华书局，1928.
4.《李白研究》，李守章，上海新宇宙书店，1930.
5.《李白诗》，傅东华，上海商务印书馆，1930.
6.《李白诗选》，胡云翼，上海亚细亚书局，1932.
7.《李太白传》，汪炳焜，上海商务印书馆，1935.
8.《李白与杜甫》，郭沫若，人民文学出版社，1971.
9. 中华百科 http://www.wikichina.com/
10. 唐诗宋词网 http://www.shiandci.ne

清明(排律二首)

杜　甫

杜甫(712—770),字子美,自称少陵野老。祖籍襄阳,出生于巩县(今河南省巩义市)。唐代伟大的现实主义诗人。杜甫生长在一个世代"奉儒守官"的家庭,祖父乃著名诗人杜审言。举进士不第,漫游各地。寓居长安(今陕西省西安市)近十年,不得志。安史之乱爆发,谒见肃宗李亨于凤翔,先后任左拾遗和华州司功参军。弃官后,移居成都,筑草堂于浣花溪。曾在剑南节度使严武幕中任参谋,被举荐为检校工部员外郎。世称"杜少陵"、"杜拾遗"、"杜工部"。晚年携家出蜀,病死于湘江途中。长于律诗,他的诗歌以"沉郁顿挫"为主要风格,集古今诗人之大成,宋代以后被尊为"诗圣"。杜甫存诗1 400余首,诗歌真实而深刻地反映了安史之乱前后时代的动乱和灾难,被誉为"诗史"。有《杜工部集》传世。

这两首七言排律《清明》以节令为题,作于自岳州(今湖南省岳阳市)经潭州(今湖南省长沙市)赴衡州(今湖南省衡阳市)的途中,时值唐代宗大历四年二月二十四日(769 年 4 月 5 日)清明节。排律是近体诗的一种,必须遵守"律诗"的全部规则:其一,除了首联和尾联之外,通篇对仗;其二,讲究平仄;其三,押平声韵,而且一韵到底。它的不同之处,是能够随意铺排和延长,因而"排律"又叫"长律"。较为常见的是五言排律,篇幅长者可达到 160 韵(320 行);七言排律写起来难度较大,名篇罕见。

其一

朝来新火[①]起新烟,湖色春光净客船。
绣羽衔花他自得,红颜骑竹我无缘[②]。
胡童结束[③]还难有,楚女[④]腰肢亦可怜[⑤]。
不见定王城[⑥]旧处,长怀贾傅井[⑦]依然。
虚沾周举为寒食[⑧],实藉严君卖卜钱[⑨]。
钟鼎山林[⑩]各天性,浊醪粗饭[⑪]任吾年。

其二

此身飘泊[⑫]苦西东,右臂偏枯[⑬]半耳聋[⑭]。
寂寂系舟双下泪[⑮],悠悠伏枕左书空[⑯]。
十年[⑰]蹴鞠[⑱]将雏[⑲]远,万里秋千习俗同。
旅雁[⑳]上云归紫塞[㉑],家人钻火[㉒]用青枫[㉓]。
秦城[㉔]楼阁烟花里,汉主[㉕]山河锦绣中。
春去春来洞庭阔[㉖],白苹[㉗]愁杀白头翁。

【注释】

①新火：唐制，清明日赐百官新火。古代习俗清明前一日或二日或三日（各地风俗不同）为寒食节，不能生火做饭，吃冷食，至清明日开禁，故曰新火。

②绣羽：漂亮的羽毛。指代色彩斑斓的鸟儿。骑竹：拽着竹竿当“马”骑的一种游戏。

③胡童结束：居住在长沙的胡人子弟穿戴着本民族的服饰。结束：结发束带。

④楚女：指当地的女孩子。湖北、湖南均为楚地，楚国女子以细腰为时尚。

⑤可怜：可爱。

⑥定王城：指长沙故城。西汉景帝刘启之第六子刘发，以孝著称。封长沙王之后，累积京城土，筑成“望母台”于长沙。卒，谥为定王。“定王台”和“定王城”因长沙定王而得名。

⑦贾傅井：西汉贾谊曾任长沙王太傅，其故居前有一口井，人称“太傅井”。

⑧虚沾周举为寒食：东汉周举任并州刺史时，曾倡导革除“寒食”经月之陋俗。诗人一家老小困在船上，饮食无着，自然赞同周举的主张，因而略有“沾光”的感觉。

⑨实藉严君卖卜钱：西汉思想家庄遵，字君平。蜀郡成都（今属四川省）人。曾隐居市井，以卜筮为业。班固《汉书》为避汉明帝刘庄讳而改称“严遵（严君平）”，后世史书沿袭此例。藉：通“借”。

⑩钟鼎山林：比喻富贵与贫贱。鸣钟而食，列鼎而烹，乃富贵之象征；而隐居山林者，自甘贫贱。

⑪浊醪（láo）粗饭：犹言“粗茶淡饭”。形容很清贫。醪：没有滤清的酒。

⑫漂泊：诗人自代宗大历三年（768）离蜀出峡后，终日以船为家。

⑬偏枯：中医学病症名。其症状为一侧肢体瘫痪，俗称“半身不遂”。

⑭半耳聋：诗人左耳失聪。自有其《复阴》诗为证：“君不见夔子之国杜陵翁，牙齿半落左耳聋。”

⑮双下泪：双眼流泪。意思是两只眼睛还没有丧失功能。

⑯左书空：左手在空中模拟写字动作。右臂偏瘫，纸笔皆无，只好用手指在空中虚画字形。

⑰十年：肃宗乾元二年（759），诗人辗转入蜀，至此已十年出头。

⑱蹴鞠（cùjū）：踢球。起源于战国时期的古代“足球”，盛行于唐代。鞠：用皮革制成的球。

⑲将雏：拖儿带女。

⑳旅雁：指在北方繁殖而到南方越冬的雁群。

㉑紫塞：指北方。传说秦人以紫色土筑长城。

㉒钻火：取火。用“钻木取火”的典故。

㉓枫：这里指产于南方的枫香树。

㉔秦城：秦都咸阳（今陕西省咸阳市东北）。这里指京城。

㉕汉主：汉代皇帝。这里指国家。“秦城楼阁烟花里，汉主山河锦绣中”两句互文：秦汉两朝古都的楼台亭阁完全掩映在锦绣山河的春色之中。

㉖洞庭阔：洞庭湖是我国第二大淡水湖，面积24.33万公顷。

㉗白萍：一种水草。

【作品简析】

杜甫此行乘船自岳州赴衡州，中途停泊在潭州。清明时节的山光水色，似乎洗去了他的一路风尘。鸟语花香，玩“骑竹马”游戏的孩子们，盛装的胡人子弟，姣好的细腰女郎—大自然的和谐景观，陌生人的欢快情绪，未能引起这位诗人丝毫的感动。这些，与自己太遥远，他在想此地已经倾颓的定王台和没有废弃的太傅井，想三年前自己在夔州所作《古柏行》诗的最后一句：

"古来材大难为用!"穷困潦倒至此,即使废了"寒食"的习俗,也逃不脱没饭吃的下场;于是,他居然起了一个荒唐的念头:与其向只有虚恩的周举道谢,还不如跟死去的"准同乡"君平道人借几个钱呢!任凭每日薄酒、小菜、粗食,度我余生,足矣!

本来,清明节是我国的一个传统节日,历史悠久。当日,人们可以去踏青、游园、做游戏,也可以去植树、扫墓、祭奠祖先或亡人。然而,对于背井离乡、以船为家、半身不遂的杜甫来说,一切都无从谈起。诗人拖着一个病残之身,怀着一颗愁苦之心。一诗既成,意犹未尽,又写了第二首七言排律:描写一位偏瘫耳聋的老翁,眼含热泪,在"漂泊"水中的破船上"亮相"。他告别长安十余年,出行几千里,看惯了秋月春风。如今,大自然即将走进另一个万紫千红的花季,而老气横秋的杜甫,只能把锦绣山河的灿烂春光保存在他那遥远的梦境里……看着水上飘浮无根的白萍,船中的白发老汉伤心不已。

《清明》二首,互为表里。清人杨伦在《杜诗镜铨》中指出:"前首从湖南风景叙起,说到自家;后首从自家老病说起,结到湖南,亦见回环章法。"此前,明人孙月峰的评价更高:"苍郁稳密,当为七言排律第一。"

【复习思考题】

1. 反复吟诵《清明》,归纳其主旨。
2. 明人孙月峰评价杜甫《清明》诗为"七言排律第一",你如何看待这个评价?

相关拓展性阅读材料推荐:

1.《杜甫评传》,陈贻焮,上海古籍出版社,1982.
2.《杜诗详注》,仇兆鳌,中华书局,1979.
3.《杜诗解》,金圣叹,上海古籍出版社,1984.
4.《钱注杜诗》,钱谦益,上海古籍出版社,1979.
5.《杜臆》,王嗣奭,上海古籍出版社,1983.
6.《李杜研究》,汪静之,商务印书馆,1928.
7. 中华百科 http://www.wikichina.com/
8. 唐诗宋词网 http://www.shiandci.net

长恨歌

白居易

白居易(772—846),字乐天。晚年皈依佛教,自号香山居士,又称醉吟先生。祖籍太原(今属山西省),徙居于下邽(今陕西省渭南市东北),出生于河南新郑(今河南省新郑市)。唐代杰出的现实主义诗人。贞元进士,曾任秘书省校书郎,翰林学士,左拾遗等;因上书言事而得罪权贵,被贬为江州司马后,历任忠州、杭州、苏州刺史,秘书监,刑部侍郎,太子宾客,太子少傅等职,会昌二年(842)以刑部尚书致仕。他积极倡导"新乐府运动",提出"文章合为时而著,歌诗合为事而作",诗歌要以情动人,诗歌语言要"辞质而轻,其言直而切"等一系列观点。他的讽喻诗包括"秦中吟"10首和"新乐府"50首,后者以《杜陵叟》、《卖炭翁》为最;而七言歌行《琵琶行》和《长恨歌》是他的感伤诗代表作。与元稹、刘禹锡齐名,并称"元白"或"刘白"。著有《白氏长庆集》,存诗3 000余首。

长篇叙事诗《长恨歌》作于唐宪宗元和元年(806),作者时任盩厔县(今陕西省周至县)尉。作品以"安史之乱"为背景,描写唐玄宗李隆基与贵妃杨玉环的爱情故事,既暴露了错综复杂的阶级矛盾,又对李杨的悲剧命运表示了一定的同情。作者好友陈鸿的传奇小说《长恨歌传》、宋代历史地理学家乐史(930—1007)的传奇小说《杨太真外传》、元代戏曲家白朴(1226—1306)的杂剧剧本《唐明皇秋夜梧桐雨》、清代戏剧家洪昇(1645—1704)的传奇戏曲《长生殿》以及日本作家井上靖(1907—1991)的小说《杨贵妃传》,均取材于此。

汉皇[1]重色思倾国,御宇多年求不得。
杨家有女初长成,养在深闺人未识[2]。
天生丽质难自弃,一朝选在君王侧[3]。
回眸一笑百媚生,六宫粉黛[4]无颜色。
春寒赐浴华清池[5],温泉水滑洗凝脂。
侍儿扶起娇无力,始是新承恩泽时。
云鬓花颜金步摇[6],芙蓉帐暖度春宵。
春宵苦短日高起,从此君王不早朝。
承欢侍宴无闲暇,春从春游夜专夜。
后宫佳丽三千人,三千宠爱在一身。
金屋[7]妆成娇侍夜,玉楼宴罢醉和春。
姊妹弟兄[8]皆列土[9],可怜[10]光彩生门户。
遂令天下父母心,不重生男重生女。
骊宫高处入青云,仙乐风飘处处闻。
缓歌慢舞凝丝竹,尽日君王看不足[11]。
渔阳[12]鼙鼓[13]动地来,惊破霓裳羽衣曲[14]。
九重城阙[15]烟尘生,千乘万骑西南行。

翠华摇摇行复止，西出都门百余里。
六军[16]不发无奈何，宛转蛾眉马前死[17]。
花钿委地无人收，翠翘金雀玉搔头。
君王掩面救不得，回看血泪相和流。
黄埃散漫风萧索，云栈萦纡登剑阁[18]。
峨眉山[19]下少人行，旌旗无光日色薄。
蜀江水碧蜀山青，圣主朝朝暮暮情。
行宫见月伤心色，夜雨闻铃肠断声。
天旋日转回龙驭，到此踌躇不能去。
马嵬坡下泥土中，不见玉颜空死处。
君臣相顾尽沾衣，东望都门信马归。
归来池苑皆依旧，太液[20]芙蓉未央[21]柳。
芙蓉如面柳如眉，对此如何不泪垂。
春风桃李花开夜，秋雨梧桐叶落时。
西宫[22]南内[23]多秋草，落叶满阶红不扫。
梨园弟子[24]白发新，椒房[25]阿监青娥老。
夕殿萤飞思悄然，孤灯挑尽未成眠。
迟迟钟鼓初长夜，耿耿星河欲曙天。
鸳鸯瓦冷霜华重，翡翠衾寒谁与共。
悠悠生死别经年，魂魄不曾来入梦。
临邛道士[26]鸿都客[27]，能以精诚致魂魄。
为感君王展转思，遂教方士殷勤觅。
排空驭气奔如电，升天入地求之遍。
上穷碧落[28]下黄泉[29]，两处茫茫皆不见。
忽闻海上有仙山，山在虚无缥渺间。
楼阁玲珑五云起，其中绰约多仙子。
中有一人字太真，雪肤花貌参差是。
金阙西厢叩玉扃，转教小玉[30]报双成[31]。
闻到汉家天子使[32]，九华帐里梦魂惊。
揽衣推枕起徘徊，珠箔银屏逦迤开。
云鬓半偏新睡觉[33]，花冠不整下堂来。
风吹仙袂飘摇举，犹似霓裳羽衣舞。
玉容寂寞泪阑干，梨花一枝春带雨。
含情凝睇谢君王，一别音容两渺茫。
昭阳殿[34]里恩爱绝，蓬莱宫[35]中日月长。
回头下望人寰处，不见长安见尘雾。
唯将旧物表深情，钿合[36]金钗寄将去。
钗留一股合一扇，钗擘黄金合分钿。
但教心似金钿坚，天上人间会相见。

临别殷勤重寄词，词中有誓两心知。
七月七日长生殿[37]，夜半无人私语时。
在天愿作比翼鸟，在地愿为连理枝。
天长地久有时尽，此恨绵绵无绝期。

【注释】

①汉皇：指汉武帝刘彻。借以影射唐玄宗李隆基，其谥号为“至道大圣大明孝皇帝”，又称“唐明皇”。

②杨家有女：杨贵妃，小字玉环，蒲州永乐（今山西省永济市）人。蜀州司户杨玄琰之女，寄养在叔父杨玄璬家里。善歌舞，通音律。养在深闺人未识：玄宗开元二十三年（735），杨玉环已被册封为寿王（玄宗第十八子李瑁）妃。这里极力掩盖“名花有主”的事实，是白居易为玄宗隐讳。

③一朝选在君王侧：开元二十八年（740），杨玉环入太清宫，道号“太真”；天宝四载（745），还俗，入宫，又被册封为玄宗的贵妃。这是“曲线掠美”的一招妙棋。

④六宫粉黛：指“三宫六院”中的美女们。六宫：指皇帝的寝宫。粉黛：化妆品。

⑤华清池：温泉宫。开元十一年（723）建于骊山，天宝六载（747）改称“华清宫”。

⑥步摇：古代妇女的一种发饰。

⑦金屋：汉武帝刘彻幼时喜爱其表姐陈阿娇，曾承诺：如果能娶阿娇为妻，就给她造一个金屋子。

⑧姊妹弟兄：杨贵妃的大姐、三姐和八姐，分别被封为韩国夫人、虢国夫人和秦国夫人；其族兄杨铦为鸿胪卿，杨锜为侍御史，杨钊（赐名国忠）为右丞相。

⑨列土：分封土地，加官进爵。列：同“裂”。

⑩可怜：可羡。

⑪看不足：看不够。

⑫渔阳：汉郡。治所在渔阳县（今北京密云西南），东汉太守彭宠曾在此反汉，自立为“燕王”。这里用以影射唐三镇节度使安禄山。天宝十四载（755），安禄山起兵于范阳（治所在蓟县，今北京城西南隅），史称“安史之乱”。

⑬鼙（pí）鼓：骑兵的战鼓。

⑭霓裳羽衣曲：大型舞蹈《霓裳羽衣舞》的乐曲，系唐代歌舞之集大成者。

⑮九重城阙：指京城长安。

⑯六军：唐代禁军有左右龙武、左右神武、左右神策，号称“六军”。

⑰马前死：唐玄宗的队伍行至马嵬坡（今陕西省兴平县西马嵬驿），禁军官兵们趁乱处死杨国忠，龙武大将军陈玄礼请诛杨贵妃。玄宗无奈，只好赐杨贵妃以死，命大宦官高力士执行。

⑱剑阁：大剑山与小剑山之间的栈道。也叫剑门关，在四川省剑阁县北。

⑲峨眉山：唐玄宗幸蜀，途经“剑门关”而非“峨眉山”。这里泛指蜀地。

⑳太液：池名。西汉元封元年（前110）所建，在建章宫北。借以影射唐朝。

㉑未央：宫名。西汉高帝七年（前200），丞相萧何所建。借以影射唐朝。

㉒西宫：指太极宫，在大明宫西。太上皇李隆基从兴庆宫迁至此。

㉓南内：指兴庆宫，在大明宫南。太上皇李隆基从此迁往太极宫。

㉔梨园弟子：指宫廷里的乐工。
㉕椒房：殿名，为皇后所居。
㉖临邛(qióng)道士：四川的方士，属于地方代表。临邛：古县名(在今四川省邛崃市)。
㉗鸿都客：京城的方士，属于中央代表。鸿都：东汉首都洛阳的一个宫门，借指唐代首都长安。
㉘碧落：九霄之上，天神所居。
㉙黄泉：九泉之下，地祇所居。
㉚小玉：战国吴王夫差的小女儿。借指杨贵妃的侍女。
㉛双成：即董双成，传说中西王母的侍女。借指杨贵妃的侍女。
㉜汉家天子使：汉朝皇帝的使节。借以影射唐玄宗。
㉝新睡觉：刚刚睡醒。觉：觉醒。
㉞昭阳殿：汉成帝刘骜的宠妃赵飞燕的住所。借指杨贵妃曾经居住的宫殿。
㉟蓬莱宫：指“太真仙子”在“海上仙山”的住所。
㊱合：通“盒”。指装首饰用的盒子。
㊲长生殿：天宝元年(742)建造于骊山的斋宫，名“集灵台”；华清宫另有寝宫，名“飞霜殿”。

【作品简析】

李隆基和杨玉环的爱情故事，是一座开采不尽的文学艺术宝库；故事中的“女一号”杨玉环，既是一个真实的历史人物，又是一个成功的艺术典型。《长恨歌》这首长诗以层次分明的三个段落演绎了杨玉环富有传奇色彩的悲情三部曲：女人→贵妃，贵妃→冤魂，冤魂→仙子。

首先，杨玉环是一个女人，漂亮、灵巧、聪明的女人。她的身材、面容、神态，令人过目不忘；她会弹琴、唱歌、跳舞，是很懂艺术的女人；她还很会作诗，一首《赠张云容舞》在《全唐诗》中：“罗袖动香香不已，红蕖袅袅秋烟里。轻云岭上乍摇风，嫩柳池边初拂水。”其次，她是一个贵妃，权倾朝野、炙手可热的贵妃。她死去的父亲杨玄琰被追赠为太尉和齐国公，母亲做了凉国夫人，叔父杨玄珪被擢为光禄卿；三位同胞姐姐——大姐、三姐、八姐分别被封为韩国夫人、虢国夫人、秦国夫人；两位堂兄——杨铦为鸿胪卿，杨锜为侍御史；连嗜赌成性的族兄杨钊(明皇赐名国忠)也不例外，竟然一直做到右丞相，真是“一人得宠，鸡犬升天”！再次，她是一个冤魂，为宫廷政治斗争而牺牲的冤魂。唐明皇爱江山更爱美人，太子李亨不耐烦地等着他的江山，杨国忠和安禄山也眼巴巴地盯着他的江山。安禄山打着“讨杨”的旗号发动叛乱，唐明皇领着杨氏兄妹一干人弃京而西奔。行至马嵬坡，禁军官兵以“通敌”罪名处死杨国忠，陈玄礼又请求唐明皇诛杀杨玉环。坐收渔人之利的是太子李亨，一边忙着收复两京，一边忙着即位改元。唐明皇丢尽了江山和美人，总算保住了“太上皇”一条老命。最后，杨玉环摇身一变，成为“太真仙子”。仙境和仙子并非客观存在，只是一种幻觉而已——对于兴庆宫中形影相吊的李隆基来说，如同多了一个“贴心朋友”，作为情感的寄托，聊胜于无。据说，不管什么人，一不小心而堕入“爱河”，就会立刻变成聋子、瞎子、疯子！圣明如唐明皇者也不能例外。李隆基身为一国之君，因耽于女色而不理朝政，最终落得个“鸡飞蛋打”的下场，理所当然，势所必至！

这首诗的主题思想，历来众说纷纭：既有“歌颂李杨爱情”说，又有“讽刺昏君误国”说，还有兼而有之的“双重主题”说。明皇重色而轻国，误了江山社稷；贵妃贵极而生悲，马嵬坡前殒命。是歌颂他们的“爱”呢，还是批判他们的“误”呢？这需要站在不同的角度进行分析。

【复习思考题】

1. 从解读作品入手，参考相关的史学资料，谈谈你对《长恨歌》主题思想的看法。

2. 描写“太真仙子”，对刻画杨贵妃的形象、表现《长恨歌》的主题有什么作用？

3. 找出一些相关的语句，说明《长恨歌》前有“伏笔”、后有“照应”的结构特点。

相关拓展性阅读材料推荐：

1.《元白诗选》，苏仲翔，上海春明出版社，1956.

2.《白居易诗选》，梁鉴江，广东人民出版社，1986.

3.《白居易资料汇编》，陈友琴，中华书局，1986.

4.《白居易集导读》，朱金城，朱易安，巴蜀书社，1988.

5.《白居易诗歌赏析集》，褚斌杰，巴蜀书社，1990.

6.《白居易传》，王拾遗，陕西人民出版社，1983.

7.《大诗人白居易》，陈翔，河南人民出版社，1982.

8.《白居易集》，顾学颉，中华书局，1979.

9. 中华百科 http://www.wikichina.com/

10. 唐诗宋词网 http://www.shiandci.net

乌夜啼[1]

李 煜

李煜(937—978),字重光,号钟隐,莲峰居士,961年嗣位,史称南唐后主。即位后对宋称臣纳贡,以求偏安一方,又不修政治,纵情于吟咏宴游,苟且偷安,生活上则穷奢极欲。开宝八年(公元975年)宋灭南唐,李煜亡家败国,肉袒出降,身囚待罪于汴京。宋太祖赵匡胤因其曾守城相拒,封其为"违命侯"。李煜忍屈负辱过了三年囚徒生活,后被宋太宗赐酒毒死。

李煜经史诗文俱通,精于书画,谙于音律,工于诗文,词尤为五代之冠。李煜词以被俘为界分前后两期,前期词多写宫廷享乐生活,风格柔靡;后期词反映亡国之痛和去国之思,沉郁哀婉,题材扩大,意境深远,感情真挚,语言清新,极富艺术感染力。《乌夜啼》便是后期词作中有代表性的一篇。其词语言朴素,意境深沉,形象鲜明,风貌天然,对后世影响很大。词收入《南唐二主词》中。

无言独上西楼,月如钩,寂寞梧桐[2]深院锁清秋[3]。
剪不断,理还乱,是离愁[4],别是一般[5]滋味在心头。

【注释】

①此调原为唐教坊曲,又名《秋夜月》、《上西楼》。三十六字,上片平韵,下片两仄韵两平韵。
②梧桐:入秋梧桐即落叶,故云"一叶落而知天下秋"。后用梧桐叶落来表示秋日,隐含衰败的象征。
③锁清秋:深深被秋色所笼罩。
④离愁:指去国之愁。
⑤别是一般:另有一种。一般:一种,一番。

【作品简析】

乌夜啼别名相见欢,咏的却是离别愁。这是一首悲秋词,有亡国之思,应是后主李煜被掳之后所写,以一个丧国的君主而言,内心的苦楚与怅惘,时时刻刻如影随形,尤其是在萧瑟的秋夜。诗人一个人默默无语,独自登上西楼,天边月形如勾,在这清寒的秋夜,院子里深锁住梧桐,也锁住了寂寞。心中的思绪,想要剪断,却怎样也剪不断,想好好梳理,却更加杂乱,这样的离异思念之愁,而今在心头上却又是另一般不同的滋味。

上片写秋景。作者在深夜里独自登上西楼望月,看见月缺如钩。无言,因独自一人,无人可语。也是因为心中悲苦,无法言语。月缺,影射的是心理的缺憾。梧桐寂寞,人更寂寞。深院寂静无人,空锁一庭清秋。而锁住的不仅是秋色,还有无法回归故国的词人。词人心中满腔的悲恨:恨国破家亡,江山冷落。开头一句,开门见山地将愁绪直接表达于无言独上西楼的情绪中,第二句以月如钩的意象,企图传述一种孤清与不满的遗憾意境,紧紧地扣住西楼独处的人,月如钩,人独悴;织就一幅好不凄凉的月夜景色图。第三句以寂寞描述所处的情境,用寂寞统领整个情绪,梧桐也寂寞、深院也寂寞,是寂寞锁住了秋,亦或是清秋锁住了寂寞,只因作者的眼中所见皆是寂寞，而在句法上简单地利用了梧桐孤立深院的景象，将寂寞与清秋紧密地扣在一起，更增添了秋的萧瑟与作者的孤独无言。

下片写悲情。心中的无奈和愁苦，如同乱麻一般，剪不断、理还乱的情绪表达了词人心中的冲突起伏，在词的架构上激起了波澜，也让整个情绪高涨。是离愁，别是一般滋味在心头。离愁在心中纠缠，无可派遣，个中滋味，是自己以前从来不曾体会过，甚至不曾想过的。只有亲身经历了，才知道是何等滋味。这滋味，是局外之人永远不能领悟的。而局内之人，却又无法言说，也不愿言说了。

全词情景交融，状景处亦含情。独上西楼，残月如钩，深院锁寂寞，梧桐叶落而知天下秋。整个景色，衬托出一种凄迷悲凉的气氛。最妙的是"剪不断，理还乱，是离愁"句，离愁可剪可理，挥之不去，将情绪具体化、实物化，更加深了愁的分量。

【复习思考题】

1. 试分析词中佳句"剪不断，理还乱，是离愁"。
2. 试析本诗是如何做到情景交融的。

相关拓展性阅读材料推荐：

1.《李后主》，杨荫深，上海商务印书馆，1935.
2.《南唐二主词校订》，王仲闻，人民文学出版社，1957.
3.《李璟李煜词》，詹安泰，人民文学出版社，1958.
4.《唐五代词》，黄进德，上海古籍出版社，1987.
5. 中华百科 http://www.wikichina.com/
6. 唐诗宋词网 http://www.shiandci.net

送李愿归盘谷序

韩 愈

韩愈(768—824),字退之。河南河阳(今河南省孟州市南)人。郡望河北昌黎,世称韩昌黎;晚年任吏部侍郎,世称韩吏部;卒后谥号文,世称韩文公。唐代文学家,思想家。贞元八年(792)进士。历任四门博士、监察御史、阳山令、国子博士、中书舍人、刑部侍郎、潮州刺史、国子祭酒、吏部侍郎和京兆尹等职。

韩愈以恢复儒家道统自任,力排佛老,大力提倡古文,反对骈偶文风。主张"文以明道,务去陈言",是古文运动的实际领袖。其文众体兼擅,结构多变,气势雄健,笔力遒劲,有"文起八代之衰"之誉。其诗硬语盘空,言人之所不敢言,写人之所不曾写,奔雷走电,光怪陆离,开创了奇崛险怪的一代诗风。

韩愈作为唐代"古文运动"的领军人物,位居"唐宋八大家"之首。著有《昌黎先生集》。

太行之阳有盘谷①。盘谷之间,泉甘而土肥,草木丛茂,居民鲜少②。或曰:"谓其环两山之间,故曰'盘'③。"或曰:"是谷也,宅幽而势阻,隐者之所盘旋④。"友人李愿居之。

愿之言曰:"人之称大丈夫者,我知之矣:利泽施于人⑤,名声昭于时⑥,坐于庙朝⑦,进退百官而佐天子出令⑧;其在外,则树旗旄⑨,罗弓矢⑩,武夫前呵⑪,从者塞途,供给之人,各执其物,夹道而疾驰。喜有赏,怒有刑。才畯满前⑫,道古今而誉盛德,入耳而不烦。曲眉丰颊⑬,清声而便体⑭,秀外而惠中⑮,飘轻裾⑯,翳长袖⑰,粉白黛绿者⑱,列屋而闲居⑲,妒宠而负恃⑳,争妍而取怜㉑。大丈夫之遇知于天子,用力于当世者之所为也㉒。吾非恶此而逃之㉓,是有命焉㉔,不可幸而致也㉕。穷居而野处,升高而望远,坐茂树以终日,濯清泉以自洁㉖。采于山,美可茹㉗;钓于水,鲜可食。起居无时,惟适之安㉘。与其有誉于前,孰若无毁于其后㉙;与其有乐于身,孰若无忧于其心。车服不维㉚,刀锯不加㉛,理乱不知㉜,黜陟不闻㉝。大丈夫不遇于时者之所为也,我则行之。伺候于公卿之门,奔走于形势之途㉞,足将进而趑趄㉟,口将言而嗫嚅㊱,处污秽而不羞,触刑辟而诛戮㊲,侥幸于万一,老死而后止者,其于为人,贤不肖何如也㊳?"

昌黎韩愈闻其言而壮之㊴,与之酒而为之歌曰:"盘之中,维子之宫㊵;盘之土,维子之稼㊶;盘之泉,可濯可沿㊷;盘之阻,谁争子所㊸?窈而深㊹,廓其有容㊺;缭而曲㊻,如往而复㊼。嗟盘之乐兮,乐且无央㊽;虎豹远迹兮,蛟龙遁藏;鬼神守护兮,呵禁不祥㊾。饮且食兮寿而康,无不足兮奚所望㊿!膏吾车兮秣吾马[51],从子于盘兮,终吾生以徜徉[52]!"

【注释】

①太行:山名,在山西高原与河南、河北平原之间,上多横谷(陉),古有"太行八陉(xíng)"之称。阳:山的南面叫阳。盘谷:在今河南济源北二十里。

②鲜少:稀少。

选自《四部丛刊》本《昌黎先生集》

③或曰:有人说。环:屈曲环绕。两山之间:指山谷。
④是:此,这个。宅幽:位置幽深。势阻:地势险阻。盘旋:逗留,往来。此处是漫游意。
⑤利泽:利益,恩泽。
⑥昭:显耀。
⑦庙朝:宗庙和朝廷。古代有时在宗庙发号施令。“庙朝”连称,指中央政权机构。
⑧进退:这里指任免升降。佐:辅佐。
⑨旗旄(máo):旗帜。旄:旗杆上用牦牛尾装饰的旗帜。
⑩罗:罗列。弓矢:指弓箭手。
⑪武夫:指士卒。呵:喝道。
⑫才畯:才能出众的人。畯:同“俊”。
⑬丰颊:面颊丰满。
⑭便(pián)体:美好轻盈的体态。
⑮秀:美丽。外:外貌。惠中:聪慧的资质。惠:同“慧”。
⑯裾(jū):衣服的前后襟。
⑰翳(yì):遮蔽,掩映。
⑱粉白黛绿者:指姬妾。黛:青黑色颜料。古代女子用以画眉。
⑲列屋:众屋罗列,互相毗邻。
⑳妒宠:妒忌别的姬妾得宠。负恃:依仗。这里指自恃貌美。
㉑争妍:比赛美丽。取怜:求得爱怜。怜:爱。
㉒遇知:赏识。于:被。以上二句意为:上述这些,都是受到皇帝赏识,掌握了当时权力的大丈夫的所作所为。
㉓恶(wù):厌恶。
㉔命:命运。
㉕幸:侥幸。致:得到。
㉖濯:洗。
㉗茹:食。
㉘起居二句:起居作息没有固定时间,只求舒适安逸。
㉙孰若:不如。毁:诋毁。
㉚车服:代指官职。古代以官职的品级高下,确定所用车子和服饰。维:束缚。
㉛刀锯:指刑具。加:用。以上二句意为:刑赏与己不相关。
㉜理乱:治与乱。理:治。唐代避高宗李治的名讳,以“理”代“治”。
㉝黜(chù)陟(zhì):指官吏的进退或升降。以上二句意为:朝政与己不相关。
㉞形势:地位和威势。
㉟趑(zī)趄(jū):踌躇不前,指迟疑不决。
㊱嗫(niè)嚅(rú):欲言又止的样子。
㊲刑辟(pì):刑法。
㊳不肖:不贤。以上两句意为:这种人与隐居之士相比,不肖与贤何等悬殊啊。
㊴昌黎:韩氏的郡望。唐代重世族,所以作者标郡望。
㊵维:是。子:指李愿。

㊶稼(gǔ)：播种五谷，这里指种谷处。
㊷沿：沿着泉水去探幽取胜。
㊸所：住处。
㊹窈(yǎo)：幽远曲折。
㊺廓其有容：广阔而有所容。其：犹"而"。
㊻缭(liáo)：缠绕，屈曲。此处是回环意。
㊼复：回。
㊽嗟：感叹词。央：尽。
㊾呵禁：呵斥，禁止。不祥：灾祸。此句意为：呵斥、禁止不祥的东西近前。
㊿奚所望：还巴望会什么。
51膏：用油脂涂抹车轴，使之润滑。秣：喂。此句意为：整车喂马，做好远行前的准备工作。
52徜(cháng)徉(yáng)：自由自在地来来往往。

【作品简析】

本文是一篇借赠别之机，抒发胸中抑郁不平之气的文章。

李愿是韩愈的好朋友，生平不详。唐德宗贞元十七年(801)冬，韩愈在长安等候调官，因仕途不顺，心情抑郁，故借李愿归隐盘谷事，吐露心中抑郁不平之情。

全文可分三段。首段叙述盘谷环境之美及得名由来，点出送人隐居的题旨。第二段是全文的主体，借李愿之口，运用两宾夹一主的手法，写了三种人：声威赫赫的显贵、高洁不污的隐士和趋炎附势的官迷，于映衬、对比中表达了作者对声势显赫的官僚的鄙视、对隐逸山林的高洁之士的赞美、对阿谀奉迎的利禄之徒的嘲讽，更表达出作者对隐居生活的向往。第三段，用骚体诗的形式热情赞扬李愿的隐逸之志，表达自己相同的愿望，反映了作者愤世嫉俗、不甘与统治集团同流合污的思想感情。

这篇序文在构思上别出心裁。首段描绘盘谷自然景色，令人神往；中段刻画三种类型人物，对比鲜明；末段以诗歌作结，抒发感慨，显得新颖别致。其次，寓悲愤不平的感情于含蓄平静的描述之中，内心激越，而表达委婉。另外，语言上具有流畅自然而又雄浑奔放的特点，多用排偶句式，声调和谐，音韵铿锵。

古人在朋友临别时，常常赋诗为赠，"序"是阐述赠诗的缘由和意旨的。本文末段"歌曰"以下就是赠诗。歌辞极言隐居之乐，立意深刻而善藏不露，句式偶俪而富于变化，流畅生动，和谐可诵，有一唱三叹的情致。苏轼曾极力推崇此文，他在《跋退之送李愿序》中写道："余亦以谓唐无文章，惟韩退之《送李愿归盘谷序》一篇而已。平生愿效此作一篇，每执笔辄罢。因自笑曰：'不若且放，教退之独步。'"

【复习思考题】

1. 试分析本文的思想内容。
2. 课文末段"歌曰"以下就是赠诗。试分析此赠诗的写作特点。

相关拓展性阅读材料推荐：

1.《韩诗臆说》，程学恂，商务印书馆，1934.
2.《韩愈诗选》，陈迩冬，人民文学出版社，1984.
3.《韩愈诗选》，游止水，广东人民出版社，1984.
4.《韩愈诗选注》，汤贵仁，上海古籍出版社，1984.
5.《韩愈及其古文运动》，龚书炽，商务印书馆，1943.
6.《唐宋八大家》，吴小林，黄山书社，1984.
7. 中华百科 http://www.wikichina.com/
8. 唐诗宋词网 http://www.shiandci.net

始得西山宴游记

柳宗元

柳宗元(773—819),字子厚。祖籍河东(今山西省永济市),出生于京城长安(今陕西省西安市)。唐代杰出的政治家、文学家、哲学家。贞元九年(793)进士。历任秘书省校书郎、集贤殿书院正字、蓝田尉、监察御史、礼部员外郎、永州司马、柳州刺史等职。卒于柳州任所,故世称"柳河东"或"柳柳州"。作为"古文运动"的中坚分子,他与韩愈并称"韩柳"。有唐人刘禹锡编《河东先生集》、明人蒋之翘注《唐柳河东集》和今人章士钊著《柳文指要》等行世。

散文《始得西山宴游记》作于唐宪宗元和四年(809),作者时任永州(今属湖南省)司马。永州佳山秀水,景色优美。作者以待罪谪居之身,寄情山水,居永州期间写了很多杂文、寓言、游记等作品。游记中最有代表性而自成体系的是《永州八记》。《始得西山宴游记》是《永州八记》之首,因西山为"向之未始游",故以"始得"二字命题名篇。除本篇之外,还有《钴鉧潭记》、《钴鉧潭西小丘记》、《至小丘西小石潭记》、《袁家渴记》、《石渠记》、《石涧记》、《小石城山记》诸篇,合称"永州八记",被誉为山水游记之典范。

自余为僇人[①],居是州,恒惴栗[②]。其隙[③]也,则施施[④]而行,漫漫[⑤]而游。日与其徒[⑥]上高山,入深林,穷回溪[⑦]。幽泉怪石,无远不到;到则披草而坐,倾壶而醉;醉则更相枕以卧,卧而梦,意有所极[⑧],梦亦同趣[⑨];觉而起,起而归。以为凡是州之山水有异态[⑩]者,皆我有也[⑪],而未始知西山之怪特。

今年九月二十八日,因坐法华[⑫]西亭[⑬],望西山[⑭],始指异之。遂命仆人,过湘江[⑮],缘染溪[⑯],斫榛莽[⑰],焚茅茷[⑱],穷山之高而止。攀援而登,箕踞而遨[⑲],则凡数州[⑳]之土壤,皆在衽席之下[㉑]。其高下之势,岈然[㉒]洼然[㉓],若垤若穴[㉔],尺寸千里[㉕],攒蹙累积[㉖],莫得遁隐[㉗];萦青缭白[㉘],外与天际[㉙],四望如一[㉚]。然后知是山之特立,不与培塿[㉛]为类。悠悠[㉜]乎与颢气俱[㉝],而莫得其涯[㉞];洋洋[㉟]乎与造物者游[㊱],而不知其所穷[㊲]。引觞满酌[㊳],颓然就醉[㊴],不知日之入[㊵]。苍然暮色,自远而至,至无所见,而犹不欲归。心凝形释[㊶],与万化冥合[㊷]。然后知吾向之未始游[㊸],游于是乎始[㊹],故为之文以志[㊺]。

是岁元和四年[㊻]也。

【注释】

①僇(lù)人:戴罪之人。柳宗元在两个月内连续两次遭贬,所任"永州司马"又属于"员外置同正员",不能与闻公事,因而自视为囚徒。僇:通"戮",杀戮。引申为羞辱。

②是州:这个州。指永州(今属湖南省)。恒:常常。惴(zhuì)栗:忧惧不安。

③隙:闲暇。

④施(yí)施:行走缓慢的样子。

⑤漫漫:没有约束,漫无目的、随心所欲的样子。

⑥徒:同伴;随员。

⑦回溪：迂回曲折的溪水。

⑧意有所极：心思到达某一个地方。极：到达。

⑨梦亦同趣：梦境也会跟随到那个地方。趣：通“趋”，前往。

⑩异态：奇异的形态。

⑪皆我有也：都在我的了解和掌握之中。意为都被我欣赏过了。

⑫法华：指法华寺，是当地著名的寺院，位于永州城区东山最高处。

⑬西亭：柳宗元当年所建，在法华寺的西侧。

⑭西山：指潇水西岸的珍珠岭，海拔 187 米，与永州城隔河相望。

⑮湘江：旧称湘水。长江中游南岸的一条重要支流。源出广西壮族自治区灵川县东、海洋山西麓，经永州、衡阳、湘潭、长沙等地，向北流入洞庭湖。潇水是它的主要支流。

⑯染溪：亦称“冉溪”。潇水的支流，在永州西南。次年（810），柳宗元在附近置地筑屋，曾经把“染溪”更名为“愚溪”。

⑰斫（zhuó）榛莽：砍伐芜杂的灌木，铲除野草。榛：丛生的树木。莽：茂密的草丛。

⑱焚茅茷（fèi）：烧掉枯草和落叶。茷：草叶繁多的样子。

⑲箕（jī）踞而遨（áo）：随意坐在那里观赏眼前的景物。箕踞：一种臀部着地、两腿向前伸开的坐姿。遨：游览。

⑳数州：指永州周边的州县。

㉑在衽（rèn）席之下：如在脚下，如在目前。衽席：卧席，座席。这里指“宴游”者野餐的席面。

㉒岈（xiā）然：形容山谷空旷。

㉓洼然：形容山谷低凹。

㉔若垤（dié）：有的像蚂蚁冢，有的像蚂蚁洞。垤：蚂蚁洞口的小土丘。

㉕尺寸千里：千里之外的山川景物凝缩在视野之中，就像一张画儿一样。

㉖攒蹙（cuán cù）累积：形容山峰密集，山峦重叠。攒：聚集。蹙：收缩。

㉗莫得遁隐：形容一览无余，尽收眼底。

㉘萦青缭白：白云缭绕，青山掩映。形容忽隐忽现的状态。

㉙际：接近，会合。

㉚四望如一：四周所见，浑然一体。

㉛培塿（pǒu lóu）：小土丘。

㉜悠悠：形容十分长远。

㉝与颢气俱：与天地宇宙相始终。颢气：天地自然之气。颢：同“浩”。

㉞莫得其涯：不知道何时结束。涯：终点。

㉟洋洋：形容十分广大。

㊱与造物者游：与大自然和睦相处。造物者：指大自然。

㊲不知其所穷：不知道它的边际在哪里。穷：尽头。

㊳引觞（shāng）满酌：举起满杯酒，一饮而尽。觞：斟满酒的酒杯。酌：饮酒。

㊴颓然就醉：倒下，一醉方休。

㊵日之入：日落。

㊶心凝形释：似乎心意在逐渐凝聚，而形体在逐渐消散。释：消除，化解。

㊷与万化冥合：形容进入一种“物我交融”的精神自由境界。万化：万物。冥合：暗暗相合。

㊸向之未始游：过去还未曾开始有内涵的“游玩”。向：从前。
㊹游于是乎始：有内涵的“游玩”从现在开始。
㊺志：记载。
㊻元和四年：公元 809 年。元和：唐宪宗李纯的年号。

【作品简析】

唐德宗贞元二十一年(805 年，唐宪宗李纯即位后，改元为永贞元年)是柳宗元政治生涯大起大落的一年。他积极参与王叔文等人的“永贞革新”运动，因而备受重用，由监察御史擢为礼部员外郎。“永贞革新”失败后，他又连续遭贬，使柳宗元真正领教了什么是“宦海沉浮”。

本文首先回顾往昔游玩永州山水，因不得要领而兴味索然，反衬“西山宴游”之惬意；其次，从侧面着笔，以“数州之土壤”反衬眼下的“西山”，表现其“怪异”而“特立”之个性；再次，抒发“西山宴游”之豪情，以“心凝形释”概括了一种难得的精神自由。身临其境，是领略这种“物我两忘，天人合一”的最高审美境界的唯一途径。

卓尔不群是“西山”的品格，也是柳宗元的品格。他从许多角度描绘了永州山水和一些景物，表现了一个“无用武之地”的“英雄”对大自然的审美情趣。

本文语言精练而形象，不经意地运用一些修辞手段，是本文的另一个突出的特点。例如：“上高山，入深林，穷回溪”在前；“过湘江，缘染溪，斫榛莽，焚茅茷”在后。(排比)“到则披草而坐，倾壶而醉；醉则更相枕以卧，卧而梦，意有所极，梦亦同趣；觉而起，起而归。”(顶针)

柳宗元的“永州八记”是一个山水散文系列，虽然各自成篇，但前后连贯，浑然一体。其中的每一篇都能抓住描写对象的景物特色，把自己的悲凉身世和苦闷心情注入文章的字里行间，其艺术表现力不亚于那些名画师笔下的水墨丹青。

【复习思考题】

1. 这篇山水游记的脉络在行文中是如何明暗交织、虚实相应的？
2. 请结合写作背景，阐述这篇山水游记中所蕴涵的思想价值和柳宗元的巨大人格力量。

相关拓展性阅读材料推荐：

1.《唐宋古文运动》，龚书炽，商务印书馆，1945.
2.《唐宋八大家》，吴小林，黄山书社，1984.
3.《韩柳宗元文学评价》，黄云眉，山东人民出版社，1957.
4.《柳宗元》，顾易生，上海古籍出版社，1979.
5.《柳宗元诗文赏析集》，金涛，巴蜀书社，1989.
6.《柳宗元散文艺术》，吴文治，山西人民出版社，1989.
7.《柳宗元诗文选译》，王松龄，巴蜀书社，1991.
8.《柳宗元文》，胡怀琛，上海商务印书馆，1945.
9. 中华百科 http://www.wikichina.com/
10. 唐诗宋词网 http://www.shiandci.ne

李娃传

白行简

白行简(约776—826),字知退,华州下(陕西渭南县)人,中国唐代文学家。唐代著名文学家白居易之弟。唐德宗贞元末年进士,宪宗元和十五年作左拾遗,后来官至司门员外郎、主客郎中。

白行简文笔优美,原有文集二十卷,可惜文集已佚,现仅存赋十八篇,传奇小说两部:《李娃传》、《三梦记》。有人考证《三梦记》为伪作,因篇末署"会昌二年"已是公元842年,白行简此时已去世十六年。白行简所作《天地阴阳交欢大乐赋》由法国汉学家伯希和从敦煌石窟发现,带回巴黎,后又经荷兰外交家高罗佩翻译成英文而名闻世界。小说《李娃传》有弗兰兹·库恩德译本。《李娃传》是一部杰出的传奇,白行简也因此孤篇而在文学史上享有盛名。本篇选自鲁迅编校《唐宋传奇集》卷三。这篇小说写妓女李娃与郑生悲欢离合的爱情故事,歌颂自由真挚的爱情,揭露名门世族的虚伪无耻。小说情节曲折,描写生动,尤其对长安大都市生活风貌的描写,细致真实,有较浓的生活气息。

汧国夫人李娃,长安之倡女也①。节行瑰奇,有足称者,故监察御史白行简为传述②。

天宝中,有常州刺史荥阳公者,略其名氏,不书。时望甚崇,家徒甚殷③。知命之年,有一子,始弱冠矣,隽朗有词藻,迥然不群,深为时辈推伏④。其父爱而器之,曰:"此吾家千里驹也⑤。"应乡赋秀才举,将行,乃盛其服玩车马之饰,计其京师薪储之费⑥,谓之曰:"吾观尔之才,当一战而霸。今备二载之用,且丰尔之给,将为其志也⑦。"生亦自负,视上第如指掌⑧。

自毗陵发,用余抵长安,居于布政里⑨。

尝游东市还,自平康东门入,将访友于西南⑩。至鸣珂曲,见一宅,门庭不甚广,而室宇严邃⑪。合一扉,有娃方凭一双鬟青衣立⑫,妖姿要妙⑬,绝代未有。生忽见之,不觉停骖久之,徘徊不能去。乃诈坠鞭于地,候其从者,敕取之⑭。累眄于娃,娃回眸凝睇,情甚相慕。竟不敢措辞而去。

生自尔意若有失,乃密征其友游长安之熟者,以讯之。友曰:"此狭邪女李氏宅也⑮。"曰:"娃可求乎?"对曰:"李氏颇赡⑯。前与通之者多贵戚豪族,所得甚广。非累百万,不能动其志也。"生曰:"苟患其不谐,虽百万,何惜⑰!"

他日,乃洁其衣服,盛宾从而往。扣其门,俄有侍儿启扃。生曰:"此谁之第耶?"侍儿不答,驰走大呼曰:"前时遗策郎也!"娃大悦曰:"尔姑止之。吾当整妆易服而出。"生闻之私喜。乃引至萧墙间,见一姥垂白上偻⑱,即娃母也。生跪拜前致词曰:"闻兹地有隙院,愿税以居,信乎⑲?"姥曰:"惧其浅陋湫隘,不足以辱长者所处,安敢言值耶?⑳"延生于迟宾之馆㉑。馆宇甚丽。与生偶坐,因曰:"某有女娇小,技艺薄劣,欣见宾客,愿将见之。"乃命娃出。明眸皓腕,举步艳冶。生遽惊起,莫敢仰视。与之拜毕,叙寒燠,触类妍媚㉒,目所未睹。复坐,烹茶斟酒,器用甚洁。久之,日暮,鼓声四动。姥访其居远近。生绐之曰:"在延平门外数里㉓。"冀其远而见留也。姥曰:"鼓已发矣。当速归,无犯禁。"生曰:"幸接欢笑,不知日之云夕。道里辽阔,城内又无亲戚，将若之何？”娃曰：“不见责僻陋，方将居之，宿何害焉。”生数目姥。姥曰：“唯唯。”生乃召其家僮，持双缣，请以备一宵之馔[24]。娃笑而止之曰：“宾主之仪，且不然也。今夕之费，愿以贫窭之家，随其粗粝以进之。其余以俟他辰。”固辞，终不许。俄徙坐西堂，帷幙帘榻，焕然夺目；妆奁衾枕，亦皆侈丽。乃张烛进馔，品味甚盛。彻馔，姥起。生娃谈话方切，诙谐调笑，无所不至。生曰：“前偶过卿门，遇卿适在屏间，厥后心常勤念，虽寝与食，未尝或舍。”娃答曰：“我心亦如之。”生曰：“今之来，非直求居而已，愿偿平生之志。但未知命也若何？”言未终，姥至，询其故，具以告。姥笑曰：“男女之际，大欲存焉。情苟相得，虽父母之命，不能制也。女子固陋，曷足以荐君子之枕席？”生遂下阶，拜而谢之曰：“愿以己为厮养[25]。”姥遂目之为郎。饮酣而散。及旦，尽徙其囊橐，因家于李之第。

自是生屏迹戢身，不复与亲知相闻[26]。日会倡优侪类，狎戏游宴。囊中尽空，乃鬻骏乘，及其家童。岁余，资财仆马荡然。迩来姥意渐怠，娃情弥笃。

他日，娃谓生曰：“与郎相知一年，尚无孕嗣。常闻竹林神者，报应如响，将致荐酹求之[27]，可乎？”生不知其计，大喜。乃质衣于肆，以备牢醴，与娃同谒祠宇而祷祝焉，信宿而返。策驴而后，至里北门[28]。娃谓生曰：“此东转小曲中，某之姨宅也。将憩而觐之，可乎？”生如其言，前行不逾百步，果见一车门[29]，窥其际，甚弘敞。其青衣自车后止之曰：“至矣”。生下，适有一人出访曰：“谁？”曰：“李娃也。”乃入告，俄有一妪至，年可四十余，与生相迎，曰：“吾甥来否？”娃下车，妪逆访之曰[30]：“何久疏绝？”相视而笑。娃引生拜之。既见，遂偕入西戟门偏院，中有山亭，竹树葱茜，池榭幽绝[31]。生谓娃曰：“此姨之私第耶？”笑而不答，以他语对。俄献茶果，甚珍奇。食顷，有一人控大宛[32]，汗流驰至，曰：“姥遇暴疾颇甚，殆不识人。宜速归。”娃谓姨曰：“方寸乱矣，某骑而前去，当令返乘，便与郎偕来。”生拟随之。其姨与侍儿偶语，以手挥之，令生止于户外，曰：“姥且殁矣，当与某议丧事以济其急，奈何遽相随而去？”乃止，共计其凶仪斋祭之用。日晚，乘不至。姨言曰：“无复命，何也？郎骤往觇之，某当继至。”生遂往，至旧宅，门扃锁甚密，以泥缄之。生大骇，诘其邻人。邻人曰：“李本税此而居，约已周矣[33]。第主自收。姥徙居，而且再宿矣。”征徙何处，曰：“不详其所。”生将驰赴宣阳，以诘其姨，日已晚矣，计程不能达。乃驰其装服，质馔而食，赁榻而寝[34]。生恚怒方甚，自昏达旦，目不交睫。质明，乃策蹇而去[35]。既至，连扣其扉，食顷无人应。生大呼数四，有宦者徐出。生遽访之：“姨氏在乎？”曰：“无之。”生曰：“昨暮在此，何故匿之？”访其谁氏之第。曰：“此崔尚书宅。昨者有一人税此院，云迟中表之远至者[36]。未暮去矣。”生惶惑发狂，罔知所措，因返访布政旧邸。邸主哀而进膳。生怨懑，绝食三日，遘疾甚笃，旬余愈甚。邸主惧其不起，徙之于凶肆之中[37]。绵缀移时，合肆之人共伤叹而互饲之，后稍愈，杖而能起[38]。由是凶肆日假之，令执穗帷，获其直以自给。累月，渐复壮，每听其哀歌，自叹不及逝者，辄呜咽流涕，不能自止。归则效之。生，聪敏者也。无何，曲尽其妙，虽长安无有伦比。

初，二肆之佣凶器者[39]，互争胜负。其东肆，车舆皆奇丽，殆不敌，唯哀挽劣焉。其东肆长知生妙绝，乃醵钱二万索顾焉[40]。其党耆旧，共较其所能者，阴教生新声，而相赞和[41]。累旬，人莫知之。其二肆长相谓曰：“我欲各阅所佣之器于天门街[42]，以较优劣。不胜者罚直五万，以备酒馔之用，可乎？”二肆许诺。乃邀立符契，署以保证，然后阅之。士女大和会[43]，聚至数万。于是里胥告于贼曹，贼曹闻于京尹[44]。四方之士，尽赴趋焉，巷无居人。自旦阅之，及亭午，历举辇舆威仪之具，西肆皆不胜，师有惭色。乃置层榻于南隅[45]，有长髯者拥铎而进，翊卫数人[46]。于是奋髯扬眉，扼腕顿颡而登，乃歌《白马》之词[47]。持其夙胜[48]，顾眄左右，旁若无人[49]。齐声赞扬之，自以为独步一时，不可得而屈也。有顷，东肆长于北隅上设连榻，有乌巾少年，左右五六人，秉翣而至[50]，即生也。整衣服，俯仰甚徐，申喉发调，容若不胜[51]。乃歌《薤露》之章[52]，举声清越，响振林木，曲度未终，闻者歔欷掩泣[53]。西肆长为众所诮，益惭耻。密置所输之直于前，乃潜遁焉。四座愕眙[54]，莫之测也。

先是，天子方下诏，俾外方之牧[55]，岁一至阙下，谓之"入计"[56]。时也适遇生之父在京师，与同列者易服章窃往观焉[57]。有老竖[58]，即生乳母婿也，见生之举措辞气，将认之而未敢，乃泫然流涕。生父惊而诘之。因告曰："歌者之貌，酷似郎之亡子。"父曰："吾子以多财为盗所害。奚至是耶？"言讫，亦泣。及归，竖间[59]驰往，访于同党曰："向歌者谁？若斯之妙欤？"皆曰："某氏之子。"征其名，且易之矣。竖凛然大惊，徐往，迫而察之。生见竖，色动回翔[60]，将匿于众中。竖遂持其袂曰："岂非某乎？"相持而泣，遂载以归。至其室，父责曰："志行若此，污辱吾门。何施面目，复相见也？"乃徒行出，至曲江西杏园东，去其衣服，以马鞭鞭之数百[61]。生不胜其苦而毙。父弃之而去。

其师命相狎昵者阴随之，归告同党，共加伤叹。令二人赍苇席瘗焉[62]。至，则心下微温。举之，良久，气稍通。因共荷而归，以苇筒灌勺饮，经宿乃活。月余，手足不能自举。其楚挞之处皆溃烂，秽甚。同辈患之。一夕，弃于道周[63]。行路咸伤之，往往投其余食，得以充肠。十旬，方杖策而起。被布裘，裘有百结，褴褛如悬鹑[64]。持一破瓯，巡于闾里，以乞食为事。自秋徂冬，夜入于粪壤窟室，昼则周游廛肆。

一旦大雪，生为冻馁所驱，冒雪而出，乞食之声甚苦。闻见者莫不凄恻。时雪方甚，人家外户多不发。至安邑东门，循里垣北转第七八，有一门独启左扉，即娃之第也。生不知之，遂连声疾呼："饥冻之甚。"音响凄切，所不忍听。娃自阁中闻之，谓侍儿曰："此必生也，我辨其音矣。"连步而出。见生枯瘠疥疠，殆非人状[65]。娃意感焉，乃谓曰："岂非某郎也？"生愤懑绝倒，口不能言，颔颐而已。娃前抱其颈，以绣襦拥而归于西厢。失声长恸曰："令子一朝及此，我之罪也！"绝而复苏。姥大骇，奔至，曰："何也？"娃曰："某郎。"姥遽曰："当逐之。奈何令至此？"娃敛容却睇曰[66]："不然，此良家子也。当昔驱高车，持金装，至某之室，不逾期而荡尽。且互设诡计，舍而逐之，殆非人。令其失志，不得齿于人伦。父子之道，天性也。使其情绝，杀而弃之。又困踬若此，天下之人尽知为某也。生亲戚满朝，一旦当权者熟察其本末，祸将及矣。况欺天负人，鬼神不佑，无自贻其殃也。某为姥子，迨今有二十岁矣。计其资，不啻直千金。今姥年六十余，愿计二十年衣食之用以赎身，当与此子别卜所诣[67]。所诣非遥，晨昏得以温清[68]，某愿足矣。"姥度其志不可夺，因许之。给姥之余，有百金。北隅四五家税一隙院，乃与生沐浴，易其衣服；为汤粥，通其肠；次以酥乳润其脏。旬余，方荐水陆之馔[69]。头巾履袜，皆取珍异者衣之。未数月，肌肤稍腴；卒岁，平愈如初。

异时，娃谓生曰："体已康矣，志已壮矣。渊思寂虑，默思曩昔之艺业，可温习乎[70]？"生思之，曰："十得二三耳。"娃命车出游，生骑而从。至旗亭南偏门鬻坟典之肆，令生拣而市之，计费百金，尽载以归。因令生斥弃百虑以志学，俾夜作昼，孜孜矻矻[71]。娃常偶坐，宵分乃寐[72]。伺其疲倦，即谕之缀诗赋。二岁而业大就，海内文籍，莫不该览。生谓娃曰："可策名试艺矣[73]。"娃曰："未也。且令精熟，以俟百战。"更一年，曰："可行矣。"于是遂一上登甲科，声振礼闱[74]。虽前辈见其文，罔不敛衽敬羡，愿友之而不可得。娃曰："未也。今秀士苟获擢一科第，则自谓可以取中朝之显职，擅天下之美名[75]。子行秽迹鄙，不侔于他士[76]。当砻淬利器，以求再捷，方可以连衡多士，争霸群英[77]。"生由是益自勤苦，声价弥甚。其年，遇大比，诏征四方之隽[78]。生应直言极谏科，策名第一，授成都府参军[79]。三事以降，皆其友也[80]。

将之官，娃谓生曰："今之复子本躯，某不相负也。愿以残年，归养老姥。君当结媛鼎族，以奉蒸尝[81]。中外婚媾，无自黩也，勉思自爱[82]！某从此去矣。"生泣曰："子若弃我，当自刭以就死。"娃固辞不从，生勤请弥恳。娃曰："送子涉江，至于剑门，当令我回[83]。"生许诺。

月余，至剑门。未及发而除书至，生父由常州诏入，拜成都尹，兼剑南采访使[84]。浃辰，父到[85]。生因投刺，谒于邮亭[86]。父不敢认，见其祖父官讳，方大惊，令登阶，抚背恸哭移时，曰："吾与尔父子如初。"因诘其由，具陈其本末。大奇之，诘娃安在。曰："送某至此，当令复还。"父曰："不可。"翌日，命驾与生先之成都，留娃于剑门，筑别馆以处之。明日，命媒氏通二姓之好，备六礼以迎之，遂如秦晋之偶[87]。

娃既备礼，岁时伏腊，妇道甚修，治家严整，极为亲所眷[88]。向后数岁，生父母偕殁，持孝甚至。有灵芝产于倚庐，一穗三秀，本道上闻[89]。又有白燕数十，巢其层甍[90]。天子异之，宠锡加等。终制，累迁清显之任[91]。十年间，至数郡。娃封汧国夫人。有四子，皆为大官，其卑者犹为太原尹[92]。弟兄姻媾皆甲门，内外隆盛，莫之与京[93]。

嗟乎，倡荡之姬，节行如是，虽古先烈女，不能逾也。焉得不为之叹息哉！

予伯祖尝牧晋州，转户部，为水陆运使[94]。三任皆与生为代，故谙详其事[95]。贞元中，予与陇西李公佐话妇人操烈之品格，因遂述汧国之事。公佐拊掌竦听[96]，命予为传。乃握管濡翰，疏而存之[97]。时乙亥岁秋八月，太原白行简云。

【注释】

①汧：汧阳（今陕西陇县西）。国夫人：唐制，文武官一品及国公母妻为国夫人，三品以上母妻为郡夫人（见《新唐书·百官志》）。娃：美丽的姑娘。李娃：姓李的姑娘。倡：通"娼"。

②节行瑰奇：道德节操和所作所为奇特可贵。监察御史：官名，职务是纠察百官，巡按州县。

③常州：唐常州治所在毗陵（今江苏武进县）。荥阳公：等于说郑公，唐时郑氏为荥阳（今河南荥阳县）望族，所以以荥阳代郑氏。

④知命之年：指五十岁，《论语·为政》："五十而知天命。"弱冠：古代男子二十岁行冠礼，戴上成人的帽子，表示已成年了，但体犹未壮，故称二十岁为弱冠。推伏：推许，佩服。伏：同"服"。

⑤千里驹：日行千里的骏马，比喻年少英俊。

⑥应乡赋秀才举：由州郡保送，进京参加秀才考试。盛：丰盛，这里是多多供应之意。薪储之费：柴米等生活费用。

⑦将为其志：将帮助实现你的志愿。为：助。

⑧视上第如指掌：把进士及第看得很容易。上第：及第。

⑨布政里：即布政坊，据宋敏求《长安志》卷十，布政里在朱雀街西南第三街（皇城第一街）第四坊。

⑩东市：唐时长安有东西二市，为商业荟萃之区。平康：长安里（坊）名，亦称北里。东门：平康里有四门。

⑪鸣珂曲：唐时平康里入北门东回有三曲，是妓女居住的地方。鸣珂曲大约即在三曲中。

⑫青衣：婢女。

⑬要妙：美妙。

⑭停骖：停住马。敕（chì）取之：命令（仆人）拾鞭。敕：命令。

⑮狭邪女:妓女。狭邪:本指穷巷小曲。古代妓女多居于这些地方,所以用狭邪代妓院。
⑯赡:富足。
⑰偕:合,成功。
⑱垂白:头发快白了,即花白的意思。上偻:驼背。
⑲税:租赁。信乎:确实吗?
⑳湫(jiǎo)隘:低湿狭小。
㉑迟(zhì)宾之馆:客堂。迟:待。与后文"迟中表"的"迟"字义同。
㉒触类妍媚:一举一动,一言一行都是妩媚美丽。
㉓延平门:长安外郭城西面三门,北开远门,中金光门,南延平门。
㉔缣(jiān):带黄色的细绢,汉以后常用作货币,这里作为贵重的见面礼。
㉕厮养:奴仆。
㉖屏迹戢(jì)身:不外出交往而藏身在家。屏:退避。戢:藏。
㉗荐酹(lèi):以酒食祭奠。荐:陈,献。酹:把酒洒在地上表示祭奠。
㉘里北门:宣阳里在平康里之南,此处"里北门",当指宣阳里北门。
㉙车门:侧门,矮门。
㉚逆访:迎访。
㉛戟门:大门。唐制,三品以上官列戟于门,所以大门称戟门。这里的"西戟门"不是正门。
㉜控大宛:骑良马。大宛:西域大宛产名马,故称名马为大宛。
㉝约已周矣:租约之期已完。周:终。
㉞驰:解除。
㉟质明:天刚亮的时候。策蹇:骑驴。
㊱中表:父之姊妹及母之兄弟姊妹之子皆称中表亲。
㊲遘疾甚笃:得了重病。凶肆:专售丧事用品并代表丧家办理殡仪葬礼的店铺。
㊳绵缀:呼吸将断未断。移时:过了些时日。合肆:整个铺子。
㊴佣凶器:经营棺材、寿衣等殡葬用品。
㊵长(zhǎng):掌柜。醵(jù):凑集。索顾:要求雇用。
㊶耆(qí)旧:老师傅。赞和:帮腔合唱。
㊷天门街:长安宫城(西内)正殿南为承天门,承天门外横街之南有南北大街曰承天门街,即天门街。
㊸大和会:大聚会。
㊹里胥:这里指管理街道的差人。贼曹:掌管治安的佐吏。京尹:亦名京兆尹,京师的行政长官。
㊺层榻:楼梯形的高凳。与下文"连榻"义同。
㊻铎(duó):大铃,作乐器用。翊(yì)卫:指助手,侍从。翊:辅助。
㊼扼腕顿颡(sǎng)而登:拱手点头而上。这里写其出场时洋洋自得地与观众见礼。颡:额,这里指头。登:指登上层榻。《白马》之词:牵引丧车时所唱的挽歌。
㊽持其夙胜:仗恃着是原来所擅长的。夙:一向,向来。
㊾顾眄:环视。形容神采奕奕。
㊿翣(shà):妆饰丧车两旁的大羽毛扇。

㊶容若不胜：看上去像是不会唱歌的样子。不胜：不能胜任。
㊷《薤露》之章：古代挽歌名。属古乐府《相和歌·相和曲》，相传原是东齐的歌谣，为出殡时挽柩的人所唱的挽歌，专以此曲送王公贵人出殡。后来作为一般的送葬曲。薤(xiè)：多年生草本植物，又叫藠(jiào)头。
㊸歔欷(xūxī)：悲泣；抽噎；叹息。
㊹愕眙(chì)：吃惊地看呆了。
㊺俾(bǐ)：使。外方之牧：地方长官，指刺史。
㊻阙下：朝廷。入计：入京受考察。考察官吏叫计。
㊼易服章：换官服。服章即章服，官服官帽。
㊽老竖：老仆人。
㊾间：找机会。
㊿回翔：躲躲闪闪。
61曲江：在长安外郭城东南角，因水流曲折所以称为曲江池。唐时为游览胜地。杏园：在朱雀东三街第十四坊善通里，是当时新进士宴游的地方。
62狎昵者：亲近的人。瘗(yì)：埋藏。
63道周：路旁。
64悬鹑：鹑鸟秃尾，倒悬时如破衣，因此衣衫破烂称"悬鹑"。
65疠：染上疫病。
66却睇：转过眼光。
67别卜所诣：另寻住所。
68温凊：古代封建礼教，子女对父母要"冬温而夏凊"。
69荐水陆之馔：拿山珍海味给他吃。荐：进。
70曩昔：从前。艺业：科举文章。
71旗亭：酒楼。鬻坟典之肆：卖古书的商店。坟典：即《三坟》、《五典》，古籍的代称。孜孜矻矻(kù kù)：勤奋努力的样子。
72偶坐：伴坐。宵分：夜半。
73策名试艺：报名考科举。策：动词，在策上登记名字。
74甲科：优等。唐时明经有甲乙丙丁四科，进士有甲乙二科。礼闱：礼部掌贡举，所以称科场为礼闱。
75秀士：应试者的通称。擢(zhuó)：拔，考中。中朝：朝中。
76侔(móu)：相等。
77砻淬(lóng cuì)利器：刻苦磨炼，使本领高强。砻：以石磨刀。淬：淬火，把铸好的刀剑烧红渍于水中使质地坚硬。连衡：结交。
78大比："制举"考试，由皇帝决定的特别考试。
79直言极谏科："制举"科目之一。参军：府州的佐吏。
80三事：三公，这里指宰相。以降：以下。
81结媛鼎族：与贵族美女结婚。媛：美女。鼎族：谓列鼎而食的贵族。奉蒸尝：主持祭祀之事，此处指主持家政。秋祭叫尝，冬祭叫蒸。
82黩：污。

㉝江：嘉陵江。剑门：唐县名，故城在今四川省剑阁县东北。
㉞除书：任命官吏的通报。剑南：道名，治所在成都府（今四川成都市）。采访使：负责监察考核州县官吏。
㉟浃（jiá）辰：自子至亥十二辰为一周，即十二天。浃：周匝。
㊱刺：名帖。邮亭：传送文书的驿站及行道馆舍。
㊲六礼：古代婚礼有纳采、问名、纳吉、纳征、请期、亲迎。
㊳岁时伏腊：逢年过节。夏之伏日、冬之腊日均为古时年节。
㊴倚庐：守丧居住的草房。本道：成都府属剑南道，故称本道。
㊵白燕：古代视白燕为吉祥之兆。层甍（méng）：高耸的屋脊。
㊶锡：赏赐。终制：三年守丧期满。“制”指丧制。清显之任：显贵官职。
㊷太原尹：唐朝的太原为府，置府尹。治所在今山西太原市。
㊸莫之与京：谁都比不上。京：高，大。
㊹晋州：在今山西临汾县。户部：尚书省六部之一，掌管户口田赋。水陆运使：管理洛阳长安间粮米运输事务。为代：作接任官。
㊺三任皆与生为代：三任官都与荥阳生为前后任。谙详：熟悉。
㊻贞元：唐德宗李适年号（785—805）。陇西李公佐：唐传奇著名作者，字颛蒙，陇西（今属甘肃）人。拊：同“抚”。竦听：敬听。
㊼握管濡翰：执笔蘸墨。

【作品简析】

《李娃传》情节复杂，富于戏剧性，波澜曲折，布局严谨，表现出很高的小说技巧，是一篇富于时代精神和思想性而又具有较高艺术成就的作品。其中几个主要人物的形象，刻画得非常真实而又生动。语言清简工细，叙事很有条理，富于组织表现能力。

在情节结构上，《李娃传》安排了两次情节高潮，当荥阳生资财散尽为李娃遗弃，几近丧生，其命运的急转使故事情节达到了高潮。接下来，荥阳生濒死复生，沦为挽歌者，被家人发现后，被鞭笞近死为第二次高潮。作者使荥阳生与李娃再度重逢，并在李娃的协助扶持下获取功名，重拾爱情与亲情，成就士大夫与娼妓通婚之佳话。情节中两次高潮都以荥阳生濒死复生为转折，首先让其因李娃失去爱情，之后失去亲情，收束时则是先拾爱情，再拾亲情，首尾呼应。

在叙述技巧上，《李娃传》在叙事时笔力多集中于男女主角身上，荥阳生、李娃的角色刻画，真实生动。不论是文中角色之外在身形，或是内在情绪，抑或角色之间的互动火花，在作者叙述技巧之运作下，皆能让人有如在眼前，如临现场之感。

在人物塑造上，《李娃传》主要人物李娃与荥阳生的形象塑造得较为饱满。作者从荥阳生外在形象的落魄潦倒，到其内心的愤懑难平，几番刻画其遭遇转折，建构出一个涉世未深却又执著爱恋的痴憨公子。对于李娃绝世之美的塑造、内在德行的表现，最终成就其“节行瑰奇”之人物形象。对于李娃假母、荥阳生之父的形象塑造，也是栩栩如生、跃然纸上。

在主题意识上，在重视门第观念的唐代，白行简创作此文，除了歌颂爱情自由之外，竟在文中安排了士大夫以娼妓为妻之情节，并给予圆满收结，此立意使《李娃传》更具时代意义，不愧为唐人小说佳作中的代表。

【复习思考题】

1. 试分析《李娃传》的时代精神和思想性。
2. 试分析《李娃传》的艺术成就。

相关拓展性阅读材料推荐：

1.《唐人小说研究》，刘开荣，商务印书馆，1947.
2.《唐传奇名篇析评》，杨昌年，台北里仁出版社，2003.
3.《传奇小说史》，薛洪绩，浙江古籍出版社，1998.
4.《唐代科举制度》，吴宗国，辽宁大学出版社，1992.
5.《唐宋传奇选》，张友鹤，人民文学出版社，1964.
6.《中国小说史略》，鲁迅，人民文学出版社，1981.
7.《唐宋传奇作者暨其时代》，张长弓，商务印书馆，1951.
8. 语文论坛 http://bbs.ruiwen.com/cgi-bin/topic.cgi? forum=12&topic=58

第五章　宋元文学

宋元文学简况

宋代文学在我国文学发展史上有着重要的特殊地位，它处在一个承前启后的阶段，即处在中国文学从“雅”到“俗”的转变时期。所谓“雅”，指主要流传于社会中上层的文人文学，指诗、文、词；所谓“俗”，指主要流传于社会下层的小说、戏曲。传统所谓“唐诗”、“宋词”、“元曲”、“明清小说戏曲”的说法，是指各个朝代文学样式发达繁荣的侧重点。由于社会政治经济的发展向文学提出新的要求，也由于文学本身发展的规律，我国古典诗、词和散文逐渐渡过了它的黄金时代，失去支配文坛的地位，小说戏曲等文学样式正在酝酿着更大的文学高潮，进而成为文坛的重心。宋代文学正是处在这样一个过渡的转变阶段。

宋代继唐代以后出现了又一个诗歌高潮。宋代诗人大都一生勤奋写作，作品众多，如现存苏轼诗二千七百多首，杨万里四千多首，陆游近万首，远比唐代李、杜为多(李诗近千首，杜诗一千四百多首)，充分说明宋诗繁荣的盛况。从思想内容看，宋诗在反映民生疾苦、揭露社会黑暗和反映统治阶级内部政治斗争方面都有所扩展，在抒发民族斗争中爱国忧国的情绪上，比唐诗炽热和深切。这是由时代的条件决定的。宋朝与以往的几个统一王朝相比，是中央集权最为集中的朝代。这一方面对巩固宋朝统一、安定社会秩序、发展经济和抵御少数民族统治者的侵扰，起到了一定的积极作用；另一方面，军权集中带来了宋朝军队训练不良，战斗力削弱，政权集中带来了官僚机构的庞大臃肿，腐败无能，财权集中又刺激了统治阶级穷奢极欲，挥霍享乐。所以开国不过三十多年，宋太宗时就爆发了王小波、李顺的农民起义，人数达数十万。正是在积贫积弱局势逐渐形成、社会危机急剧发展的情况下，地主阶级中的有些改革家就出来倡导“变法”，改革弊政，形成了变法运动。王安石就是杰出的代表。北宋的诗文革新运动，诗歌中反映民生疾苦、社会黑暗和统治阶级政治斗争的现实主义倾向，都和这种社会政治情况有关，与变法运动在精神上是一致的。如梅尧臣的《汝坟贫女》、《田家语》；欧阳修的《食糟民》、《边户》；王安石的《兼并》、《省兵》；苏轼《荔枝叹》等一批作品。

宋朝从开国之初直到灭亡，一直处于少数民族统治者的不断侵扰和威胁之中，是中国历史上统一朝代中最缺乏抵御力量的软弱王朝。宋王朝对他们一再割地求和、输币纳绢、称臣称侄。但是，统治集团中的一部分爱国将领和官员，尤其是广大汉族人民群众，是不能忍受这种受侮辱、被奴役的处境的，他们表现了可歌可泣的斗争精神，因此宋代诗歌中(包括词)所反映的爱国思想也就越来越显得突出，在北宋灭亡以后，更成为南宋诗歌的基调。伟大诗人陆游正是在戎马生活中找到了创作的生命，为苦难的祖国歌唱了一生；在南宋灭亡前后，文天祥、谢翱、林景熙、郑思肖、汪元量等的爱国诗篇，为宋代诗坛增添了最后的光彩，这是唐诗中所没有的。

宋诗主要向思理、显露和精细方面发展。南宋以来诗歌史上发生过尊唐或尊宋的长期论争，这在客观上承认宋诗在唐诗高峰之后另辟蹊径，自立门户，具有某种典范性。诗歌的历史也表明，后世作品在总体上未能超出唐宋诗艺术境界的范围。

宋代散文是我国散文史上一个重要的发展阶段。在三百多年间出现了人数众多的散文作家。所谓"唐宋古文八大家"中，宋人就占了六位(欧阳修、苏洵、苏轼、苏辙、王安石、曾巩)，写作了不少文学散文和带有文学性的散文，也有许多议论文的名作。宋代散文的重要成就之一，在于建立了一种稳定而成熟的散文风格：平易自然，流畅婉转。唐代韩愈是古文运动的领袖。宋代散文的平易风格比之唐文更宜于说理、叙事和抒情，成为后世散文家学习的主要楷模。宋文比唐文的影响更大。宋代散文的高度成就给其他文体也带来了很大的影响。

词作为新兴的诗歌形式，从隋唐发轫，至宋代进入鼎盛时期。唐圭璋先生所编《全宋词》收词人千家以上，词作二万余首。虽因词在开始时还未被承认为"正统"文学，亡佚很多，但目前搜集的成果就足以反映出宋词的繁荣兴盛和丰富多彩了。宋词是我国词史上的顶峰，其影响笼罩以后的整个词坛。宋词实际上是宋代成就最高的抒情诗，取得了与"唐诗"、"元曲"等并称的荣誉。

宋代小说和戏曲为元明清小说、戏曲的大发展准备了良好的条件。宋代的小说主要是"话本"，它原是说话人说书的底本，即白话短篇小说。现存宋话本约三四十篇，散见于《京本通俗小说》、《清平山堂话本》、"三言"等书。宋话本具有两个鲜明的特色：一是市民文学的色彩，二是白话文学的特点。宋话本为以后长篇历史小说提供故事的素材。

宋代的民间戏曲还处在戏曲的萌芽阶段。如傀儡戏、影戏、歌舞戏等，是以后戏曲发展的基础和出发点。和前代文学相比，元代文学中最突出的成就是在戏曲方面，出现了伟大作家和许多优秀或比较优秀的作品，在文学史上影响深远。后人常把"元曲"和"唐诗"、"宋词"并称。诗、词、散文等文学样式则相对衰微。

蒙古王朝统一中国北方后的一个时期内，诗坛上活跃的依旧是金代诗人，元好问在这一时期写出了不少好诗，此外还有麻革、张宇、陈赓、陈庚等。他们入元以后的诗作大都眷恋金室，并抒写自甘贫贱不做新朝官员的怀抱。和元好问几乎同时的李俊民，入元以后也继续他的诗歌创作。

蒙古贵族重武轻文，尊崇军事人才，不重视乃至鄙薄文士。直到世祖忽必烈才改变政策，吸收一些士人参加他的政权。但还认为"汉人惟务课赋吟诗"，没有什么用。文人们在重武轻文的形势下虽然见用而不被倚重，有屈才之感，另外，在民族矛盾之中，怕遇到意想不到的祸难。文人的作品中大多流露出一种又想做官，又想归隐的矛盾心情。所以怀才不遇、屈才之感和隐居情思就是他们诗歌的基调。

14 世纪中叶元顺帝至正年间，山东、河北等地爆发了一些规模不大的农民起义。接着江淮一带刘福通、徐寿辉、郭子兴、朱元璋等相继起义，号红巾军。方国珍、张士诚也率盐民起义，声势浩大，元朝统治集团手忙脚乱，难于对付，局势一片混乱。这是历史上一个政治社会的重大转变时期。一般说来，除开以民谣形式出现的如《松江民间谣》外，其他一些文人的笔下几乎没有人正确描述这一场规模巨大的农民战争。这时候许多诗人的作品中有一个总的倾向，就是大多数人虽同情贫苦农民，但对农民起来造反，却感到恐惧。王冕的《伤亭户》、《江南妇》和《悲苦行》，都反映了人民在赋税掠夺下的凄凉悲惨境况。但张翥的《寄浙省周伯琦参政》、《后出军》，王冕的《劲草行》、《痛哭行》等，都流露出对农民起义的恐惧仇视情绪。王冕的诗语句质朴，气骨高奇，风格有时似李贺。江浙一带形成一股风气，都是标榜李贺，诗多奇句。当时名气最大的诗人杨维桢，爱写乐府诗。他自己想模仿汉魏古乐府，但写来还是有点李贺的风格。

元代的词，比较宋词，颇为逊色。元词大致可以分为两个时期。第一时期的词人大体上包括由金入元、由南宋入元的词人和在蒙古王朝统治下的北方词人三个部分。这时候的词作中写得比较动人的是表现故国之思的作品。第二时期的词作家大抵出生在忽必烈改元之后。这一时期的著名词人有张翥、虞集等。张翥的词清丽细腻，尤具特色。

元代文学中新产生的一种体裁是戏曲。戏曲一般分为杂剧和散曲。由于散曲是在北方金代俗谣俚曲的基础上成长起来的，所以绝大多数是北曲，许多杂剧作家在散曲创作上也有成就。杂剧除艺术形式新颖外，内容方面也具有时代的特色。蒙古王朝曾经跨有欧、亚两洲，大陆上东西交通畅行无阻。西域商人东来，商业的繁荣，成为当时城市生活的重要特色。戏曲广泛地反映了元代各阶层人们的生活，而中下层人民的生活和感情更占据了重要地位。其中商人和妓女形象更引人注目。

14 世纪初，元仁宗年间(1315)，恢复了停止 78 年之久的考选制度，但对考试内容作了一项新规定。即隋唐以来的"律赋省题诗小义皆不用，专立德行明经科"。这就是说元代后期社会矛盾加深了，统治者需要程朱理学封建礼教来维护他们的统治，元政府为此推行的相关政策，对元杂剧的创作产生一定影响。后期杂剧剧本中宣扬封建道德的气息颇浓厚，有的简直成为封建礼教的宣传书，杂剧创作也就趋向衰微。

元代戏剧除杂剧外，在南方尚有南曲戏文，或称南戏。南戏原是浙江温州一带的剧种，也叫永嘉杂剧。元顺帝时高明写出《琵琶记》，标志着南戏发展到高峰，也影响到明代传奇戏曲的繁荣。

元代散文和小说，基本只是继承宋代创作的成就，很少创新；加之散文和程朱理学纠缠在一起，思想贫乏，绝大多数是应用文字，缺少情致。文字模仿唐代韩、柳，宋代欧、苏，成就不高。

相关拓展性阅读材料推荐：

1.《宋代文化与文学研究》，张海鸥，中国社会科学出版社，2002.
2.《宋元文学戏曲史》，王国维，商务印书馆，1930.
3.《宋代文学思想史》，张毅，中华书局，1995.
4.《宋学与宋代文学观念》，李春青，北京师范大学出版社，2001.
5.《宋代文学研究》，张毅，北京出版社，2001.
6.《宋代文艺理论集成》，蒋述卓，中国社会科学出版社，2000.
7.《元代文学史》，邓绍基，人民文学出版社，1991.
8. 复旦大学中国古代文学研究中心 http://www.gdwx.fudan.edu.cn/
9. 中国文学网 http://www.cnwxw.com/
10. 国学网 http://www.guoxue.com/

宋　词

宋代最有特色的文学形式是词。词在唐五代即由文人在民间创作的基础上引进教坊和诗坛，但所作仍以小令为主，齐言、杂言并存。慢词的大量出现，则是北宋中期的现象。从此宋词曲调大盛，众体兼备，成为中国诗歌史上与唐诗并峙的另一个高峰。

两宋词坛的勃兴是在北宋建国七八十年之后的宋仁宗赵祯时期，代表作家有晏殊、欧阳修、张先、柳永等人。北宋初期，词多受五代的影响，五代时，由于君主的提倡，南唐词坛特盛，晏殊、欧阳修等来自江南旧地的江西词人，沿袭南唐余绪，以风流自命，致力于创作短章小令、轻丽之词。词风未脱花间一派的婉约绮靡。晏殊之子晏几道，词风较多感伤色彩。范仲淹有革新思想，又曾镇守边塞，写出了境界开阔、格调苍凉之作。

在柳永手里，宋词有所革新。柳永开始大量创作慢词长调，为此后宋词的发展开辟了广阔的道路。传世的柳永《乐章集》二百余首，慢词就占一百多。著名的长调如《望海潮》（东南形胜）、《八声甘州》（对潇潇暮雨洒江天），以赋体的手法铺写都市生活和送别的场面，洋洋百余言，充分体现了慢词篇幅宏大、适于铺陈的特点，使宋词在唐代近体诗长于比兴的特点之外别树一帜。柳词的另一个贡献是在一定程度上开拓了宋词的题材，他把词的描写范围由士大夫的小庭深院引向市中都会，从都市下层人民生活中汲取创作素材，以写相思旅愁见长，富于平民色彩；同时普及了词的歌唱，使之成为雅俗共赏的文艺形式。柳永词多为歌妓所作，故始终未脱“词为艳科”的传统束缚，这一缺点他与晏殊、欧阳修相同，另一位与柳永同时而齐名的张先，也不能免。其后以异军突起而主盟词坛的苏轼，在柳永开创的慢词长调的基础上，进一步“以诗入词”，完全突破了词的传统题材和传统风格，扩大了词的境界，提高了词的品格，使之成为一种可以表现多方面内容的新诗体，因而为宋词的发展开辟了一条积极向上的新途径。

苏轼不满柳词囿于风花雪月的特点，有意打破诗词界限，扩大了词的题材，提高了词的意境，丰富了词的表现手法，使词摆脱音律的过多束缚，成为独立的抒情诗体。他的“以诗为词”，给北宋词坛带来了新气象，并启迪了南宋豪放词派的诞生，苏词代表了北宋词坛的最高成就。除柳、苏之外，秦观、贺铸、黄庭坚、周邦彦等词人，都分别对宋词的发展做出了贡献，共同创造了北宋词坛多种风格相互竞争的繁荣局面。

关于苏轼词风与柳永的不同，宋人有“柳郎中词，只合十七八女孩儿，执红牙板唱‘杨柳岸晓风残月’；学士词，须关西大汉，执铁绰板唱‘大江东去’”（俞文豹《吹剑续录》）的说法。“大江东去”即《念奴娇·赤壁怀古》，与此相类似的还有《江城子·密州出猎》、《水调歌头》（明月几时有）等，后世以“豪放派”概括苏轼的词风，大抵正着眼于这一部分作品。其实苏轼作词，刚柔相济，所著《东坡乐府》，其中婉约词亦不少。不过就文学史上的影响而言，最能代表苏词成就的，还是豪放之作。

苏轼作词，以意为主，常常突破词律的束缚。这一点曾引起恪守传统词法的后起作家如李清照等人的不满。在当时，他的门人、著名词家秦观也没有走他所开辟的道路。从秦观到李清照，一般被认为是婉约派词风的正宗。秦观有《淮海词》传世，代表作如《踏莎行》（雾失楼台）、《鹊桥仙》（纤云弄巧），声情并茂，语工而美，继承了柳永赠妓之作的遗风，而词品比他要高。李清照是北宋末年出现在我国文坛上的第一位女词人。她的词意境深切,造语清新,显示了不凡的才华。特别因晚年遭受国破家亡的痛苦,她将漂泊的身世和悲凉的心情融入词中,真切感人。《醉花阴》、《声声慢》、《永遇乐》等是其名篇。李清照曾撰《词论》,力主词"别是一家"之说。传世的《醉花阴》(薄雾浓云愁永昼)、《如梦令》(昨夜雨疏风骤),写深闺中的寂寞和年轻女子惜春的心情,具有反对封建礼教束缚的社会意义;晚年避乱江南所作的《声声慢》(寻寻觅觅),通过对个人流离生活的描写,反映当时的民族灾难,以传统词风抒写深沉的爱国情怀,均是婉约词中思想价值较高的佳作。

北宋后期的重要词人还有周邦彦。周邦彦精通词律,能自度曲,宋徽宗时曾主持过中央音乐机关大晟府,是两宋注重音律一派词人承先启后的主要代表。著有《清真集》,以"本色"、"当行"盛行于世。

1126年靖康之变,唤起了南渡词人的普遍觉醒,感时伤乱、抗金爱国成为词的一大主题。当时的词人除了李清照之外,还有朱敦儒等,多亲历靖康之变,上承苏轼一脉,下启辛派词风,有义愤填膺、慷慨悲凉的鲜明特点。

南宋前期主盟词坛的代表人物是著名爱国词人辛弃疾。辛弃疾一生写了大量的词,有《稼轩长短句》六百二十多首,著名的如《破阵子·为陈同父赋壮词以寄之》、《鹧鸪天》(壮岁旌旗拥万夫)、《水龙吟·登建康赏心亭》、《永遇乐·京口北固亭怀古》等,表现了当时重大的抗战、爱国主题,抒写了在把持朝政的投降派的排斥下,壮士报国无门的忧愤心情。他使宋词的思想境界和精神面貌达到了光辉的高度,在风格上继承了苏轼词豪放的特色,并加以变化,将"以诗为词"进一步发展到"以文为词",大大发展了散文化的句法。他的词抚时感怀,气魄雄伟,多种风格并存,思想和艺术都取得了空前的杰出成就。辛词中还有部分作品是描写农村景物和田园风光的小词,活泼清新,可与范成大的田园诗媲美。在词的发展史上,辛弃疾大大丰富了词的表现手法。后世以"苏、辛"并称,但辛弃疾又自成特色,属于辛派的词人有张孝祥、韩元吉、陆游、陈亮、刘过、刘克庄、刘辰翁等。

在宋金对峙、政局相对稳定的南宋后期,有一些词人宗法周邦彦,走上了尚风雅、主格律的创作道路。姜夔上承周邦彦,下开格律词派。其词作意境清空,格调骚雅,音律严整,冠绝一时。著有《白石道人歌曲》六卷,多自度曲,如《扬州慢》等自度曲十七首,均旁注音谱,是现存宋人词集中仅见的完整的词曲谱。其时及稍后在词坛较有影响者如吴文英、史达祖、高观国、王沂孙、周密、张炎等人,均远效周邦彦,近师姜夔,追求音律之讲究、辞句之精美,重形式而轻内容,与辛派词人走了相反的道路。倒是宋末爱国诗人文天祥以及刘辰翁的一些词作,成为辛弃疾、陆游等爱国词的嗣响。

随着南宋的覆灭,词坛上活跃着一批眷念故国、不仕元朝的遗民词人。他们中有以周密、张炎、王沂孙等为代表的格律派词家,以低回掩抑的词笔,诉说身世之悲、家国之恨,风格典雅,诗意悠远,情绪感伤。同时,还有以汪元量、刘辰翁为代表的后期辛派词人,以健倔悲郁的笔力,抒写国破家亡的苍凉情怀,风格遒劲悲壮。他们哀怨衰飒的歌唱成了宋词的尾声余韵。

相关拓展性阅读材料推荐：

1.《两宋词韵》，张海欧，北京师范大学出版社，1993.

2.《大家小书—宋词赏析》，沈祖棻，上海古籍出版社，1980.

3.《宋词》，周笃文，上海古籍出版社，1980.

4.《中国古典名著鉴赏—宋词》，韩淑芳，中国文史出版社，2004.

5.《全宋词》，唐圭璋，中华书局，1980.

6.《唐宋词选释》，俞平伯，人民文学出版社，1978.

7.《南宋词研究》，王伟勇，台湾文史哲出版社，1987.

8. 诗词在线 http://www.chinapoesy.com/

9. 古诗文网 http://www.capaw.com/

10. 散文吧-说宋词赏析 http://www.sanwen8.com/songcishangxi/Index.html

元　曲

元代文学的代表作品是元曲。元曲汲取了唐、宋以来的“说话”艺术，并在此基础上形成了新的文学样式。它是元代文学的灵魂，是“一代之佳作”。一般所说的元曲，是杂剧与散曲的合称。杂剧是戏剧，而散曲则是诗歌。

元代的杂剧是在宋金杂剧的基础上，吸收了诸宫调等文学特点的新型文艺。元剧以折为单位，每本戏一般有四折，一折大约相当于现代戏曲的一场或一幕。有时还可加一场序幕，置于戏的开头或折与折之间，故称为“楔子”。元杂剧的代表作家有高文秀、季君祥等。其中，关汉卿、白朴、马致远、郑光祖被称为“元曲四大家”。元杂剧的代表作有被称为“爱情四大剧”的《倩女离魂》、《西厢记》、《墙头马上》、《拜月亭》等。

杂剧除艺术形式新颖外，内容方面也具有时代的特色。首先是它广泛反映了元代各阶层人们的生活，而中下层人民的生活和感情更占据了重要地位。其中商人和妓女形象更引人注目。武汉臣《老生儿》中所写的刘从善就是靠经商起家的，关汉卿《救风尘》中的周舍也是商人。除此之外。元杂剧描写的女性大都富有斗争精神，只要她们胸中燃烧起爱情的火焰，就毫不隐讳地吐露出来。《金钱记》中的柳眉儿、《鸳鸯被》中的李玉英都是这样女性。《望江亭》中的谭记儿反对强暴的性格也有特色。此外元剧中清官公案故事也值得注意。从《武林旧事》载宋代官本杂剧段数和《辍耕录》记录金代院本名目都不见包公戏，但元杂剧中出现了不少包公戏。元代官府黑暗，权豪势要之家杀人可以不偿命。公案戏的出现同这种社会背景密切相关，而包公形象就成了人民愿望的清官化身。

元代杂剧中还有不少以历史故事作题材的剧本和一些水浒故事戏。写历史题材的作品中，著名的有白朴的《梧桐雨》、马致远的《汉宫秋》和纪君祥的《赵氏孤儿》等。写三国故事的作品也有不少，作者们通过历史故事，抒发胸中的积愤和表达历史教训。无论历史题材或水浒题材，都寓有现实含义，另外，元杂剧中还有一些隐逸题材、神仙道化题材的剧作。元代前期杂剧作者有白朴、史敬先、石子章、李文蔚、关汉卿、王实甫、马致远、杨显之、李时中、张国宾、康进之、高文秀、纪君祥、尚仲贤、李直夫等。一时人才辈出，作品呈现出繁荣局面。其中关汉卿的作品最多，成就也最大。他的《窦娥冤》、《救风尘》、《望江亭》、《拜月亭》、《单刀会》等剧，都是杰作。王实甫的《西厢记》被元末明初人贾仲明誉为“天下夺魁”。这部剧本在当时以及后代影响很大，成就最高。郑光祖的《王粲登楼》表现一个“空学成补天才”而“寻不着上天梯”的人的牢骚不平与怀才不遇的怨气。

元代末期出现了南戏，其中最著名的是“古戏四大家”和高明的《琵琶记》。“古戏四大家”又称“四大传奇”，是指《荆钗记》、《白兔记》、《拜月亭》、《杀狗记》。

散曲的兴起比杂剧要早，由于北方少数民族乐曲传入中原地区，出现了一种配合当时流行曲调清唱的抒情诗体，就是散曲，在元代被称为乐府或词。散曲是与下层人民生活密切相关的，是反映人民疾苦的艺术形式。散曲有小令和套数两种，散曲今存小令三千八百多首，套数四百五十多套。小令又叫做“叶儿”，是单支曲子。它是按照不同的曲调创作的，每一个曲调都有个名称，如《山坡羊》、《水仙子》、《落梅风》、《沉醉东风》等。每调又各有不同的乐句，因此配合这些曲调写出来的小令，其字数和句式也就各不相同。套数又叫做散套或套曲，是由两支以上属同一宫调的曲子依次连缀而成的组曲。同套的套曲原则上必须用同一个宫调的曲牌，而且必须一韵到底。套数融合并发展了唐宋以来的大曲、鼓子词、传踏、诸宫调和赚词的连缀方式；是由宋、金时期的诸宫调演变而来的。诸宫调也是曲的一种，一个宫调用一个韵，换一个宫调也就随之换韵，联合各个宫调就构成一个长篇。这和元曲（剧曲）由几个套数构成一折，由若干折组成一出杂剧的情况相近似，不过杂剧加进了科白。

元人杂剧中的唱词，多半是用一套散曲构成的。但是散曲中的套数却仍然是一篇独立的“诗”，性质上与杂剧中的唱词有所不同。因为套数有长短伸缩的自由，所以比小令更便于表现纷繁复杂的内容。散曲作品具有浓厚的市民通俗色彩，给诗坛注入了一股清新空气。散曲作家留下名姓的有二百多人。许多杂剧作家在散曲创作上也有成就。元代散曲的发展大致可分为前后两期。

前期从金末到元成宗大德年间（约 1234—1307）。这一时期最有成就的作家，是那些同民间艺人结合的“书会才人”，如关汉卿、白朴、马致远、王和卿等人。他们挥洒自如地运用散曲写出了许多有代表性的作品，或质朴，或清丽，或豪放，或俳偕，随物赋形，曲折尽意地“抒其拂郁感慨之怀”。后期从武宗至元末（约 1308—1368）。这时期散曲创作总的趋势是走向典雅工丽，讲究格律辞藻。这一时期成就最高的是张可久、乔吉、睢景臣、张养浩及刘时中等人。文字稍露才华，而辞藻清丽，一改前期散曲的本色，趋于雅正典丽。因为散曲要用作宴会歌伎唱词，艳曲较多。张可久一生致力于散曲的创作，留下作品八百多首，乔吉也有二百多首，他们创作的数量在元曲家中是最多的。但是他们纵情诗酒，放浪山水，对现实表现出淡漠的态度，只是在艺术上刻意求工，以诗词的细腻来匡补散曲的粗犷，用词典雅，衬字很少甚至不用，格调婉约，这一点和词很为相似。但也有不少写景、抒情和怀古、叹世的小令；以及少量讽世喻俗、指摘时弊、揶揄乱世英雄的套数，如马致远《借马》、刘时中《上高监司》、睢景臣《高祖还乡》等，都具有时代特色和较高艺术成就，是不可多得的佳作。

相关拓展性阅读材料推荐：

1.《宋元文学戏曲史》，王国维，商务印书馆，1930.
2.《元曲选》，（明）臧晋叔，中华书局，1958.
3.《元曲选》，（明）臧懋循，中华书局，1958.
4.《元曲选外编》，隋树森，中华书局，1959.
5.《元人杂剧选注》，王季思等，北京出版社，1980.
6.《元散曲选注》，王季思等，北京出版社，1981.
7.《元人杂剧选》，顾肇仓，人民文学出版社，1978.
8.《元代杂剧艺术》，徐扶明，上海文艺出版社，1981.
9. 中国戏剧网 http://www.xijucn.com/
10. 中国文学网-专题研究-戏剧文学研究 http://www.literature.org.cn/Column.asp?ID=1326

诗词曲赋

诗

在各种文学形式中，诗歌出现最早。文学史中说："最早的文学，大约就是那种与音乐、舞蹈结合在一起的歌谣。"（章培恒《中国文学史》）早期诗歌与音乐、舞蹈的关系非常密切。《毛诗序》中有这样的论述："诗者，志之所之也，在心为志，发言为诗。情动于中而形于言，言之不足故嗟叹之，嗟叹之不足故永歌之。永歌之不足，不知手之舞之，足之蹈之也。"诗歌和音乐、舞蹈都是情感激流的表现。但诗歌具有其他艺术形式所不具备的特点。

因为诗歌出自人们的情感，所以诗歌的基本特点便是抒情性。虽然从内容的角度来看，现在我们把诗分成抒情诗和叙事诗，但从古到今，大量的诗都是抒情诗。可以说，诗歌的典型形式就是抒情诗。白居易对诗歌的特征作过一个形象的概括："诗者：根情，苗言，华声，实义。"（《与元九书》）他把诗歌的"情"放在首位，比作草木的根。也就是说，诗歌要以感情为根本。我们常说的"愤怒出诗人"，实际上也是这个意思。抒情诗要有丰富的情感，叙事诗离开了情感同样没有艺术感染力。诗中的情感是诗人自身具有的情趣受外界事物激发而产生的。诗是诗人主观的情与现实生活客观的物统一的产物。所以，诗歌所抒之情必然具有鲜明的个性色彩。

因为早期诗歌与音乐有密不可分的关系，所以诗歌的另一特点就是具有鲜明的节奏和铿锵的音调。没有节奏和韵律，就不成其为诗。古代诗歌用汉字的四种声调搭配成音步和韵位，从而形成声韵上的起伏跌宕。一般说来，四言诗分两个音步，每个音步为两个字（"老骥—伏枥，志在—千里；烈士—暮年，壮心—不已"）；五言诗为三个音步，每个音步为两个字或一个字（"枯桑—知—天风，海水—知—天寒"，"渡头—余—落日，墟里—上—孤烟"）；七言诗为四个音步，每个音步为两个字或一个字（"无边—落木—萧萧—下，不尽—长江—滚滚—来"，"如何—四纪—为—天子，不及—卢家—有—莫愁"）。诗歌的音乐性还体现在押韵上。古体诗大多双句押韵，也有每句押韵或押韵不讲规则的。近体诗双句必须押韵，单句决不押韵（首句除外，首句可以押韵，也可以不押韵）。

又因为诗歌既受篇幅的限制，又受韵律的限制，所以诗歌的特点就在于反映生活集中而概括，运用语言凝练而含蓄。如杜甫的一首七律《登高》，既反映了远离朝政之哀、漂泊长江之孤、年老力衰之叹、百病缠身之苦，又反映了对时局的忧虑、对百姓的同情；既概括了诗人大半生的坎坷经历，又表现了诗人丰富复杂的内心世界。又如诗人重视诗歌语言的锤炼、推敲，以至"两句三年得，一吟双泪流"的例子多得举不胜举。

除了从诗歌内容着眼可将诗歌分为抒情诗和叙事诗外，从句式着眼，诗歌可分为四言诗、五言诗、七言诗、杂言诗等；从体裁着眼，诗歌可分为楚辞体、乐府体、歌行体、律体等；从声律着眼，诗歌可分为古体诗、近体诗。这里对古体诗、近体诗的特点作一简单梳理。

唐以前的诗是古体诗，不讲究四声平仄，韵脚位置及字数、句数不固定，没有严格的对仗要求，所以也无所谓格律。唐以后的诗是近体诗（或称今体诗），对押韵、平仄、字数、对仗都有严格的要求。

1. 押韵　古体诗韵脚位置不固定，其押韵方式很多，而且可以换韵。如《诗经·氓》首章中，“蚩、丝、丝、谋、淇、丘、期、媒、期”都是元部字押韵，而在该诗第四章中，“陨、贫”押文部，“汤、裳、爽、行”押阳部，“极、德”则押职部。岑参《走马川行奉送出师西征》是三句一换韵。其他古体诗的情况也大致如此。

古体诗可以押平声韵，也可以押仄声韵，邻近的韵可以通押，也可换韵。如李白《宣州谢朓楼饯别校书叔云》中“留、忧、楼、愁、舟”押平声韵尤韵；“发、月”押仄声韵月韵。

近体诗韵脚位置固定，律诗是二、四、六、八句末字押韵，绝句是二、四句末字押韵。首句可入韵也可不入韵。近体诗押韵严格按照“平水韵”，一韵到底而不与邻韵通押，一般只押平声韵。如王维《辋川闲居赠裴秀才迪》即一韵到底（首句不入韵），押平声韵先韵。李商隐《马嵬（其二）》也是一韵到底（首句入韵），押平声韵尤韵。

2. 平仄　平仄是近体诗最重要的规则。近体诗中的平指平声，仄指上、去、入声。为说明时方便，人们通常用“—”表示平声，用“|”表示仄声。近体诗有平起式、仄起式之分。五言律诗平仄格式如下：

平起式	仄起式
———||，|||——。	||——|，——||—。
||——|，——||—。	———||，|||——。
———||，|||——。	||——|，——||—。
||——|，——||—。	———||，|||——。

要指出的是，四联中一、二句称首联，三、四句称颔联，五、六句称颈联，七、八句称尾联。我们把每一联的上句叫出句，下句叫对句。从上面所列五言律诗的平仄谱，可以看出近体诗的平仄规律。

(1)每一联出句和对句的平仄要相对，即出句是平声字的地方，对句必须是仄声字；同样，出句是仄声字的地方，对句必须是平声字。这是律诗的重要特征，叫“对”。

(2)因为近体诗一般只押平声韵，所以律诗对句末字必定是平声字；而由于每一联出句必须与对句“对”，所以出句末字必定是仄声字。

(3)后联出句二、四字的平仄必须与前联对句二、四字的平仄相同。这也是律诗的重要特征，叫“黏”。

(4)近体诗的平仄格式有可通融的地方，即所谓“一、三不论，二、四分明”，也就是五言近体诗每句一、三字的平仄可不拘，但二、四字的平仄必须依照格式。

七律是五律的扩充，其平仄格式只是在五律平起式前加两个仄声字，在五律仄起式前加两个平声字。当然，讲“黏”的话指后联出句和前联对句二、四、六字，而可通融的地方指每句的一、三、五字。如杜甫《蜀相》颈联，平仄是||———||，——|||——。实际上颈联出句“三顾频繁天下计”中“三”为平声字，对句“两朝开济老臣心”的平仄是|——||——，即一、三字的平仄并不依格。

3. 字数　在中国第一部诗歌总集《诗经》中，虽杂有三、五、七、八、九言之句，但基本上是四言体。西汉时在民间歌谣中出现五言体，东汉之后五言诗开始取代四言诗。古体诗句数、字数都不固定。句子可以整齐划一为四言、五言、六言、七言体，也可杂用长短句。

唐代形成的近体诗对字数、句数有了严格的规定。近体诗的字数有五言、七言之分。四句的近体诗称绝句，八句的近体诗称律诗，十句以上的则称排律或长律。

4. 对仗　对仗又称对偶，是指前后两句中各词的词性、意义相类相同。

古体诗不讲究平仄，对仗只是一种修辞手段而有很大的随意性。如李白《宣州谢朓楼饯别校书叔云》中"抽刀断水水更流，举杯消愁愁更愁"。

近体诗规定颔联和颈联要对仗。由于近体诗有平仄的要求，所以对仗必定是平对仄、仄对平。如王维《山居秋暝》、刘禹锡《酬乐天扬州初逢席上见赠》、李商隐《无题》(相见时难别亦难)等律诗的中间两联都对仗。

词

词是配合燕乐歌唱而产生的一种新诗体。所谓燕乐，是隋唐时期从西域、外国传入的音乐跟汉族传统音乐融合后产生的抒情音乐。如果把汉族传统音乐称为雅乐的话，那么燕乐就可以称为俗乐。词是配合燕乐演唱的歌词，所以又称为"曲子词"。受词调音乐节奏的限制，词的句式不像诗那么均齐，而有长有短，所以又称为"长短句"。因为是民间通俗音乐的歌词，所以词的语言要比诗通俗得多。从内容上说，词反映的生活面总的说来不如诗广阔，大部分词所表现的只是离怀别绪以及花前月下的柔情蜜意。概括来说，绝大部分词的特点是语言通俗，格调不高，局限于婉约风格之中。

在词的发展史上，苏轼是个里程碑式的人物。苏轼"以诗为词"，以诗的品格改造传统的词体，"一洗绮罗香泽之态，摆脱绸缪婉转之度，使人登高望远，举首高歌，而逸怀浩气，超然乎尘垢之外"(胡寅《向子諲酒边辞序》)。苏轼大大拓展了词的题材，刘熙载《艺概・词概》称"东坡词颇似老杜诗，以其无意不可入，无事不可言也"。苏轼的词虽然多种风格并存，但以豪放旷达之风最为引人注目。苏轼创立的豪放词派对后代影响很大。

词本来是配乐的歌词。在唐宋时代，了解音乐的词人是按照乐谱的音律节拍来写词的。所以叫填词，又叫倚声。而填词的乐谱就叫词调。后来乐谱失传了，填词的人就按照前人作品中的句法和平仄来填写，这一来词就脱离了音乐。有人把前人每一种词调的作品的句法和平仄加以概括，从而建立了各种词调的平仄格式，这就是词谱。后人就按照词谱的格式来填词。

词的一段叫做阕，又叫片。不分段的词叫单调。分前后两阕的词叫双调，双调是词最常见的形式。分三段、四段的词叫三叠、四叠。

1. 押韵　词的韵脚位置疏密不一，但韵脚位置、押平声韵还是仄声韵或是平仄通押、是否要换韵，都得按词谱的规定行事。词的押韵方式大致有四类：

(1)整首词押平声韵。如李清照《武陵春》(风住尘香花已尽)，韵脚是"头、休、流、舟、舟、愁"，一韵到底，押平声韵尤韵。又如辛弃疾《南乡子》(何处望神州)，韵脚是"州、楼、悠、流、鍪、休、刘、谋"，也是一韵到底，押平声韵尤韵。

(2)整首词押仄声韵。如岳飞《满江红》(怒发冲冠)。

(3)不同韵部的平仄换韵。如苏轼《定风波》(莫听穿林打叶声)是平声韵和仄声韵交错押韵："声、行、生"押庚韵；"醒"押迥韵，"冷"押梗韵；"迎、晴"押庚韵；"处、去"押御韵。

(4)同韵部的平仄押韵。如辛弃疾《西江月》："醉里且贪欢笑，要愁那得工夫。近来始觉古人书，信着全无是处。昨夜松边醉倒，问松'我醉何如'。只疑松动要来扶，以手推松曰'去!'"

2. 平仄　词的平仄由词牌规定，除规定可平可仄者外，其余都不可变动。

3. 字数 词的句式参差不齐，最短的是一字句，最长的是十一字句，常见的为二字句至七字句。后来一般把每首五十八字以内词的称为小令，五十九字到九十字的称中调，九十一字以上的称长调。

4. 对仗 词的对仗没有固定位置，只是在相连两句字数相同时，才有配对可能。词的对仗也不要求平仄相对。如李清照《一剪梅》中的"一种相思，两处闲愁"，苏轼《水调歌头》中的"人有悲欢离合，月有阴晴圆缺"。

曲

曲是兴盛于元代的一种新体裁，一般兼指剧曲和散曲。剧曲与科介（表情、动作）、说白紧密配合，在舞台上演出故事，是戏曲。散曲不加科介、说白，只用来清唱，是诗歌。

散曲分小令和套数两种形式。小令是独立的一支曲，类似一首单调的词。套数则是由两首以上的同一宫调的曲子按照一定规则连缀起来的套曲。

词有词调，曲也有曲调。曲调的名称（又叫"曲牌"）有的和词相同，如"忆秦娥"、"念奴娇"等；有的和词同名而异实，如"满庭芳"、"哨遍"等；但绝大多数的调名和词不同，如"山坡羊"、"叨叨令"等。

曲韵以平仄通押为常规。曲的用韵很密，多数曲牌句句都押韵。无论是小令还是套数，曲韵都是一韵到底，中间不换韵。如马致远的小令《天净沙·秋思》韵脚"鸦、家、马、下、涯"中，"鸦、家、涯"是平声字，"马、下"是仄声字，一韵到底（在《中原音韵》中，这五字都是"家麻"韵）。张养浩的小令《山坡羊·潼关怀古》韵脚"聚、怒、路、蹰、处、土、苦、苦"中，"都、蹰"是平声字，其余都是仄声字，也是一韵到底（在《中原音韵》中，这些字都是"鱼模"韵）。

曲的平仄由曲牌规定，除规定可平可仄者外，其余都不可变动。

曲和词一样，也是长短句形式，但可在规定的字句以外加衬字。所谓"衬字"，是相对"正字"而言。曲牌字数原不严格，后来把同一曲牌各句中大多数人常用的字数称为"正字"，而比"正字"多出的一些字，便被称为"衬字"。

曲可有对仗，也可没有对仗。有对仗的话也无固定位置。

赋

赋是汉代形成的一种文体。《文心雕龙·铨赋》在谈到赋的体式特征时说："赋也者，受命于诗人，而拓宇于楚辞也。……述客主以首引，极声貌以穷文。"也就是说，赋的特点就是"述客主以首引，极声貌以穷文"。

所谓"述客主以首引"，就是用设辞问答的方式构篇布局。宋玉的《风赋》中有楚王和宋玉的问答，苏轼的《前赤壁赋》中有苏子和客的问答。赋的传统表现手法可以说是主客对话，抑客伸主（即贬抑客人的主张，伸张主人的见解）。

所谓"极声貌以穷文"，就是韵语和散句相互配合，交错使用。韵语用整齐的句式、和谐的声韵作铺陈渲染，散句则多叙事由、议道理，在篇中起引起、转折、归结作用。从这点来说，赋既讲韵律，又讲铺叙，可以说兼具诗歌和散文的性质。如苏轼《前赤壁赋》"少焉，月出于东山之上，徘徊于斗牛之间。白露横江，水光接天。纵一苇之所如，凌万顷之茫然。浩浩乎如冯虚御风，而不知其所止；飘飘乎如遗世独立，羽化而登仙"一节中"间、天、然、仙"押韵，"其声呜呜然：如怨如慕，如泣如诉；余音袅袅，不绝如缕；舞幽壑之潜蛟，泣孤舟之嫠妇"一节中"慕、诉、缕、妇”押韵，等等。同时，《前赤壁赋》又有不少“于是饮酒乐甚”这样的散句。

汉初的赋，继承骚体传统，开始逐步向新体赋转化。直到东汉前期，汉赋在形式上一直以歌功颂德的大赋为主。司马相如的《子虚赋》、《上林赋》是大赋的代表作。

东汉后期，出现了抒情小赋。赋的体制大为缩短，而赋的内容也由对帝王的歌颂转而抒发文人对时局的忧惧、对自身遭遇的不满。张衡的《归田赋》具有一定的开创意义。

魏晋南北朝时代，赋向骈文方向发展的，逐渐形成骈赋或律赋；向散文方向发展的，则逐渐形成了文赋。总之，赋讲究文采、对仗、韵律，形式上注重铺张描绘，语言上注重声韵骈偶。

相关拓展性阅读材料推荐：

1.《诗词格律》，王力，中华书局，1977.
2.《诗词格律浅说》，贺巍，北京人民出版社，1978.
3.《唐宋词格律》，龙榆生，上海古籍出版社，1978.
4.《诗词基本常识》，席金友，内蒙古人民出版社，1980.
5.《论诗词曲杂著》，俞平伯，上海古籍出版社，1983.
6.《诗词曲格律纲要》，徐宗涛，天津人民出版社，1982.
7. 博正学术-文学艺术-诗词曲赋 http://www.xueshubook.com/Article/ShowClass.asp? ClassID=11
8. 诗词总汇 http://www.sczh.com/
9. 古诗文网 http://www.capaw.com/
10. 诗词在线 http://www.chinapoesy.com/

八声甘州

柳　永

柳永(约987—1053),原名三变,字景庄。后改名永,字耆卿,排行第七,故人称"柳七",福建崇安人,北宋第一个专门写词的婉约派词人。年轻时,常出入歌楼妓馆,声誉不佳,屡试不第。后放浪于汴京、苏杭一带,专事填词。宋仁宗景佑元年(1034)始中进士,任屯田员外郎,后世又称"柳屯田"。为人放荡不羁,一生失意潦倒,相传死后家无余财,由群妓集资埋葬。

柳永是北宋婉约词派的主要代表,他是大量创作慢词的第一个词人,在词的发展史上有重大贡献。他的词大都表现都市繁华,青楼歌妓的生活及羁旅行役之苦。他的词以铺叙见长,善于言情状物,雅俗共赏,又善于向民间的曲子词学习,促进了词的通俗化、口语化。在我国词的发展史上占有重要地位。有《乐章集》。

对潇潇暮雨洒江天,一番洗清秋①。渐霜风凄紧,关河冷落②,残照当楼。是处红衰翠减③,苒苒物华休④。惟有长江水,无语东流。不忍登高临远,望故乡渺邈⑤,归思难收。叹年来踪迹,何事苦淹留⑥?想佳人,妆楼颙望⑦,误几回,天际识归舟?争知我⑧,倚阑干处,正恁凝愁⑨!

【注释】

①潇潇:雨声,兼有雨势急骤之意。洗:洗出。

②关河:泛指山河。

③是处红衰翠减:到处花朵凋零,绿叶枯萎。李商隐《赠荷花》有"此荷此叶常相映,红衰翠减愁煞人"句。

④苒(rǎn)苒:渐渐。物华:美好的景物。

⑤渺邈(miǎo):渺远貌。

⑥淹留:久留。

⑦颙(yóng)望:举头凝望。

⑧争:怎。

⑨恁(nèn):如此。凝愁:愁结不解。

【作品简析】

这首传颂千古的名作,融写景、抒情为一体,通过描写羁旅行役之苦,表达了作者强烈的思归情绪。语浅而情深,是柳永同类作品中艺术成就最高的一首,其中佳句"渐霜风凄紧,关河冷落,残照当楼""不减唐人高处"(苏东坡语)。

开头两句写雨后江天,澄澈如洗。一个"对"字,已写出登临纵目、望尽天涯的境界。当时,天色已晚,暮雨潇潇,洒遍江天,千里无垠。其中"雨"字、"洒"字和"洗"字,三个上声,循声高诵,定觉素秋清爽,无与伦比。自"渐霜风"句起,以一个"渐"字,承上句而言,当此清秋复经雨涤,于是时光景物,遂又生一番变化。这样词人用一"渐字",神态毕备。秋已更深,雨洗暮空,乃觉凉风忽至，其气凄然而遒劲，直令衣单之游子，有不可禁当之势。一“紧”字，又用上声，气氛声韵写尽悲秋之气。再下一“冷”字，上声，层层逼紧。而“凄紧”、“冷落”，又皆双声叠响，具有很强的艺术感染力量，紧接一句“残照当楼”，境界全出。这一句精彩处在“当楼”二字，似全宇宙悲秋之气一起袭来。

“是处红衰翠减，苒苒物华休。”词意由苍凉悲壮，而转入细致沉思，由仰观而转至俯察，又见处处皆是一片凋落之景象。“红衰翠减”，乃用玉溪诗人之语，倍觉风流蕴藉。“苒苒”，正与“渐”字相为呼应。一“休”字寓有无穷的感慨愁恨，接下来“惟有长江水，无语东流”写的是短暂与永恒、改变与不变之间的这种直令千古词人思索的宇宙人生哲理。“无语”二字乃“无情”之意，此句蕴含百感交集的复杂心理。

“不忍”句点明背景是登高临远，云“不忍”，又多一番曲折、多一番情致。至此，词以写景为主，情寓景中。但下片妙处在于词人善于推己及人，本是自己登高远眺，却偏想故园之闺中人应也是登楼望远，伫盼游子归来。“误几回”三字更觉灵动。结句点题。词中登高远眺之景，皆为“倚阑”时所见；思归之情又是从“凝愁”中生发；而“争知我”三字化实为虚，使思归之苦、怀人之情的表达更为曲折动人。

这首词章法结构细密，写景抒情融为一体，以铺叙见长。词中思乡怀人之意绪，展衍尽致。而白描手法，再加通俗的语言，将这复杂的意绪表达得明白如话。这样，柳永的《八声甘州》终成为词史上的丰碑，得以传颂千古。

【复习思考题】

1. 你如何理解此词佳句“渐霜风凄紧，关河冷落，残照当楼”“不减唐人高处”？
2. 背诵全词。

相关拓展性阅读材料推荐：

1.《柳永》，谢桃坊，上海古籍出版社，1986.
2.《柳永词详注及集评》，姚学贤，龙建国，中国古籍出版社，1991.
3. 唐诗宋词网 http://www.shiandci.net/
4. 诗词总汇 http://www.sczh.com/asp/index.asp
5. 文学风景线-扩展资源 http://asp3.6to23.com/lyx2000/kuozhanziyuan/kuozhanziyuanindex.htm
6. 南开大学文学院“大学语文教学网” http://www.dyonline.org
7. 东南大学“大学语文网” http://www.daxueyuwen.cn
8. 散文吧-宋词赏析 http://www.sanwen8.com/songcishangxi/Index.html

永遇乐·元宵

李清照

李清照(1084—约1155),号易安居士,山东济南人。李清照出身文学名门,其父李格非是当时著名学者。她自幼聪慧,过目不忘,久习诗词,出语惊人,少女时名噪一时。没有一般官宦人家小姐常有的任性、娇情的缺点,十分勤奋,善书画,通音律,长于文藻,对屈原和陶渊明敬佩有加,拥有远大的理想抱负。

北宋建中靖国元年(1101),十八岁的李清照与宰相之子、二十一岁的太学生赵明诚结婚,开始了俩人恩爱和睦、志趣相投的婚姻生活和治学经历。宋高宗建炎三年(1129),赵明诚病逝后,她漂泊江南,晚年在孤寂凄凉的悲惨境遇中度过。

李清照是宋代著名女词人,词作有很高的艺术成就。词的风格以婉约为主,也有豪放之作。她的词以南渡为界分为前后两期。前期词主要表现她少女、少妇时期的悠闲生活,风格清丽婉转;后期词大多抒写她在国破家亡后饱经离乱的凄苦生活和思念故国的痛苦感情,风格沉哀,具有一定的社会意义。有《漱玉词》。今人辑有《李清照集》。

落日熔金[①],暮云合璧[②],人在何处[③]?染柳烟浓,吹梅笛怨[④],春意知几许?元宵佳节,融和天气,次第岂无风雨[⑤]。来相召,宝马香车,谢他酒朋诗侣。

中州盛日[⑥],闺门多暇,记得偏重三五[⑦]。铺翠冠儿[⑧],捻金雪柳[⑨],簇带争济楚[⑩]。如今憔悴,风鬟霜鬓[⑪],怕见夜间出去[⑫]。不如向,帘儿底下,听人笑语。

【注释】

①熔金:溶化的金子,这里指日落时金黄灿烂的颜色。
②暮云合璧:形容日落后,红霞消散,暮云像碧玉般合成一片。
③人在何处:景色虽好,人事已非,感伤自己的漂泊无依。
④"染柳"二句:是"烟染柳浓,笛吹梅怨"的倒文。笛曲有《梅花落》,曲调哀怨。
⑤次第:转眼间。
⑥中州:今河南一带,此处指北宋都城汴京。
⑦三五:古人常称阴历十五为"三五",此处代指元宵节。
⑧铺翠冠儿:上面装饰着碧翠羽毛的帽子。
⑨捻金雪柳:用金线捻成,用素绢(或白纸)包扎的柳枝。
⑩簇带:宋时口语,插戴满头之意。济楚:宋时口语,整洁、漂亮之意。
⑪风鬟霜鬓:头发散乱,这里指不加修饰的样子。
⑫怕见:怕得,懒得。

【作品简析】

李清照于靖康之变后,南渡漂泊于浙江一带,生活动荡,晚景凄凉。此词作于流寓临安(今杭州)之时。题为"元宵",女词人借传统题材,通过今昔对比,抒写今昔苦乐不同的情景,表达忧时伤世、怀念故国的情思，抒发了身世飘零之悲。上片描绘元宵节傍晚时分的景物和自己的感受。下片写闭门幽居，抚今追昔，悲不自胜的感受。结尾两句抒情极为凄楚，令人鼻酸。

上片写今年元宵节的情景。开头两句对仗工整，辞采鲜丽。如此气候，预示当晚的灯节将有一番热闹场面。但下面一句陡转，“人在何处”，是一声充满迷惘与痛苦的叹息，包含着词人抚今追昔的意念活动，也是全词情感的基调。景色虽好，可我究竟在什么地方？自己的丈夫、中原的父老、半壁江山又在何处？实在是无比伤恸的悲叹。“元宵佳节”三句又一波三折，元宵佳节日暮时分的“融和”景象中间插入的“岂无风雨”之语，仿佛是无端忧虑，但这正表现出作者多年来颠沛流离饱经折磨的特殊心境，也为下文不应邀出去做铺垫。谢绝同游正表现出她的心绪落寞。

下片写闭门幽居，抚今追昔，悲不自胜的感受。以细致的笔墨描写当年青春少女着意穿着打扮、富有青春活力的心境和情景，也通过这个侧面追忆当时汴京热闹繁荣的景象。以下再次陡转，写如今年少不再、蓬头垢面、无心打扮的情形，与往昔形成鲜明的对比。结尾两句抒情极为凄楚，令人心恸。两种迥然不同的心境，反映出南渡前后词人两种不同的生活境况和精神面貌，抒发了作者对故国的深情思念。这在那个时代里有典型意义。全词在艺术上运用今昔对照与丽景哀情相映的手法，并有意地将当时的口语与精致的文学语言交错融合，形成一种文白相济、雅俗共赏的风格。

【复习思考题】

1. 简析本词所表达的作者的处境和心情。
2. 背诵这首词。

相关拓展性阅读材料推荐：

1.《李清照》，徐培均，上海古籍出版社，1981.
2.《李清照》，蔡国黄，中华书局，1983.
3.《李清照资料汇编》，褚斌杰等，中华书局，1984.
4.《李清照研究丛稿》，王璠，内蒙古人民出版社，1987.
5.《李清照诗词选注》，刘忆萱，上海古籍出版社，1987.
6.《李清照词赏析》，李汉超，中国妇女出版社，1988.
7. 唐诗宋词网 http://www.shiandci.net/
8. 诗词总汇 http://www.sczh.com/asp/index.asp

金错刀行

陆 游

陆游(1125—1210),字务观(guàn),号放翁,山阴(今浙江绍兴)人。南宋杰出的爱国诗人。陆游出生在北宋末年,年轻时就立下"上马击狂胡"的壮志。以荫补登仕郎。高宗时应试礼部,"喜论恢复",以语触秦桧,被黜。孝宗即位,赐进士出身。历任镇江通判、隆兴府通判。二年免归,居住在镜湖边的三山村。写出了"山重水复疑无路,柳暗花明又一村"的名句(《游山西村》)。乾道五年差通判夔州。后来,至四川制置使范成大处做了幕僚,陆游经常和友人吃酒唱酬,被人讥为颓放,遂自号放翁。光宗即位,兼实录院检讨官,旋即罢归山阴,闲居十余年。嘉泰二年,诏权同修国史、实录院同修撰,预修孝宗、光宗两朝实录,寻兼秘书监。次年归。居于山阴。嘉定二年卒,年八十六。

陆游现存诗歌约九千三百首,与尤袤、杨万里、范成大为中兴四大诗人,并称"南宋四大家"。其为中兴之冠,人呼为小太白。其诗题材广阔,现实性强,洋溢着浓烈的战斗激情和悲愤情绪,也有部分表现日常生活情趣的作品。其诗风格多样,以雄浑豪放为主,想象丰富,语明快。有《剑南诗稿》八十七卷、《渭南文集》五十卷、《南唐书》十八卷。

黄金错刀①白玉装②,夜穿窗扉出光芒。
丈夫五十功未立,提刀独立顾八荒③。
京华结交尽奇士④,意气相期共生死⑤。
千年史策耻无名⑥,一片丹心报天子。
尔来从军天汉滨⑦,南山晓雪玉嶙峋⑧。
呜呼!楚虽三户能亡秦⑨,
岂有堂堂⑩中国空无人。

【注释】

①金错刀:用黄金涂饰的刀。错:涂饰。

②白玉装:装饰有白玉的刀柄。此句意为虽有宝刀而四顾茫然,竟无用武之地。

③八荒:八方荒远之处。

④京华:指南宋都城临安,今杭州市。奇士:杰出的人物。

⑤意气相期:但原同生共死。意气:豪侠的气概。相期:互相期望和勉励。期:期许。

⑥史策:即史册、史书。

⑦尔来:近来。天汉:这里指汉水。陆游曾从军于汉水之滨。

⑧南山:终南山。嶙峋:峻峭而高耸的样子,这里形容积雪的终南山峰巅。

⑨楚虽三户能亡秦:战国时期,秦国扣留拘押了楚怀王,并最终将其逼死。楚国的民众非常愤怒,民间流传的歌谣说:"楚虽三户,亡秦必楚",表示哪怕只剩下几户人家,但最终灭秦国的必然是楚国。

⑩堂堂：正大的样子。

【作品简析】

陆游 49 岁至四川供职嘉州时写下了这首著名的诗篇。诗以金错刀起兴，用的是歌行体，故题为《金错刀行》。陆游通过金华结交和汉滨从军，深信爱国志士甚多，必可消灭强大的敌人，收复失去的国土。诗中表现出的意气风发和豪壮气概，也是对那些软弱的丧失民族自信心之人的激励和鞭策。

全诗咏物言志，借赞美金错刀寓抗金报国之志。宝刀用黄金镀饰，刀柄用白玉镶嵌。到夜里，它闪闪的光芒直穿门窗而出。大丈夫到了 50 岁尚未建立功业，只能独自提刀而立，环顾荒远之地，看在哪里可以施展抱负。在京城里结交的朋友都是些杰出人物，彼此意气相投，相约要同生共死。因为没有在千年史册上留下名字而感到羞耻，一颗红心却始终想报答朝廷的恩泽。因此便从军来到汉水边的汉中，每天早晨都面对终南山参差矗立、晶莹如玉的皑皑积雪。

战国时强秦灭楚，楚南公曾喊出一句口号说："楚虽三户，亡秦必楚！"即使楚只存三户人家，也必能报仇灭秦。果然，数十年后，楚人项羽、刘邦就推翻了暴秦统治。本诗引用"楚虽三户，亡秦必楚"的楚民谣作比，然用反诘句"岂有堂堂中国空无人"表明，汉族人民定有英雄人物能赶走女真统治者收复中原。楚民谣虽仅八字，但深刻说明民心不会死、民力可回天这一道理。陆游虽生活于国力衰微、偏安江左的南宋，但基于对民心、民力的正确认识，在述志时他坚信中国有人，定能完成北伐事业，其爱国精神感人至深。

【复习思考题】

1. 简析本诗所表达的爱国精神。
2. 背诵这首诗。

相关拓展性阅读材料推荐：

1.《陆游名篇赏析》，康锦屏，十月文艺出版社，1989.
2.《陆游爱国诗词选解》，严修，上海教育出版社，1987.
3.《陆游诗词赏析》，向通，广西人民出版社，1986.
4.《陆游》，曹济平，江苏人民出版社，1982.
5.《陆游传》，郭光，郑州中州书画社，1982.
6.《放翁词》，陈长明，上海古籍出版社，1988.
7. 唐诗宋词网 http://www.shiandci.net/
8. 诗词总汇 http://www.sczh.com/asp/index.asp

念奴娇·过洞庭①

张孝祥

张孝祥(1132—1169),字安国,号于湖居士,历阳乌江(今安徽和县)人。为南渡初期著名豪放派爱国词人。高宗绍兴二十四年(1154)进士,廷试第一。曾因触犯秦桧,受诬陷下狱,秦桧死后方获释,任秘书正字、校书郎。孝宗时,任中书舍人,直学士院。隆兴元年,为建康(今南京市)留守,主张恢复中原,反对隆兴和议,因赞助张浚北伐而被免职。后任荆南湖北路安抚使,治水有政绩。晚年退居芜湖,徜徉山水。

其词早期多清丽婉约之作,南渡后转为慷慨悲凉,多以抗金为主旨,多抒发爱国思想,激昂奔放,气势豪迈,淋漓痛快,风格近苏轼,在南宋词坛影响较大。也有写景寄怀之作,往往清疏淡远。其代表作有《西江月》、《念奴娇》、《浣溪沙》、《水调歌头》等,对后来辛派词人的创作很有影响。作品有《于湖集》,词集为《于湖词》,《全宋词》存其词二百二十余首。

洞庭青草②,近中秋、更无一点风色③。玉鉴琼田三万顷④,著我扁舟一叶⑤。素月分辉⑥,明河共影⑦,表里俱澄澈⑧。悠然心会,妙处难与君说。

应念岭表经年⑨,孤光自照⑩,肝胆皆冰雪⑪。短发萧骚襟袖冷⑫,稳泛沧浪空阔⑬。尽挹西江⑭,细斟北斗⑮,万象为宾客⑯。扣舷独啸⑰,不知今夕何夕⑱。

【注释】

①念奴娇:词牌名。

②洞庭青草:洞庭湖和青草湖,一北一南,两湖相连。洞庭湖在岳阳市西南,青草湖在洞庭之南,二湖相通,总称洞庭湖。

③风色:风势。

④玉鉴琼田:形容月下湖水晶莹如玉。玉鉴:玉镜。琼:美玉。

⑤著:附着。扁舟:小船。扁舟一叶:苏轼《前赤壁赋》:“驾一叶之扁舟”。

⑥素月:洁白的月亮。

⑦明河:天河,银河。

⑧表里:里里外外,从外到内。表指外界,里指内心。此处指天上月亮和银河的光辉映入湖中,上下一片澄明。

⑨岭表:五岭之外,指今广东、广西一带。岭表一作“岭海”。经年:一年或一年多。

⑩孤光:指月光。

⑪肝胆:一作“肝肺”。冰雪:比喻心地光明磊落,像冰雪般纯洁。

⑫短发萧骚:头发稀少。萧骚:稀疏,萧疏,稀少。襟袖冷:形容衣衫单薄。谓两袖清风,廉洁清贫。

⑬沧浪:青苍色的水。指湖水。

⑭尽挹(yì)西江:舀尽长江水当酒浆。挹:用勺子舀水。西江:长江连通洞庭湖,中上游在洞庭

以西，故称西江。
⑮细斟北斗：以北斗做酒器盛酒。北斗：星座名。由七颗星排成像舀酒的斗的形状。
⑯万象为宾客：大地万物当做宾客。万象：万物。
⑰扣：敲击。一作“叩”。啸：撮口作声。一作“笑”。
⑱不知今夕何夕：赞叹夜色美好，使人沉醉，竟忘掉一切（包括时间）。

【作品简析】

张孝祥的《念奴娇·过洞庭》，作于宋孝宗乾道二年(1166)，作者由于遭受谗言落职，由桂林北归，过洞庭写下了这首词。这首中秋词是作者泛舟洞庭湖时即景抒怀之作。上片侧重描写湖光月色的澄澈。开篇直说地点与时间，然后写湖面、小舟、月亮、银河，那一片水天辉映的洁净透明的自然景色，昭示着诗人冰清玉洁的内心世界。下片侧重抒写心灵的澄澈。此时作者想起岭南一年的官宦生涯，感到自己无所作为而有所愧疚。而且想到人生苦短不免心酸，不过自己能坚持正道，又稍感安慰。他要用北斗做酒勺，舀尽长江水做酒浆痛饮。此词清旷疏淡、格调昂奋，全词一波三折，有人认为可与苏轼咏中秋的词《水调歌头》(明月几时有)相媲美。

夜半更深，一个人划小舟泛于广阔的洞庭湖上，天地间唯有自己，“表里俱澄澈”，“妙处难与君说”。但这寂寥仍让他想起往事，“应念岭表经年，肝胆皆冰雪”。当职期间，自问心中无愧，也就把这往昔打点。莫思身外无穷事，且尽生前有限杯。“尽挹西江，细斟北斗，万象为宾客”——西江水作酒，北斗星作盅，天下万物邀作宾客，举杯畅饮。扣舷而啸，将心中郁闷尽散入虚无之中，其气势之恢宏，让人心胸登时为之开朗。

张孝祥的词上承苏轼，下启辛弃疾，是南宋词坛豪放派的代表人物之一。这首词通篇景中见情，笔势雄奇，境界空阔，表现了作者胸襟洒落、气宇轩昂的高尚品质。

“肝胆皆冰雪”可谓是一切志士仁人的共同品性，是人类最可宝贵的品格。结尾几句以西江北斗、宾客万象的奇思妙想和伟大气魄，表现了他淋漓的兴致和凌云的气度。这首词历来为人称颂，还因为他在词中所创造的独特意境，体现了天人合一的理念，因而受到后人的重视。作者在政治上遭受挫折之后，尚能泰然自若、游于物外的处世态度，表现出对宇宙奥秘，人生哲理的深深领悟，达到一种超越时空的极高的精神境界。全词清奇壮美的景色，与词人的主体人格相一致，达到一种物我浑然不分的境界，充满了浪漫主义色彩。

【复习思考题】

1. 简析这首词物境与心境相互交融的艺术特色。
2. 如何理解“洞庭青草，近中秋、更无一点风色”中“风色”一词？

相关拓展性阅读材料推荐：

1.《于湖居士文集》，(宋)张孝祥，上海古籍出版社，1980.

2.《张孝祥诗词选》，宛新彬，贾忠民，黄山书社，1986.

3.《张孝祥词笺校》，(宋)张孝祥，黄山书社，1993.

4.《张孝祥研究》，黄珮玉，香港三联书店，1993.

5.《增订注释陆游张孝祥词》，朱德才，文化艺术出版社，1999.

6.《宋词鉴赏辞典》，上海辞书出版社，2003.

7. 唐诗宋词网 http://www.shiandci.net/

8. 诗词总汇 http://www.sczh.com/asp/index.asp

水龙吟·登建康赏心亭[①]

辛弃疾

辛弃疾(1140—1207),原字坦夫,改字幼安,号稼轩居士,济南历城(今山东济南)人,南宋著名爱国词人。辛弃疾幼年时,受到祖父的教诲,立复国大志。宋高宗赵构绍兴三十一年(1161),金兵大举南侵,是年21岁的辛弃疾组织两千多人,参加了济南农民耿京领导的起义军,后奉表归宋。宋孝宗时上《美芹十论》、《九议》,力主抗金。后遭投降派排挤,落职闲居上饶十余年,晚年又被起用。辛弃疾历任建康通判,江西、湖南、湖北、福建、浙江安抚使等职,一生坚决主张抗金,但他的抗金主张未被采纳,抑郁愤慨,六十八岁病死在铅山。

辛弃疾是两宋词人中存词最多的一位作家,是南宋伟大的爱国词人,现存词六百二十多首,在词史上有着崇高的地位,与苏轼并称为"苏辛"。在内容上,他继承并发展了苏轼开创的豪放词派,进一步扩大了词的境界,丰富了词的题材。强烈的爱国热情,坚定不移的爱国志向,成为辛词内容上最大的特色。艺术上,他注重作品内容的表达,不拘泥声韵格律,随着词的题材、内容的不同,风格也丰富多样。气势磅礴,奋发激越,以极雄豪之词,写极沉郁之意,是辛词的主要风格。著有《稼轩长短句》。

楚天千里清秋[②],水随天去秋无际。遥岑远目[③],献愁供恨,玉簪螺髻[④]。落日楼头,断鸿声里,江南游子[⑤]。把吴钩[⑥]看了,栏杆拍遍,无人会[⑦],登临意[⑧]。

休说鲈鱼堪脍,尽西风,季鹰归未[⑨]?求田问舍,怕应羞见,刘郎才气[⑩]。可惜流年[⑪],忧愁风雨[⑫],树犹如此[⑬]!倩[⑭]何人,唤取红巾翠袖[⑮],揾英雄泪[⑯]?

【注释】

①水龙吟:词牌名,又名《小楼连苑》、《龙吟曲》等。建康:今江苏南京。赏心亭:故址在今南京水西门,为当时的游览胜地。

②楚天:楚国一带。古楚国指今长江下游地区,这里泛指江南。清秋:凄凉冷落的秋天。

③岑(cén):小而高的山。目:望,动词。

④献愁供恨,玉簪螺髻:像美人头上的碧玉簪和螺旋形的发髻一样秀美,然而却像含着深愁,似有无限怨恨。

⑤落日:正在落下去的太阳,象征国运的衰微。断鸿:失群的孤雁,象征游子的孤独。江南游子:客居江南的人,作者自指。此三句描绘景物、人物,创造了一苍凉凄清的境界。

⑥吴钩:古吴国所造弯形宝刀,这里指佩剑。

⑦会:理解。

⑧登临意:指作者渴望跃马疆场、收复失地的迫切心情。

⑨"休说"三句:不要说鲈鱼肉味道鲜美,尽管秋风吹起,我也不会像西晋的张季鹰那样不顾及国家之事,为贪吃家乡美味而弃官还乡。季鹰:西晋张翰,字季鹰,在洛阳为官,见秋风起,因思吴中菰菜羹、鲈鱼脍,遂弃官南归(出自《世说新语》)。堪:可以,正好。脍(kuài):把鱼肉切细。

⑩“求田”三句:像许汜那样一心购置田地房屋而不关心国家大事的人,见到雄才大略的刘备,怕是会羞愧的吧。求田问舍:买地置屋。刘郎:三国时刘备,这里泛指有大志之人。三国时许汜去看望陈登,陈登对他很冷淡,独自睡在大床上,叫他睡下床。许汜去询问刘备,刘备说:“君(陈登)有国士之名,今天下大乱,帝主失所,望君忧国忘家,有救世之意;而君求田问舍,言无可采,是元龙所讳也,何缘当与君语。如小人(刘备自称),欲卧百尺楼上,卧君于地,何但上下床之间耶?”此指瞧不起胸无大志之人。

⑪流年:像流水一样逝去的岁月。

⑫风雨:指国家处在风雨飘摇之中。

⑬树犹如此:《世说新语》载:东晋大司马桓温北征过金城,见昔日所种柳树皆已十围,慨然流涕曰:“木犹如此,人何以堪!”后人常以此感叹时光的流逝和人事的变迁。

⑭倩:请,央求。

⑮红巾翠袖:少女装束,这里指歌女。宋时宴会多用歌女劝酒。

⑯揾(wèn)英雄泪:感伤英雄抱负不能实现,又得不到同情和慰藉。揾:擦拭。

【作品简析】

此词作于孝宗二年,是辛弃疾最负盛名的早期作品。赏心亭是当时建康城的游览胜地,然而此时在作者眼中不是一般文人墨客笔下动人心弦的良辰美景,不是一幅幅醉生梦死的歌舞升平画面,却是满目“献愁供恨”,是红巾翠袖难以揩去的英雄之泪。作者的胸怀、志气、无奈与执著均在词中表露无遗。

这是一首登临之作,词的上片写景抒情。前三句是实写作者的登楼所见。开篇以山水起势,一个“秋”字直贯全景,虽然不失雄浑清丽,但充满了感伤,从而为全词定下了基调。这种寓情于景的写法与杜甫的“感时花溅泪,恨别鸟惊心”有异曲同工之妙。但见“落日楼头”上,“断鸿声里”,形影孑立着这位“江南游子”。在落日的结束、孤鸿的断声反衬之下,在作者心目中怕远不止于献愁供恨,而是直接引起孤独的悲慨了。在作者心目中,国耻一日不雪,美景给予他的只能是忧郁、伤愁。作者心怀的不是统治者苟安的半壁江山,而是昔日的所有国土,那失去的国土里有他的故乡,有他的同胞,有他的祖国的种种气息。自小就饱受金人压迫的他,没有比“还我河山”更强烈的愿望。“把吴钩看了,栏杆拍遍,无人会,登临意”显得力透纸背,形象地道出了词人满腔的爱国热情,却无人理解的痛苦,令人读后不由为之动容。一个满腹悲愤的爱国者形象跃然纸上,生动到了极致。

词的下片写情作结。国家风雨飘零、内忧外患,自己备受贬斥、壮志难酬、控诉无门。“首句”休说一词统领下面两句,通过张翰弃官南归的典故,表明了作者的态度:不要跟我说此刻家乡的好,我绝不能一走了之! 次句取刘备斥许的故事,抨击了只顾苟安一隅,寻欢作乐,无心为国家战斗,热衷为个人谋利的当权派。字里行间透出作者对“刘郎才气”的钦佩与推崇。“可惜”一句透露出作者内心的焦灼。光阴一天天似水流逝,何时才能收拾山河!“倩何人,唤取红巾翠袖,揾英雄泪”,遥应上片“无人会,登临意”,再次感叹自身的苦闷,感情十分沉郁,难言的孤独中包含着一阵阵难堪的悲愤。

【复习思考题】

1. 结合全词内容以及作者的经历,谈谈你对“可惜流年,忧愁风雨,树犹如此”的理解。

2. 这首词表达了作者什么样的思想感情?
3. 背诵这首词。

相关拓展性阅读材料推荐:

1.《辛弃疾》,杨牧之,中华书局,1984.
2.《辛弃疾词选注》,马群,上海古籍出版社,1984.
3.《苏辛词比较研究》,陈满铭,台湾文津出版社,1980.
4.《辛弃疾》,夏承焘,游止水,上海古籍出版社,1979.
5.《爱国词人辛弃疾》,邓乔彬,上海人民出版社,1986.
6.《辛弃疾词选》,朱德才,人民文学出版社,1988.
7.《稼轩长短句》,汪贤度,上海古籍出版社,1988.
8. 唐诗宋词网 http://www.shiandci.net/
9. 诗词总汇 http://www.sczh.com/asp/index.asp

答司马谏议书①

王安石

王安石(1021—1086),字介甫,晚号半山,临川(今江西抚州人)。北宋著名的政治家和文学家。仁宗庆历二年(1042)中进士,先后在地方和中央做官,曾两次作宰相,封荆国公,世称王荆公。他推行新法,遭到保守派的反对。后被免职,卒于南京。

王安石所处的时代是北宋王朝社会危机、政治危机和民族危机都十分严重的时代。他面对北宋积弱积贫的政治局面,早年即有变法图强的志向。仁宗嘉祐三年(1058),他写了《上仁宗皇帝言事书》,系统提出变法主张。北宋神宗熙宁年间,他出任参知政事,整理全国财政,推行新法:限制大地主、大商人的兼并渔利,兴办农田水利,改革兵役制度,以图达到富国强兵的目的。但他遭到以司马光为代表的保守派的激烈反对,最终归于失败。列宁称他是"中国11世纪的改革家"(《修改工人政党的土地纲领》)。

王安石在诗、词、散文等方面都有独特的成就。他的散文笔力遒劲,文辞洗练,以识见高超、议论犀利、逻辑谨严、笔力雄健而著称。他主张文章应"有补于世","以适用为本"。为唐宋八大家之一,著有《临川先生文集》。

某启②:

昨日蒙教,窃以为与君实游处相好之日久③,而议事每不合④,所操之术多异故也⑤。虽欲强聒⑥,终必不蒙见察⑦,故略上报⑧,不复一一自辨⑨。重念蒙君实视遇厚⑩,于反复不宜卤莽⑪,故今具道所以⑫,冀君实或见恕也⑬。

盖儒者所争⑭,尤在于名实⑮,名实已明,而天下之理得矣⑯。今君实所以见教者⑰,以为侵官、生事、征利、拒谏⑱,以致天下怨谤也⑲。某则以谓受命于人主⑳,议法度而修之于朝廷㉑,以授之于有司㉒,不为侵官㉓;举先王之政㉔,以兴利除弊,不为生事;为天下理财㉕,不为征利;辟邪说㉖,难壬人㉗,不为拒谏。至于怨诽之多㉘,则固前知其如此也㉙。人习于苟且非一日㉚,士大夫多以不恤国事、同俗、自媚于众为善㉛,上乃欲变此㉜,而某不量敌之众寡,欲出力助上以抗之㉝,则众何为而不汹汹然㉞?盘庚之迁㉟,胥怨者民也㊱,非特朝廷士大夫而已㊲。盘庚不为怨者故改其度㊳;度义而后动㊴,是而不见可悔故也㊵。如君实责我以在位久㊶,未能助上大有为,以膏泽斯民㊷,则某知罪矣;如曰今日当一切不事事㊸,守前所为而已㊹,则非某之所敢知㊺。

无由㊻会晤,不任区区向往之至㊼。

【注释】

①谏议:即谏议大夫,当时司马光任右谏议大夫的官职。司马光上疏神宗请罢"青苗法",同时又三次写信给王安石,说他推行新法有四大罪状,要求他罢新法复旧制。王安石为了回击司马光的指责,写了这封回信以驳斥所谓"侵官"、"生事"、"征利"、"拒谏"、"天下谤怨"等观点。

②某启:某某说,这里就是安石说。某:写信人写在信稿上用来暂代自己的名字。启:陈说。

③昨日蒙教:昨天承蒙您指教,意思是"昨天收到您的来信。"蒙:表敬副词,承:受。窃:表敬副

词，私下。君实：司马光的字。游处：同游共处，即交往共事之意。之：助词，相当于“的”。

④每：往往。

⑤所操之术多异故也：这是由于所持政治主张有许多不同的缘故。所：特殊的指示代词，在这里指代“操”的对象（“术”）。操：持。术：这里指政治主张。故：缘故。

⑥强聒（guō）：强作解释，硬在耳边啰嗦。聒：声音嘈杂。

⑦不蒙见察：不能被您了解，不能得到您的谅解。

⑧略：简略。上报：回信，是一种客气的说法。

⑨自辨：自己作辩解。辨：这里通“辩”，辩白，辩解。

⑩重（chóng）念：又想到。视遇：看待，对待。

⑪于反复不宜卤莽：在书信往来上不应该草率。于：介词，在。反复：指书信往来。宜：应当。卤莽：即鲁莽，粗疏草率。

⑫具道所以：详细说明理由。具：同“俱”，副词，完全，详尽。所以：原因，理由。

⑬冀君实或见恕也：希望君实或许能够原谅我吧。冀：希望。

⑭盖：连词，表示承接上文发表议论。儒者：这里泛指读书人。

⑮尤在于名实：特别在于名义和实际（是否相符）。尤：特别。

⑯理：事物的道理。得：得到，掌握。

⑰今君实所以见教者：现在君实用来指教我的。

⑱以为：认为。侵官、生事、征利、拒谏：这是司马光来信中指责王安石新法的四条罪状。侵官：侵犯官吏的职权。王安石变法后增设了新的官署，司马光指责说这是“侵官”、“乱政”。生事：惹是生非，制造事端。司马光认为王安石推行新法，是不守祖宗旧法，生事扰民。征利：设法生财，与民争利。征：求、取。拒谏：不接受批评，拒绝劝告，这里指不采纳保守派的意见。

⑲以致：因而招致。怨谤：怨恨和诽谤。

⑳则：却。以谓：以为。谓：通“为”。人主：国君，皇帝，这里指宋神宗。

㉑法度：法令制度。修之于朝廷：在朝廷上修正决定。之：代词，代“法度”。

㉒以授之于有司：把它（法度）交给负有专责的官吏（去执法）。有司：有关部门的官吏。以：连词，这里的用法同“而”。

㉓不为：不算是。

㉔举先王之政：实行前代君主的政策。举：施行，推行。先王：指古代的贤君。

㉕为：介词，相当于“替”，“给”。

㉖辟邪说：驳斥荒谬的言论。辟：排除，驳斥，抨击。

㉗难（nàn）：责难。壬（nìng）人：善于巧言谄媚的人。壬：通“佞”。

㉘诽（fěi）：毁谤。之：助词，取消“怨诽多”这个句子的独立性，表示语意未完，让读者等待下文。

㉙固前知其如此也：本来早就知道会这样的。固前知：本来事先就知道。固：本来。

㉚人习于苟且非一日：一般人习惯于得过且过不是一天了。苟且：因循苟安，得过且过。

㉛不恤（xù）国事：不关心国家大事。恤：忧虑，顾念。同俗：附和世俗之见。自媚于众：向众人献媚讨好。

㉜上：皇上，这里指宋神宗。

㉝抗:抵制。
㉞何为:为什么?疑问代词前置。汹汹然:形容波涛的响声,这里指大声吵闹的样子。
㉟盘庚之迁:指盘庚迁都之事。盘庚迁都到殷(今河南安阳一带),开始曾受到贵族和被贵族鼓动的一些人的反对。
㊱胥(xù)怨者民也:相与抱怨的有老百姓。胥怨:相与埋怨。胥:副词,相与。
㊲非特:不仅。特:仅,只。
㊳盘庚不为怨者故改其度:盘庚不因为有人怨恨的缘故而改变他的计划。度:制度,法度,这里指法令、计划,名词。
㊴度(duó)义而后动:考虑到这样做正确,然后行动起来。度:这里作动词,估计,考虑。
㊵是而不见可悔故也:认为(这样做)正确,看不出有什么可以后悔的缘故。是:意动用法,认为做得对。
㊶在位:这里指执掌朝政。
㊷膏泽斯民:施恩惠给人民。这是封建统治者颠倒是非的说法。膏:油。泽:雨露。膏泽这里作动词用,施恩惠的意思。斯:指示代词,相当于"此","这些"。
㊸事事:做事。前一个"事"作动词,后一个"事"是名词。
㊹守前所为:墨守以往的作法。
㊺非某之所敢知:不是安石所敢领教的(这是不接受对方意见的婉转说法)。
㊻无由:无从,没有机会。会晤:见面。
㊼不任:不胜。区区:拳拳,诚挚的意思。向往之至:仰慕到了极点。之:动词,到。

【作品简析】

这是一篇书信体驳论文。文章气势恢宏、观点鲜明、柔外刚内、言简而意切,针对司马光指责变法是侵官、生事、征利、拒谏、天下怨谤的五个观点,逐一进行了反驳。

气势恢宏是本文的一大特点。反驳论点,即指出对方的论点是荒谬的。文章在具体批驳司马光的谬论时,作者首先亮明自己对待论争的看法和态度,即"名实已明,而天下之理得矣"。这就是墨子所说的"察名实之理"。这样一种鲜明的态度,既把此番论争置于客观真理的轨道上,又将自身的磊落显示了出来。由于明确了与对方论争的性质,就可以直截了当、开诚布公地谈问题了。于是作者十分鲜明地摆出敌方的五个论点并一一加以印证。文中说:"受命于人主,议法度而修之于朝庭,以授之于有司,不为侵官;举先王之政,以兴利除弊,不为生事;为天下理财,不为征利;辟邪说,难壬人,不为拒谏"正面回答了为什么说不是"侵官"、不是"生事"、不是"征利"、不是"拒谏",而"天下怨谤"则是早已预料到的邪说,而且古已有之,不足为怪。三言五语,直面反驳,坦坦荡荡,揭示实质,言词犀利,气势逼人。此后又以盘庚之典,表明了"度义而后动,是而不见可悔故"的坚定立场和态度,不给保守派留丝毫余地。

柔外刚内是本文的又一特点。书信用通信的方式来抒情宣志、交流思想,抒发感情。特定的格式,真挚的感情,流畅的文笔,是它的主要特点。本文以"某启"开篇,连用"蒙教"、"窃以为"、"相好"、"强聒"、"见察"、"上报"、"视遇厚"、"卤莽"、"见恕"等,或表敬,或自谦,礼貌周道,语气委婉而柔和。然而,在这委婉的语调中,却寓有"议事每不合,所操之术多异故也"的刚直。在摆出敌论之前又加"见教"二字,表示了态度的谦谨。然而,此后却连用四个"不为",加以斩钉截铁的否定,这又是柔中藏刚的典型笔墨。接下去的"知罪"又接"则非某之所敢知",更是柔不掩刚的突出表达。开篇以“蒙教”始，以“向往”结，不能不说通篇罩在了客气、礼貌的氛围之中，但那因理直而愈来愈盛的气势又时时突显在字里行间。这就是王安石的大度，王安石的风骨。

【复习思考题】

1. 本文的主旨是什么？
2. 简述本文的反驳方法。
3. 举例谈一谈本文语言上的特点。

相关拓展性阅读材料推荐：

1.《临川先生文集》，(宋)王安石，中华书局，1959.
2.《王荆公诗文沈氏注》，沈钦韩，中华书局，1962.
3.《王荊公诗笺注》，李璧，中华书局，1958.
4.《王安石》，邓广铭，人民文学出版社，1979.
5.《王安石哲学思想初论》，李之鉴，中国文联出版社，1999.
6.《王安石与北宋文学研究》，高克勤，复旦大学出版社，2006.
7. 国学网-唐宋八大家 http://www.guoxue.com/jibu/ts8dajia/ts8dajiaml.htm
8. 中国古诗文网 http://www.capaw.com/

文与可画筼筜谷偃竹记[①]

苏　轼

苏轼(1037—1101),字子瞻,号东坡居士,眉州(今四川眉山)人。他与父亲苏洵、弟弟苏辙,都是北宋著名的文学家,被后人列入"唐宋八大家",称为"三苏"。宋仁宗嘉祐二年(1057)进士。宋神宗熙宁年间,因与主张新法的王安石政见不合,要求外任,于是先后出任杭州、密州、徐州、湖州等地地方官。元丰二年(1079),以作诗"谤讪朝廷"罪被捕入狱,后贬谪黄州(今湖北黄冈)为团练副使。宋哲宗即位,旧党司马光执政,苏轼被召回京,任中书舍人、翰林学士等职。当旧党欲将新法完全废除时,苏轼却主张对新法"参用所长",因而复受排挤。绍圣元年(1094)年,新党再度执政,苏轼重又被贬到广东惠州、海南岛儋州。直到1100年宋徽宗即位时,才被赦北还,次年卒于常州,后追谥"文忠"。

苏轼是宋代文艺创作成就最为全面的一位作家。他的散文汪洋恣肆,明白畅达。诗歌清新豪健,自成一家。词开豪放一派,对后代有很大影响。在书法、绘画等方面也有很高的造诣。有《东坡七集》、《东坡乐府》传世。

竹之始生,一寸之萌耳[②],而节叶具焉。自蜩腹蛇蚹,以至于剑拔十寻者[③],生而有之也。今画者乃节节而为之,叶叶而累之[④],岂复有竹乎[⑤]?故画竹必先得成竹于胸中[⑥],执笔熟视[⑦],乃见其所欲画者[⑧],急起从之,振笔直遂[⑨],以追其所见,如兔起鹘落[⑩],少纵则逝矣[⑪]。与可之教予如此。予不能然也,而心识其所以然[⑫]。夫既心识其所以然而不能然者[⑬],内外不一,心手不相应[⑭],不学之过也。故凡有见于中,而操之不熟者[⑮],平居自视了然[⑯],而临事忽焉丧之[⑰],岂独竹乎?

子由为《墨竹赋》[⑱],以遗与可[⑲],曰:"庖丁,解牛者也,而养生者取之[⑳];轮扁,斫轮者也[㉑],而读书者与之[㉒]。今夫夫子之托于斯竹也,而予以为有道者,则非耶[㉓]?"子由未尝画也,故得其意而已。若予者,岂独得其意,并得其法。

与可画竹,初不自贵重,四方之人,持缣素而请者[㉔],足相蹑于其门[㉕]。与可厌之,投诸地而骂曰:"吾将以为袜。"士大夫传之,以为口实。及与可自洋州还,而余为徐州[㉖]。与可以书遗余曰:"近语士大夫:'吾墨竹一派,近在彭城[㉗],可往求之。'袜材当萃于子矣[㉘]。"书尾复写一诗,其略曰:"拟将一段鹅溪绢[㉙],扫取寒梢万尺长[㉚]。"予谓与可:"竹长万尺,当用绢二百五十匹,知公倦于笔砚,愿得此绢而已。"与可无以答,则曰:"吾言妄矣,世岂有万尺竹哉!"余因而实之[㉛],答其诗曰:"世间亦有千寻竹,月落庭空影许长[㉜]。"与可笑曰:"苏子辩矣。然二百五十匹绢,吾将买田而归老焉。"因以所画筼筜谷偃竹遗予,曰:"此竹数尺耳,而有万尺之势。"筼筜谷在洋州,与可尝令予作《洋州三十咏》,《筼筜谷》其一也。予诗云:"汉川修竹贱如蓬[㉝],斤斧何曾赦箨龙[㉞]。料得清贫馋太守,渭滨千亩在胸中[㉟]。"与可是日与其妻游谷中,烧笋晚食,发函得诗,失笑喷饭满案。

元丰二年正月二十日,与可没于陈州[㊱]。是岁七月七日,予在湖州曝书画[㊲],见此竹,废卷而哭失声[㊳]。昔曹孟德祭桥公文,有车过腹痛之语[㊴]。而予亦载与可畴昔戏笑之言者[㊵],以见与可于予亲厚无间如此也。

【注释】

①文与可(1018—1079):名同,字与可,四川梓潼人。北宋著名画家,擅长画竹。他与苏轼是表兄弟,曾任洋州(今陕西洋县)知州。著有《丹渊集》。筼筜(yún dāng)谷:地名,在陕西洋州西北,谷中多产竿粗节长的竹子,叫筼筜竹,故名。偃竹:仰斜的竹子。

②萌:萌芽,这里指初生的竹笋。

③自蜩蝮蛇蚹:这句是以蝉壳、蛇鳞形容竹子初生时的形状。蜩蝮(tiáo fù):蝉壳。蛇蚹(fù):蛇腹下的横鳞。剑拔:剑从鞘中拔出。这里用来形容修长的竹子,如剑出鞘,挺拔有力。寻:古代八尺为一寻。

④累:加,积。

⑤岂复有竹乎:怎么还会有(完整而有生气的)竹子呢?

⑥故画竹必先得成竹于胸中:指画竹之前,心里先有完整的竹子的形象。成:完整的。

⑦熟视:仔细审视。这里指绘画前静心凝视,进行构思。

⑧见(xiàn):出现。

⑨振笔直遂:动笔作画,一气呵成。直:径直。遂:完成。

⑩兔起鹘(hú)落:兔子跃起逃跑,鹘俯冲下击。这句形容挥笔迅速。鹘:鹰类。

⑪少纵则逝矣:稍一放松,时机就过去了。少:稍微。

⑫“予不能”二句:我虽不能做到这样,但心里明白这样做的道理。然:这样。识(shí):知道。

⑬所以然:怎样做才能达到这样的境界。

⑭内外不一:心里明白,但是做不到。相应:互相配合。

⑮操之不熟:做起来不熟练。

⑯了然:清楚、明白。

⑰忽焉丧之:忽然不见了,忘记了。丧:丧失。

⑱子由:苏轼弟苏辙,字子由。

⑲遗(wèi):赠。

⑳庖丁:厨子,名丁。养生者取之:出自《庄子·养生主》篇庖丁解牛的故事。文惠君见庖丁解牛的技术特别高超,就问他是怎么达到这种境界的,庖丁向他介绍了自己的经验和技巧,文惠君十分感叹,认为从中领悟到避开人生各种危险,从而求得长寿的道理。

㉑轮扁:斫轮的工匠,名扁。斫(zhuó):砍削。

㉒读书者与(yù)之:出自《庄子·天道》篇轮扁斫轮的故事。轮扁在堂下斫轮,看见桓公在读书,就说桓公读的都是古人的糟粕。桓公很生气,说如果讲不出个道理来就杀了他。轮扁就用自己斫轮的手艺打比方说,精妙的技巧只有我自己心里明白,无法用语言传达给别人,因此连我的儿子也无法传授给他。可见,能用语言写到书上的东西,也只能是糟粕了。与:赞成。

㉓“今夫”二句:如今(从)你在所画的竹上托寓的这番道理(来看),我认为你是深知事物规律的人,难道不是吗?夫子:指文与可。托:寄托。

㉔缣(jiān)素:古人用来作画的白绢。

㉕足相蹑:脚互相踩碰,形容来求文与可作画的人很多。

㉖余为徐州：我任徐州知州。苏轼于熙宁十年(1077)至元丰二年(1079)任徐州知州。
㉗“吾墨竹”二句：我们画墨竹这一流派的人，(已传到)近在徐州的苏轼。彭城：即今江苏徐州。文与可是湖州墨竹派的宗师。
㉘“袜材”句：做袜子的材料(指画绢)将要聚集到您那里去了。萃(cuì)：聚集。
㉙鹅溪：地名，在四川盐亭西北，以产绢著名。唐时用鹅溪绢做贡品，宋人绘画以它为上品。
㉚扫：指用笔作画。寒梢：指竹。因竹耐寒，故名。
㉛实：证实。
㉜影许长：影子有这么长。许：这样。
㉝汉川：汉水。修竹：长竹。因竹耐寒，故名。
㉞斤：斧头。箨(tuò)龙：竹笋的别名。
㉟“渭滨”句：这句话的字面意思是苏轼戏言文与可吃了渭水岸边的千亩竹林，实指他胸中装着丰富的竹子形象。
㊱没：通“殁”，死亡。
㊲曝(pù)：晒。
㊳废卷：放下画卷。
㊴“昔曹孟德”二句：据《三国志·魏书·武帝纪》裴松之的注文记载，曹操年轻时，桥玄很赏识他。桥玄死后，曹操路过故乡谯郡，用太牢的隆重仪式祭祀桥玄，并作《祀故太尉桥玄文》，文中写到：“又承从容约誓之言：‘殂逝之后，路有经由，不以斗酒只鸡相沃酹，车过三步，腹痛勿怪。’虽临时戏笑之言，非至亲之笃好，胡肯为此辞乎?”本篇引此典故，说明曹操与桥玄之间亲密的关系，从而表白自己和文与可之间亲密的关系。
㊵畴(chóu)昔：昔日，从前。

【作品简析】

此文以画为线索，叙述了作者和文与可的深挚友谊及睹物思人的悲痛，写得庄谐相衬，情深意切，体现了苏轼文理自然、姿态横生的散文特点。

文章开头并未直接写悼念之情或两人的交往，而是从文与可的画竹理论写起，突兀不凡，别开生面，给人以一种新鲜感。文与可认为画竹“必先得成竹于胸中”，然后振笔直书，一气呵成，才能生动传神地把它再现出来。这个见解十分精辟，对文艺领域具有普遍的指导意义，而且“胸有成竹”已成为人们处事的准则和人们谙熟的成语了。下面作者通过“庖丁解牛”、“轮扁斫轮”两个典故，说明子由对与可所画竹子的看法：庖丁解牛由于掌握规律而得心应手，游刃有余，文惠君从中悟出了养生之道；轮扁造车轮，使正在读书的齐桓公懂得了技艺只能从实践中体会的道理，文与可在画竹中寄托的思想说明他也是个深悟事物规律的人。作者认为子由仅得与可的画意，而自己并得其画法，是最了解与可的人。这段通过论述文与可的画论以及子由和作者自己对此画论的反映，不仅写出了文与可画技的高妙和见解的卓绝，而且也道出了自己对文与可的敬仰之情和知己之感。其中有议论，有描写，或述人之言，或直抒己见，纵横错觉，灵动多变，显得言而有味，情理俱谐。

第二段叙述作者和文与可交往中的趣事。文与可和作者坦率、高雅的胸襟气度，机敏、超卓的智慧才能以及两人的亲密友谊，都得到了活泼而生动地表现。

最后一段说明写作此文的缘由。先说在文与可死后七个月，“曝书画见此竹，废卷而哭失声”。“哭失声”三字写尽了作者睹物思人的无限悲痛。接着又引用曹操祭桥玄的典故来体现出悼念亡友的挚情。此段富有绵长的抒情意味。

该文信笔挥洒，舒卷自如，如同行云流水一般。文中有正论，有戏语，或引诗赋，或摘书牍，时而讲琐事，时而举典故，机变灵活，姿态横生。不过它始终紧扣题目，环绕着文与可所画的《筼筜谷偃竹图》来展开文章：先是议“胸有成竹”的绘画理论，这是画《筼筜谷偃竹图》的基础；中间是叙两人的诗歌赠答，书礼往来，交代《偃竹图》的由来和有关趣事；后是写见画思人，抒发悲怆之情，通篇以画为线索，以怀念友情为中心，显得形散神不散，做到了自由挥洒和谨守章法的完美结合。

【复习思考题】

1. 作者主要记叙了文与可的哪些轶事？
2. 本文表现了文与可怎样的个性？
3. 作者主要阐发了哪两方面的艺术创作思想？

相关拓展性阅读材料推荐：

1.《苏东坡》，陈华昌，中华书局，1985.
2.《苏轼文集》，孔凡礼，中华书局，1986.
3.《苏门四学士》，周义敢，上海古籍出版社，1983.
4.《苏轼文学论集》，刘乃昌，齐鲁书社，1982.
5.《苏轼思想讨论》，凌琴如，台湾中华书局，1977.
6.《论苏轼的创作经验》，徐中玉，华东师范大学出版社，1981.
7.《苏轼文艺理论研究》，刘国珺，南开大学出版社，1984.
8. 国学网—苏轼研究 http://www.guoxue.com/sushiyjiu/ssyj_1.htm
9. 苏轼网 http://www.sushi123.cn/
10. 中国古诗文网 http://www.capaw.com/

单刀会

关汉卿

关汉卿(约1230—约1310),号已斋叟,字汉卿,名不详。大都(今北京市)人。曾任太医院尹。与戏曲作家杨显之、散曲作家王和卿、杂剧女演员珠帘秀等交游,系大都杂剧写作组织玉京书会的重要作家,是元杂剧的奠基人,也是我国古代最伟大的戏剧家。一生创作杂剧六十七部,现存的有《窦娥冤》、《救风尘》、《拜月亭》、《望江亭》等十八部,散曲今存小令四十一首,套数十三种。与白朴、马致远、郑光祖合称"元曲四大家"。

元代统治者实行民族压迫政策,歧视汉族士人,加之数十年未行科举,堵塞了仕途,读书人一直处在社会的底层。而元初正值散曲、杂剧兴盛之际,不少有才华的文人为了生活,走向市井民间,与艺人、妓女结合,成为编杂剧、撰词曲的"书会才人"。关汉卿是其中最具代表性的人物。在这篇套曲中,他尽情描写自己在勾栏妓院中的浪荡生活,其间虽带有沉迷酒色、及时行乐的不良习气,但更多表现的是愤世嫉俗的情感、坚韧顽强的性格以及对社会的强烈抗争。

(鲁肃上,云)欢来不似今朝,喜来那逢今日,小官鲁子敬是也。我使黄文持书去请关公,欣喜许今日赴会,荆襄地合归还俺江东。英雄甲士已暗藏壁衣之后,令人江上相候,见船到便来报我知道。

(正末关公引周仓上,云)周仓,将到那里也?(周云)来到大江中流也。(正云)看了这大江,是一派好水也呵!(唱)

【双调】【新水令】大江东去浪千叠!引着这数十人驾着这小舟一叶。又不比九重龙凤阙[①],可正是千丈虎狼穴。大丈夫心别,我觑这单刀会似赛村社[②]。

(云)好一派江景也呵!(唱)

【驻马听】水涌山叠,年少周郎何处也[③]?不觉地灰飞烟灭。可怜黄盖转伤嗟。破曹的樯橹一时绝,鏖兵的江水由然热[④],好教我情惨切!(云)这也不是江水,(唱)**二十年流不尽的英雄血!**

(云)却早来到也,报伏去[⑤]。(卒报科)(做相见科)(鲁云)江下小会,酒非洞里之长春[⑥],乐乃尘中之菲艺[⑦],猥劳君侯屈高就下[⑧],降尊临卑,实乃鲁肃之万幸也!(正云)量某有何德能,着大夫置酒张筵。既请必至。(鲁云)黄文,将酒来。二公子满饮一杯[⑨]。(正云)大夫饮此杯。(把盏科)(正云)想古今咱这人过日月好疾也呵!(鲁云)过日月是好疾也。光阴似骏马加鞭,浮世似落花流水。(正唱)

【胡十八】想古今立勋业,那里也舜五人[⑩]、汉三杰[⑪]?两朝相隔数年别,不付能见者[⑫],却又早老也。开怀的饮数杯,(云)将酒来。(唱)**尽心儿待醉一夜。**

(把盏科)(正云)你知"以德报德,以直报怨"么[⑬]?(鲁云)既然将军言"以德报德,以直报怨",借物不还者为之"怨"。想君侯文武全才,通练兵书,习《春秋》《左传》,济拔颠危,匡扶社稷,可不谓之仁乎?待玄德如骨肉,觑曹操若仇雠,可不谓之义乎?辞曹归汉,弃印封金,可不谓之礼乎？坐服于禁，水淹七军[14]，可不谓之智乎？且将军仁义礼智俱足，惜乎止少个"信"字，欠缺未完。再若得全个信字，无出君侯之右也。（正云）我怎生失信？（鲁云）非将军失信，皆因令兄玄德公失信。（正云）我哥哥怎生失信来？（鲁云）想昔日玄德公败于当阳之上，身无所归，因鲁肃之故，屯军三江夏口[15]。鲁肃又与孔明同见我主公，即日兴师拜将，破曹兵于赤壁之间。江东所费巨万，又折了首将黄盖。因将军贤昆玉无尺寸地[16]，暂借荆州以为养军之资，数年不还。今日鲁肃低情曲意，暂取荆州，以为救民之急。待仓廪丰盈，然后再献与将军掌领。鲁肃不敢自专，君侯台鉴不错[17]。（正云）你请我吃筵席来那，是索荆州来？（鲁云）没，没，没……我则这般道：孙刘结亲，以为唇齿，两国正好和谐。（正唱）

【庆东原】你把我真心儿待，将筵宴设，你这般攀今览古，分甚枝叶[18]？我跟前使不着你"之乎者也"、"诗云"、"子曰"，早该豁口截舌[19]！有意说孙、刘，你休目下翻成吴越[20]！

（鲁云）将军原来傲物轻信[21]！（正云）我怎么傲物轻信？（鲁云）当日孔明亲言："破曹之后，荆州即还江东。"鲁肃亲为代保。不思旧日之恩，今日恩变为仇，犹自说"以德报德，以直报怨"。圣人道："信近于义，言可复也[22]。"去食去兵，不可去信[23]。"大车无輗，小车无軏，其何以行之哉[24]？"今将军全无仁义之心，枉作英雄之辈。荆州久借不还，却不道"人无信不立[25]"！（正云）鲁子敬，你听的这剑戛么[26]？（鲁云）剑戛怎么？（正云）我这剑戛，头一遭诛了文丑[27]，第二遭斩了蔡阳，鲁肃呵，莫不第三遭到你也？（鲁云）没，没……我则这般道来。（正云）这荆州是谁的？（鲁云）这荆州是俺的。（正云）你不知，听我说：（唱）

【沉醉东风】想着俺汉高皇图王霸业，汉光武秉正除邪[28]，汉王允将董卓诛，汉皇叔把温侯灭[29]，俺哥哥合情受汉家基业。则你这东吴国的孙权，和俺刘家却是甚枝叶[30]？请你个不克己先生自说[31]！

（鲁云）那里甚么响？（正云）这剑戛二次也！（鲁云）却怎么说？（正云）这剑按天地之灵，金火之精，阴阳之气，日月之形；藏之则鬼神遁迹，出之则魑魅潜踪；喜则恋鞘，沉沉而不动；怒则跃匣，铮铮而有声。今朝席上，倘有争锋，恐君不信，拔剑施呈[32]。吾当摄剑[33]，鲁肃休惊。这剑果有神威不可当，庙堂之器岂寻常[34]！今朝索取荆州事，一剑先交鲁肃亡[35]！（唱）

【雁儿落】则为你三寸不烂舌，恼犯我三尺无情铁。这剑饥餐上将头，渴饮仇人血。

【得胜令】则是条龙向鞘中蛰[36]，虎在坐间躲[37]。今日故友每才相见[38]，休着俺弟兄每相间别[39]。鲁子敬听着：你心内休乔怯[40]，畅好是随邪[41]，吾当酒醉也[42]！

（鲁云）臧官动乐[43]。（臧官上，云）天有五星，地攒五岳[44]。人有五德，乐按五音。五星者：金、木、水、火、土。五岳者：常、恒、泰、华、嵩[45]。五德者：温、良、恭、俭、让[46]。五音者：宫、商、角、徵、羽[47]。（甲士拥上科）（鲁云）埋伏了者！（正击案，怒云）有埋伏也无埋伏？（鲁云）并无埋伏。（正云）若有埋伏，一剑挥之两断！（做击案科）（鲁云）你击碎菱花[48]……（正云）我特来破镜[49]！（唱）

【搅筝琶】却怎生闹炒炒军兵列，休把我当拦者[50]！（云）当着我的，呵呵！（唱）我着他剑下身亡，目前流血。便有那张仪口[51]、蒯通舌[52]，休那里躲闪藏遮。好生的送我到船上者，我和你慢慢的相别。

（鲁云）你去了倒是一场伶俐[53]。（黄文云）将军，有埋伏哩！（鲁云）迟了我的也。（关平领众将上，云）请父亲上船，孩儿每来迎接哩。

（正云）鲁肃，休惜殿后[54]。（唱）

【离亭宴带歇指煞】我则见紫袍银带公人列[55]，晚天凉风冷芦花谢，我心中喜悦。昏惨惨晚霞收，冷飕飕江风起，急飐飐云帆扯[56]。承管待，承管待。多承谢，多承谢。唤梢公慢者，缆解开岸边龙，船分开波中浪，棹搅碎江心月。正欢娱有甚进退，且谈笑不分明夜[57]。说与你两件事先生记者：百忙里趁不了老兄心[58]，急且里倒不了俺汉家节[59]。

【注释】

①九重龙凤阙：古代对帝王居住地方的称呼。

②大丈夫：指鲁肃。心别：费解。赛村社：民间自行组织表演技艺的团体，常在节目进行演出竞赛，称赛村社。

③周郎：即周瑜，吴国将领，曾在赤壁之战中以少击多，大破曹军。下句中的黄盖也是吴国将领，赤壁之战中以苦肉计诈降曹操，为大破曹军创造了条件。

④由然：同"犹然"，仍然，依然。

⑤报伏：回报，禀报。伏：同"复"。

⑥酒非洞里之长春：意指这里没有好酒。长春：美酒名。

⑦乐乃尘中之菲艺：意指这里也没有精彩的音乐歌舞等技艺。尘中：俗世的。菲艺：菲薄的技艺，不像样的技艺。

⑧猥劳君侯：劳驾你的意思。猥：卑下，这里表示谦卑。

⑨二公子：鲁肃对关羽的尊称。

⑩舜五人：是指舜的五位贤臣禹、弃、契、皋陶、后夔。

⑪汉三杰：辅佐刘邦定天下的张良、萧何、韩信。

⑫不付能：好不容易。

⑬以德报德，以直报怨：语出《论语·宪问》，意思是应该以恩德报答别人给自己的恩德，用正直的态度对待别人的怨恨。

⑭"坐服"二句：曹操命战将于禁统领七军，以庞德为先锋进攻樊城，关羽决襄江水淹七军，生擒庞德。

⑮夏口：古城名，在今湖北武汉黄鹄山上。

⑯昆玉：兄弟。贤昆玉：对别人兄弟的尊称。

⑰台鉴不错：您裁夺得很对。台：对对方的敬词。鉴：审察。

⑱分甚枝叶：意指生出枝节。

⑲豁口截舌：开口割舌。

⑳目下翻成：意指反目，翻脸。吴越：春秋时吴国和越国为敌对之国。

㉑傲物轻信：看重物质轻视信誉。

㉒信近于义，言可复也：语出《论语·学而》，意思是信誉和义相近，讲信誉的人说的话，能得到行动的证实。

㉓去食去兵，不可去信：语出《论语·颜渊》，意思是对人民来说，可以不吃饭，可以不要军队，但不能不要信誉。

㉔大车无輗(ní)，小车无軏(yuè)，其何以行之哉：语出《论语·为政》。古时牛车为大车，马车为小车，车前均有套牲口的横木，大车的叫輗，小车的叫軏，缺少它们，车就不能套牲口行走。

㉕人无信不立：做人不讲信用，就不能自立于社会。

㉖剑戛：剑响。

㉗文丑：袁绍的大将，被关羽所杀。

㉘汉光武秉正除邪：汉光武帝刘秀，出身西汉皇族，王莽末年爆发了农民起义，他也组织起武装力量，号召恢复刘汉王朝，得到封建地主阶级的支持，镇压了赤眉起义军，削平各方割据势力，建立了东汉王朝。

㉙温侯：吕布。

㉚枝叶：瓜葛，意指亲缘关系。

㉛不克己：不能克制和约束自己的欲望。

㉜施呈：施展。

㉝�剑：拔剑。

㉞庙堂：古代帝王议政、祭祀的地方。

㉟交：教。

㊱蛰：冬眠，这儿指藏匿不出。

㊲躲：躲藏。

㊳每：们。

㊴间别：离间，分别，断绝。

㊵乔怯：伪装害怕。

㊶畅好：正好。随邪：放肆，胡闹，不正经。

㊷吾当：即吾，"当"是语助词，无义。

㊸臧官：人名，作者所塑造的人物。

㊹攒：积聚。

㊺常、恒、泰、华、嵩：五岳名。常：常山，本名恒山，汉避文帝刘恒讳改，为北岳。恒：应为衡山，南岳。泰：泰山，为东岳。华：华山，为西岳。嵩：嵩山，为中岳。

㊻温、良、恭、俭、让：语出《论语·学而》，意为温顺、善良、恭敬、俭朴、谦让。

㊼宫、商、角、徵、羽：是五音中的五个音级。古代对所尊敬的人物名字一般应避讳，现在居然对"羽"字不避讳，当喊官念到"羽"字时，甲士拥上，这显然是个暗号，是对关羽的大不敬。

㊽菱花：镜子上的图案，这里指镜子。

㊾破镜：喻示决裂之意，又鲁肃字子敬，"敬"与"镜"谐音，直呼此音，也不避讳，以牙还牙。

㊿当拦：阻拦。

51张仪：战国时有名的说客，曾游说六国。

52蒯通：汉初谋士，善辩，韩信用其计平定齐地。

53伶俐：此处作干净利落讲。

54休惜：不要舍不得。殿后：指殿后的伏兵，部队的后军。

55紫袍银带：都是古代官员服饰，借代高级官员。公人列：官员们排成队。

56急飐飐：形容风吹起水波，船只顺风急行的样子。云帆扯：意指扯起帆。

57明夜：白天和夜晚。

58趁：同"称"。

59急且里：急切里，急迫之间。汉家节：指忠于蜀汉的气节。

【作品简析】

《单刀会》原名《关大王独赴单刀会》，是关汉卿富有独创性的一部著名历史剧。关大王指三国时蜀国大将关羽。关羽，字云长，他在我国历史上是一个被神化了的人物，在宋元时代已被加封为“义勇武安王”。关汉卿在此剧中以非凡的才华和诗人的激情，歌颂了关羽忠贞不渝的信念、英勇豪迈的精神，塑造了关羽大智大勇的形象，但却没有蒙上任何宗教的色彩或神秘的迷雾。《单刀会》主要写鲁肃为了索取荆州，摆下“鸿门宴”，请关羽赴宴，准备以武力劫持。关羽明知山有虎，偏向虎山行，只带了周仓等少数随从，单刀赴宴。在宴会上，关羽义正辞严地驳斥了对方的无理要求，揭露了鲁肃的不良用心，运用机智使东吴不敢轻举妄动，终于从容胜利返回。此剧集中塑造了关羽这个人民喜爱的三国英雄人物，英风豪气在剧本中充分表现出来。

《单刀会》故事的史实，在史书中记载非常简略，《三国志・鲁肃传》中只有“肃邀羽相见，各驻兵马百步上，但请将军单刀俱会。肃因责数羽曰‘国家区区，本以土地借卿家者，卿家军败远来，无以为资故也。今已得益州，既无奉还之意；但求三郡，又不从命’”的记载。关汉卿以这一历史记载为依据，并汲取宋元评话中的素材，以他那如椽的彩笔，通过关羽过江赴宴身入虎穴和鲁肃的一场惊险斗争，塑造了关羽这一有血有肉的、铁骨铮铮的英雄形象。鲁肃定下三条妙计，布下杀机请关羽赴宴，关羽明知鲁肃为他安排下的并非“待客的筵席”，而是“打凤牢龙”的圈套、毒人的“巴豆、砒霜”、“杀人的战场”，但他却以“大将军智在孙、吴上”，“豪气有三千丈”的英雄气概，偏要单刀赴会，表现了他那雍容镇定、敢于出生入死的雄伟气魄和如贯长虹的浩然正气。

关汉卿之所以如此动情地表现和歌颂关羽对蜀汉忠贞不渝的思想和大智大勇的英雄气质，反映了他对历史深沉的感受：通过对历史英雄关羽的歌颂，反映出中华民族大无畏的精神，以关羽这种大无畏的精神，引导中华民族的灵魂。

在艺术上，《单刀会》大胆地运用铺垫手法，第一、二折，通过乔玄和司马徽二人之口，把关羽的盖世威风和凛然不可侵犯的形象作了尽情渲染，从而让关羽在第三折一出场就表现出气冲霄汉的气魄，本文节选的是第四折，主要描写关羽在宴会上与鲁肃之间斗争的情景，是全剧的高潮部分，在这种尖锐的冲突中，关羽形象更加光彩照人。这样大胆铺垫的艺术手法，无论在关汉卿的其他剧作，还是在整个元代杂剧中，都是少见的，它突破了一般杂剧的规范，反映了关汉卿艺术上的创造天才。

【复习思考题】

1. 分析关羽这一人物形象。
2. 试分析《单刀会》剧本中铺垫艺术手法的运用。

相关拓展性阅读材料推荐：

1.《元人杂剧选》，顾肇仓，人民文学出版社，1978.

2.《孤本元明杂剧（全四册）》，王季烈，中国戏剧出版社，1958.

3.《大戏剧家关汉卿杰作集》，吴晓玲等，中国戏剧出版社，1958.

4.《关汉卿戏曲选》，人民文学出版社编辑部，人民文学出版社，1958.

5.《关汉卿研究资料》，李汉秋等，上海古籍出版社，1988.

6.《关汉卿研究资料汇考》，王纲，中国戏剧出版社，1988.

7.《士子才人关汉卿研究》，林嵒，中国文联出版社，2005.

8. 中国国学网-元代文学 http://www.confucianism.com.cn/wenxue/category.asp？cataid＝A000100040006

9. 中国文学网-专题研究-戏剧文学研究 http://www.literature.org.cn/Column.asp？ID＝1326

闹　柬[①]

王实甫

王实甫，名德信，字实甫，元大都(今北京)人，生卒年不详，约与关汉卿同时，元代著名杂剧作家。生平事迹不详。主要创作活动大约在元成宗大德(1297—1307)年间，这正是元杂剧的鼎盛时期，以《西厢记》名扬于世。

他创作的杂剧，有目可查者合计14种，现传世的仅《西厢记》、《破窑记》、《丽春堂》三种，其中多以“儿女风情”为题材。另有《芙蓉亭》、《贩茶船》各一折曲文留存。他现存的爱情戏，揭露封建势力对年轻一代的压迫，歌颂争取婚姻自由的斗争，在历史上有积极进步作用，在舞台上也有深远的影响。王实甫善于酝酿气氛，遣词造句，创造高远的意境，形成优雅风格。王实甫和关汉卿同是元代伟大的作家，他们开创了中国戏剧史上文采和本色两个重要的流派。

王实甫早年曾经为官，宦途坎坷，他常在演出杂剧及歌舞的游艺场所出入，是个不为封建礼法所拘、与倡优(当时的演员、歌伎)有密切交往的文人，在当时的文坛、戏剧界声望很高。晚年弃官归隐，过着吟风弄月、纵游园林的生活。王实甫的杂剧擅长表现人物的复杂情感，曲词清丽。他所创作的杂剧中最著名的是《西厢记》(共五本二十一折)，《西厢记》也因此被认为是王实甫的代表作，在元代和明代就为人推重，被称为杂剧之冠。《西厢记》的故事最早见于唐元稹的《会真记》传奇，后来金代的董解元又将其改编成《西厢记诸宫调》。《西厢记》便是在前人创作基础上经过精心加工改造而成的，与《西厢记诸宫调》相比，在思想内容上更趋深刻，作品第一次喊出了“愿普天下有情的都成了眷属”的主张，这是它的民主精华之所在。故事波澜起伏，悬念丛生，常给人山重水复、柳暗花明之感；人物性格鲜明；语言文雅绮丽，雅中有俗，自然流畅，人物语言个性化。

《西厢记》打破一人主唱的元杂剧惯例，从塑造人物出发，采取多人演唱的形式。

王实甫的《西厢记》是元杂剧对后世剧坛最有影响的作品，版本众多，明清版本达九十多种。评点者众多，并有著名画家为之绘图，足见后人对《西厢记》的喜爱。它所宣扬的反对封建婚姻、争取爱情自由的思想，成为后代爱情作品的精神源泉。在元代和明代就为人推重，被称为杂剧之冠。它与明代的《牡丹亭》、清代的《红楼梦》并称为中国文学史中三大爱情作品，具有里程碑式的历史地位。

(旦上云)红娘伏侍老夫人，不得空，偌早晚[②]敢待来也。困思上来，再睡些儿咱。(睡科)(红上云)奉小姐言语，去看张生，因伏侍老夫人，未曾回小姐话去。不听得声音，敢[③]又睡哩。我入去看一遭。(红唱)

【中吕】【粉蝶儿】风静帘闲，透纱窗麝兰香散，启朱扉摇响双环。绛台高，金荷小[④]，银釭犹灿[⑤]。比及将暖帐轻弹，先揭起这梅红罗软帘[⑥]偷看。

【醉春风】则见他钗亸玉斜横，髻偏云乱挽。日高犹自不明眸，畅好是懒，懒。(旦做起身长叹科)(红唱)半晌抬身，几回搔耳，一声长叹。

(红云)我待便将简帖儿与他，恐俺小姐有许多假处哩。我则将这简帖儿放在妆盒儿上，看他见了说甚么。(旦做照镜科，见帖看科)(红唱)

【普天乐】晚妆残，乌云亸，轻匀了粉脸，乱挽起云鬟。将简帖儿拈，把妆盒儿按，开拆封皮孜孜看，颠来倒去不害心烦。

(旦怒叫)红娘！(红做意[7]云)呀，决撒[8]了也！(红唱)

厌的早扢皱[9]了黛眉。

(旦云)小贱人，不来怎么！(红唱)

忽的波低垂了粉颈，氲的呵改变了朱颜。

(旦云)小贱人，这东西那里将来的？我是相国的小姐，谁敢将这简帖来戏弄我？我几曾惯看这等东西？告过夫人，打下你个小贱人下截来。(红云)小姐使将我去，他着我将来，我不识字，知他写着甚么？(红唱)

【快活三】分明是你过犯[10]，没来由把我摧残；使别人颠倒恶心烦。你不"惯"，谁曾"惯"？

(红云)姐姐休闹，比及你对夫人说呵，我将这简帖儿，去夫人行出首[11]去来！(旦做揪住红科云)我逗你耍来。(红云)放手，看打下下截来！(旦云)张生近日如何？(红云)我则不说。(旦云)好姐姐，你说与我听咱！(红唱)

【朝天子】张生近间、面颜，瘦得来实难看。不思量茶饭，怕见[12]动弹；晓夜将佳期盼，废寝忘餐。黄昏清旦，望东墙淹泪眼。

(旦云)请个好太医看他症候咱。(红云)他症候吃药不济。(红唱)

病患、要安，则除是出几点风流汗。

(旦云)红娘，不看你面时，我将与老夫人看，看他有何面目见夫人！虽然我家亏他，只是兄妹之情，焉有外事。红娘，早是你口稳哩，若别人知呵，甚么模样！(红云)你哄着谁哩！你把这个饿鬼，弄的他七死八活，却要怎么？(红唱)

【四边静】怕人家调犯[13]，"早共晚夫人见些破绽，你我何安。"问甚么他遭危难？撺断[14]、得上竿，掇了梯儿看。

(旦云)将描笔儿过来，我写将去回他，着他下次休是这般！

(旦做写科)(起身科云)红娘，你将去说："小姐看望先生，相待兄妹之礼如此，非有他意。再一遭儿是这般呵，必告夫人知道。"和你个小贱人都有话说！(旦掷书下)(红唱)

【脱布衫】小孩儿家口没遮拦，一味的[15]将言语摧残。把似[16]你使性子，休思量秀才，做多少好人家风范。(红做拾书科唱)

【小梁州】他为你梦里成双觉后单，废寝忘餐。罗衣不奈五更寒[17]，愁无限，寂寞泪阑干[18]。

【幺篇】似这等辰勾空把佳期盼[19]，我将这角门儿世不曾牢拴，则愿你做夫妻无危难。我向这筵席头上整扮，做一个缝了口的撮合山[20]。

(红云)我若不去来，道我违拗他，那生又等我回报，我须索走一遭。(下)(末上云)那书倩红娘将去，未见回话。我这封书去，必定成事。这早晚敢待来也。(红上云)须索回张生话去。小姐你性儿忒惯得娇了！有前日的心，那得今日的心来？(唱)

【石榴花】当日个晚妆楼上杏花残，犹自怯衣单；那一片听琴心清露月明间。昨日个向晚，不怕春寒，几乎险被先生馔。那其间岂不胡颜[21]？为一个不酸不醋风魔汉，隔墙儿险化做了望夫山。

【斗鹌鹑】你用心儿拨雨撩云，我好意儿传书寄简。不肯搜自己狂为，则待要觅别人破绽。受艾焙[22]权时忍这番，畅好是奸。

(云)“张生是兄妹之礼，焉敢如此！”(唱)

对人前巧语花言；

(云)没人处便想张生，(唱)

背地里愁眉泪眼。

(红见末科)(末云)小娘子来了，擎天柱，大事如何了也？(红云)不济事了，先生休傻。(末云)小生简帖儿，是一道会亲的符篆，则是小娘子不用心，故意如此。(红云)我不用心？有天哩，你那简帖儿好听！(唱)

【上小楼】这的是先生命悭，须不是红娘违慢。那简帖儿倒做了你的招状[23]，他的勾头[24]，我的公案。若不是觑面颜，厮顾盼，担饶轻慢[25]。

(云)先生受罪，礼之当然。贱妾何辜？(唱)

争些儿把你娘拖犯[26]！

(末云)小姐几时能相传一面？(红唱)

【幺篇】从今后相会少，见面难。月暗西厢，凤去秦楼，云敛巫山。你也赸[27]，我也赸，请先生休讪[28]，早寻个酒阑人散。

(红云)只此再不必申诉足下肺腑，怕夫人寻，我回去也。(末云)小娘子此一遭去，再着谁与小生分剖，必索做一个道理，方可救小生一命。(末跪下揪住红科)(红云)张先生是读书人，岂不知此意，其事可知矣。(唱)

【满庭芳】你休要呆里撒奸[29]。你待要恩情美满，却教我骨肉摧残。老夫人手执着棍儿摩娑[30]看，粗麻线怎透得针关[31]！直待我拄着拐帮闲钻懒，缝合唇送暖偷寒[32]。

(红云)待去呵，小姐性儿撮盐入火[33]，(唱)

消息儿踏着泛[34]；

(云)待不去呵，(末跪哭云)小生这一个性命，都在小娘子身上。(红唱)

禁不得你甜话儿热趱[35]。好着我两下里做人难。

(红云)我没来由分说，小姐回与你的书，你自看者。(末接科，开读科云)呀，有这场喜事！撮土焚香，三拜礼毕。早知小姐简至，理合远接；接待不及，勿令见罪。小娘子，和你也欢喜。(红云)怎么？(末云)小姐骂我都是假，书中之意，着我今夜花园里来，和他“哩也波，哩也罗[36]”哩！(红云)你读书我听。(末云)是四名诗：“待月西厢下，迎风户半开。隔墙花影动，疑是玉人来。”(红云)怎见得他着你来？你解与我听咱。(末云)“待月西厢下”，着我月上来；“迎风户半开”，他开门待我；“隔墙花影动，疑是玉人来”，着我跳过墙来。(红笑云)他着你跳过墙来，你做下来[37]。端的有此说么？(末云)俺是个猜诗谜的社家，风流隋何，浪子陆贾。我那里有差的勾当？(红云)你看我姐姐，在我行也使这般道儿。(唱)

【耍孩儿】几曾见寄书的颠倒瞒着鱼雁，小则小心肠儿转关。写着道西厢待月等得更阑，着你跳东墙“女”字边“干”。原来那诗句儿里包笼着三更枣[38]，简帖儿里埋伏着九里山[39]。他着紧处将人慢，恁会云雨闹中取静，我寄音书忙里偷闲。

【四煞】纸光明玉板[40]，字香喷麝兰，行儿边湮透非春汗？一缄[41]情泪红犹湿，满纸春愁墨未干。从今后休疑难，放心波玉堂学士，稳情取[42]金雀鸦鬟。

【三煞】他人行别样的亲，俺跟前取次看[43]，更做道[44]孟光接了梁鸿案。别人行甜言美语三冬暖，我跟前恶语伤人六月寒。我为头儿看[45]：看你个离魂倩女[46]，怎发付掷果潘安。

(末云)小生读书人，怎跳得那花园过也。(红唱)

【二煞】隔墙花又低，迎风户半拴，偷香手段今番按。怕墙高怎把龙门跳？嫌花密难将仙桂攀。放心去，休辞惮。(云)你若不去呵，(唱)望穿他盈盈秋水，蹙损了淡淡春山[47]。

(末云)小生曾到那花园里，已经两遭，不见那好处。这一遭，知他又怎么？(红云)如今不比往常。(唱)

【煞尾】你虽是去了两遭，我敢道不如这番。你那隔墙酬和都胡侃，证果的是今番这一简[48]。(红下)

(末云)万事自有分定，谁想小姐有此一场好处。小生是猜诗谜的社家，风流隋何，浪子陆贾，到那里扢扎帮[49]便倒地。今日颓天百般的难得晚。天，你有万物于人，何故争此一日？疾下去波！读书继晷[50]怕黄昏，不觉西沉强掩门。欲赴海棠花下约，太阳何苦又生根？(看天云)呀，才晌午也，再等一等。(又看科)今日万般的难得下去也呵！碧天万里无云，空劳倦客身心。恨杀鲁阳贪战，不教红日西沉。呀，却早倒西也，再等一等咱。无端三足乌[51]，团团光烁烁。安得后羿弓，射此一轮落！谢天地，却早日下去也。呀，却早发擂也！呀，却早撞钟也！拽上书房门，到得那里，手挽着垂杨，滴流扑跳过墙去。(下)

【注释】

①闹柬：选自元杂剧《西厢记》第三本中的第二折戏。《西厢记》主要写一对青年男女冲破封建礼教，追求爱情，结局是有情人终成眷属。本折戏前的剧情是这样的：唐德宗元年，崔相国死后，其夫人郑夫人携女儿崔莺莺和丫鬟红娘护送崔相国的灵柩回家乡安葬，因为道路受阻，只好暂住在普救寺的西厢房内。这时书生张君瑞赴京赶考，途经普救寺，在佛殿上窥见到了美丽的莺莺，顿生爱慕之情，便改变了赶考的打算，也在寺中住了下来，所住之处和西厢房后花园仅一墙之隔。从此，张生和莺莺两人暗通信息，互表倾慕。而此时，叛军头目孙飞虎用重兵包围了普救寺，扬言要夺莺莺为妻。郑夫人无奈，便许下诺言，谁若能解普救寺之围，就将莺莺许配给他为妻。恰巧，张君瑞的故交白马将军的军队就驻扎在附近，张生便写信请他来解围。白马将军果然顺利地解了普救寺之围。可这时郑夫人又悔婚了，只允许两人以兄妹相称。张生一气之下病倒不起。莺莺焦急万分，于是派遣红娘前去探望。张生托红娘带信(柬)与莺莺，就演出了本折这一场戏。

②偌早晚：这时候。偌：这，这般。早晚：时候。

③敢：估计。

④绛台：红色的烛台。金荷：亦称铜荷，烛台上部承接烛泪的铜盘，盘为荷花形，盘上插烛。

⑤银釭(gàng)：灯。灿：此指灯亮。

⑥梅红罗软帘：淡红色绫罗所制帐帘，闺房床帐多用之。

⑦做意：做出某种表情，此指做出警觉、注意的样子。

⑧决撒：败露，坏了事。

⑨扢(gē)皱：皱起，紧皱。

⑩过犯：过错，罪过。

⑪出首：自首，此指告发。

⑫怕见：懒得。

⑬调犯：嘲笑讥讽，说是道非。

⑭“撺(cuān)断”二句：意谓鼓动别人登梯子爬上竿去，自己却撤走梯子，看人家下不来的样子。

⑮一味的：一个劲儿的。
⑯把似：假如，与其。
⑰"罗衣"句：是说张生彻夜不眠，凄凉不堪。不奈：不耐，不能抵挡。
⑱泪阑干：犹泪纵横。
⑲"似这"句：盼望佳期到来，好像等待辰勾星出来一样困难。
⑳"我向这"二句：整扮，装扮整齐，可指男，亦可指女。撮合山：媒人。
㉑胡颜：没脸、丢丑的意思。
㉒艾焙(bèi)：点燃之艾绒卷。此作动词用，指用艾绒卷烤灸患者经穴。剧中为责备、训斥之意。艾：药用植物名。
㉓招状：犯人招认罪行的供词。
㉔勾头：逮捕人的拘票。
㉕"若不是"三句：如果不是看着彼此的面子，手下留情，容忍了你有失分寸的行为。
㉖争些：许政扬曰："'争'就是'差'；'争些儿'就是'差点儿'，与'险些儿'同。"拖犯：连累犯案。
㉗赸(shàn)：这里是走开、散伙之意。
㉘讪(shàn)：埋怨，毁谤。
㉙呆里撒奸：内藏奸诈而故作诚实。
㉚摩娑：抚摸，此言老夫人手摸弄着棍子早有准备。
㉛针关：穿线的针孔。粗麻线穿不过小小的针孔，喻无能为力，其事难成。
㉜"直待我"二句：帮闲钻懒，管别人的闲事，替别人做无聊的事。此指为男女传情。
㉝撮盐入火：盐入火即爆，用以比喻脾气急躁。
㉞消息儿踏着泛：踩着了机关的泛子，中人圈套、落人机关的意思。消息儿：即机关，靠机械使物体转动，常用以捕兽、陷人。泛：亦称泛子，即机纽，触动它，机关才能转动。
㉟甜话儿热趱(zàn)：用好话催说。
㊱哩也波，哩也罗：北方方言，无具体含义，用以代指不便明言的事，用法与"如此这般"相同。
㊲做下来：做出不正当的事情来，指男女私通。
㊳三更枣：为约会的暗语。
㊴埋伏着九里山：设下计谋圈套之意。
㊵玉板：纸名，即玉板宣，白宣纸的一种，柔韧光洁，宜于书画。
㊶"一缄"二句：意谓信是用相思的泪水书写而成，泪渍犹湿；满纸洋溢着少女的真情，墨迹未干。红犹湿：红泪未干之意。
㊷稳情取：准能得到、包管弄到。
㊸取次看：犹等闲视之，不重视之意。
㊹更做道：表层进关系的副词，犹再加上、甚至于。
㊺为头儿看：从头看，从此看着你。为头：即从此。
㊻离魂倩女：代指多情女子，此指莺莺。
㊼春山：比喻妇女美丽的眉毛。
㊽"证果"句：意谓让你成就好事的是这次的简帖。
㊾扢扎帮：一下子、迅速之意；又，系象声词，亦可。
㊿继晷(guǐ)：犹夜以继日。晷：日影。

(51)三足乌：传说日中有三足乌鸦，故用以代指太阳。

【作品简析】

《西厢记》，全名《崔莺莺待月西厢记》，共五本二十一折，是元代爱情剧中的杰作，是中国古代戏曲中一部杰出的作品，堪称“不朽的爱情剧”。明代王骥德在其《新校注古本西厢记·序》中认为王实甫《西厢记》“令前无作者，后掩来哲，遂擅千古绝调。”《西厢记》故事本于唐代元稹的《莺莺传》，实际上却是从金代董解元《西厢记诸宫调》脱胎而来，但思想性、艺术性均大大提高。作品在批判封建礼教与婚姻制度的同时，通过莺莺与张生等反抗礼教的典型形象的塑造，热情地讴歌了青年一代追求个性解放与美好思想的战斗精神，从而把崔、张的爱情故事提到了一个新的高度。后人称“新杂剧，旧传奇，《西厢记》天下夺魁。”

《西厢记》剧情是：崔相国之女莺莺随母亲送亡父灵柩回乡，寄宿普救寺，与赴京赶考的书生张珙相遇，两人一见钟情，因礼教阻隔而无法亲近。在婢女红娘的热心帮助下，张生与莺莺冲破封建礼教的约束，私下结合。真实地描写了封建礼教、封建道德、封建婚姻制度和人们为追求自由幸福的愿望之间的矛盾，揭露了封建统治阶级束缚和扼杀青年追求自由、幸福的思想的罪恶。仔细体味本文，我们可以发现，莺莺离愁别恨中闪耀着重爱情轻功名、反抗封建礼教的思想光辉。《西厢记》结尾曲词：“愿普天下有情的都成了眷属”是该剧的点睛之笔，正是作品中充分体现出的这种思想感情和愿望，使它成为数百年来封建礼教束缚下的青年男女追求爱情幸福的赞歌。

此剧突破一本四折的惯例，为五本二十一折的连本戏。每本中各有小高潮，各本之间环环相扣。故事波澜起伏，逶迤多姿，悬念丛生，引人入胜。剧中有两个矛盾冲突：一是老夫人与莺莺、张生及红娘之间的矛盾冲突；一是莺莺、张生、红娘之间由于不同个性和一些猜疑、误会造成的矛盾冲突。这两个矛盾冲突交叉发展，互相影响，产生强烈的艺术效果。

“闹柬”一折戏主要写红娘看望过张生后，带柬给莺莺。莺莺看过来信，一番喜悦过后，假作大怒而“闹柬”，后来又装作回信批评张生而实则私下约会的诗句。这一折非常生动地揭示了第二个矛盾冲突，形象地刻画了莺莺、张生、红娘三人的人物形象。

【复习思考题】

1. 分析《西厢记》中张生、莺莺、红娘的形象。
2. 从思想和艺术两方面谈谈《西厢记》的价值。

相关拓展性阅读材料推荐：

1. 《元人杂剧选》，顾肇仓，人民文学出版社，1978.
2. 《孤本元明杂剧（全四册）》，王季烈，中国戏剧出版社，1958.
3. 《西厢记》，王季思（校注），人民文学出版社，1978.
4. 《董解元西厢记》，凌景埏，人民文学出版社，1978.
5. 中国国学网-元代文学 http://www.confucianism.com.cn/wenxue/category.asp?cataid=A000100040006
6. 中国文学网-专题研究-戏剧文学研究 http://www.literature.org.cn/Column.asp?ID=1326

糟糠自厌[①]

高 明

高明(约1310—约1380),字则诚,自号菜根道人,温州瑞安(今属浙江)人,因瑞安古属永嘉郡(亦称东嘉郡),故人称东嘉先生。他出身于书香门第,早年热衷于功名,先后任处州录事、江浙行省掾吏、四明都事、福建行省都事等职,官声颇佳。参加过元朝征讨方国珍的浙东阃幕(统帅府),因意见不合而辞职归隐。晚年隐居于宁波城东的栎社沈家楼,以词曲自娱。入明,朱元璋征召他去南京修《元史》,以老病力辞,不久即去世。

高明创作的南戏传奇《琵琶记》,被称为"南曲之祖",对明代传奇剧发展影响极大。另著有《柔克斋集》二十卷,词章斐然。从高明的诗文中,可以看到他对仕途险恶的认识和对田园生活的留恋,以及对民间疾苦的了解和同情。通过宣扬儒家传统道德来纠正"恶化"的风俗、调和社会矛盾,是高明的一种社会理想,也是他创作《琵琶记》的基础。在《琵琶记》的开场词中,作者批评一般的戏剧"少甚佳人才子,也有神仙幽怪,琐碎不堪观",宣称"不关风化体,纵好也枉然",表明他有意识地利用戏剧作为道德教化的工具。但在这前提下,他也触及了一些较为深刻的社会问题。《琵琶记》是南戏中最负盛名的优秀剧作之一。

(旦上唱[②])

【山坡羊】乱荒荒不丰稔的年岁[③],远迢迢不回来的夫婿。急煎煎不耐烦的二亲,软怯怯不济事的孤身己[④]。衣尽典,寸丝不挂体。几番要卖了奴身己,争奈没主公婆教谁管取[⑤]?(合[⑥])思之,虚飘飘命怎期?难捱,实丕丕灾共危[⑦]。

【前腔】滴溜溜难穷尽的珠泪,乱纷纷难宽解的愁绪。骨崖崖难扶持的病体[⑧],战钦钦难捱过的时和岁[⑨]。这糠呵,我待不吃你,教奴怎忍饥?我待吃呵,怎吃得?(介[⑩])苦!思量起来不如奴先死,图得不知他亲死时。(合前)

(白)奴家早上安排些饭与公婆,非不欲买些鲑菜[⑪],争奈无钱可买。不想婆婆抵死埋冤[⑫],只道奴家背地吃了甚么。不知奴家吃的却是细米皮糠,吃时不敢教他知道,只得回避。便埋冤杀了,也不敢分说。苦!真实这糠怎的吃得。(吃介)(唱)

【孝顺歌】呕得我肝肠痛,珠泪垂,喉咙尚兀自牢嗄住[⑬]。糠,遭砻被舂杵,筛你簸扬你,吃尽控持[⑭]。悄似奴家身狼狈[⑮],千辛百苦皆经历。苦人吃着苦味,两苦相逢,可知道欲吞不去[⑯]。(吃吐介)(唱)

【前腔】糠和米,本是两倚依,谁人簸扬你作两处飞?一贱与一贵,好似奴家共夫婿,终无见期。丈夫,你便是米么,米在他方没寻处。奴便是糠么,怎的把糠救得人饥馁?好似儿夫出去,怎的教奴,供给得公婆甘旨[⑰]?(不吃放碗介)(唱)

【前腔】思量我生无益,死又值甚的!不如忍饥为怨鬼。公婆年纪老,靠着奴家相依倚,只得苟活片时。片时苟活虽容易,到底日久也难相聚。谩把糠来相比,这糠尚兀自有人吃,奴家骨头,知他埋在何处?

(外、净上探白[⑱])媳妇,你在这里说甚么?(旦遮糠介)(净搜出,打旦介)(白)公公,你看么？真个背后自逼逻东西吃[19]，这贱人好打！（外白）你把他吃了，看是什么物事？（净慌吃介）（吐介）（外白）媳妇，你逼逻的是甚么东西？（旦哭介）（唱）

【前腔】这是谷中膜，米上皮，将来逼逻堪疗饥。（外净白）这是糠，你却怎的吃得？（旦唱）尝闻古贤书，狗彘食人食[20]，公公，婆婆，须强如草根树皮。（外净白）这的不嗄杀了你？（旦唱）嚼雪餐毡，苏卿尤健[21]；餐松食柏，到做得神仙侣[22]，纵然吃些何虑？（白）公公，婆婆，别人吃不得，奴家须是吃得。（外净白）胡说！偏你如何吃得？（旦唱）爹妈休疑，奴须是你孩儿的糟糠妻室[23]！

（外、净哭介，白）原来错埋冤了人，兀的不痛杀了我！（倒介）

（旦叫介）（唱）

【雁过沙】他沉沉向冥途，空教我耳边呼。公公，婆婆，我不能尽心相奉事，番教你为我归黄土[24]。公公，婆婆，人道你死缘何故？公公，婆婆，你怎生割舍抛弃了奴？

（白）公公，婆婆。（外醒介）（唱）

【前腔】媳妇，你耽饥事公姑[25]。媳妇，你耽饥怎生度？错埋冤你也不肯辞[26]，我如今始信有糟糠妇。媳妇，我料应不久归阴府[27]。媳妇，你休便为我死的把生的受苦。（旦叫婆婆介）（唱）

【前腔】婆婆，你还死教奴家怎支吾[28]？你若死教我怎生度？我千辛万苦回护丈夫，如今到此难回护[29]。我只愁母死难留父，况衣衫尽解，囊箧又无[30]。（外叫净介）（唱）

【前腔】婆婆，我当初不寻思，教孩儿往皇都。把媳妇闪得苦又孤[31]，把婆婆送入黄泉路，只怨是我相耽误。我骨头未知埋在何处？

（旦白）婆婆都不省人事了，且扶入里面去。正是：青龙共白虎同行，吉凶事全然未保[32]。（并下）（末上白[33]）福无双至犹难信，祸不单行却是真。自家为甚说这两句？为邻家蔡伯喈妻房，名唤做赵氏五娘子，嫁得伯喈秀才，方才两月，丈夫便出去赴选。自去之后，连年饥荒，家里只有公婆两口，年纪八十之上。甘旨之奉，亏杀这赵五娘子，把些衣服首饰之类尽皆典卖，籴些粮米做饭与公婆吃[34]，他却背地里把些细米皮糠逼逻充饥。唧唧[35]，这般荒年饥岁，少甚么有三五个孩儿的人家，供膳不得爹娘。这个小娘子，真个今人中少有，古人中难得。那公婆不知道，颠倒把他埋冤；今来听得他公婆知道[36]，却又痛心都害了病。俺如今去他家里探取消息则个。（看介）这个来的却是蔡小娘子，怎生恁地走得慌？（旦慌走上介，白）天有不测风云，人有旦夕祸福。（见末介）公公，我的婆婆死了。（末介）我却要来。（旦白）公公，我衣衫首饰尽行典卖，今日婆婆又死，教我如何区处[37]？公公可怜见，相济则个[38]。（末白）不妨，婆婆衣衾棺椁之费，皆出于我[39]，你但尽心承值公公便了[40]。（旦哭介）（唱）

【玉包肚】千般生受[41]，教奴家如何措手？终不然把他骸骨[42]，没棺椁送在荒丘？（合）相看到此，不由人不珠泪流，正是不是冤家不聚头[43]。（末唱）

【前腔】不须多忧，送婆婆是我身上有[44]。你但小心承值公公，莫教又成不救。（合前）（旦白）如此，谢得公公！只为无钱送老娘。（末白）娘子放心，须知此事有商量。（合）正是：归家不敢高声哭，只恐人闻也断肠。（并下）

【注释】

①厌：通“餍”，饱，满足。《糟糠自厌》选自高明的《琵琶记》。《琵琶记》为南戏剧本，是高明在宋元说唱文学有关题材和戏文《赵贞女蔡二郎》的基础上改编创作而成。剧本叙述蔡伯喈与赵五娘成婚后不久即赴京应试，中了状元，被牛丞相强招为婿。时值家乡大旱，赵五娘在家典

卖衣物购买粮米供养公婆，自己吃糠度日。后公婆相继去世，五娘便一路弹着琵琶卖唱行乞，进京寻夫。牛小姐是个通达贤慧的人，在她的帮助下，赵五娘终于与蔡伯喈团圆。

②旦：戏曲角色名，扮演剧中女主角。这里扮演赵五娘。

③稔(rěn)：庄稼成熟，丰收。

④不耐烦：不能忍受。身己：指自己的身体。《广韵》："己，身也。"

⑤争奈：怎奈。管取：即看觑，关照，照顾。

⑥合：南戏中的过曲常连用两支以上，最后几句相同的，称为"合头"。在上曲合头上只注一"合"字，下曲不再重出曲文，仅注"合前"二字，意为"合头同前"。合头合唱时多，也有独唱的。有时没有合头，"合"则专指独唱。

⑦实丕丕：实实在在。

⑧骨崖崖：骨瘦如柴的样子。

⑨战钦钦：即战兢兢。是忧虑重重、时提警戒之心的意思。

⑩介：戏曲术语，南戏、传奇剧本里关于动作、表情及效果等的舞台提示，同元杂剧剧本中的"科"。

⑪鲑(xié)菜：泛指鱼类菜肴。

⑫埋冤：即埋怨。

⑬嗄(shà)住：卡住，噎住。

⑭砻(lóng)：去稻壳的磨碾。这里用作动词。控持：磨难，折磨。

⑮峭似：浑如，直似。峭：同"肖"。

⑯可知道：难怪。

⑰甘旨：美味的食物。特指供养父母的食物。

⑱外、净：南戏中角色名称。此处外指蔡公，净指蔡婆。

⑲逼逻：安排，张罗。

⑳狗彘(zhì)食人食：语出《孟子·梁惠王》，原意是"狗彘，食人食"，是说狗和猪竟吃人的食物；这里反用其意，指原是狗和猪吃的东西，人却在吃。彘：猪。

㉑"嚼雪餐毡"二句：苏卿即西汉苏子卿，名武。《汉书·苏武传》载，武帝时苏武出使匈奴，匈奴逼降，不从，被关在大窖中。绝不饮食，"天雨雪，武卧啮雪，与旃毛并咽之"，得不死。尤：犹。

㉒"餐松食柏"二句：即以松、柏的叶子、果实充饥。旧传神仙不食人间烟火，《抱朴子·仙药篇》载，秦王子婴的官人避乱入山，有老人教她吃松叶松子，遂不饥不渴，冬不寒，夏不热，至汉成帝时仍在。《列仙传》亦有类似事，言赤松子好食柏子食，齿落更生。

㉓糟糠妻室：即结发之妻。《后汉书·宋弘传》载，宋弘官拜太中大夫，光武帝欲以新寡之姐湖阳公主妻之，弘拒绝曰："臣闻贫贱之交不可忘，糟糠之妻不下堂。"事遂作罢。

㉔番：通"翻"，反而。

㉕耽饥：即担饥，承受饥饿。

㉖辞：辩白。

㉗料应：估计。

㉘还：如，若。支吾：对付，应付。

㉙回护：原指辩护或袒护。回护丈夫：意为维护丈夫的体面。

㉚囊箧(qiè)：口袋和小箱子，代指家中的资财。

㉛闪：抛撇，抛弃。
㉜“青龙”二句：宋人俗语，吉凶未定之意。青龙、白虎是古代的星宿名。青龙：吉星。白虎：凶星。两者同行，意为吉凶未定。
㉝末：南戏中角色名称。这里指张大公。
㉞籴(dí)：买进粮食。
㉟唧唧：即啧啧，赞叹声。
㊱今来：现今。来：语助词。
㊲区处：处理，办理。
㊳相济：周济，帮助。
㊴衣衾：这里指殓尸的衣被。衾：被子。棺椁：棺材。椁：棺外的套棺。
㊵承值：即承直，侍奉，照应。
㊶生受：道谢语，犹言有劳、难为。
㊷终不然：难道的意思。
㊸不是冤家不聚头：民间俗语，一般对夫妻而言，迷信说法以为有前世缘分才有今世夫妻。这里泛指一家，意思是今世成为一家骨肉，也无非是前世因果，命中注定的。
㊹“送婆婆”句：意为给你婆婆送葬的事包在我身上。

【作品简析】

《琵琶记》是一部长达四十二出的南戏剧本。它所描写的蔡伯喈的故事，很早便在民间流传，南宋陆游有“身后是非谁管得，满村听说蔡中郎”的诗句。《琵琶记》是在民间传说和民间戏文的基础上改编而成的，改变了原来的情节和立意，高明创作此剧的目的是要通过歌颂孝子贤妻来感化世道人心。作者把一个“弃亲背妇”的蔡伯喈改写成了全忠全孝的人物，歌颂了赵五娘的贞节孝顺行为，表现了鲜明的封建伦理观念。《糟糠自厌》一折，写在连年饥荒的艰苦关头，赵五娘典尽衣服首饰，千方百计换来米粮奉养公婆，自己却瞒着婆婆吃糠，虽遭婆婆怀疑而毫无怨言。作品向我们展示了处在极端困苦的生活环境中且不能掌握自己命运的中国古代妇女，她们那种自我牺牲的精神和善良、勤朴、坚忍的品质。

《琵琶记》确有劝忠劝孝、宣扬封建伦理道德的局限，但它也暴露了封建制度的某种罪恶，宣泄了人们对封建制度的满腔怨恨。最有价值的是，此剧塑造了赵五娘的光辉形象，她善良纯真，勤俭朴实，克己尽职，在饥荒年岁，典尽衣衫，自食糟糠，独力奉养公婆，后又营葬筑坟，忍受了常人无法承受的磨难。在她身上，体现了古代中国妇女的优秀品德。《琵琶记》的难得之处，还在于它揭示出赵五娘的不幸，其实也是礼教纲常所造成的。赵五娘的初愿，是“偕老夫妻，长侍奉暮年姑舅”，甘守清贫的生活。但这位封建时代的小媳妇，无法把握自身的命运。像丈夫赴试这样的大事，她根本不得参与；她曾埋怨蔡公逼试，要拉伯喈去向蔡公劝说，但欲行又止，生怕被责“不贤”，被说要将丈夫“迷恋”。伯喈被迫赴试后，照看公婆的责任全部落在她的身上。礼教的熏陶，家庭的责任，使她不得不咬紧牙关，只能干脆以做个“孝妇”自解，“索性”两字，充分说明了她的无奈。然而，她的尽心尽力、自食糟糠的行为，如果公婆能够理解，犹可忍受；最不堪的是还要受到婆母的猜忌。《琵琶记》在人物塑造方面的成就，说明在元代后期，戏剧舞台逐步摆脱了单线平涂的类型化的写法，注意多角度地展示人物个性和内心世界，在形象创作史上揭开了新一页。

《琵琶记》的戏剧冲突，颇有特色。它的情节，沿着两条线索发展。一条写蔡伯喈离家后的件件遭遇，突出了牛府的荣华富贵；一条写赵五娘在家中的种种苦难，两条线索交叉进行，让不同的生活场景对比衔接，优裕闲适的环境与人物苦闷沉重的心态，也形成了鲜明的反衬。这些巧妙的安排，有助于加强整部戏的悲剧气氛，使人物性格更加鲜明。

在语言的运用方面，《琵琶记》最突出的成就，是能配合人物不同的处境以及两条戏剧线索的开展，运用两种不同风格的语言。赵五娘一线，语言本色；蔡伯喈一线，词藻华丽。这表明作者充分注意到语言与环境、性格、心理的关系。同时，作为戏剧，《琵琶记》的语言也富于动作性。不少唱词、对白能与角色动作结合，成为蕴味深厚的潜台词。

《琵琶记》借鉴和吸收了杂剧创作的文学成就，就形式而言，它的双线结构，成为传奇创作的固定范式；它的曲律，成为名家曲谱选录的主要对象，也是人们谱曲作剧的直接依据；它在长期的演出过程中积淀起来的表演艺术，还使它成为演剧的典范，成为每一个演员必须学习的入门戏本；而每一种新的戏曲声腔兴起，往往以成功改编《琵琶记》等作品为开端。所以《琵琶记》在明清时期仍活跃于舞台，是戏曲史上传演最广的作品之一。后人称《琵琶记》为“词曲之祖”。《琵琶记》也是具有世界影响力的古典戏曲之一。早在19世纪，就先后有英文、法文、德文和拉丁文选译和介绍，20世纪30年代，还进入百老汇演出，颇受观众欢迎。

【复习思考题】

1. 简析《琵琶记》的人物塑造及结构安排的特点。
2. 试析《琵琶记》的艺术成就与价值。

相关拓展性阅读材料推荐：

1.《中国古代戏曲简史》，俞为民，江苏文艺出版社，1991.
2.《琵琶记》，钱绍箕（校注），中华书局上海编辑所，1960.
3.《元明南戏考略》，赵景深，作家出版社，1958.
4.《宋元南戏考论》，俞为民，台湾商务印书馆，1994.
5. 温州南戏 http://www.wznx.cn/nxyj/
6. 中国文学网-专题研究-戏剧文学研究 http://www.literature.org.cn/Column.asp?ID=13

【双调】夜行船·秋思①

马致远

马致远(约1250—约1324),字千里,号东篱。大都(今北京)人。元代著名的杂剧和散曲作家。他在年轻时热衷过进取功名,然而他仕途并不显达。曾任江浙行省务官(一作江浙省务提举)。又曾加入过"书会",并与书会才人合编过杂剧。晚年退隐山林,以诗酒自娱。一生致力于杂剧和散曲的创作,在元代散曲家中成就最高,与关汉卿、白朴、郑光祖被后人合称为"元曲四大家"。又因其作品多写神仙道化,故有"马神仙"之称。

马致远是个享有盛名的戏曲家。著有杂剧15种,今存有:《破幽梦孤雁汉宫秋》、《江州司马青衫泪》、《西华山陈抟高卧》、《吕洞宾三醉岳阳楼》等7种,他的杂剧以《汉宫秋》最有影响。马致远在散曲上的成就,为元代之冠,散曲现存120多首。明代贾仲明称他为"曲状元"。他的套曲《双调·夜行船·秋思》,在艺术技巧上很精湛,有人认为此曲"无一字不妥",誉之为"万中无一"(周德清《中原音韵·定格》)。

总的来说,马致远的散曲,声调和谐优美,语言清新豪爽,并且善于捕捉形象以熔铸诗的境界。他吸取了诗、词以及民间歌曲的养分,开辟了与诗、词不同的曲的真率醇厚的意境,提高了曲的格调;他的套曲《般涉调·耍孩儿·借马》还打破了散曲言情咏景的程式,另辟一条叙事讽物的蹊径,这些都对散曲的发展与提高作出了贡献。今人辑有《东篱乐府》一卷,有小令104套,套数17套。

百岁光阴一梦蝶,重回首往事堪嗟②。今日春来,明朝花谢。急罚盏夜阑灯灭③。

【乔木查】想秦宫汉阙⑤,都做了衰草牛羊野。不恁么渔樵无话说⑤。纵荒坟横断碑,不辨龙蛇⑥。

【庆宣和】投至狐踪与兔穴,多少豪杰⑦。鼎足三分半腰折⑧,魏耶?晋耶⑨?

【落梅风】天教你富,莫太奢。无多时好天良夜⑩。看钱奴更做道你心似铁⑪,争辜负锦堂风月⑫。

【风入松】眼前红日又西斜,疾似下坡车。晓来清镜添白雪⑬,上床与鞋履相别⑭。休笑鸠巢计拙⑮,葫芦提一就装呆⑯。

【拨不断】利名竭,是非绝。红尘莫向门前惹⑰,绿树偏宜屋角遮,青山正补墙头缺,更那堪竹篱茅舍。

【离亭宴煞】蛩吟罢一觉才宁贴⑱,鸡鸣时万事无休歇⑲。争名利,何年是彻⑳?看密匝匝蚁排兵,乱纷纷蜂酿蜜,急攘攘蝇争血。裴公绿野堂㉑,陶令白莲社㉒。爱秋来时那些:和露摘黄花,带霜烹紫蟹,煮酒烧红叶。想人生有限杯,浑几个重阳节㉓?嘱咐俺顽童记者㉔:便北海探吾来㉕,道东篱醉了也㉖。

【注释】

①双调:这套散曲的共同宫调名。夜行船:套曲中第一首的曲牌名。秋思:是这套散曲的题目。

②百岁光阴一梦蝶：这句话是说人生就像一场幻梦。梦蝶：指代梦。《庄子·齐物论》："昔者庄周梦为蝴蝶，栩栩然蝴蝶也。……俄然觉，则蘧蘧然周也。"这里取其短暂、虚幻之意。堪嗟：可叹。

③急罚盏夜阑灯灭：赶快行令罚酒，直到夜深灯熄。夜阑：夜深，夜残。

④秦宫汉阙：秦汉时的宫殿。宫、阙：指宫廷、宫殿。

⑤不恁(nèn)么渔樵无话说：不这样，人们哪能有故事流传。恁么：如此，这般。渔樵：打鱼砍柴人，代指隐者。无话说：没有故事讲。话：故事。

⑥龙蛇：这里指刻在碑上的文字。古人常以龙蛇喻笔势的飞动。李白《草书歌行》："时时只见龙蛇走，左盘右蹙如惊电。"但龙蛇也常用来比喻古代帝王，所以"不辨龙蛇"语意双关：既然连铭功记史的碑文字迹都无法分辨，那么后人又如何分辨历史上那些龙争蛇斗的风云人物呢？

⑦投至狐踪与兔穴，多少豪杰：倒装句。意思是多少英雄豪杰，到头来连荒坟断碑都没有，他们的葬身之地已变成狐狸野兔出没的场所了。投至：及至，等到。

⑧鼎足三分半腰折：言魏、蜀、吴三国鼎立的形势，到中途就夭折了。

⑨魏耶？晋耶：最后的胜利者到底是魏呢？还是晋呢？

⑩无多时好天良夜：良辰美景是短暂的，应当珍惜享受。好天良夜：好日子，好光景。

⑪看钱奴：元代杂剧家郑廷玉根据神怪小说《搜神记》中关于一个姓周的贫民在天帝的恩赐下，以极其悭吝、刻薄的手段，变为百万富翁的故事，塑造了一个为富不仁，爱财如命的悭吝形象——看钱奴。更做道：即使，纵然。

⑫争辜负锦堂风月：本句嘲讽守财奴情趣卑下，无福消受荣华。争：怎。锦堂风月：富贵人家的美好景色。

⑬添白雪：添白发。

⑭上床与鞋履相别：意思是说人生无常，上床时脱掉鞋子，不知道明天还能不能有机会再穿上。

⑮休笑鸠巢计拙：莫笑自己像不会筑巢的斑鸠那样笨拙。鸠巢计拙：指不善于经营生计。《诗·召南·鹊巢》："维鹊有巢，维鸠居之。"朱熹注："鸠性拙不能为巢，或有居鹊之成巢者。"

⑯葫芦提一就装呆：只不过糊里糊涂装傻而已。葫芦提：糊糊涂涂。一就：一味。装呆：装傻。

⑰红尘：尘土。指世俗社会，这里指人间的纷争俗事。

⑱蛩(qióng)吟：即蟋蟀叫。宁贴：安稳，舒服。

⑲无休歇：没完没了，指为名利奔忙。

⑳彻：了结，到头。

㉑裴公：唐代的裴度。他历事德宗、宪宗、穆宗、敬宗、文宗五朝，以一身系天下安危者二十年，眼见宦官当权，国事日非，便在洛阳修了别墅叫做"绿野堂"，和白居易、刘禹锡在那里饮酒赋诗。

㉒陶令：陶潜。因为他曾经做过彭泽令，所以被称为陶令。相传他曾经参加晋代的慧远法师在庐山虎溪东林寺组织的白莲社。

㉓浑：还有。重阳节：农历九月九日，有登高与饮酒赏菊的风俗。古以九为阳数，九月而又九日，故称重阳。

㉔顽童：小僮仆。记者：记着。者：语气助词。

㉕便：即便是。北海：指东汉的孔融。他曾出任过北海相，所以后世称为孔北海。他常说："座上客常满，樽中酒不空，吾无忧矣。"

㉖东篱：马致远号东篱。他慕陶潜的隐逸生活，因陶潜《饮酒》诗有"采菊东篱下，悠然见南山"

之句，乃自号为“东篱”。

【作品简析】

悲秋，是中国古代诗歌的传统题材，名篇很多。而马致远的两首同题作品——《双调·夜行船·秋思》和《天净沙·秋思》，尤为人称道。套曲《双调·夜行船·秋思》，表现了对人世间一切功名利禄的否定和对人生若梦的感叹，以及对“密匝匝蚁排兵，乱纷纷蜂酿蜜，闹穰穰蝇争血”污浊现实的愤慨。马致远的小令《天净沙·秋思》以凝练的笔法，赋予秋天的景色以萧瑟苍凉的情调，烘托出天涯游子的凄凉心情，有“秋思之祖”的美誉。

套曲《双调·夜行船·秋思》由七支曲子组成，就思想内容而言，可分为四个层次。第一曲是引子，由秋来花谢想到人生的短暂虚幻，从而引发出下面对人生价值的思考及对痴迷者的批判。[乔木查]等三支曲子为第二层，分别描写了帝王、豪杰、富翁的富贵无常。五、六两曲为第三层，写自己看破红尘、与世无争、自得其乐的人生态度。最后一曲则总括上文，再次把名利之徒与山林高士的生活进行对比，表达了不为物役、自适其适的心志。

这首套曲的艺术魅力突出表现在语言、形象与情趣三个方面。语言俗中透雅，既明快率直，又优美富于韵味。别致的用字，如“衰”、“铁”、“惹”、“遮”、“缺”等，精巧的鼎足对，如“红尘不向门前惹，绿树偏宜屋角遮，青山正补墙头缺”等，都体现出作者驾驭语言的功力。曲中意象准确生动而有代表性，如以“衰草牛羊野”、“荒坟横断碑”表现帝业成空，以“蚁排兵”、“蜂酿蜜”、“蝇争血”比喻名利场等，都给人留下了深刻的印象。在自我写照时，字里行间情趣盎然，如“青山正补墙头缺”的调侃意味，“道东篱醉了也”的潇洒任性，皆可令读者会心一笑。

作品表现了作者对功名利禄的否定和对现实社会的厌恶与不满，抒发了作者的志趣情怀和人生态度。形象鲜明，色彩强烈；意境高妙，语言流畅。它不仅从思想内容上扩大了散曲的表现范围，还从艺术手法上提高了散曲的境界。但作品中所表现出来的消极厌世的情绪和超然物外及时行乐的思想是不足取的。

【复习思考题】

1. 分析这首套曲的主旨。
2. 试分析“密匝匝蚁排兵，乱纷纷蜂酿蜜，闹穰穰蝇争血”的思想意义。

相关拓展性阅读材料推荐：

1.《全元散曲》，隋树森，中华书局，1981.
2.《国学经典——曲》，李佳行，北京出版社，2004.
3.《中国古典十大悲剧集》，王季思，上海文艺出版社，1982.
4.《马致远及其剧作论考》，刘荫柏，文化艺术出版社，1990.
5. 中国传统文化网-元曲 http://www.civcn.com/artx/shici/list_1_1.html
6. 中国国学网-马致远散曲欣赏 http://www.confucianism.com.cn/html/wenxue/5863772.html

【中吕】卖花声·怀古[①]

张可久

张可久(约1270—约1348),字小山,庆元(今浙江宁波一带)人。曾任典史、昆山县的幕僚等中下层小吏,仕途上很不得意。平生好遨游,足迹遍江南各地。晚年居杭州。一生致力于散曲创作,是元代留存散曲最多的作家。有《功堤渔唱》、《小山北曲联乐府》等散曲集。今存小令855首,套曲9篇,内容以表现闲逸情怀为主。

张可久长期为吏的身世,对他的创作很有影响。生活的坎坷,不免使他抑郁感伤,他的部分作品抒发了穷通无定、世态炎凉的感慨,有的作品则描述了百姓的疾苦和世道的险恶,揭示了当时社会黑白颠倒、贤愚不分的现实。只是这种愤世嫉俗的作品,为数不多。向往归隐,描写归隐生活情景的作品,在张可久的作品中更多一些。

张可久是元代散曲"清丽派"的代表作家。他的散曲的主要艺术特色是:讲究格律音韵;着力于炼字炼句,对仗工整,字句和美;融合运用诗、词作法,讲究蕴藉工丽,而且常常熔铸诗、词名句,藉以入于典雅。作为一种清丽的风格,自成元代散曲群芳中的一葩。张可久享誉当时,是一代曲风转变的关键人物。元代前期散曲崇尚自然真率,后期则追求清丽雅正。张可久以他的创作实践,在这一转变中起了重要作用。他的作品在后期被视为典范,如《录鬼簿》在论及某些作家时,往往要以他作为榜样进行比较,足见他在散曲史上的重要地位。

美人自刎乌江岸[②],战火曾烧赤壁山[③],将军空老玉门关[④]。伤心秦汉,生民涂炭[⑤],读书人一声长叹。

【注释】

①中吕:散曲的宫调。卖花声:又名升平乐,曲牌名。

②美人:西楚霸王项羽的爱妾虞姬。乌江:今安徽和县东北乌江镇,地处长江西岸,秦末项羽兵败自刎于此。决战前夕,宠妃虞姬自刎,这就是著名的"霸王别姬"故事。

③战火曾烧赤壁山:指三国时的赤壁之战。赤壁:山名,即赤矶山,在长江中游南岸,位于今湖北武昌西面。东汉末年,孙权、刘备的联军在此大败曹操。当时,联军的主要制胜方式是火攻。

④将军空老玉门关:班超白白在玉门关外耗尽生命。将军:指东汉名将班超,他被任命为西域都护,封为定远侯。在西域生活了三十一年,晚年思念家乡,上疏请求回去,有"臣不敢望到酒泉郡,但愿生入玉门关"的话,"空老玉门关"即指此。玉门关:位于今甘肃敦煌西北,为汉武帝时设立,当时既是中土与西域的交通要道,又是与匈奴交战的重要关隘。

⑤生民涂炭:百姓遭受劫难。生民:即百姓、人民。涂炭:陷入泥沼、坠入火中,比喻极为困苦的境地。

【作品简析】

《怀古》是一支咏史之曲,抒发了连年战争造成"生民涂炭"的悲剧情感。在古代众多的怀古之作中，张可久的这首散曲以其特有的魅力而引人注目。

张可久在此作中对于项羽、孔明、周瑜和曹操，以及立了安定西域功勋的班超，一概加以否定。因为历史上的战争，归根结底是“英雄”们争夺天下或建功立业的手段，而战火给人民带来的只有灾难，表达了对人民的深厚同情，这在民族战争频仍的元朝社会，还是有它具体的针对性和一定积极意义的，也反映了作者的民本思想。

这首曲子大致分前后两部分。前一部分的三句，以生动形象而又色彩各异的三幅画面概括了秦汉四百余年的王朝兴衰史。第一句写“美人”而不写英雄，是别具匠心之笔，既可以引发更多的联想，又与后面两句的形象构成较大的反差。后两句的“火烧”、“空老”也是形象感强烈的描写。三个画面如蒙太奇般地迭现，给读者以惨烈、凄凉的情感冲击。后一部分的三句是作者抒发自己的感想。“生民涂炭”由“伤心秦汉”而转折，是点题之句。前一部分所写的历史悲剧发生在帝王将相之间，他们的命运固然是可悲的，但由于他们的争斗造成的百姓、生灵的悲剧，才是更为深重的灾难。所以，作品最后以“一声长叹”收结，意味深长而厚重。

散曲的句子错落有致，而开篇三句的“鼎足对”尤为散曲所特有。作者很好地利用了这一曲牌形式上的特点，使内容的安排、情感的起伏与形式的错落形成了同构的并系，从而使作品句式变化的节奏和情感变化的节奏“共振”起来，在短短的篇幅里产生丘壑起伏之美。这是本篇最为突出的匠心所在，也是本曲成功的重要因素。

【复习思考题】

1. 分析作品前后两部分的关系。
2. 分析“读书人一声长叹”的思想内涵及其艺术效果。

相关拓展性阅读材料推荐：

1.《全元散曲》，隋樹森，中华书局，1981.
2.《国学经典——曲》，李佳行，北京出版社，2004.
3.《沉抑曲家张可久传》，孙侃，浙江人民出版社，2007.
4.《阳春白雪》，(宋)赵闻礼选编，葛渭君校点，上海古籍出版社，1993.
5. 中国传统文化网-元曲 http://www.civcn.com/artx/shici/list_1_1.html
6. 中国国学网-元代文学 http://www.confucianism.com.cn/detail.asp?id=4522

【双调】折桂令·荆溪即事

乔 吉

乔吉(1280—1345),字梦符,号笙鹤翁,又号惺惺道人。山西太原人,流寓杭州,《录鬼簿》说他“美容仪,能辞章,以威严自饬,人敬畏之”,大略可见他的为人。其杂剧、散曲在元曲作家中皆居前列。乔吉曾提出“凤头、猪肚、豹尾”的作曲六字要诀。著有杂剧11种,现存《杜牧之诗酒扬州梦》、《李太白匹配金钱记》、《玉箫女两世姻缘》三种传世,小令209首,套数11篇。人们对他散曲的评价很高,刘熙载在《艺概》中称他为“曲中翘楚”。有《梦符散曲》。

乔吉现存杂剧作品都是写爱情、婚姻故事的。《金钱记》写韩翃与柳眉儿的恋爱婚姻故事,以私情始,奉旨完姻终。《扬州梦》虚构了杜牧与妓女张好好的恋爱故事。剧中对商业城市扬州的繁华景色描绘得颇为生动。《两世姻缘》写妓女(小说中为婢女)玉箫与韦皋的爱情,两世才得结为夫妇。乔吉的杂剧曲辞清丽,立意亦求新巧,但在题材上却没有脱出才子佳人、风流韵事的窠臼。

乔吉的散曲创作,成就高于杂剧,明、清人都把他与张可久相提并论。在他的散曲中可以看到他客居异乡、穷愁潦倒的生活经历。然而他的作品大多数是以啸傲山水、寄情声色诗酒为题材,不同程度地表现出消极颓废的思想。其散曲以婉丽见长,精于音律,工于锤炼,喜欢引用或融化前人诗句,与张可久的风格相近。不同的是,乔吉的风格更为奇巧俊丽,还不避俗言俚语,具有雅俗兼备的特色。

问荆溪溪上人家①:“为甚人家②,不种梅花?”老树支门③,荒蒲绕岸,苦竹圈笆④。庙无僧狐狸漾瓦⑤,官无事乌鼠当衙⑥。白水黄沙,倚遍阑干,数尽啼鸦。

【注释】

①荆溪:水名,在江苏省宜兴南,流入太湖,因靠近荆南山而得名。
②为甚人家:是什么样的人家。
③老树支门:用枯树支撑门,化用陆游诗:“空房终夜无灯下,断木支门睡到明。”
④圈笆:圈起的篱笆。
⑤漾瓦:弄瓦、踩瓦、戏耍瓦块。
⑥“官无事”句:表面上写衙门清静,老鼠出没,门可罗雀,实际上喻吏役横行,人民不敢登门。乌鼠当衙:乌鸦和老鼠坐了衙门。

【作品简析】

《折桂令·荆溪即事》在结构上很有特色,开篇以设问陡起,而后通过“老树”、“荒蒲”、“苦竹”、“狐狸”、“乌鼠”等多个意象描绘了一派荒凉残败的景象:老树的枝桠遮蔽着人家的门,参差的蒲苇绕岸而生,苦竹圈着篱笆。诗人这里展现的是死寂沉沉的人间。接下来写狐狸在寺庙的瓦上窜来窜去,僧人不知去向何处,衙门里没有了执法官,只有老鼠在尽情戏耍。这里展现的是正常秩序已瓦解的人间场景。全曲最后三句写出了诗人的痛苦。“白水黄沙”便是这个黯淡死寂的世界的写照。面对这不堪再睹的人间，诗人只能倚遍阑干，一点一点数着哇哇悲鸣的乌鸦。由此，我们明白了诗人一开始就把梅花作为美的象征，“不种梅花”是他面对丑恶现实而发出的呐喊。本曲以其浓厚的悲凉情调和深沉的哲理意味永远地吸引着我们。

此曲的主体是景物描写，从选景所构成的意境来看，留给读者的是一种凄凉、死寂、残败的气象。这首曲子抨击了元代的社会黑暗，抒发了作者对元代吏治黑暗的极端不满。这里很含蓄地寄托了作者对社会现实不满的厌世态度及一种绝望情绪。

从古到今住在荆溪的人们就有种梅的习惯，可是当作者来到此地时却看不到一片梅花。他询问荆溪的人家，为何“不种梅花?”作者视野所及，到处是破败不堪、荒凉贫穷的景象：枯树支撑着院门，野草环绕着溪岸，生计无法解决，何谈去种梅花。

这支曲子托物寄志，表现的是诗人内心深处的痛苦和伤感，他执著地追求美，而丑陋的现实只能让他陷入深深的绝望之中。把描写荆溪两岸的荒凉同揭露当时的黑暗吏治交织在一起，“官无事乌鼠当衙”即是有力的一笔，表现了作者对统治者的强烈愤慨和对贫苦百姓的深切同情。

【复习思考题】

1. 试析本曲以设问起笔的作用。
2. 这首曲全篇有景有情，试分析这首曲子表现了作者对社会怎样的态度与情绪。

相关拓展性阅读材料推荐：

1.《全元散曲》，隋樹森，中华书局，1981.
2.《国学经典——曲》，李佳行，北京出版社，2004.
3.《元明散曲鉴赏集》，人民文学出版社，1989.
4.《乔吉集》，李修生等，山西人民出版社，1989.
5. 中国传统文化网-元曲 http://www.civcn.com/artx/shici/list_1_1.html
6. 中国国学网-乔吉散曲欣赏 http://www.confucianism.com.cn/html/wenxue/6600516.html

第六章　明清文学

明清文学简况

明清时期，随着都市经济的进一步繁荣，新兴市民阶层逐步形成，资本主义开始萌芽，封建社会日趋没落，社会矛盾更加尖锐，中国社会开始向近代化社会转型。这一时期的中国文学也因时代的变化而呈现出百花争艳、发展比较全面的局面，但成就并不一致。总体来说：诗词、散文等传统文学虽有短暂繁荣，但总趋势是逐步走向衰落，小说戏曲之类通俗文学则全面勃兴。

在诗文创作上，有"明初三大家"宋濂的《送东阳马生序》、刘基的《卖柑者言》、高启的《登金陵雨花台望大江》等较著名。"前后七子"标举"文必秦汉，诗必盛唐"，这在理学独尊、八股取士、台阁文风盛行的形势下，有其积极意义。唐宋派中归有光的散文《项脊轩志》、《寒花葬志》、《先妣事略》等善于通过细小的生活琐事，抒写家人父子之情，扩大了散文的题材。晚明小品文以张岱成就最高，其《西湖七月半》、《西湖香市》等是后人广为传颂的名篇。

清诗虽不如唐诗，但其数量之多远远超过唐宋。清初诗坛的诗人大体可分为两类：一类是原为明臣后来仕清的，如清初诗坛盟主钱谦益和吴伟业，还有施闰章、宋琬等；另一类是甘为遗民，不肯仕清并继续进行抗清斗争的，如顾炎武、屈大均、吴嘉纪等。康熙时，王士禛诗名最著，他倡导了神韵说，之后，又有沈德潜的格调说、袁枚的性灵说、翁方纲的肌理说等等，不拘一格，各有千秋。清代词人辈出，其中最重要的是康熙朝的三大家，即陈维崧、朱彝尊、纳兰性德。嘉庆时，代表词人有常州词派的张惠言和周济；王鹏运、郑文焯、朱孝臧、况周颐等则是晚清词人的代表。

清代的散文，影响最大的一个流派是以方苞、刘大櫆、姚鼐为代表的桐城派，《狱中杂记》、《登泰山记》等叙事写景散文，简洁雅驯。骈文在清中叶后也走向复兴，代表作家是汪中，所作《哀盐船文》写仪征盐船失火，毁船百余艘，死伤千人的事件，凄楚动人，是骈文中的精品。

明清戏曲，既有杂剧、传奇，又有南戏、昆曲和地方戏，相互争奇斗艳，百花齐放。李开先的《宝剑记》、无名氏的《鸣凤记》和梁辰鱼的《浣纱记》等嘉靖三大传奇的问世，标志着明代传奇的第一个高潮。临川派和吴江派的竞争带来了继元杂剧之后戏曲创作的第二个高峰。汤显祖的《牡丹亭》通过描写少女杜丽娘的爱情追求，对封建礼教"存天理，灭人欲"的罪恶进行了尖锐批判。洪昇的《长生殿》和孔尚任的《桃花扇》借离合之情，写兴亡之感，艺术上颇多创新。李渔的《笠翁十种曲》制造的喜剧效果深得市民喜爱。

明清文学的主要成就是小说。它反映的社会生活极为宽广，各类体裁都有长足的发展。按内容分类，有历史演义小说、英雄传奇小说、神魔小说、世情小说、讽刺小说、侠义公案小说等。明清长篇小说以《三国演义》、《水浒传》、《西游记》、《金瓶梅》、《儒林外史》和《红楼梦》等六大白话小说为代表。

《三国演义》原名《三国志通俗演义》，成书于元末明初，是我国第一部章回体历史演义小说。其故事主要是围绕着曹魏和蜀汉两个集团的斗争展开的。它对刘备、诸葛亮的歌颂和对曹操等人的谴责，表达了作者在"拥刘反曹"的封建正统思想外衣下蕴涵着的崇尚"忠"、"义"，主张用"王道"、"仁政"治理天下的政治理想，以及这些理想未能完全得以实现的悲哀。小说虽然在创作上很大程度地依据有关三国的历史文献，但不受史实限制，根据表现人物和设计情节的需要，发挥想象加以艺术虚构，从而使历史真实与艺术真实得到了有机的统一。

《水浒传》是英雄传奇小说的杰出代表。它形象地展示了梁山好汉聚义、发展和失败的过程，暴露了封建社会的黑暗，揭示了"官逼民反"的客观事实，赞颂了梁山好汉行侠仗义、"替天行道"的行为。其突出成就在于塑造出了许多栩栩如生的草莽英雄形象。

《西游记》主要叙述唐僧取经的故事，是我国古代小说中最杰出的神魔小说。它通过描写孙悟空大闹天宫和保护唐僧西天取经沿途降妖伏魔的故事，充分赞颂了反抗传统秩序、坚决向一切邪恶势力作斗争的精神，表达了征服自然、战胜困难的伟大理想和信心；并以神魔世界观照人生，对当时的社会进行了广泛地揭露和讽刺。

《金瓶梅》借一个家庭的兴衰起伏反映广阔的社会人生，开世情小说之先河，是第一部由文人独立创作的长篇小说。

《儒林外史》以讽刺手法来揭露社会弊端，被称为讽刺小说。它通过鲜明生动的形象，从揭露讽刺醉心于科举制度的知识分子入手，抨击了腐朽丑恶的封建社会，具有深刻的思想意义，是一部具有丰富文化内涵和清醒文化意识的小说。

《红楼梦》是我国古典长篇小说中最优秀的一部，原名《石头记》，全书一百二十回，前八十回为曹雪芹作，后四十回一般认为是高鹗续补的。它主要通过贾宝玉和林黛玉的爱情悲剧，展示了一个贵族大家庭的盛衰，显现了封建社会没落时期多种多样的生活画面和复杂的矛盾冲突。它最主要的艺术特色之一，是打破了以前小说人物类型化、脸谱化的传统写法，从生活的情理出发，塑造了许多性格复杂变化的、多层次的鲜活人物形象。

除了六大长篇小说外，历史小说有冯梦龙、蔡元放改编的《东周列国志》等；神魔小说有许仲琳的《封神演义》和董说的《西游补》等；世态人情小说有廖祖灿的《好逑传》、李汝珍的《镜花缘》等；侠义小说有文康的《儿女英雄传》和题为"石玉昆述"的《三侠五义》等。明清白话短篇小说是在宋元话本小说的基础上发展而来。《清平山堂话本》是早期民间艺人集体创作的话本的结集。冯梦龙的"三言"中，既有整理、改编宋元话本的作品，也有独立创作的作品。凌蒙初的"二拍"基本是独立创作。明清文言短篇小说的代表作是蒲松龄的《聊斋志异》，除少量笔记杂文和寓言故事外，大都是想象奇特、结构谨严、情节曲折、人物形象鲜明的文言短篇小说。明清文言短篇小说较著名的还有明代瞿佑著的《剪灯新话》，清代张潮编的《虞初新志》和纪晓岚著的《阅微草堂笔记》。各类小说发展的总趋势是将视野扩展到更广阔的、和人们日常见闻关系更密切的人生现象，以一种新兴市民的立场和观念，对封建社会的黑暗统治和伦理道德作了相当深刻的揭露和批判。

相关拓展性阅读材料推荐：

1.《清代文学》，张宗祥，商务印书馆，1936.

2.《明清文学史》，唐富龄，武汉大学出版社，1991.

3.《清代文学研究》，张燕瑾，吕薇芬，北京出版社，2001.

4.《清诗史(修订本)》，严迪昌，浙江古籍出版社，2002.

5.《清词史》，严迪昌，江苏古籍出版社，1990.

6. 中国四大名著网 http://www.csdmz.cn/

小 说

小说是文学的一大样式。它通过完整的故事情节和具体环境的描写，塑造多种多样的人物形象，广泛地反映社会生活。中国小说起源于古代神话传说，经历了六朝志怪、唐代传奇、宋元话本、明清章回小说和“五四”现代小说的发展过程。

随着社会的进步，文学艺术的发展，小说形式也在不断变化着。就流派来分，有现实主义小说、浪漫主义小说、表现主义小说、存在主义小说等等。就表现方法分，有叙述体小说、散文体小说、诗体小说、生活意识流小说、纪实体小说等等。就题材分，有儿童小说、武侠小说、侦探小说、历史小说、神话小说、言情小说、科幻小说等等。按篇幅长短可分为长篇、中篇、短篇和微型小说。不管怎样分类，小说必须具备生动的人物形象、完整的故事情节和人物活动的具体环境这三个要素。

丰富而细致的人物刻画体现了作者的创作意图和作品所要表现的主题思想。小说不受时间和空间的限制，能够多角度、全方位地刻画人物。描写是作者塑造人物形象的主要方法，它包括外貌描写、心理描写、行动描写、语言描写等。从描写的角度看，还可以分为：正面描写和侧面描写，也叫直接描写和间接描写。

完整而多变的情节铺叙是为塑造人物服务的，是小说的必要要素。其作用在于展示人物的性格，表现中心思想。小说的情节一般可以分为开端、发展、高潮、结局四个部分，有些小说还具有序幕、尾声两个部分。开端是作品所反映的矛盾冲突的起始；发展是作品中矛盾冲突从展开到激化的演变过程；高潮是决定矛盾各方的命运和主要矛盾即将解决的关键时刻，是矛盾冲突发展到顶点，人物的思想斗争最紧张、最激烈、最尖锐的阶段；结局是矛盾得到解决，人物性格的发展已经完成，事件有了最后的结果，主题思想得到充分展现，是情节发展的必然结果。把握好情节发展的脉络，不仅使小说内容眉目清楚，更主要的是能帮助我们进一步去分析小说的主题和其中的人物形象。

具体而独特的环境描绘在小说整体艺术建构中的作用不容忽视。它为展开情节、刻画人物服务。小说中的环境包括社会环境和自然环境。社会环境交代事件的时代背景；自然环境包括人物活动的地点、季节、气候、时间及场景，是为了表现人物的身份、地位、性格，渲染氛围，表达人物的心情，表现主题等服务的。

小说的这三个要素，不是各自孤立，而是密切联系的。丰富而细致的人物刻画，必须借助于情节的充分展开，具体而独特的环境描写，则给人物活动、情节铺叙创造了特定的氛围。三者互为作用，构成了小说世界。因此欣赏小说也就应该根据小说的基本特点，去把握作品的思想内容和艺术特色。首先把握环境和人物的关系，其次把握情节和人物的关系，再次把握人物和人物的关系，认识各人不同的思想感情立场，从而理解事件具有的思想意义和对刻画人物、推动情节、表现作品主题所起的重要作用。

相关拓展性阅读材料推荐：

1.《中国分体文学史》(小说卷)，李修生，赵义山，上海古籍出版社，2001.

2.《古代小说戏曲论丛》，聂石樵，邓魁英，中华书局，1985.

3.《晚清小说史》，阿英，人民文学出版社，1980.

4.《中国古代小说书目研究》，潘建国，上海古籍出版社，2005.

5. 小说阅读网 http://www.readnovel.com/

6. 世纪文学小说网 http://www.2100book.com/

临江仙

杨 慎

杨慎(1488—1559),字用修,号升庵,祖籍四川新都,生于北京。其父杨廷和,号石斋,历官少师,兼太子太师"相两朝,有除难定策之功"。杨慎为长子,少年时聪颖,11岁能诗。正德六年(1511),殿试第一,曾授翰林院修撰。禀性刚直,每事必直书。曾上疏抗谏,违背世宗意愿受廷杖,被谪戍云南永昌卫30余年,后死于戍地。

杨慎对文、词、赋、散曲、杂剧、弹词,都有涉猎;考论经史、诗文、书画,以及研究训诂、文学、音韵、名物的杂著,数量很多,涉及面极广。明人王世贞曰:"明兴,称博学、饶著述者,盖无如杨用修。"近现代的陈寅恪说:"杨用修为人,才高学博,有明一代,罕有其匹。"《明史·杨慎传》:"杨慎博物洽闻,于文学为优。"他的主要作品收入《升庵集》(81卷,又称《升庵全集》)。另有《丹铅录》、《升庵诗话》、《词林万选》等。

滚滚长江东逝水,浪花淘尽[①]英雄。是非成败转头空[②]。青山依旧在,几度夕阳红。

白发渔樵[③]江渚[④]上,惯看秋月春风。一壶浊酒喜相逢。古今多少事,都付笑谈中。

【注释】

①淘尽:荡涤一空。

②转头:犹言转脸、转眼。喻时间极短。

③渔樵:渔父和樵夫,古代诗文中多指隐士。

④渚:水中的小块陆地。

【作品简析】

这是杨慎所做《廿一史弹词》第三章《说秦汉》的开场词,后被毛宗岗父子置于《三国演义》的卷首,当代电视连续剧《三国演义》将它作为每集片尾曲的歌词,使其广为流传。全词既是怀古,亦是写志。反思历史,纵览古今,以短短的篇幅高度概括了一位历经沧桑者的人生感悟,渗透着深刻的人生哲理。

此词气度宏大:以古今沧桑入诗,以江山日月为画;此词意韵深厚:清浊无碍、淡泊如常,旧识相逢,尽付笑谈,渔樵白发,戏看"秋月春风";此词情真意笃:写英雄气、淡泊志、离别意、重逢喜、浊酒心,韵味深远,情意充沛。"长江"、"逝水"、"浪花"、"青山"、"夕阳",信手拈来,写造化之神、天工之伟、自然之力、岁月永恒,寥寥数字,道尽天地沧桑;"白发"、"江渚"、"秋月"、"春风"、"浊酒",随意铺陈,写天道循环、人生无常、死生有数、离合皆有乐趣、成败全是文章。

开篇从大处落笔,切入历史的宏流,极为豪迈、悲壮,令人想到杜甫的"无边落木萧萧下,不尽长江滚滚来"和苏轼的"大江东去,浪淘尽,千古风流人物",以一去不返的江水比喻历史的进程,用后浪推前浪来比喻英雄叱咤风云的丰功伟绩。"是非成败转头空"是对上两句历史现象的总结,其中有功成名就后的失落、孤独,又有对名利的淡泊、轻视。"青山依旧在,几度夕阳红",青山和夕阳象征着自然界和宇宙的亘古悠长,尽管历代兴亡盛衰、循环往复,但青山和夕阳都不会随之改变，它们既是对英雄伟业的印证，又是对历史的否定。与永恒的宇宙、历史长河相比，功名事业、是非成败转眼间已成虚空，一种人生易逝的悲伤感悄然而生。

下片诗人从历史的经验和个人的经历中看透了人生，逐渐摆脱了荣辱得失的羁绊，以渔父、樵夫自居，与春风秋月为伴，寄情诗酒，笑谈古今，抒发了超然物外的旷达之情，表现出一种大彻大悟的历史观和人生观。

该词豪放中有含蓄，高亢中有深沉。并未抽象地讲说道理，而是采用对比手法，在写景中自然寄寓哲理，在展示苍凉悲壮气概的同时，也创造了一种淡泊宁静的气氛，显示出高远的意境。

【复习思考题】

1. 谈谈你对此词所表达情感和志向的理解。
2. 背诵全词。

相关拓展性阅读材料推荐：

1.《杨慎评传》，丰家骅撰，匡亚明编，南京大学出版社，1998.

2.《杨慎诗学研究》，雷磊，中国社会科学出版社，2006.

3.《杨慎》，董晓萍，春风文艺出版社，1986.

4.《明诗别裁集》，沈德潜，上海古籍出版社，1979.

5.《明代文学批评史》，袁振宇，刘明金，上海古籍出版社，1991.

6. 中国百科网-明代文学理论批评 http://www.chinabaike.com

木兰词·拟古决绝词柬友

纳兰性德

纳兰性德(1655—1685),原名成德,字容若,号楞伽山人,满州正黄旗人,大学士明珠长子。康熙十五年(1676)考中进士,官至一等侍卫,但无意功名,酷爱读书,多结交名士。他自幼敏悟,好读书,很有文学天才,诗文俱佳,而尤以词作著称。

纳兰性德与陈维崧、朱彝尊并称清初三大家,共存词 342 首,尤以小令见长,清新自然,不求雕饰,而且语言优美,形式和谐,让人感觉不出格律的拘束。康熙十七年(1678),他的词集《侧帽集》问世,当年,他年仅 25 岁。继而,另一词集《饮水集》又在吴中刊行。他的词很受人们喜爱,曾形成"家家争唱饮水词"(曹寅语)的局面。徐乾学在《纳兰性德墓志铭》中曾说纳兰性德的词:"清新隽新,自然超逸。"著有《通志堂集》、《纳兰词》等,又与徐乾学编刻唐以来说经诸书为《通志堂经解》。

人生若只如初见[①],何事秋风悲画扇[②]。等闲变却故人心,却道故人心易变[③]!
骊山语罢清宵半,泪雨零铃终不怨[④]。何如薄幸锦衣郎[⑤],比翼连枝当日愿!

【注释】

①"人生"句:与意中人相处应当总像刚刚相识的时候那样,总是甜蜜、温馨、快乐的。
②"何事"句:此用汉班婕妤被弃典故。班婕妤为汉成帝妃,被赵飞燕谗害,退居冷宫,后有诗《怨歌行》,以秋扇为喻抒发被弃之怨情。南北朝梁刘孝绰《班婕妤怨》诗又点明"妾身似秋扇",后遂以秋扇见捐喻女子被弃。这里是说开始时相亲相爱,后来却成了今日的相离相弃。
③"等闲"二句:意思是说如今轻易地变了心,却反而说情人间就是容易变心的。故人:恋人、情人。
④"骊山"二句:《太真外传》载,唐明皇与杨玉环曾于七月七日夜,在骊山华清宫长生殿里盟誓,愿世世为夫妻。白居易《长恨歌》:"在天愿作比翼鸟,在地愿作连理枝。"对此作了生动的描写。后安史乱起,明皇入蜀,杨玉环于马嵬坡被赐死。杨死前云:"妾诚负国恩,死无恨矣。"又,明皇此后于途中闻雨声、铃声而悲伤,遂作《雨霖铃》曲以寄哀思。这里理解成李杨二人当初发愿立誓,后来虽然一方为一方而死,也不生怨。比喻感情忠贞,至死不渝。
⑤何如:怎么样? 薄幸:这里未必是否定批判,古书中的此词多是爱语,相当于现在的"冤家"。当初的誓言就这么算了。引用七夕长生殿的典故,谴责薄幸郎虽然当日也曾订下海誓山盟,如今却背情弃义!

【作品简析】

词题说这是一首拟古之作,其所拟之《决绝词》本是古诗中的一种,是以女子的口吻控诉男子的薄情,从而表态与之决绝。如古辞《白头吟》:"闻君有两意,故来相决绝。"唐元稹有《古决绝词》三首等。这里的拟作是借用汉唐典故而抒发"闺怨"之情。词情哀怨凄婉,屈曲缠绵。由"柬友"二字而论,则这"闺怨"便是一种假托了,这怨情的背后,似乎更有着深层的痛楚,无非借闺怨作隐约的表达罢了。故有人以为此篇是别有隐情，是借失恋女子的口吻，谴责那负心锦衣郎。

爱情是人类几千年永生不灭的话题，更是诗词取之不尽的灵感源泉。这首词中有两个典故。“秋风悲画扇”借用汉朝班婕妤的故事。班婕妤曾是汉成帝的妃子，却遭到赵飞燕的妒忌、馋害而被打入冷宫。南北朝梁的刘孝绰就曾经写过《班婕妤怨》：“妾身似秋扇”，于是就用秋扇比喻被遗弃的女子。“骊山”、“泪雨零霖”、“比翼连枝”讲的是唐明皇与杨贵妃的故事。白居易的《长恨歌》已经把这个故事传颂千古了。此词以一失恋女子的口吻谴责负心的锦衣郎。起句非常新奇，本来两情相悦，恨不能朝朝暮暮，然而如若知道迟早分离，倒不如保持“初见”时那种若即若离的美好。然后描绘变心的人往往指责满怀痴情却无端被弃的一方首先变心，失恋女子的爱恨情殇可见一斑。最后引用七夕长生殿的典故，谴责薄情郎虽然当日也曾订下海誓山盟，如今却背情弃义！

人生若只如初见，所有往事都化为红尘一笑，只留下初见时的惊艳、倾情。忘却也许有过的背叛、伤怀、无奈和悲痛。这是何等美妙的人生境界。但是如果相爱永远像初识，就不会出现婕妤怨秋扇的旧事。想当初唐皇与贵妃的山盟海誓犹在耳边，现在我身边又出现了薄幸锦衣郎。于在春《清词百首》(1984 年人民文学出版社)：“题目写明：模仿古代的《决绝词》，那是女方恨男方薄情，断绝关系的坚决表态。这里用汉成帝女官班婕妤和唐玄宗妃子杨玉环的典故来拟写古词。虽说意在‘决绝’，还是一腔怨情，这就更加深婉动人。”

【复习思考题】

1. 试分析本词用典的意义。
2. 试析本词的思想内容。

相关拓展性阅读材料推荐：

1.《清词史》，严迪昌，江苏古籍出版社，1990.
2.《清诗代表作家研究》，朱则杰，齐鲁书社，1995.
3.《清词论丛》，叶嘉莹，河北教育出版社，1997.
4.《纳兰性德和他的词》，黄天骥，广东人民出版社，1983.
5.《纳兰性德研究》，刘德鸿，中国社会科学出版社，1994.
6. 国学网-纳兰性德 http://www.guoxue.com/nl/nlyj.htm

西湖香市

张 岱

张岱(1597—1679),字宗子,又字石公,号陶庵,又号蝶庵居士,山阴(今浙江绍兴)人,寓居杭州。少年时不求仕途,喜欢游山玩水,过着读书品艺的悠闲生活。文学上受"公安派"性灵说的影响很大。清兵南下后,他隐居浙江剡溪山村,专心从事著述,撰写了不少回忆昔日生活的小品文,是明末小品文的代表作家,擅长写景和表现士大夫的闲情逸致,文笔清新活泼,趣味盎然。《西湖香市》就是其小品文的代表作品之一。著作有《陶庵梦忆》、《西湖梦寻》等。

西湖香市,起于花朝,尽于端午①。山东进香普陀者日至②,嘉湖进香天竺者日至③,至则与湖之人市焉④,故曰"香市"。

然进香之人,市于三天竺⑤,市于岳王坟⑥,市于湖心亭,市于陆宣公祠⑦,无不市,而独凑集于昭庆寺⑧。昭庆两廊故无日不市者。三代八朝之骨董⑨、蛮夷闽貊之珍异⑩,皆集焉。至香市,则殿中边,甬道上下,池左右,山门内外⑪,有屋则摊,无屋则厂⑫,厂外又棚,棚外又摊,节节寸寸。凡胭脂簪珥⑬,牙尺剪刀,以至经典木鱼、孩儿嬉具之类,无不集。

此时春暖,桃柳明媚,鼓吹清和⑭,岸无留船,寓无留客,肆无留酿。袁石公所谓"山色如娥,花光如颊,波纹如绫,温风如酒"⑮,已画出西湖三月,而此以香客杂来,光景又别。士女闲都,不胜其村妆野妇之乔画⑯;芳兰芗泽,不胜其合香芫荽之薰蒸;丝竹管弦,不胜其摇鼓欱笙之聒帐⑰;鼎彝⑱光怪,不胜其泥人竹马之行情;宋元名画,不胜其湖景佛图⑲之纸贵。如逃如逐,如奔如追,撩扑不开,牵挽不住。数百十万男男女女,老老少少,日簇拥于寺之前后左右者,凡四阅月方罢⑳,恐大江以东,断无此二地矣。

崇祯庚辰三月㉑,昭庆寺火。是岁及辛巳、壬午洊饥㉒,民强半饿死㉓。壬午虏鲠山东㉔,香客断绝,无有至者,市遂废。辛巳夏,余在西湖,但见城中饿殍舁出㉕,扛挽相属㉖。时杭州刘太守梦谦,汴梁人,乡里抽丰者㉗,多寓西湖,日以民词馈送㉘。有轻薄子改古诗诮之曰:"山不青山楼不楼,西湖歌舞一时休。暖风吹得死人臭,还把杭州送汴州㉙。"可作西湖实录。

【注释】

①花朝:旧俗以阴历二月十二日为"百花生日",称为"花朝节"。但《翰墨记》云:洛阳风俗以二月二日为花朝节。《熙朝乐事》等书则又以二月半为花朝节。说法不一。端午:农历五月初五日。

②山东:这里指浙江东都一带。普陀:山名。在今浙江省,是我国佛教胜地之一。

③嘉湖:今浙江省嘉兴和湖州一带。天竺:山峰名,又寺名。在杭州灵隐山飞来峰之南。

④市:交易,做买卖。

⑤三天竺:天竺山有上、中、下三天竺寺。三天竺及下文的岳王坟、湖心亭、陆宣公祠昭庆寺均为西湖游览胜地。

⑥岳王坟:岳飞墓,在西湖西北栖霞岭岳王庙右侧。

⑦陆宣公祠：陆贽祠，在孤山下。陆贽是唐嘉兴人，德宗时进士，卒后谥“宣”。
⑧昭庆寺：在钱塘门外。五代后晋时建。
⑨三代：指夏、商、周。八朝：指汉、魏、晋、宋、齐、梁、陈、隋。骨董：即古董。
⑩蛮夷闽貊(mò)：指闽、粤及外洋，泛指四方边远地区。
⑪山门：佛教寺院的大门。
⑫厂：屋无壁称厂。
⑬胭脂：一种红色的化妆品，妇女用以涂脸颊或嘴唇。簪：妇女插髻的首饰。珥：女子的珠玉耳饰。
⑭鼓吹：指管乐。此处泛指音乐声。
⑮袁石公：袁宏道，自号石公。湖北公安人，明代文学家。所谓“山色如娥，花光如颊（山色就像美女的蛾眉，花光就像美女的面颊），波纹如绫，温风如酒”四句见《袁中郎全集》卷八《西湖一》。
⑯闲都：文雅优美的样子。乔画：涂脂抹粉，乔装打扮。
⑰欱(hā)笙：以口吹笙。聒帐：声音嘈杂，众声齐作。
⑱鼎彝：泛指古代的青铜器。
⑲佛图：佛像，佛画。
⑳四阅月：经过四个月。阅：历。
㉑崇祯庚辰：崇祯十三年(1640)。
㉒辛巳：崇祯十四年(1641)。壬午：崇祯十五年(1642)。洊(jiàn)：再次。
㉓强半：大半。
㉔虏鲠山东：《明史·詹兆衡传》“（崇祯）十四年夏，言燕齐二千里间，寇盗纵横，行旅阻绝。”虏鲠：指清军入侵。鲠：阻塞之意。这里是祸患、侵扰的意思。
㉕饿殍(piǎo)：饿死的人。舁(yú)：抬。
㉖相属：相接。
㉗抽丰：旧社会中凡利用各种名义向亲友之为官吏者索取馈赠，俗语“打秋风”。
㉘以民词馈送：指遇有诉讼案件，获取原被告中一方钱物，作为自己的馈送。
㉙古诗：南宋林升《题临安邸》：“山外青山楼外楼，西湖歌舞几时休？暖风熏得游人醉，直把杭州作汴州。”

【作品简析】

本文选自《陶庵梦忆》卷七。作者以细腻的笔触，追述了明亡以前西湖香市的热闹繁华场面。熙熙攘攘的人群，湖光山色的明媚，丝竹管弦的悠扬，表现了作者对故土民情风俗的怀恋之情；文中也描述了西湖香市消歇的经过和原因，讽刺了地方官贪污纳贿的行为，于写景抒情中实寓兴亡的感慨。全文前后对比，有较深刻的社会内容。

张岱寓居杭州四十多年，西湖的山山水水无处不到。作者突出地描述了香市期间，西湖边不同于往日的游客、不同于往日的声色、不同于往日的集市，令湖山秀丽的西湖别有一番风味。文中多运用排比句式以形成循环往复的节奏，读来朗朗上口。

透过张岱在《西湖香市》里所追忆的昔日繁华和诸多意趣，我们体察到的是一种无论如何也挥之不去的沉郁的哀愁。在《西湖梦寻》自序中，张岱说他不忍看到“一带湖庄，仅存瓦砾”，“乃急急走避”，以“保吾梦中之西湖”。《西湖香市》用强烈对比来宣泄满腔悲愤：往昔香市，“数百十万男男女女，老老少少，日簇拥于寺之前后左右者，凡四阅月方罢”，盛况空前；至崇祯十五年(1642)之后，由于“虏鲠山东，香客断绝”，“民强半饿死”，“但见城中饿殍舁出，扛挽相属”，哪里还谈得上什么“香市”？

浙江民间宗教朝拜和旅游，始于五代，在宋、元间持续发展，到明代时形成了颇具特色的定期香市，尤以杭州西湖香市最为出名。张岱《西湖香市》一文也留下了明代商业经营活动的珍贵资料。一是市场性质定位。西湖香市是受时间、地点限制的季节性市场。二是商品类型和经营特点。商品或为农牧畜猎产品，或为小手工业产品。农民或提篮小卖，或摆摊出售，市场格局散乱。三是商品价格与价值不平衡。许多名贵商品的价格比不上粗俗产品，顾客的文化素质和生活水平都较低。四是低层次的经营目的。商人交换商品只为换取必需的生活资料，对积累财富扩大生产经营往往不会顾及。因此，西湖香市是脆弱的，明末因遭受天灾和兵燹而萧条冷落，乃至消失。这类作品在明清诗文中并不多见，具有一定的典型意义和价值评判倾向。

【复习思考题】

1. 试说说哪些语句寄寓着作者对现实的不满。
2. 翻译句子：士女闲都，不胜其村妆野妇之乔画；芳兰芗泽，不胜其合香芫荽之薰蒸；丝竹管弦，不胜其摇鼓欱笙之聒帐；鼎彝光怪，不胜其泥人竹马之行情；宋元名画，不胜其湖景佛图之纸贵。

相关拓展性阅读材料推荐：

1.《张岱评传》，胡益民，南开大学出版社，2001.
2.《前朝梦忆：张岱的浮华与苍凉》，史景迁，2007.
3.《都市文人——张岱传》，佘德余，浙江人民出版社，2006.
4.《明诗综》，(清)朱彝尊，上海古籍出版社，1993.
5. 潇湘书院-张岱 http://www.xxsy.net/gd/6_10070_29141.htm

煮酒论英雄

罗贯中

罗贯中(约 1330—约 1400),名本,字贯中,别号湖海散人,山西太原人,元末明初小说家。相传是施耐庵的学生。从小喜爱读书,博览经史,为后来的创作奠定了良好的基础。其所处的时代是一个民族矛盾和阶级矛盾异常尖锐复杂的时代。在这个历史大动荡的影响下,他很难施展自己的抱负。也许正是由于政治上的失意,他才有时间一生致力于稗史的写作活动,成为我国文学史上首位以全力从事小说创作的作家。主要作品有《三国志通俗演义》(《三国演义》)、《隋唐志传》、《残唐五代史演义》、《三遂平妖传》、《粉妆楼》和杂剧《宋太祖龙虎风云会》等。相传他还写过十七史通俗演义,并曾参与了《水浒传》的撰写。

长篇巨制《三国演义》,不仅在国内家喻户晓,妇孺皆知,而且被翻译成多国文字,风行全世界,受到世界各国人民的喜爱。在国外,他的《三国演义》被称之为"一部真正具有丰富人民性的杰作"。罗贯中把章回体小说这一文学式样推向成熟的阶段,在我国的文学发展史上,建树了不可磨灭的伟大功绩,同时,为世界文学的宝库,也增添了灿烂的光彩。

却说董承等问马腾曰:"公欲用何人?"马腾曰:"见有豫州牧刘玄德在此,何不求之?"承曰:"此人虽系皇叔,今正依附曹操,安肯行此事耶?"腾曰:"吾观前日围场之中,曹操迎受众贺之时,云长在玄德背后,挺刀欲杀操,玄德以目视之而止。玄德非不欲图操,恨操爪牙多,恐力不及耳。公试求之,当必应允。"吴硕曰:"此事不宜太速,当从容商议。"众皆散去。次日黑夜里,董承怀诏,径往玄德公馆中来。门吏入报,玄德迎出,请入小阁坐定。关、张侍立于侧。玄德曰:"国舅夤夜[①]至此,必有事故。"承曰:"白日乘马相访,恐操见疑,故黑夜相见。"玄德命取酒相待。承曰:"前日围场之中,云长欲杀曹操,将军动目摇头而退之,何也?"玄德失惊曰:"公何以知之?"承曰:"人皆不见,某独见之。"玄德不能隐讳,遂曰:"舍弟见操僭越[②],故不觉发怒耳。"承掩面而哭曰:"朝廷臣子,若尽如云长,何忧不太平哉!"玄德恐是曹操使他来试探,乃佯言曰:"曹丞相治国,为何忧不太平?"承变色而起曰:"公乃汉朝皇叔,故剖肝沥胆以相告,公何诈也?"玄德曰:"恐国舅有诈,故相试耳。"于是董承取衣带诏令观之,玄德不胜悲愤。又将义状出示,上止有六位:一,车骑将军董承;二,工部侍郎王子服;三,长水校尉种辑;四,议郎吴硕;五,昭信将军吴子兰;六,西凉太守马腾。玄德曰:"公既奉诏讨贼,备敢不效犬马之劳。"承拜谢,便请书名。玄德亦书"左将军刘备",押了字,付承收讫。承曰:"尚容再请三人,共聚十义,以图国贼。"玄德曰:"切宜缓缓施行,不可轻泄。"共议到五更,相别去了。

玄德也防曹操谋害,就下处后园种菜,亲自浇灌,以为韬晦[③]之计。关、张二人曰:"兄不留心天下大事,而学小人[④]之事,何也?"玄德曰:"此非二弟所知也。"二人乃不复言。

一日,关、张不在,玄德正在后园浇菜,许褚、张辽引数十人入园中曰:"丞相有命,请使君便行。"玄德惊问曰:"有甚紧事?"许褚曰:"不知。只教我来相请。"玄德只得随二人入府见操。操笑曰:"在家做得好大事!"唬得玄德面如土色。操执玄德手,直至后园,曰:"玄德学圃[⑤]不易!"玄德方才放心,答曰:"无事消遣耳。"操曰:"适见枝头梅子青青,忽感去年征张绣时,道上缺水,将士皆渴；吾心生一计，以鞭虚指曰：'前面有梅林。'军士闻之，口皆生唾，由是不渴。今见此梅，不可不赏。又值煮酒正熟，故邀使君小亭一会。"玄德心神方定。随至小亭，已设樽俎：盘置青梅，一樽煮酒。二人对坐，开怀畅饮。

酒至半酣，忽阴云漠漠，骤雨将至。从人遥指天外龙挂⑥，操与玄德凭栏观之。操曰："使君知龙之变化否？"玄德曰："未知其详。"操曰："龙能大能小，能升能隐：大则兴云吐雾，小则隐介藏形；升则飞腾于宇宙之间，隐则潜伏于波涛之内。方今春深，龙乘时变化，犹人得志而纵横四海。龙之为物，可比世之英雄。玄德久历四方，必知当世英雄。请试指言之。"玄德曰："备肉眼安识英雄？"操曰："休得过谦。"玄德曰："备叨恩庇，得仕于朝。天下英雄，实有未知。"操曰："既不识其面，亦闻其名。"玄德曰："淮南袁术，兵粮足备，可为英雄？"操笑曰："冢中枯骨，吾早晚必擒之！"玄德曰："河北袁绍，四世三公，门多故吏；今虎踞冀州之地，部下能事者极多，可为英雄？"操笑曰："袁绍色厉胆薄，好谋无断；干大事而惜身，见小利而忘命，非英雄也。"玄德曰："有一人名称八俊，威镇九州——刘景升可为英雄？"操曰："刘表虚名无实，非英雄也。"玄德曰："有一人血气方刚，江东领袖——孙伯符乃英雄也？"操曰："孙策藉父之名，非英雄也。"玄德曰："益州刘季玉，可为英雄乎？"操曰："刘璋虽系宗室，乃守户之犬耳，何足为英雄！"玄德曰："如张绣、张鲁、韩遂等辈皆何如？"操鼓掌大笑曰："此等碌碌小人，何足挂齿！"玄德曰："舍此之外，备实不知。"操曰："夫英雄者，胸怀大志，腹有良谋，有包藏宇宙之机，吞吐天地之志者也。"玄德曰："谁能当之？"操以手指玄德，后自指，曰："今天下英雄，惟使君与操耳！"玄德闻言，吃了一惊，手中所执匙箸，不觉落于地下。时正值天雨将至，雷声大作。玄德乃从容俯首拾箸曰："一震之威，乃至于此。"操笑曰："丈夫亦畏雷乎？"玄德曰："圣人迅雷风烈必变⑦，安得不畏？"将闻言失箸缘故，轻轻掩饰过了。操遂不疑玄德。后人有诗赞曰："勉从虎穴暂趋身，说破英雄惊杀人。巧借闻雷来掩饰，随机应变信如神。"

天雨方住，见两个人撞入后园，手提宝剑，突至亭前，左右拦挡不住。操视之，乃关、张二人也。原来二人从城外射箭方回，听得玄德被许褚、张辽请将去了，慌忙来相府打听；闻说在后园，只恐有失，故冲突而入。却见玄德与操对坐饮酒。二人按剑而立。操问二人何来。云长曰："听知丞相和兄饮酒，特来舞剑，以助一笑。"操笑曰："此非'鸿门会'⑧，安用项庄、项伯乎？"玄德亦笑。操命："取酒与二'樊哙'压惊。"关、张拜谢。须臾席散，玄德辞操而归。云长曰："险些惊杀我两个！"玄德以落箸事说与关、张。关、张问是何意。玄德曰："吾之学圃，正欲使操知我无大志；不意操竟指我为英雄，我故失惊落箸。又恐操生疑，故借惧雷以掩饰之耳。"关、张曰："兄真高见！"

【注释】

①夤(yín)夜：深夜。

②僭(jiàn)越：超过了封建礼法的等级规定。

③韬晦：把光芒收敛起来，有意隐蔽才能和意图，避免别人注意和猜疑。

④小人：封建统治阶级对劳动人民的诬蔑称呼。

⑤学圃：学习种菜。

⑥龙挂：即龙卷风。远看积雨云下呈漏斗状舒卷下垂，古人缺乏科学的了解，以为是施雨的龙在下挂吸水。

⑦迅雷风烈必变：语出《论语·乡党》，说孔子遇到疾雷暴风，必定要改变容色，表示对上天的敬

畏。迅雷风烈：即迅雷烈风。

⑧鸿门会：即鸿门宴，指充满阴谋和杀机的宴会。

【作品简析】

《三国演义》全称为《三国志通俗演义》，是我国第一部章回体小说，也是我国古代历史小说中成就最高、影响最大的一部作品，它广泛流传，魅力无穷，在中国文学史上和人民生活中都有着难以估量的深刻影响。小说是作者罗贯中在话本小说及民间故事的基础上，参考陈寿的史书《三国志》创作而成的。作品以宏大的结构描写了三国时期尖锐复杂的政治、军事斗争。同时塑造了曹操、刘备、诸葛亮、关羽、张飞等一系列深入人心的人物形象。揭示了统治集团之间既斗争又联合的关系，从而寄托了人民群众渴求政治清明、社会安定、国家统一的愿望。在重义气、守信用以及拥刘反曹等方面都反映了人民的观点和情绪。

《三国演义》中出现了近千个人物，主要角色个个具有鲜明个性。曹操既有雄才大略，同时又奸诈狭隘；刘备则宽厚仁慈，深得民心；诸葛亮是智慧的化身，草船借箭、七擒孟获、空城计等，都是有关这位智者的传奇故事；关羽义重如山，更为数百年的读者所钦佩。此外还有莽撞直率、又从善如流的张飞；英姿勃发，却又气量狭小的周瑜……都成为古代文学人物画廊中的典型。

《三国演义》对后世的历史演义小说影响极大。它所开创的“七实三虚”的创作准则被以后的演义小说奉为金科玉律。其雅俗共赏的语言特点也为此类小说所继承。该书对民间的影响更为深远，问世几百年来，已成为人民群众的历史教科书、军事教科书、生活教科书。

本文选自《三国演义》第二十一回。《三国演义》的情节是以曹、刘两个集团的斗争为主线展开的，“煮酒论英雄”是这场斗争的起始。它故事完整，矛盾集中，人物形象活灵活现，并有着浓郁的戏剧性，可作为优秀短篇小说来读。

“煮酒论英雄”的故事情节并不复杂。权势赫赫的曹操为了试探刘备，特邀刘备，置酒相待。刘备伪装庸碌无能，随机应变。当曹操指明“今天下英雄，惟使君与操耳”时，刘备以为韬晦之计被曹操识破，为之震惊，不禁把筷子掉在地上。在间不容发的一瞬，刘备急中生智，以“闻雷失箸”掩饰真情，并借机在伪装庸人的假面上又画了浑然天成的一笔，减少了曹操的疑虑。情节虽然单纯，人物形象却不单薄，作者采用史实加上自己的想象来塑造具有鲜明性格的人物的手法，使曹操和刘备的性格特征及其内心的波澜活生生地跃然纸上。

在这段故事中，通过对人物语言、动作、表情独特准确的描写，作者着重刻画了曹操疑忌险狠的性格和刘备机智忍耐的性格，真正达到了为人物“传神”的艺术境界。

【复习思考题】

1. 分析曹操、刘备的性格特征。
2. 课后通读《三国演义》，提高对历史小说特点的认识。

相关拓展性阅读材料推荐：

1.《品三国》，易中天，上海文艺出版社，2006.

2.《中国古典小说导论·三国演义》，夏志清，安徽文艺出版社，1988.

3.《三国演义资料汇编》，朱一玄，刘毓忱，百花文艺出版社，1983.

4.《〈三国演义〉论集》，鲁地，东海文艺出版社，1957.

5. 明清小说研究网-《三国演义》http://www.mqxs.com/qkjs/ldcy/wszs/200901.asp

6. 中国四大名著网-《三国演义》http://www.csdmz.cn/

宝玉挨打

曹雪芹

曹雪芹(约1715—约1764),名霑,字梦阮,号雪芹,又号芹溪、芹圃。祖籍辽阳。先世原是汉族,后为满州正白旗"包衣"(家奴)人。我国清代著名小说家。

曹雪芹的曾祖曹玺任江宁织造。祖父曹寅做过康熙帝玄烨的伴读和御前侍卫,后任江宁织造,兼任两淮巡盐监察御使,极受玄烨宠信。曹寅病故,其子曹顒、曹頫先后继任江宁织造。他们祖孙三代四人担任江宁织造达60年之久。曹雪芹自幼就是在这"秦淮风月"之地,过着"锦衣纨袴""饫甘餍肥"的奢华生活。雍正初年,曹家因受朝廷内部政治斗争的牵连,遭受到一系列的打击。曹顒被革职,家产抄没。曹頫被下狱治罪。曹雪芹随全家迁回北京居住,家况日渐衰微。他一生正好经历了曹家盛极而衰的过程。从宫廷贵族下降到"举家食粥"(见敦诚赠诗)的不平常经历,使他饱尝了世态炎凉,对社会上种种黑暗和罪恶的认识比一般人更全面、更深刻,对封建统治阶级没落命运的感受更深切,同时也使他有机会接触更广阔的社会现实,为他今后的创作提供了坚实的生活基础。

曹雪芹才华横溢,放荡不羁,性格傲岸,愤世嫉俗,工诗善画,还做得一手好风筝。具有多方面的艺术才能,但最大的贡献还在于小说的创作。他的小说《红楼梦》内容丰富,思想深刻,艺术精湛,把中国古典小说创作推向最高峰,在文学发展史上占有十分重要的地位。

《红楼梦》写于曹雪芹凄凉困苦的晚年,创作过程十分艰苦。后终因生活贫困,幼子夭亡,病重无医而逝。曹雪芹晚年致力于《红楼梦》的写作,"披阅十载,增删五次",仍未完稿。未完成稿题名《石头记》,基本定稿只有八十回,后四十回一般认为是高鹗的续作。

却说王夫人唤上金钏儿的母亲来,拿了几件簪环,当面赏了;又吩咐:"请几位僧人念经超度他[①]。"金钏儿的母亲磕了头,谢了出去。

原来宝玉会过雨村回来,听见金钏儿含羞自尽,心中早已五内摧伤[②],进来又被王夫人数说教训了一番,也无可回说。看见宝钗进来[③],方得便走出,茫然不知何往,背着手,低着头,一面感叹,一面慢慢的信步走至厅上。刚转过屏门,不想对面来了一人,正往里走,可巧撞了个满怀。只听那人喝一声:"站住!"宝玉唬了一跳,抬头看时,不是别人,却是他父亲[④]。早不觉倒抽了一口凉气,只得垂手一旁站着。

贾政道:"好端端的,你垂头丧气的嗐些[⑤]什么?方才雨村来了,要见你,那半天才出来!既出来了,全无一点慷慨挥洒的谈吐,仍是委委琐琐的[⑥]。我看你脸上一团私欲愁闷气色!这会子又唉声叹气,你哪些还不足、还不自在?无故这样,是什么原故?"宝玉素日虽然口角伶俐,此时一心却为金钏儿感伤,恨不得也身亡命殒[⑦],如今见他父亲说这些话,究竟不曾听明白了,只是怔怔的站着。

贾政见他惶悚[⑧],应对不似往日,原本无气的,这一来,倒生了三分气。方欲说话,忽有门上人来回:"忠顺亲王[⑨]府里有人来,要见老爷。"贾政听了,心下疑惑,暗暗思忖道:"素日并不与忠顺府来往,为什么今日打发人来?……"一面想,一面命:"快请厅上坐。"急忙进内更衣。

出来接见时，却是忠顺府长府官，一面彼此见了礼，归坐献茶。未及叙谈，那长府官就说道："下官此来，并非擅造潭府[10]；皆因奉命而来，有一件事相求。看王爷面上，敢烦老先生做主。不但王爷知情，且连下官辈亦感谢不尽。"

贾政听了这话，摸不着头脑，忙陪笑起身问道："大人既奉王命而来，不知有何见谕[11]？望大人宣明，学生好遵谕承办。"那长府官冷笑道："也不必承办，只用老先生一句话就完了。我们府里有一个做小旦的琪官[12]，一向好好在府，如今竟三五日不见回去，各处去找，又摸不着他的道路，因此各处察访；这一城内，十停人倒有八停人都说[13]：他近日和衔玉的那位令郎相与甚厚[14]。下官辈听了，尊府不比别家，可以擅来索取，因此启明王爷。王爷亦说：'若是别的戏子呢，一百个也罢了；只是这琪官，随机应答，谨慎老成，甚合我老人家的心境，断断少不得此人。'故此求老先生转致令郎，请将琪官放回：一则可慰王爷谆谆奉恳之意，二则下官辈也可免操劳求觅之苦。"说毕，忙打一躬。

贾政听了这话，又惊又气，即命唤宝玉出来。宝玉也不知是何缘故，忙忙赶来，贾政便问："该死的奴才！你在家不读书也罢了，怎么又做出这些无法无天的事来！那琪官现是忠顺王爷驾前奉承的人，你是何等草莽[15]，无故引逗他出来，如今祸及于我！"宝玉听了，唬了一跳，忙问道："实在不知此事。究竟'琪官'两个字，不知为何物，况更加以'引逗'二字！"说着便哭。

贾政未及开口，只见那长府官冷笑道："公子也不必隐饰：或藏在家，或知其下落，早说出来，我们也少受些辛苦。岂不念公子之德呢？"宝玉连说："实在不知。恐是讹传，也未见得。"那长府官冷笑两声道："现有证据，必定当着老大人说出来，公子岂不吃亏？——既说不知，此人那红汗巾怎得到了公子腰里[16]？"

宝玉听了这话，不觉轰了魂魄，目瞪口呆，心下自思："这话他如何知道？他既连这样机密的事都知道了，大约别的瞒不过他，不如打发他去了，免得再说出别的事来。"因说道："大人既知他的底细，如何连他置买房舍这样大事倒不晓得？听得说：他如今在东郊离城二十里有个什么紫檀堡，他在那里置了几亩地，几间房舍。想是在那里，也未可知。"那长府官听了，笑道："这样说，一定是在那里了！我且去找一回，若有了便罢；若没有，还要来请教。"说着，便忙忙地告辞走了。

贾政此时气得目瞪口歪，一面送那官员，一面回头命宝玉："不许动！回来有话问你！"一直送那官去了，才回身时，忽见贾环[17]带着几个小厮一阵乱跑，贾政喝命小厮："给我快打！"贾环见了他父亲，吓得骨软筋酥，赶忙低头站住。贾政便问："你跑什么？带着你的那些人都不管你，不知往哪里去，由你野马一般！"喝叫："跟上学的人呢？"

贾环见他父亲甚怒，便乘机说道："方才原不曾跑，只因从那井边一过，那井里淹死了一个丫头，我看脑袋这么大，身子这么粗，泡的实在可怕，所以才赶着跑过来了。"贾政听了，惊疑问道："好端端，谁去跳井？我家从无这样事情，自祖宗以来，皆是宽柔待下。——大约我近年于家务疏懒，自然执事人操克夺之权[18]，致使弄出这暴殄轻生的祸来[19]！若外人知道，祖宗的颜面何在！"喝命："叫贾琏、赖大来[20]！"

小厮们答应了一声，方欲去叫，贾环忙上前，拉住贾政袍襟，贴膝跪下，道："老爷不用生气。此事除太太屋里的人，别人一点也不知道，我听见我母亲说——"说到这句，便回头四顾一看；贾政知其意，将眼色一丢，小厮们明白，都往两边后面退去。贾环便悄悄说道："我母亲告诉我：'宝玉哥哥，前日在太太屋里，拉着太太的丫头金钏儿，强奸不遂，打了一顿，金钏儿便赌气投井死了——'"

话未说完，把个贾政气得面如金纸，大叫："拿宝玉来！"一面说，一面便往书房去，喝命："今日有人来劝我，我把这冠带家私一应就交与他和宝玉过去[21]，我免不得做个罪人，把这几根烦恼鬓毛剃去[22]，寻个干净去处自了[23]，也免得上辱先人、下生逆子之罪！”

众门客仆从见贾政这个形景，便知又是为宝玉了，一个个咬指吐舌，连忙退出。贾政喘吁吁直挺挺地坐地椅子上，满面泪痕，一叠连声：“拿宝玉来！拿大棍拿绳来！把门都关上！有人传信到里头去，立刻打死！”众小厮们只得齐齐答应着，有几个来找宝玉。

那宝玉听见贾政吩咐他“不许动”，早知凶多吉少；哪里知道贾环又添了许多的话。正在厅上旋转，怎得个人往里头捎信，偏偏的没个人来，连焙茗[24]也不知在哪里。正盼望时，只见一个老妈妈出来，宝玉如得了珍宝，便赶上来拉她，说道：“快进去告诉：老爷要打我呢！快去，快去！要紧，要紧！”宝玉一则急了，说话不明白；二则老婆子偏偏又耳聋，不曾听见是什么话，把“要紧”二字，只听做“跳井”二字，便笑道：“跳井让他跳去，二爷怕什么？”宝玉见是个聋子，便着急道：“你出去叫我的小厮来罢！”那婆子道：“有什么了不了的事？老早的完了，太太又赏了银子，怎么不了事呢？”

宝玉急的手脚正没抓寻处，只见贾政的小厮走来，逼着他出去了。贾政一见，眼都红了，也不暇问他在外流荡优伶，表赠私物，在家荒疏学业，逼淫母婢[25]；只喝命：“堵起嘴来，着实打死！”小厮们不敢违，只得将宝玉按在凳上，举起大板，打了十来下。宝玉自知不能讨饶，只是呜呜的哭。贾政犹嫌打得轻了，一脚踢开掌板的，自己夺过板子来，狠命地又打了十几下。

宝玉生来没经过这样苦楚，起先觉得打的疼不过，还乱哭，后来渐渐气弱声嘶，哽咽不出。众门客见打得不祥了[26]，赶着上来，恳求夺劝。贾政那里肯听？说道：“你们问问他干的勾当，可饶不可饶！素日皆是你们这些人把他酿坏了，到这步田地，还来劝解！明日酿到他弑父弑君[27]，你们才不劝不成？”

众人听这话不好，知道气急了，忙乱着觅人进去给信。王夫人听了，不及去回贾母，便忙穿衣出来，也不顾有人没人，忙忙扶了一个丫头，赶往书房中来。慌得众门客小厮等避之不及。贾政正要再打，一见王夫人进来，更加火上浇油，那板子越下去的又狠又快。按宝玉的两个小厮，忙松手走开，宝玉早已动弹不得了。

贾政还欲打时，早被王夫人抱住板子。贾政道：“罢了，罢了！今日必定要气死我才罢！”王夫人哭道：“宝玉虽然该打，老爷也要保重。且炎暑天气，老太太身上又不大好，打死宝玉事小，倘或老太太一时不自在了，岂不事大？”贾政冷笑道：“倒休提这话！我养了这不肖的孽障，我已不孝；平昔教训他一番，又有众人护持；不如趁今日结果了他的狗命，以绝将来之患！”说着，便要绳来勒死。王夫人连忙抱住哭道：“老爷虽然应当管教儿子，也要看夫妻份上。我如今已五十岁的人，只有这个孽障，必定苦苦的以他为法，我也不敢深劝。今日越发要弄死他，岂不是有意绝我呢？既要勒死他，索性先勒死我，再勒死他！我们娘儿们不如一同死了，在阴司里也得个倚靠。”说毕，抱住宝玉，放声大哭起来。

贾政听了此话，不觉长叹一声，向椅子坐了，泪如雨下。王夫人抱着宝玉，只见他面白气弱，底下穿着一条绿纱小衣，一片皆是血渍。禁不住解下汗巾去，由腿看至臀胫，或青或紫，或整或破，竟无一点好处，不觉失声大哭起“苦命的儿”来。因哭出“苦命儿”来，又想起贾珠来[28]，便叫着贾珠，哭道：“若是你活着，便死一百个，我也不管了。”

此时里面的人闻得王夫人出来，李纨、凤姐及迎、探[29]姊妹两个，也都出来了。王夫人哭着贾珠的名字，别人还可，惟有李纨禁不住也抽抽搭搭地哭起来了。贾政听了，那泪更似走珠一般滚了下来。正没开交处，忽听丫环来说：“老太太来了——”一言未了，只听见窗外颤巍巍的声气说道："先打死我，再打死他，就干净了！"

贾政见母亲来了，又急又痛，连忙迎出来。只见贾母扶着丫头[30]，摇头喘气地走来。贾政上前躬身陪笑道："大暑热的天，老太太有什么吩咐，何必自己走来，只叫儿子进去吩咐便了。"贾母听了，便止步喘息，一面厉声道："你原来和我说话！我倒有话吩咐，只是我一生没养个好儿子，却叫我和谁说去！"

贾政听这话不像，忙跪下含泪说道："儿子管他，也为的是光宗耀祖。老太太这话，儿子如何当的起？"贾母听说，便啐了一口，说道："我说了一句话，你就禁不起！你那样下死手的板子，难道宝玉儿就禁的起了？你说教训儿子是光宗耀祖，当日你父亲怎么教训你来着！"说着，也不觉泪往下流。贾政又陪笑道："老太太也不必伤感，都是儿子一时性急，从此以后，再不打他了。"贾母便冷笑两声道："你也不必和我赌气，你的儿子，自然你要打就打。想来你也厌烦我们娘儿们，不如我们早离开了你，大家干净！"说着，便命人："去看轿！——我和你太太、宝玉儿立刻回南京去！"家下人只得答应着。

贾母又叫王夫人道："你也不必哭了，如今宝玉儿年纪小，你疼他；他将来长大，为官作宦的，也未必想着你是他母亲了。你如今倒是不疼他，只怕将来还少生一口气呢！"贾政听说，忙叩头说道："母亲如此说，儿子无立足之地了！"贾母冷笑道："你分明使我无立足之地，你反说起你来！只是我们回去了，你心里干净，看有谁来不许你打！"一面说，一面只命："快打点行李车辆轿马回去！"贾政直挺挺跪着，叩头谢罪。

贾母一面说，一面来看宝玉，只见今日这顿打，不比往日，又是心疼，又是生气，也抱着哭个不了。王夫人与凤姐等解劝了一会儿，方渐渐地止住。

早有丫环媳妇等，上来要搀宝玉，凤姐便骂："糊涂东西！也不睁开眼瞧瞧，这个样儿，怎么搀着走的？还不快进去把藤屉子春凳抬出来呢[31]！"众人听了，连忙飞跑进去，果然抬出春藤凳来，将宝玉放上，随着贾母王夫人等进去，送至贾母屋里。

彼时贾政见贾母怒气未消，不敢自便，也跟着进来。看看宝玉果然打重了，再看看王夫人一声"肉"一声"儿"的哭道："你替珠儿早死了，留着珠儿，也免你父亲生气，我也不白操这半世的心了！这会子你倘或有个好歹，撂下我，叫我靠哪一个？"数落一场，又哭"不争气的儿"。贾政听了，也就灰心自己不该下毒手打到如此地步。先劝贾母，贾母含泪说道："儿子不好，原是要管的，不该打到这个份儿！你不出去，还在这里做什么！难道于心不足，还要眼看着他死了才算吗？"贾政听说，方诺诺地退出去了。

此时薛姨妈、宝钗、香菱、袭人、湘云等也都在这里[32]。袭人满心委曲，只不好十分使出来。见众人围着，灌水的灌水，打扇的打扇，自己插不下手去，便索性走出门，到二门前，命小厮们找了焙茗来细问："方才好端端的，为什么打起来？你也不早来透个信儿！"焙茗急得说："偏我没在跟前，打到半中间，我才听见了，忙打听原故，却是为琪官儿和金钏儿姐姐的事。"袭人道："老爷怎么知道了？"焙茗道："那琪官儿的事，多半是薛大爷素昔吃醋，没法儿出气，不知在外头挑唆了谁来，在老爷跟前下的蛆。那金钏儿姐姐的事，大约是三爷说的。——我也是听见跟老爷的人说。"

袭人听了这两件事都对景[33]，心中也就信了八九分，然后回来，只见众人都替宝玉疗治调停完备。贾母命："好生抬到他屋里去。"众人一声答应，七手八脚，忙把宝玉送入怡红院内自己床上卧好，又乱了半日，众人渐渐的散去了，袭人方才进前来，经心服待细问。

话说袭人见贾母王夫人等去后，便走来宝玉身边坐下，含泪问他："怎么就打到这步田地？"宝玉叹气说道："不过为那些事，问他做什么！只是下半截疼得很，你瞧瞧，打坏了哪里？"袭人听说，便轻轻地伸手进去，将中衣脱下[34]，略动一动，宝玉便咬着牙叫“哎哟”，袭人连忙停住手：如此三四次才褪下来了。袭人看时，只见腿上半段青紫，都有四指阔的僵痕高起来。袭人咬着牙说道：“我的娘！怎么下这般的狠手！——你但凡听我一句话，也不到这个份儿。幸而没动筋骨；倘或打出个残疾来，可叫人怎么样呢？”

正说着只听丫环们说：“宝姑娘来了。”袭人听见，知道穿不及中衣，便拿了一床夹纱被[35]替宝玉盖了。只见宝钗手里托着一丸药走进来，向袭人说道：“晚上把这药用酒研开，替他敷上，把那淤血的热毒散开，就好了。”说毕，递与袭人。又问：“这会子可好些？”宝玉一面道谢，说：“好些了。”又让坐。

宝钗见他睁开眼说话，不像先时，心中也宽慰了些，便点头叹道：“早听人一句话，也不至有今日！别说老太太、太太心疼，就是我们看着，心里也——”刚说了半句，又忙咽住，不觉眼圈微红，双腮带赤，低头不语了。宝玉听这话如此亲切，大有深意；忽见他又咽住，不往下说，红了脸，低下头，含着泪，只管弄衣带，那一种软怯娇羞、轻怜痛惜之情，竟难以言语形容，越觉心中感动，将疼痛早已丢在九霄云外去了。想道：“我不过挨了几下打，他们一个个就有这些怜惜之态，令人可亲可敬。假若我一时竟别有大故[36]，他们还不知何等悲感呢！既是他们这样，我便一时死了，得他们如此，一生事业，纵然尽付东流，也无足叹惜了。”正想着，只听宝钗问袭人道：“怎么好好的动了气，就打起来了？”袭人便把焙茗的话悄悄说了。宝玉原来还不知贾环的话，见袭人说出，方才知道；因又拉上薛蟠，惟恐宝钗沉心[37]，忙又止住袭人道：“薛大哥从来不是这样，你们别乱猜度。”

宝钗听说，便知宝玉是怕他多心，用话拦袭人。因心中暗暗想道：“打得这个形象，疼还顾不过来，还这样细心，怕得罪了人。你既这样用心，何不在外头大事上做工夫，老爷也欢喜了，也不能吃这样亏.你虽然怕我沉心，所以拦袭人的话，难道我就不知我哥哥素日恣心纵欲、毫无防范的那种心性吗？当日为个秦钟[38]，还闹的天翻地覆，自然如今比先又加利害了。”想毕，因笑道：“你们也不必怨这个，怨那个，据我想，到底宝兄弟素日肯和那些人来往，老爷才生气。就是我哥哥说话不防头，一时说出宝兄弟来，也不是有心挑唆：一则也是本来实话；二则他原不理论这些防嫌小事。袭姑娘从小儿只见过宝兄弟这样细心的人，何曾见过我哥哥那天不怕、地不怕、心里有什么、口里说什么的人呢？”

袭人因说出薛蟠来，见宝玉拦他的话，早已明白自己说造次了[39]，恐宝钗没意思；听宝钗如此说，更觉羞愧无言。宝玉又听宝钗这一番话，半是堂皇正大，半是体贴自己的私心，更觉比先心动神移。方欲说话时，只见宝钗起身道：“明日再来看你，好生养着罢。方才我拿了药来，交给袭人，晚上敷上，管就好了。”说着，便走出门去。袭人赶着送出院外，说：“姑娘倒费心了。改日宝二爷好了，亲自来谢。”宝钗回头笑道：“这有什么的？只劝他好生养着，别胡思乱想，就好了。要想什么吃的玩的，悄悄的往我那里只管取去，不必惊动老太太、太太、众人。倘或吹到老爷耳朵里，虽然彼时不怎么样，将来对景，终是要吃亏的。”说着去了。

袭人抽身回来，心内着实感激宝钗。进来见宝玉沉思默默，似睡非睡的模样，因而退出房外栉沐。宝玉默默地躺在床上，无奈臀上作痛，如针挑刀挖一般，更热如火炙[40]，略展转时，禁不住“嗳哟”之声。那时天色将晚，因见袭人去了，却有两三个丫环伺候，此时并无呼唤之事，因说道：“你们且去梳洗，等我叫时再来。”众人听了，也都退出。

这里宝玉昏昏沉沉，只见蒋玉函走进来了，诉说忠顺府拿他之事；一时又见金钏儿进来，哭说为他投井之情[41]。宝玉半梦半醒，刚要诉说前情，忽又觉有人推他，恍恍惚惚，听得悲切之声。宝玉从梦中惊醒，睁眼一看，不是别人，却是黛玉。——犹恐是梦，忙又将身子欠起来，向脸上细细一认，只见他两个眼睛肿得桃儿一般，满面泪光，不是黛玉，却是那个？宝玉还欲看时，怎奈下半截疼痛难禁，支持不住，便"嗳哟"一声，仍旧倒下；叹了口气，说道："你又做什么来了？太阳才落，那地上还是怪热的，倘或又受了暑，怎么好呢？我虽然挨了打，却也不很觉疼痛。这个样儿是装出来哄他们，好在外头布散给老爷听。其实是假的。你别信真了。"

此时黛玉虽不是嚎啕大哭，然越是这等无声之泣，气噎喉堵，更觉利害。听了宝玉这些话，心中提起万句言词，要说时却不能说得半句。半天，方抽抽噎噎地道："你可都改了罢！"宝玉听说，便长叹一声道："你放心。别说这样话。我便为这些人死了，也是情愿的。"

一句话未了，只见院外人说："二奶奶来了。"黛玉便知是凤姐来了，连忙起身，说道："我从后院子里罢，回来再来。"宝玉一把拉住，道："这又奇了。好好的，怎么怕起他来了？"黛玉急得跺脚，悄悄地说道："你瞧瞧我的眼睛！又该他们拿咱们取笑儿了。"宝玉听说，赶忙地放了手。黛玉三步两步转过床后，刚出了后院，凤姐从前头已进来了。问宝玉："可好些了？想些什么吃？叫人往我那里取去。"接着薛姨妈又来了。一时贾母又打发了人来。

至掌灯时分，宝玉只喝了两口汤，便昏昏沉沉地睡去。接着周瑞媳妇、吴新登媳妇、郑好媳妇，这几个有年纪长来往的，听见宝玉捱了打，也都进来。袭人忙出来，悄悄的笑道："婶娘们略来迟了一步，二爷睡着了。"说着，一面陪他们到那边屋里坐着，倒茶给他们吃。那几个媳妇子都悄悄的坐了一会儿，向袭人说："等二爷醒了，你替我们说罢。"

袭人答应了，送他们出去。

【注释】

①簪环：绾住头发的一种首饰和耳环，泛指一些女子的首饰。念经超度：找和尚道士为死者念经消灾度过苦难。这些办法是宝钗知道金钏儿已死，王夫人有点不安，而劝慰王夫人时提出的一些建议："姨娘也不劳关心。十分过不去，不过多赏他几两银子，发送他，也不尽主仆之情了。"

②雨村：贾化，号雨村。一个与贾府有着密切关系的封建官僚。本是个潦倒文人，中进士后当了县官，不久因"贪酷"而被革职。后又借助贾府势力得以"起复"，升任应天府尹。五内：五脏，指内心，全身心。

③宝钗：薛宝钗，《红楼梦》中的女主人公之一。旧社会认为贤惠大方、思想符合传统、得到称赞的人。心里很喜欢贾宝玉，宝玉对她也相当接近，但内心最爱林黛玉。

④父亲：即宝玉的父亲贾政。他是封建社会的卫道士，极不喜欢贾宝玉的无意仕进，同时，他也非常笃于封建教道，不敢公然违拗母亲的意旨。贾母溺爱宝玉，他便不敢怎样责打，迂腐无能。

⑤嗐(hài)：叹息声，同"咳"。

⑥委委琐琐：无精打采，萎靡不振的样子。

⑦殒(yǔn)：死亡。

⑧惶悚(sǒng)：慌张害怕。

⑨忠顺亲王：当时有权势的一家皇亲国戚之一。是把"一个做小旦的琪官"即下文所说的优伶蒋玉涵豢养占有的主子。

⑩并非擅造潭府：并不是擅自到贵府来。造：到。潭府：贵府，深宅大院。潭：深。旧时对别人

府宅的尊称。

⑪谕：告诉，吩咐。旧俗对对方讲话的尊敬说法。

⑫做小旦：演青年女角色的优伶。琪官：艺名，指蒋玉函。忠顺王爷府中一位唱小旦的优伶。风雅能诗，与贾宝玉情谊相投，交往甚厚；后娶花袭人为妻。

⑬停：成、份。总数分成几等份，其中一份叫一停。

⑭衔玉的那位令郎：指贾政的儿子贾宝玉。

⑮草莽：低贱粗俗。

⑯"红汗巾"事：见第二十八回，贾宝玉和蒋玉涵二人情意相投，宝玉将自己的玉扇坠和松花汗巾(原是袭人所送)送给蒋玉涵，蒋玉涵则将北静王赠送自己的茜香国女国王所贡红汗巾(夏日系于身，肌肤生香，不生汗渍)转赠给宝玉。

⑰贾环：贾政姨太太赵姨娘所生的儿子。封建社会姨太太在家族内的地位远比正室低，庶出的儿子特别在原有亲生儿子的情况下，也不受重视。加上贾环很不成器，尤受歧视。为抢夺未来家业，母子二人对宝玉极为妒恨。

⑱执事人：指府中管事之人。克夺之权：管理上的决定奖惩权力。克：制胜，制人。夺：这里的夺即生杀予夺。

⑲暴殒轻生的祸：指金钏儿突然投井自杀丢掉生命之事。暴殒：暴死。

⑳贾琏：管家王熙凤(凤姐)的丈夫。赖大：贾府家人。

㉑冠带家私：官帽、腰带和家产，即官爵、财产。

㉒烦恼鬓毛：佛家称头发为"烦恼丝"。

㉓干净去处：指佛门，佛门通向清静，可免烦恼。自了：意谓自己了结。

㉔焙茗：贾宝玉的贴身男仆，原名茗烟。

㉕婢：婢女。旧社会有钱人家雇用的女孩子。

㉖门客：封建贵族官僚家里养的帮闲或帮忙的文人。不祥：很危险的样子。

㉗弑父弑君：子杀父，臣杀君。

㉘贾珠：贾宝玉的哥哥，已早死。贾珠一心想走读书上进、做官、光宗耀祖的道路。贾政极喜欢贾珠。

㉙李纨：贾珠的寡妻。迎、探：迎春和探春。

㉚贾母：贾政的母亲。大观园中最高的长辈。溺爱宝玉，在她面前贾政只得听话服从，不敢违拗。只有贾母赶来了，他才不能再打了。

㉛藤屉子春凳：用藤皮编成的一种可坐可卧的长凳。春凳：长条且宽大的凳子。

㉜薛姨妈：宝钗的母亲，宝玉母亲王夫人之妹。香菱：宝钗的丫头。袭人：宝玉的贴身丫头。湘云：贾母的内侄孙女，常在大观园中居住。

㉝对景：情景相符。符合袭人所知的实际情况。

㉞中衣：内衣。

㉟夹纱被：表里两层的纱被。

㊱大故：指死亡。

㊲沉心：往心里去，多心，不快。

㊳秦钟：秦可卿之弟，宝玉的密友，早死。

㊴造次：莽莽撞撞，不小心。

㊵火炙：像火在烧灼他。

㊶为他投井之情：这里是写宝玉昏昏沉沉半梦半醒中的幻觉。

【作品简析】

《红楼梦》在思想和艺术上都是中国古代长篇小说的高峰。小说以贾、史、王、薛四大家族为背景，以贾宝玉、林黛玉的爱情悲剧为主要线索，全方位、多侧面地揭露并批判了黑暗腐败的封建社会和封建礼教，讴歌了贵族阶级中贾宝玉、林黛玉这一对叛逆者的反抗精神和民主思想。揭示了封建社会必然灭亡的历史趋势。

"宝玉挨打"节选自《红楼梦》第三十三回《手足耽耽小动唇舌，不肖种种大承笞挞》和第三十四回《情中情因情感妹妹，错里错以错劝哥哥》中"钗黛探伤"部分。集中表现了封建统治阶级的卫道士与叛逆者之间的矛盾冲突，情节起伏，人物性格异常鲜明突出。

本文先写宝玉挨打的原因，侧面显示出这个封建大家庭内部的复杂情况，宝玉与"戏子"琪官的私下交往成了挨打的导火线。贾环乘机添油加醋中伤宝玉更招致父亲怒极的毒打。次写毒打的经过，显示挨打的根本原因在于宝玉的思想感情和他父亲南辕北辙，贾政认为宝玉的想法和行为发展下去一定会杀父弑君，"不如趁今日结果了他的性命，以绝将来之患"。最后写宝玉挨打后府里众人都来探望宝玉，由于各自地位、性格和感情关系的不同，重要的人物都有其独特的性格和表现。

本文和其他小说作品一样，也遵循着事情的起因、发生、发展、高潮和尾声的基本结构样式。本文情节的发展线是宝玉为何挨打；宝玉挨打的过程和宝玉挨打以后贾家上下对宝玉的关切，这是一条明线。还有一条暗线，那就是以贾政为代表的封建统治者的镇压与宝玉所作所为的反叛线。镇压与反叛的矛盾，才是这一情节发展最本质的推动力。

宝玉挨打，牵动了贾府上上下下、不同身份地位的人物。他们在这一事件中都异常活跃地表现出各自的性格和心态。贾政虽然对叛逆的儿子表现出异常的凶狠，却在贾母那里又以顺从的言词展示出他性格的另一个侧面：孝。贾夫人虽然对宝玉能步入"正路"寄予着莫大的希望，但对贾政的毒打却怨恨尤深。她既要考虑儿子，又要考虑丈夫，还要想到贾母。贾母是贾府的最高统治者。对宝玉的溺爱也是最甚的。她对贾政毒打宝玉的态度，既没有贾夫人的哭闹，也没有对贾政劈头盖脸的责骂，她所说的"儿子不好，原是要管的"话中含讥，讽中带刺，既护爱了孙子，又施了母亲的威风。然而在讥讽之中却透露出对封建孝道的深透理解。凤姐在这里骂下人"糊涂东西！也不睁开眼瞧瞧，这个样儿，怎么搀着走的？还不快进去把那藤屉子春凳抬出来呢！"虽只一句，其性格也已入木三分。

宝钗和黛玉都爱着宝玉，但她们的基点不一样，表情不一样，从文中她们言行的细节中可以区别出来。宝钗是托着一丸药出场的。作为在贵族小姐中是最会做人的，她一方面有着维护着封建礼教的堂皇正大"早听人一句话，也不至有今日！""到底宝玉兄弟素日肯和那些人来往，老爷才生气。"一方面又有着安分随时的玲珑得体"别说老太太、太太心疼，就是我们看着，心里也——"并且表现出一种软怯娇羞、轻怜痛惜之情。黛玉因父母双亡，寄身贾府，性格一向孤傲且多伤感。对宝玉挨打是发自内心的痛惜。黛玉虽只说了一句"你可都改了罢！"却招出宝玉只有面对黛玉才可说出的话"你放心。别说这样话。我便为这些人死了，也是情愿的。"两个人的共鸣，反映着两个人共有的叛逆性格。

情节的展开起伏跌宕，人物语言、表情、处事的个性化，为读者展现出一幕幕动人的封建官僚贵族家庭的生活画卷。其艺术的真实性及思想的深刻性，都显示着这一小说在中国古代小说中的非凡地位。

【复习思考题】

1. 分析贾政、贾夫人及贾母三个人物的不同性格特点。
2. 宝钗与黛玉同是探视宝玉，小说是怎样运用不同的语言表现出她们不同的性格特点的？
3. 归纳本文的中心思想。

相关拓展性阅读材料推荐：

1.《红楼梦》，俞平伯校，启功注，人民文学出版社，1998.
2.《名家解读〈红楼梦〉》，张宝坤，山东人民出版社，1998.
3.《红楼梦人物论》，王昆仑，北京出版社，2004.
4.《红楼梦诗词曲赋鉴赏》，蔡义江，中华书局，2001.
5.《红楼梦新证》，周汝昌，人民文学出版社，1985.
6.《红楼梦研究》，俞平伯，人民文学出版社，1988.
7.《曹雪芹丛考》，吴恩裕，上海古籍出版社，1980.
8. 中国四大名著网-《红楼梦》 http://www.csdmz.cn/
9. 红楼梦网 http://www.52hongloumeng.com/
10. 红楼网 http://www.myhonglou.com/

小　翠

蒲松龄

蒲松龄(1640—1715),字留仙,号剑臣,别号柳泉居士,山东淄川(今属山东淄博市)人,清初小说家。从小随父读书,19岁时以县、府、道试三个第一补博士弟子生员,得到学使施闰章的称扬,文名大振。但此后在科举场中很不得意,屡不中举。中年以后,出外游学,或作幕宾,或为塾师,到了71岁,才考得了贡生。他收入微薄,生活清苦,一面教书,一面创作,以数十年时间写成了《聊斋志异》。著作还有《聊斋文集》、《聊斋诗集》、《聊斋俚曲》和关于农业、医药等通俗读物多种,如《农桑经》、《日用俗字》、《伤寒药性赋》等,这些都收入了近人编辑的《蒲松龄集》。

《聊斋志异》是一部文言短篇小说集,蒲松龄的代表作,在他40岁左右时基本完成,此后不断有所增补和修改。全书有短篇小说491篇。题材非常广泛,内容极其丰富。多数作品通过谈狐说鬼的手法,对当时社会的腐败、黑暗进行了有力批判,在一定程度上揭露了社会矛盾,表达了人民的愿望。但其中也夹杂着一些封建伦理观念和因果报应的宿命论思想。《聊斋志异》的艺术成就很高,它成功地塑造了众多的艺术典型,人物形象鲜明生动,故事情节曲折离奇,结构布局严谨巧妙,文笔简练,描写细腻,堪称中国古典短篇小说之巅峰。郭沫若评价说:"写鬼写妖高人一筹,刺贪刺虐入木三分。"十九世纪中叶传播到国外,已有英、法、德、日等二十多个语种的译本。

王太常①,越人,总角时②,昼卧榻上。忽阴晦,巨霆暴作,一物大于猫,来伏身下,展转不离。移时晴霁,物即径出。视之非猫,始怖,隔房呼兄。兄闻,喜曰:"弟必大贵,此狐来避雷霆劫也。"后果少年登进士,以县令入为侍御③。

生一子名元丰,绝痴,十六岁不能知牝牡,因而乡党无与为婚。王忧之。适有妇人率少女登门,自请为妇。视其女,嫣然展笑,真仙品也。喜问姓名。自言:"虞氏。女小翠,年二八矣。"与议聘金。曰:"是从我糠覈④不得饱,一旦置身广厦,役婢仆,厌膏粱⑤,彼意适,我愿慰矣,岂卖菜也而索值乎!"夫人大悦,优厚之。妇即命女拜王及夫人,嘱曰:"此尔翁姑,奉侍宜谨。我大忙,且去,三数日当复来。"王命仆马送之,妇言:"里巷不远,无烦多事。"遂出门去。

小翠殊不悲恋,便即奁中翻取花样。夫人亦爱乐之。数日妇不至,以居里问女,女亦憨然不能言其道路。遂治别院,使夫妇成礼。诸戚闻拾得贫家儿作新妇,共笑姗⑥之;见女皆惊,群议始息。

女又甚慧,能窥翁姑喜怒。王公夫妇,宠惜过于常情,然惕惕焉惟恐其憎子痴,而女殊欢笑不为嫌。第善谑,刺布作圆⑦,蹋蹴为笑。着小皮靴,蹴去数十步,给公子奔拾之,公子及婢恒流汗相属。一日,王偶过,圆訇然来直中面目。女与婢俱敛迹⑧去,公子犹踊跃奔逐之。王怒,投之以石,始伏而啼。王以告夫人,夫人往责女,女俯首微笑,以手刓床⑨。既退,憨跳如故,以脂粉涂公子作花面如鬼。夫人见之怒甚,呼女诟骂。女倚几弄带,不惧,亦不言。夫人无奈之,因杖其子。元丰大号,女始色变,屈膝乞宥。夫人怒顿解,释杖去。女笑拉公子入室,代扑衣上尘，拭眼泪，摩挲杖痕，饵以枣栗。公子乃收涕以欣。女阖庭户，复装公子作霸王，作沙漠人[10]；已乃艳服，束细腰，扮虞美人，婆娑作帐下舞；或髻插雉尾，拨琵琶，丁丁缕缕然[11]，喧笑一室，日以为常。王公以子痴，不忍过责妇，即微闻焉，亦若置之。

同巷有王给谏者，相隔十余户，然素不相能[12]；时值三年大计吏，忌公握河南道篆[13]，思中伤之。公知其谋，忧虑无所为计。一夕早寝，女冠带饰冢宰[14]状，剪素丝作浓髭，又以青衣饰两婢为虞候[15]，窃跨厩马而出，戏云："将谒王先生。"驰至给谏之门，即又鞭挞从人，大言曰："我谒侍御王，宁谒给谏王耶！"回辔而归。比至家门，门者误以为真，奔白王公。公急起承迎，方知为子妇之戏。怒甚，谓夫人曰："人方蹈我之瑕[16]，反以闺阁之丑登门而告之，余祸不远矣！"夫人怒，奔女室，诟让之。女惟憨笑，并不一置词。挞之不忍，出之则无家，夫妻懊怨，终夜不寝。时冢宰某公赫甚[17]，其仪采服从[18]，与女伪装无少殊别，王给谏亦误为真。屡侦公门，中夜而客未出，疑冢宰与公有阴谋[19]。次日早朝，见而问曰："夜相公至君家耶？"公疑其相讥，惭言唯唯，不甚响答。给谏愈疑，谋遂寝[20]，由此益交欢公。公探知其情窃喜，而阴嘱夫人劝女改行，女笑应之。

逾岁，首相免，适有以私函致公者误投给谏。给谏大喜，先托善公者[21]往假万金，公拒之。给谏自诣公所。公觅巾袍并不可得；给谏伺久，怒公慢[22]，愤将行。忽见公子衮衣旒冕，有女子自门内推之以出，大骇；已而笑抚之，脱其服冕而去。公急出，则客去已远。闻其故，惊颜如土，大哭曰："此祸水[23]也！指日赤[24]吾族矣！"与夫人操杖往。女已知之，阖扉任其诟厉。公怒，斧[25]其门，女在内含笑而告之曰："翁无烦怒。有新妇在，刀锯斧钺妇自受之，必不令贻害双亲。翁若此，是欲杀妇以灭口耶？"公乃止。给谏归，果抗疏[26]揭王不轨，衮冕作据。上惊验之，其旒冕乃粱秸心[27]所制，袍则败布黄袱也。上怒其诬。又召元丰至，见其憨状可掬，笑曰："此可以作天子耶？"乃下之法司。给谏又讼公家有妖人，法司严诘臧获[28]，并言无他，惟颠妇痴儿日事戏笑，邻里亦无异词。案乃定，以给谏充云南军。王由是奇女。又以母久不至，意其非人，使夫人探诘之，女但笑不言。再复穷问，则掩口曰："儿玉皇女，母不知耶？"

无何，公擢京卿。五十余，每患无孙。女居三年，夜夜与公子异寝，似未尝有所私。夫人舁榻去，嘱公子与妇同寝。过数日，公子告母曰："借榻去，悍不还！小翠夜夜以足股加腹上，喘气不得；又惯掐人股里。"婢妪无不粲然。夫人呵拍令去。一日女浴于室，公子见之，欲与偕；女笑止之，谕使姑待。既去，乃更泻热汤于瓮，解其袍裤，与婢扶之入。公子觉蒸闷，大呼欲出。女不听，以衾蒙之。少时无声，启视已绝。女坦笑不惊，曳置床上，拭体干洁，加覆被焉。夫人闻之，哭而入，骂曰："狂婢何杀吾儿！"女辗然曰："如此痴儿，不如勿有。"夫人益恚，以首触女；婢辈争曳劝之。方纷噪间，一婢告曰："公子呻矣！"辍涕抚之，则气息休休，而大汗浸淫[29]，沾浃[30]裀褥。食顷汗已，忽开目四顾遍视家人，似不相识，曰："我今回忆往昔，都如梦寐，何也？"夫人以其言语不痴，大异之。携参其父，屡试之，果不痴，大喜，如获异宝。至晚，还榻故处，更设衾枕以觇之。公子入室，尽遣婢去。早窥之，则榻虚设。自此痴颠皆不复作，而琴瑟静好如形影焉。

年余，公为给谏之党奏劾免官，小有罣误。旧有广西中丞[31]所赠玉瓶，价累千金，将出以贿当路。女爱而把玩之，失手堕碎，惭而自投[32]。公夫妇方以免官不快，闻之，怒，交口呵骂。女忿而出，谓公子曰："我在汝家，所保全者不止一瓶，何遂不少存面目？实与君言：我非人也。以母遭雷霆之劫，深受而翁庇翼；又以我两人有五年夙分，故以我来报曩恩、了夙愿耳。身受唾骂，擢发不足以数[33]，所以不即行者，五年之爱未盈。今何可以暂止乎！"盛气而出，追之已杳。

公爽然[34]自失，而悔无及矣。公子入室，睹其剩粉遗钩，恸哭欲死；寝食不甘，日就羸瘁。公大忧，急为胶续[35]以解之，而公子不乐。惟求良工画小翠像，日夜浇祷[36]其下，几二年。

偶以故自他里归，明月已皎，村外有公家亭园，骑马墙外过，闻笑语声，停辔，使厩卒[37]捉鞚，登鞍一望，则二女郎游戏其中。云月昏蒙，不甚可辨，但闻一翠衣者曰："婢子当逐出门！"一红衣者曰："汝在吾家园亭，反逐阿谁？"翠衣人曰："婢子不羞！不能作妇，被人驱遣，犹冒认物产也？"红衣者曰："索胜老大婢无主顾者！"听其音酷类小翠，疾呼之。翠衣人去曰："姑不与若争，汝汉子来矣。"既而红衣人来，果小翠。喜极。女令登垣承接而下之，曰："二年不见，骨瘦一把矣！"公子握手泣下，具道相思。女言："妾亦知之，但无颜复见家人。今与大姊游戏，又相邂逅，足知前因不可逃也。"请与同归，不可；请止园中，许之。公子遣仆奔白夫人。夫人惊起，驾肩舆而往，启钥入亭。女即趋下迎拜；夫人捉臂流涕，力白前过，几不自容，曰："若不少记榛梗[38]，请偕归慰我迟暮[39]。"女峻辞不可。夫人虑野亭荒寂，谋以多人服役。女曰："我诸人悉不愿见，惟前两婢朝夕相从，不能无眷注耳；外惟一老仆应门，余都无所复须。"夫人悉如其言。托公子养疴园中，日供食用而已。

女每劝公子别婚，公子不从。后年余，女眉目音声，渐与曩异，出像质之，迥若两人。大怪之。女曰："视妾今日何如畴昔[40]美？"公子曰："今日美则美矣，然较昔则似不如。"女曰："意妾老矣！"公子曰："二十余岁何得速老！"女笑而焚图，救之已烬。一日谓公子曰："昔在家时，阿翁谓妾抵死不作茧[41]，今亲老君孤，妾实不能产，恐误君宗嗣。请娶妇于家，旦晚侍奉公姑，君往来于两间，亦无所不便。"公子然之，纳币[42]于钟太史之家。吉期将近，女为新人制衣履，赍送母所。及新人入门，则言貌举止，与小翠无毫发之异。大奇之。往至园亭，则女亦不知所在。问婢，婢出红巾曰："娘子暂归宁，留此贻公子。"展巾，则结玉玦一枚，心知其不返，遂携婢俱归。虽顷刻不忘小翠，幸而对新人如觌旧好焉。始悟钟氏之姻，女预知之，故先化其貌，以慰他日之思云。

异史氏曰："一狐也，以无心之德，而犹思所报；而身受再造之福者，顾失声于破甑[43]，何其鄙哉！月缺重圆，从容而去，始知仙人之情亦更深于流俗也！"

【注释】

①太常：官名，即太常寺卿，主管朝廷宗庙祭祀之事。

②总角时：幼年时。古时男女未成年时将头发扎成两个角，叫做"总角"。后即代指幼年。

③侍御：即明、清时都察院中的御史。掌管对中央官员及地方行政官员的监察、检举。

④糠覈(hé)：粗粮。覈：没有磨碎的麦子。

⑤膏粱：肥肉细粮。

⑥笑姗(shān)：耻笑。

⑦刺布作圆：缝布作成球。

⑧敛迹：藏起来。

⑨刓(wán)床：这里是用手指划床的意思。刓：刻。

⑩沙漠人：指匈奴人。

⑪丁丁缕缕然：形容琵琶弹奏的声音。

⑫给谏：即明清时都察院中的给事中，主要职责是监察中央政府的各级官员。不相能：不相容，不相得。

⑬握河南道篆：掌握河南道的大权。河南道：指负责河南道事务的御史。篆：官印。

⑭冢宰：宰相的尊称。
⑮虞候：指贵官的侍卫。
⑯人方蹈我之瑕：人家正在找我的碴儿。瑕：玉上的斑点，引申为错误、毛病。
⑰赫：声势显赫。
⑱服从：侍从。
⑲阴谋：私下的策划，和今天的阴谋概念不同。
⑳寝：这里是打消的意思。
㉑善公者：和王太常相熟的人。
㉒慢：怠慢。
㉓祸水：本指汉成帝皇后赵飞燕的妹妹赵合德。《飞燕外传》中说她是使汉灭亡的根源。旧社会，凡是事情弄糟了，只要和妇女有关，都把责任归于妇女，称其为“祸水”。
㉔赤：这里作动词用，屠杀。
㉕斧：这里作动词用，砍。
㉖抗疏：直言上奏给皇帝。
㉗粱秸心：高粱秆的心子。
㉘臧获：奴婢。
㉙浸淫：渗渍。
㉚沾浃：湿遍。
㉛中丞：对巡抚的称呼。
㉜自投：自己去承认错误或过失，自首。
㉝擢发不足以数：拔下头发来都数不完。
㉞爽然：默然。
㉟胶续：续弦，再娶。
㊱浇祷：以酒浇地，祭奠祷告。
㊲厩卒：马夫。
㊳榛梗：本指荆棘梗塞道路，这里指心中的怨恨，如同“芥蒂”之意。
㊴迟暮：年老。
㊵畴昔：从前，往日。
㊶抵死不作茧：即到老不生孩子。这里以蚕作茧比喻女人生孩子。
㊷纳币：古时婚礼仪式之一，即下聘礼。也称“纳征”。
㊸失声于破甑：《后汉书·郭泰传》记载孟敏挑甑过市，甑摔碎了，孟敏头也不回地走了。郭很欣赏他的气量和决断。这里借用破甑的故事讽刺王太常的自私和小器。意思是王太常因玉瓶破碎而痛骂小翠。甑：古时盛饭的陶器。

【作品简析】

《聊斋志异》是一部文言短篇小说集，多写鬼狐故事，正如鲁迅所说，乃是“用传奇法，而以志怪”。在《聊斋志异》之前，人们在文学描写中，更多的是把狐狸精妖魔化和邪恶化，是蒲松龄第一次把狐狸精人格化了，他笔下的狐狸精一个个年轻貌美、聪明伶俐。《小翠》就是其中的重要代表。“受人滴水之恩，当以涌泉相报”，《聊斋》中狐女小翠的报恩故事十分感人。蒲松龄巧妙自然地把狐的特点和人的特点融汇在一起，塑造了这个独特而又可爱的狐女形象。小翠天真善良、聪明又智慧的特点在逐步报恩的过程中得到展现。

小翠为报王太常儿时无意中庇救其母之恩，嫁到王家，面对“绝痴，十六岁不能知牝牡”、“乡里无以为婚”的丈夫，毫无嫌厌之情，直至治愈王元丰的“痴傻”之症。为了王元丰能顺利地娶回太史之女，以延续王家宗嗣，她让自己的容貌较快地“变老”了，还设法焚毁了自己昔日的肖像画，又使所娶新妇的言谈举止容貌和自己一样，让王元丰见新人如见旧人，不影响王元丰夫妇的感情，从而以自己独特的方式给王元丰带来快乐和幸福。小翠为了王家的幸福，运筹帷幄，彻底解除政敌王给谏对王侍御的威胁。

王太常官居侍御，和住在同一个巷子的王给谏一向不和，王给谏妒嫉王侍御掌握着河南道巡查御史大权，想找机会中伤他。王侍御明明知道王给谏的阴谋，就是想不出应付的办法，没想到儿媳妇小翠却像奇兵从天而降，接连办了两件看似十分荒唐的事，却帮了王侍御大忙，除掉了政敌。一件是：窃跨厩马故意从王给谏门前经过，边鞭挞从人边大声说：“我谒侍御王，宁谒给谏王耶！”王给谏误认为声势显赫的宰相与王太常有阴谋，于是“谋遂寝，由此益交欢公。”第二件事：“扮皇上”诱使王给谏犯欺君之罪，也是这篇小说的高潮部分。当王给谏偶获被黜首相给王侍御的一封私函，得意洋洋地亲自到府上来敲诈时，穿戴“衮袍”“旒冕”的痴丈夫被小翠从门内推至了客厅，而公爹的巾袍却被具有预知能力的小翠事先藏起来了，使公爹不得出见王给谏，从而让王给谏欣喜若狂地顺利脱走那衮袍旒冕。果然，不出小翠所料，王给谏迫不及待地以衮冕作证，奏疏皇上，揭发王太常欲图谋不轨。皇上“惊验之”，谁知此时的衮冕已不是王给谏眼中由小翠幻化成的“真”衮冕了，它们不过是用“败布黄袱”、粱秸心做的。难怪王给谏说王太常家有妖人了。皇上通过法司部从仆婢、邻里处了解到王太常家唯“颠妇痴儿，日事戏笑”而已，哪里有什么妖人！王给谏终因欺君之罪，被充军云南了，王侍御的心腹之患解除了。小翠嬉闹之间把公爹的政坛对头整下去，玩政敌于股掌之上，堪称女中豪杰，自私、怯弱、愚蠢的达官贵人在小翠面前显得一无是处。

作者还很好地运用对比手法突出人物形象。首先，小翠天真烂漫的个性与王府的陈规陋习形成鲜明的对比。小翠进王家后，表现迥异于流俗。她贪玩，在遭到斥责时“俯首微笑”，事后依然“憨跳如故”。她的天真烂漫与传统道德形成鲜明对照，作者以赞赏的笔调来写小翠的“越礼”行为，蕴含着对束缚人性的封建家长制的嘲弄与否定。

其次，小翠高尚的形象是通过污浊的现实社会烘托出来的。小翠来到王侍御家，是为报恩而来。王侍御在官场争逐中处于劣势，灭顶之灾时时威胁着他，令他忧心忡忡。在小翠的帮助下，王侍御多次转危为安。作品的题材就超越了家庭的界限，思想内容也就远远超出了因果报应的范围，“寓黠于欢，寓警于戏”，它反映了封建统治阶级内部的激烈斗争与官场上互相倾轧的世态，揭露了官场的黑暗与世道的险恶。

在小说的结尾，仅仅因为小翠失手打碎了一个玉瓶，他们夫妇俩便怒不可遏，使小翠愤而出走。通过这一对比，不仅揭露了王侍御夫妇的鄙劣，还展现了善良的人们为社会所不容的现实，暴露了封建家庭的罪恶。当然，也反映了蒲松龄不为世人所理解的痛苦。

【复习思考题】

1. 分析小翠这一人物形象。
2. 阅读《聊斋志异》，了解作者对诸多女性人物的描绘。

相关拓展性阅读材料推荐：

1.《聊斋志异选》，张友鹤，人民文学出版社，1978.

2.《〈聊斋志异〉资料汇编》，朱一玄，中州古籍出版社，1985.

3.《聊斋志异创作论》，马瑞芳，山东大学出版社，1990.

4.《聊斋志异艺术研究》，张稔穰，山东教育出版社，1995.

5.《蒲松龄与民间文学》，汪玢玲，上海文艺出版社，1985.

6.《聊斋志异研究》，杨昌年，里仁书局，1996.

7.《蒲松龄评传》，袁世硕，徐仲伟，南京大学出版社，2000.

8. 中国文学网-聊斋志异 http://sokamonline.com/C-Lit/Qing3b.cfm

惊梦

汤显祖

汤显祖(1550—1616)，字义仍，号若士，又号海若，江西临川人，明代杰出的戏曲家。出身于书香门第，少年即有文名，为人耿直，敢于直言。一生不肯依附权贵，34岁才中进士，曾任太常博士、南京礼部主事。因讥评朝政，多次遭贬，49岁时弃官回家，从事戏曲诗文创作。

他政治开明，思想进步，受思想家李贽的影响，反对程朱理学，宣传个性解放。在戏曲创作上主张“以意、趣、神、色为主”，反对拘泥于形式格律、死守教条。其戏曲作品和诗文相当丰富，有“玉茗堂四梦”(或称“临川四梦”，即《紫钗记》、《牡丹亭》、《邯郸记》、《南柯记》)等剧本，是我国古代继关汉卿之后的又一位伟大戏剧家。还有诗集《红泉逸草》、《问棘邮草》、《玉茗堂全集》等。

【商调引子】【绕地游】[①]（旦上）梦回莺啭，乱煞年光遍[②]。人立小庭深院。（贴）炷尽沉烟[③]，抛残绣线，恁今春关情似去年？

【乌夜啼】[④]（旦）晓来望断梅关，宿妆残[⑤]。（贴）你侧着宜春髻子[⑥]，恰凭栏。（旦）剪不断，理还乱[⑦]，闷无端。（贴）已分付催花莺燕借春看。（旦）春香，可曾叫人扫除花径？（贴）吩咐了。（旦）取镜台衣服来。（贴取镜台衣服上）“云髻罗梳还对镜，罗衣欲换更添香[⑧]。”镜台衣服在此。（旦）好天气也！

【步步娇】（旦）袅晴丝[⑨]吹来闲庭院，摇漾春如线。停半晌，整花钿[⑩]。没揣菱花[⑪]，偷人半面，迤逗的彩云偏[⑫]。（行介）步香阁怎便把全身现！（贴）今日穿插的好。

【醉扶归】（旦）你道翠生生出落的裙衫儿茜[⑬]，艳晶晶花簪八宝填[⑭]，可知我常一生儿爱好是天然[⑮]。恰三春好处无人见[⑯]。不提防沉鱼落雁鸟惊喧[⑰]，则怕的羞花闭月花愁颤。（贴）早茶时了，请行。（行介）你看：“画廊金粉半零星，池馆苍苔一片青。踏草怕泥新绣袜[⑱]，惜花疼煞小金铃[⑲]。”（旦）不到园林，怎知春色如许！

【皂罗袍】原来姹紫嫣红开遍[⑳]，似这般都付与断井颓垣。良辰美景奈何天，赏心乐事谁家院[㉑]！恁般景致，我老爷和奶奶再不提起。（合）朝飞暮卷，云霞翠轩；雨丝风片，烟波画船[㉒]——锦屏人忒看的这韶光贱[㉓]！（贴）是[㉔]花都放了，那牡丹还早。

【好姐姐】（旦）遍青山啼红了杜鹃[㉕]，荼蘼外烟丝醉软[㉖]。春香呵，牡丹虽好，他春归怎占的先[㉗]！（贴）成对儿莺燕呵。（合）闲凝眄[㉘]，生生燕语明如翦，呖呖莺歌溜的圆。（旦）去罢。（贴）这园子委是观之不足也。（旦）提他怎的！（行介）

【隔尾】观之不足由他缱[㉙]，便赏遍了十二亭台是枉然。倒不如兴尽回家闲过遣。（作到介）（贴）“开我西阁门，展我东阁床[㉚]。瓶插映山紫[㉛]，炉添沉水香。”小姐，你歇息片时，俺瞧老夫人去也。（下）（旦欢介）“默地游春转，小试宜春面[㉜]。”春呵，得和你两留连，春去如何遣？咳，恁般天气，好困人也。春香那里？（作左右瞧介）（又低道沉吟介）天呵，春色恼人，信有之乎！常观诗词乐府，古之女子，因春感情，遇秋成恨，诚不谬误矣。吾今年已二八，未逢折桂之夫；忽慕春情，怎得蟾宫之客？昔韩夫人得遇于郎[㉝]，张生偶逢崔氏[㉞]，曾有《题红记》、《崔徽传》

二书。此佳人才子，前以密约偷期[35]，后皆得成秦晋[36]。(长叹介)吾生于宦族，长在名门。年已及笄[37]，不得早成佳配，诚为虚度青春，光阴如过隙耳。(泪介)可惜妾身颜色如花，岂料命如一叶乎[38]！

【注释】

①商调引子：商调是宫调的名称，相当于现代音乐中的D调或bE调。引子：是南曲中专用的曲调，凡角色上场，一般先唱引子。[绕地游]就是属于引子的曲牌名。

②乱煞年光遍：到处都是缭乱人心的春天景象。

③炷(zhù)：焚烧。沉烟：沉水香，薰用的香料。

④乌夜啼：词牌名。明清传奇有时说白中也采用诗词的形式，交替吟诵。

⑤梅关：即大庾岭，在本剧故事发生地点江西省南安府(大庾)的南面。宿妆：隔夜的残妆。

⑥宜春髻子：相传立春那天，妇女剪彩绸作燕子状，戴在髻上，上贴"宜春"二字。见《荆楚岁时记》。

⑦剪不断，理还乱：借用南唐后主李煜词《乌夜啼》中的两句，来比喻杜丽娘空虚、落寞、无聊的苦闷心情，形容少女春天的烦闷心情。

⑧"云髻"二句：薛逢诗《宫词》中的两句，见《全唐诗》卷二十。

⑨袅(niǎo)晴丝：游丝摇曳飘荡。袅：摇曳飘荡。晴丝：游丝、飞丝，也即后文所说的烟丝，虫类所吐的丝缕，常在空中飘游，在春天晴朗的日子最易看见。

⑩花钿(diàn)：古代妇女两鬓边的装饰物。

⑪没揣：不意，蓦然。菱花：镜子。古时用铜镜，背面所铸花纹一般为菱花，因此称菱花镜，或用菱花作镜子的代称。

⑫迤逗(yǐ dòu)的彩云偏：想不到镜子偷偷地照见了她，害得她羞答答地把发卷也弄歪了。迤逗：引惹，挑逗；彩云：美丽的发卷的代称。

⑬翠生生：彩色鲜艳。出落的：显出，衬托出。茜(qiàn)：鲜红色。

⑭艳晶晶花簪八宝填：镶嵌着多种宝石的簪子光彩夺目。

⑮爱好：犹言爱美。天然：天性使然。现在浙江还有这样的方言。

⑯三春好处：美丽的春光。比喻自己的青春美貌。

⑰沉鱼落雁：形容女人的美貌。下文"羞花闭月"是一样的意思。

⑱泥：玷污，这里作动词用。

⑲惜花疼煞小金铃：《开元天宝遗事》："天宝初，宁王至春时，于后园中纫红丝为绳，密缀金铃，系于花梢之上。每有鸟鹊翔集，则令园吏掣铃索以惊之。盖惜花之故也。"疼：为惜花常常掣铃，连小金铃都被拉得疼煞了。这是夸大的描写。

⑳姹紫嫣红：花色鲜艳的样子。姹、嫣：原指女性娇艳美丽。

㉑"良辰"二句：语出谢灵运《拟魏太子邺中集诗序》："天下良辰美景，赏心乐事，四者难并。"意思是：大好时光，绚丽景色，无人欣赏，有负苍天；赏心悦目，欢乐好事，又降落谁家！

㉒"朝飞"四句：写杜丽娘对广阔春景的向往。朝飞暮卷：形容楼阁壮丽。云霞翠轩：云彩与霞光辉映着华丽的亭台楼阁。雨丝风片：细雨微风。烟波画船：在烟雾弥漫的水面上游着装饰如画的游船。

㉓锦屏人：幽居深闺的女子。忒(tè)：太。韶光：美好的春光。

㉔是：凡是、所有的。

㉕啼红了杜鹃：开遍了红色的杜鹃花。从杜鹃（鸟）泣血联想起来的。

㉖荼蘼（tú mí）：花名，晚春开放的落叶灌木。荼蘼开花预示花季即将结束。

㉗牡丹虽好，他春归怎占的先：牡丹花虽然开得美丽动人，但它却在暮春之时开放，怎么能占得百花之先呢？暗示杜丽娘对青春被耽误的伤感。

㉘凝眄（miǎn）：注视。

㉙观之不足：看不厌。缱（qiǎn）：留恋、缠绵。

㉚开我西阁门，展我东阁床：语出《木兰诗》："开我东阁门，坐我西阁床。"

㉛映山紫：映山红（杜鹃红）的一种。

㉜宜春面：指新妆。

㉝韩夫人得遇于郎：唐人传奇故事，唐僖宗时，宫女韩氏以红叶题诗，从御沟中流出，被于佑拾到。于佑也以红叶题诗，投入上流，寄给韩氏。后来两人结为夫妇。

㉞张生偶逢崔氏：即张生和崔莺莺的爱情故事，见唐元稹《会真记》，后来《西厢记》演的就是这个故事。下文说的《崔徽传》是另外一个故事，见《丽情集》：妓女崔徽和裴敬中相爱，分别之后不再相见。崔徽请画工画了一幅像，托人带给敬中说："崔徽一旦不及卷中人，徽且为郎死矣！"这里《崔徽传》疑是《莺莺传》或《西厢记》的笔误。

㉟偷期：幽会。

㊱得成秦晋：得成夫妇。春秋时代，秦、晋两国世代联姻，后世称联姻为秦晋。

㊲及笄（jī）：古代女子十五岁开始以笄（簪）束发，叫及笄。及笄：意指女子已成年，到了婚配的年龄。

㊳岂料命如一叶：元好问《鹧鸪天·薄命妾》词："颜色如花画不成，命如叶薄可怜生。"

【作品简析】

《牡丹亭》是汤显祖最著名的剧作，在思想和艺术方面都达到了其创作的最高水准。剧本推出之时，便一举超过了另一部古代爱情故事《西厢记》。杜丽娘与柳梦梅的爱情故事体现了青年男女对自由的爱情生活的追求，显示了要求个性解放的思想倾向。

本文选自《牡丹亭》第十出《惊梦》。《惊梦》包括游园和惊梦两段，本节节选的是游园一段。前三支曲子描写杜丽娘游园前的心理活动。丽娘在春光撩乱人心的时刻，悠然而生思春之情，厌恶小庭深院的寂寞生活，要"吩咐催花莺燕借春看。"梳妆迎春，饶有情趣，情思绵邈，顾影自怜。思春曲唱出了少女的苦闷、彷徨；迎春曲描写了少女对春光的向往，写出了她的矜持和自我欣赏；伤春曲感叹"颜色如花，命如一叶"。三支曲子感情回旋，把人物内心世界的曲径幽室生动地描绘出来。

后三支曲子写杜丽娘游园时赏花惜春的欣喜和感叹。她深情地惋惜"原来姹紫嫣红开遍，似这般都付与断井颓垣。良辰美景奈何天，赏心乐事谁家院。"触景伤情，悲叹自己虚度青春，不得早成佳配，倾吐了封建社会少女的不幸哀怨。面对"朝飞暮卷，云霞翠轩；雨丝风片，烟波画船"的美景，又由衷地发出了"锦屏人忒看的这韶光贱"的慨叹。这是对青春的珍惜，对虚度青春的感叹。盛赞百花盛开，同情牡丹春归不能占先的寂寞。明写牡丹，暗喻自己。怅惘懊恼，发出了"倒不如兴尽回家闲过遣"的感慨，为下一步的惊梦进一步作了感情上的铺垫。

在艺术上，《惊梦》很能代表《牡丹亭》的特色。作者采用化实为虚、虚实结合的手法，塑造杜丽娘的形象，通过一些典型动作，刻画她的内心世界和复杂性格，以及清丽含蓄的语言和浓郁的抒情色彩等，很好地体现了作者的艺术才华。

【复习思考题】

1. 本文表达了怎样的主题？
2. 作者是怎样刻画杜丽娘的内心世界的？
3. 分析《牡丹亭》在思想上与《西厢记》的相同之处。

相关拓展性阅读材料推荐：

1.《牡丹亭》，(明)汤显祖，人民文学出版社，1963.
2.《汤显祖集》，徐朔方，中华书局，1962.
3.《汤显祖研究资料汇编》，毛效同，上海古籍出版社，1986.
4.《牡丹亭研究资料考释》，徐扶明著，上海古籍出版社，1987.
5.《汤显祖传》，黄文锡，吴凤雏，中国戏剧出版社，1986.
6.《汤显祖评传——中国思想家评传丛书》，徐朔方，南京大学出版社，2001.
7. 中国汤显祖文化网 http：//www. suichang. gov. cn/txz/news/t20070824_302566. htm

人间词话四则

王国维

王国维(1877—1927),字静安,号观堂,又号永观。浙江海宁人。是中国近代杰出的学者,对史学、古文学、文艺学等均有研究。出身于书香门第,从小受到传统的教育。民国时,担任清华大学研究院教授。一生不断学习探索,在文学、美学、史学、古文字学等领域都有开创性的成就。他曾经留学日本,但西方近代哲学思想对他的影响较大。晚年研究殷商甲骨文,郭沫若评价他是"新史学的开山",他的甲骨文、殷周金文、汉晋竹简和封泥的研究,"是划时代的工作"。主要著作有《观堂集林》、《静安文集》、《人间词话》等。

《人间词话》作于1908—1910年,是王国维关于文学批评的著述中最为人所重视的一部作品,是接受了西洋美学思想之洗礼后,以崭新的眼光对中国旧文学所作的评论,已初具理论体系,在我国古代诗词论著中,称得上一部屈指可数的作品,是晚清以来最有影响的著作之一。

一①

词以境界为最上。有境界则自成高格,自有名句。五代北宋自此独绝者在此。

二

有造境,有写境,此理想与写实二派之所由分。然二者颇难分别。因大诗人所造之境,必合乎自然,所写之境,亦必邻于理想故也。

三

有有我之境,有无我之境。"泪眼问花花不语,乱红飞过秋千去②"、"可堪孤馆闭春寒,杜鹃声里斜阳暮③"有我之境也。"采菊东篱下,悠然见南山④"、"寒波澹澹起,白鸟悠悠下⑤"无我之境也。有我之境,以我观物,故物皆着我之色彩。无我之境,以物观物,故不知何者为我,何者为物。古人为词,写有我之境者为多,然未始不能写无我之境,此在豪杰之士能自树立耳。

六

境非独谓景物也,喜怒哀乐,亦人心中之一境界。故能写真景物、真感情者⑥,谓之有境界,否则谓之无境界。

【注释】

①本文序号按照作者原顺序排列。

②宋代词人冯延巳的词《鹊踏枝》:"庭院深深深几许?杨柳堆烟,帘幕无重数。玉勒雕鞍游冶处,楼高不见章台路。雨横风狂三月暮。门掩黄昏,无计留春住。泪眼问花花不语,乱红飞过秋千去。"

③宋代词人秦观的词《踏莎行》:“雾失楼台,月迷津渡,桃源望断无寻处。可堪孤馆闭春寒,杜鹃声里斜阳暮。驿寄梅花,鱼传尺素,砌成此恨无重数。郴江幸自绕郴山,为谁流下潇湘去!”

④晋代文学家陶潜的《饮酒诗》第五首:“结庐在人境,而无车马喧。问君何能尔,心远地自偏。采菊东篱下,悠然见南山。山气日夕佳,飞鸟相与还。此中有真意,欲辨已忘言。”

⑤元代诗人元好问的诗《颍亭留别》:“故人重分携,临流驻归驾。乾坤展清眺,万景若相借。北风三日雪,太素秉元化。九山郁峥嵘,了不受陵跨。寒波澹澹起,白鸟悠悠下。怀归人自急,物态本闲暇。壶觞负吟啸,尘土足悲咤。回首亭中人,平林淡如画。”

⑥真景物、真感情:王国维《文学小言》:“故知感情真者,其观物亦真。”

【作品简析】

中国文学发展到明清和近代,基本上属于总结归纳和理论树立的时期,同时与西方文化激烈碰撞。王国维在这种背景下,对诗歌理论进行了归纳,提出了“境界说”的理论。《人间词话》共有64则,前9则是标举境界说的理论纲领,之后则是用这种理论进行具体的诗歌批评。

第一则提出“境界”是诗词的根本。“境界”说是《人间词话》的核心,统领其他论点,又是全书的脉络,沟通全部主张。王国维不仅把它视为创作原则,也把它当作批评标准,论断诗词的演变,评价词人的得失,作品的优劣,词品的高低,均从“境界”出发。因此,“境界”说既是王国维文艺批评的出发点,又是其文艺思想的总归宿。第二则从创作上提出境界的创作方式有“造”与“写”的区别,是写实与理想的分类,但是在真正大诗人那里,二者是融合的。第三则从审美上提出境界有“无我之境”和“有我之境”。第六则对“境界”的内涵和特点进行界定,提出“真”,既是感情的真,也是形象的真,栩栩如生的意思。王国维的“境界”说具体、明确地揭示出艺术境界内在的特殊矛盾,说明了文艺的本质特征。与前人相比,这是一个新的贡献。

《人间词话》对诗歌创作、审美以及作家的修养和应该具备的素质等都有具体的论述,大多是以片断、随感的形式,层层反复地论述,体现出充实的内涵;而且对许多诗歌作品即兴式的分析和点评,使论述更加清晰好懂,富有韵味。

【复习思考题】

1. 你如何理解诗词创作中的境界?
2. 课外阅读全文。

相关拓展性阅读材料推荐:

1.《诗论》,朱光潜,上海古籍出版社,2001.
2.《王国维传》,陈鸿翔,人民出版社,2004.
3.《王国维及其文学批评》,叶嘉莹,河北教育出版社,1997.
4.《王国维:世纪苦魂》,夏中义,北京大学出版社,2006.
5.《人间词话》,(清)王国维,首都师范大学出版社,2007.
6.《蕙风词话人间词话》,(清)况周颐,(清)王国维,人民文学出版社,1999.
7. 国学网-王国维 http://www.guoxue.com/master/wangguowei/wangguowei.htm

忧国与爱国

梁启超

梁启超(1873—1929),字卓如,号任公,又号饮冰室主人,广东新会人,光绪举人。我国近代资产阶级启蒙思想家、文学家、学者。自幼多学,据说六岁时读完四书五经,十二岁中秀才,十七岁中举人,奉康有为为师。作为中国资产阶级改良运动、戊戌维新运动的中心人物,在政治上鼓吹维新,宣传立宪保皇,抨击专制主义,提倡民权。

变法失败后,逃亡日本,主编《清议报》、《新民丛报》,一方面宣传君主立宪,坚持改良主义立场,反对资产阶级民主革命,一方面致力于对西方社会科学的介绍和对中国传统学术思想、历史文化的整理研究,1912年9月回国,反对袁世凯称帝。1918年底,赴欧洲各国游历,并写下《欧游心影录》。辛亥革命后,历任司法总长、财政总长等职,晚年任清华大学研究院教授。出版过多种学术专著。在文学方面,写过诗歌、小说、戏剧、散文,尤以政论、传记、杂文方面的成就最高,他的"新文体",对古文是一次猛烈的冲击。主要著述有《饮冰室合集》。

有忧国者,有爱国者。爱国者语忧国者曰:汝曷为[①]好言国民之所短?曰:吾惟忧之之故。忧国者语爱国者曰:汝曷为好言国民之所长?曰:吾惟爱之之故。忧国之言,使人作愤激之气,爱国之言,使人厉[②]进取之心,此其所长也;忧国之言,使人堕颓放之志,爱国之言,使人生保守之思,此其所短也。朱子曰[③]:"教学者如扶醉人,扶得东来西又倒。"用之不得其当,虽善言亦足以误天下。为报馆主笔者,于此中消息,不可不留意焉。

今天下之可忧者,莫中国若;天下之可爱者,亦莫中国若。吾愈益忧之,则愈益爱之;愈益爱之,则愈益忧之。既欲哭之,又欲歌之。吾哭矣,谁欤踊[④]者?吾歌矣,谁欤和者?

日本青年有问任公者曰:支那人皆视欧人如蛇蝎[⑤],虽有识之士亦不免,虽公亦不免,何也?任公曰:视欧人如蛇蝎者,惟昔为然耳。今则反是,视欧人如神明,崇之拜之,献媚之,乞怜之,若是者,比比皆然,而号称有识之士者益甚。

昔惟人人以为蛇蝎,吾故不敢不言其可爱;今惟人人以为神明,吾故不敢不言其可嫉。若语其实,则欧人非神明、非蛇蝎,亦神明、亦蛇蝎,即神明、即蛇蝎。虽然,此不过就客观的言之耳。若自主观的言之,则我中国苟能自立也,神明将奈何?蛇蝎又将奈何?苟不能自立也,非神明将奈何?非蛇蝎又将奈何?

1899年12月23日

【注释】

①曷为:为何,为什么。

②厉:同"砺",磨炼,振奋。

③朱子:南宋理学家朱熹。

④欤(yú):文言助词,表示疑问、感叹、反诘等语气。踊:往上跳,意为悲愤。

⑤支那人:中国人。古代印度、希腊、罗马称中国为Cina、Thin、Sinae,后在汉译佛教典籍中译

作支那。近代以来日本称中国为支那，因此，联系到日本多次对中国的侵略历史背景，这个称呼在中国人民心中具有屈辱的意味。

【作品简析】

本文写于 1899 年 12 月 23 日，最初载于随笔集《自由书》，后收入《饮冰室合集》。戊戌变法失败后，梁启超流亡日本，创办《清议报》、《新民丛报》、《新小说》等杂志，撰写了大量政论散文。这些散文鼓吹西方资产阶级民主思想，猛烈抨击清王朝的腐朽黑暗，深刻地批判了封建专制主义和封建伦理道德，并贯穿了爱国救国和强国的主题，产生了巨大反响。本文从议论当时盛行于青年中的忧国和爱国思潮入手，阐述了二者不可偏激的道理，落脚到自立强国的主旨，言简意赅，闪烁着理性和激情的光辉，有发人深省、感人肺腑的力量。

国民性是指一个国家的国民或一个民族的成员，在精神、心理、性格、品行等方面的若干共同特性。在国民性上，中华民族有很多优点，如勤劳、智慧、平和、灵敏、吃苦耐劳、遵守纪律等；但毋庸讳言，中华民族受传统隐忍思想的影响，有的人逆来顺受，忍气吞声。有的人，遇事肯吃亏，以吃亏求息，以息事宁人为最高准则。

中国几千年的小农经济尚文而不尚武，再加上中国几千年的封建专制制度，孕育了弱势的芸芸众生以求生自保为主旨的哲学。近代中国陷于任人宰割、饱受欺凌的悲惨境地，原因固然很多，但中国人性格的衰弱当为原因之一。

古往今来的历史经验说明，一件事情能否成功，既取决与智商，更有赖于情商。一个国家是否振兴，取决于这个国家意志是否坚强，民族性格是否骁勇。

改革开放三十年来，我们取得了举世瞩目的巨大成绩，我们的综合国力有了显著增强，我们的国际地位明显提高，但完成全面建设小康社会的宏伟蓝图，实现中华民族的伟大复兴，我们要走的路还很长。改造和完善我们的国民性，就是一个必须正视、必须进行的重大任务。梁启超先生在本文中所提出的国民性问题，在社会主义经济建设过程中，仍具有一定的现实意义。

【复习思考题】

1. 结合梁启超写作此文的时代背景，归纳本文主旨。
2. 试析本文的时代意义。

相关拓展性阅读材料推荐：

1.《梁启超全集》，梁启超，北京出版社，1999.
2.《饮冰室合集》，梁启超，中华书局，1989.
3.《〈饮冰室合集〉集外文》，夏晓虹，北京大学出版社，2005.
4.《觉世与传世：梁启超的文学道路》，夏晓虹，中华书局，2006.
5. 国学网 http://www.guoxue.com/master/liangqichao/liangqichao.htm
6. 梁启超故居网 http://www.liangqichao.com

第七章　现代文学

现代文学简况

中国现代文学的诞生，可以追溯到1919年“五四运动”的前夕。1917年北京《新青年》第2卷先后发表了胡适的《文学改良刍议》和陈独秀的《文学革命论》，一场文学革命运动勃然兴起。从此，中国现代文学开始了辉煌的历程。

第一阶段(1917—1927)

现代文学发展的初期，文学社团的产生如雨后春笋，各社团的中坚分子在文艺理论和文学实践两方面都取得很高的成就。文学研究会1921年成立于北京，由周作人、沈雁冰、王统照、许地山等发起，以《小说月报》为阵地，其宗旨是“研究介绍世界文学，整理中国旧文学，创造新文学”。创造社1921年成立于日本东京，由郭沫若、郁达夫、成仿吾、田汉等发起，先后出版会刊《创造季刊》、《创造周报》、《创造月刊》等，主张“为艺术而艺术”，强调文学必须忠实地表现“内心的要求”，推崇文学创作的“直觉”与“灵感”；同时，也注重文学的“时代使命”。此外，还有语丝社、未名社、南国社、沉钟社、新月社等重要的文学团体，对新文学都做出了贡献。

鲁迅是20世纪世界文化巨人之一。1918年5月，他以“鲁迅”为笔名，在《新青年》上发表了中国现代文学史上第一篇白话小说《狂人日记》。这是中国现代小说具有划时代意义的伟大开端。从此一发而不可收，相继创作出二十几个短篇小说，分别结集为《呐喊》和《彷徨》。其巨大的思想成就和艺术成就使他无愧于“中国现代文学之父”、“中国现代文学先驱者”的称号。

此外，还有“人生派”小说家王统照、叶圣陶、冰心、许地山、庐隐等，他们的创作，大多关注现实人生，是“问题小说”的代表性作家。再有，创作社小说家郁达夫，其创作以《沉沦》为代表。“乡土小说”作家王鲁彦的作品《柚子》等也颇有影响。

郭沫若是中国现代新诗创始期成就最高的诗人。其诗集《女神》，以崭新的内容与形式，开一代诗风，堪称中国现代新诗的奠基之作，其所表现的“五四”狂飙突进的时代精神、雄奇风格和自由洒脱的形式，对后代诗人影响深远。胡适的《尝试集》充满了从传统诗词蜕变，寻找、试验新诗的艰难过程。“新月派”诗人闻一多的《红烛》、徐志摩的《再别康桥》，在“新格律诗”的理论和创作实践上也做出了贡献。

朱自清是极少数用白话文写出脍炙人口“美文”的散文家之一。冰心的散文以行云流水般的文字，倾诉热情，微带一点忧愁，具有清丽的风致。周作人也是“言志派”散文作家，风格清新自然。

田汉是中国现代话剧的奠基人之一。丁西林的剧作值得关注。

第二阶段(1928—1937)

现代文学的第二阶段处于国民党政权建立以后的一个危机四伏的历史时期，政府推行文化专制主义的党制文学与党制文化。但是，决定着文学基本面貌的是无产阶级文学运动及其文学和民主主义、自由主义作家的文学运动及其文学。

中国左翼作家联盟(简称“左联”)1930 年在上海成立，集结了鲁迅、冯雪峰、夏衍、柔石、蒋光慈、田汉、郭沫若、郁达夫等大批作家和革命知识分子，标志着革命文学跨入了一个新的历史发展阶段。“左联”的成立对 20 世纪 30 年代及其以后的文学发展产生了巨大的影响。

茅盾是这个时期的代表性作家，他把人生派的现实主义精神发展到了极致。《蚀》三部曲是茅盾的第一部作品。代表作《子夜》成功地再现了 20 世纪 30 年代上海民族工业资本家吴荪甫和买办金融资本家赵伯韬之间的斗争，在中国现代文学史上闪烁着革命现实主义的光辉。短篇小说“农村三部曲”(《春蚕》、《秋收》、《残冬》)和《林家铺子》都有很高的成就。老舍的创作试图超越一般感时忧国的范畴，探索现代文明的病源，以《老张的哲学》、《赵子曰》、《骆驼祥子》、《四世同堂》等为代表。老舍的这些作品是“京味小说”的源头，对民族问题的关注与追求取得了极大的成功。巴金的“激流三部曲”(《家》、《春》、《秋》)、“爱情三部曲”(《雾》、《雨》、《电》)所创造的“青年世界”是 20 世纪 30—40 年代的文学艺术画廊中最具有吸引力的一个片段，为扩大现代文学的影响做出了卓越的贡献。此外，这一时期的优秀作品还有沈从文的《边城》，张天翼的《华威先生》和《包氏父子》，沙汀的《在其香居茶馆里》，萧红的《生死场》，萧军的《八月的乡村》，叶紫的《丰收》，张恨水的《金粉世家》和《啼笑姻缘》等作品。

这一阶段的诗歌及时而迅速地反映了时代面貌。殷夫的《别了，我的哥哥》，诗人臧克家的诗集《烙印》、《罪恶的黑手》引人注意。“现代派”诗人戴望舒的《雨巷》曾轰动一时。

鲁迅的《二心集》、《南腔北调集》、《而已集》等杂文集成为特殊的文学样式和斗争武器，表现出卓越的政治远见和韧性的战斗精神。林语堂发表了大量的小品文，提倡幽默、闲适和独抒性灵。

曹禺是中国现代话剧史上一位成就巨大、影响深远的剧作家。1933—1942 年，他奉献出《雷雨》、《日出》、《原野》、《北京人》和《家》5 个经典剧本，奠定了他在中国现代话剧史上的崇高地位，作者卓越的艺术才华在此得到了充分的展示。

第三阶段(1938—1949)

1937 年 7 月 7 日“卢沟桥事变”爆发，抗日战争全面展开，中国人民浴血奋战 8 年取得了抗战胜利。1946 年 8 月至 1949 年 11 月，中国人民解放军推翻了国民党统治、解放了全中国。在十几年的战火硝烟中，社会动荡，环境恶劣，文学大军担负起民族复兴的使命，形成了不同政治地域(包括解放区、国统区、沦陷区、“孤岛”上海)文学并存的格局。

中华全国文艺界抗敌协会(简称"文协")1938 年 3 月在武汉成立,推选郭沫若、茅盾、冯乃超、夏衍、胡风、老舍、巴金、郁达夫、朱光潜、张道藩、姚蓬子等 45 人为理事,周恩来、孙科、陈立夫为名誉理事。老舍被推举为总务部主任,主持"文协"日常工作,出版会刊《抗战文艺》。这是文艺界在民族解放的旗帜下组成的最广泛的统一战线,也是国共两党唯一的一次文艺大联合。

1942 年 5 月,在党内整风的基础上,中共中央召开了"延安文艺座谈会",毛泽东同志先后两次在会上发表重要讲话,即《在延安文艺座谈会上的讲话》。这篇文献阐述了中国共产党关于文学艺术的方针、政策和一系列理论问题,影响极其深远。

赵树理是解放区土生土长的农民作家,写出了真正为农民所喜闻乐见的乡土小说(被称作"山药蛋派")《小二黑结婚》、《李有才板话》、《李家庄的变迁》等。另外,茅盾的《腐蚀》,钱钟书的《围城》,林语堂的《京华烟云》,老舍的《四世同堂》,丁玲的《太阳照在桑干河上》,萧红的《呼兰河传》,孙犁的《荷花淀》,周立波的《暴风骤雨》,还有张爱玲的《金锁记》、《连环套》、《红玫瑰与白玫瑰》等,都创作于这一时期。

抗战时期最有代表性的诗人是艾青。他的《大堰河——我的保姆》感人至深。他与田间、臧克家合称"抗战三诗人",引起了诗坛的广泛关注。柯仲平的《边区自卫军》,光未然的《黄河大合唱》,李季的《王贵与李香香》都是当时广为传颂的诗篇。

《放下你的鞭子》等"广场戏剧"高潮迭起。贺敬之、丁毅执笔的《白毛女》和魏风的《刘胡兰》作为新歌剧的代表,也获得了极大的成功。郭沫若完成了《屈原》等历史剧的创作。优秀的历史剧还有宋之的《武则天》,陈白尘的《金田村》和《石达开的末路》等。讽刺剧代表作家陈白尘的《魔窟》、《乱世男女》、《升官图》,也很有代表性。

这一时期,杂文作家们创作了大量的优秀作品。聂绀弩、夏衍等是代表作家。

1949 年 7 月 2 日,"中华全国文学艺术工作者代表大会"在北平隆重召开,一大批卓有成就的文学艺术工作者在此会师。他们所创造的辉煌业绩将载入中国现代文学的史册,永远流传。

相关拓展性阅读材料推荐:

1.《中国现代文学史》,郭志刚,孙中田,高等教育出版社,1989.

2.《中国现代文学史》,朱东霖,丁帆,朱晓进,高等教育出版社,1999.

3. 徐志摩诗文网 http://www.xzmsw.com/

4. 再回首徐志摩文学网 http://www.zhs2008.com/

5. 穆旦纪念网 http://www.mdjnw.com/

6. 诗家园 http://www.sjycn.cn/

7. 中国诗歌网 http://www.yzs.com/

8. 安徽师范大学中国诗学研究中心 http://www.shixue.net/shixue/index.htm

赠与今年的大学毕业生

胡　适

胡适(1891—1962),原名胡洪骍,字适之,安徽绩溪人。现代学者,历史学、文学家,哲学家。1910年留学美国,入康乃尔大学,后转入哥伦比亚大学,从学于杜威,深受其实验主义哲学的影响。1917年获哲学博士学位,同年回国,参加编辑《新青年》,并发表论文《文学改良刍议》、《历史的文学观念论》、《建设的文学革命论》,出版新诗集《尝试集》,成为新文化运动中很有影响的人物。历任北京大学教授、北京大学校长、中国台湾中央研究院院长等。在哲学、文学、史学、古典文学考证诸方面都有成就,并有一定的代表性。在学术上影响最大的是提倡"大胆的假设、小心的求证"的治学方法。主要著作有《中国哲学史大纲》(上)、《尝试集》、《白话文学史》(上)和《胡适文存》(四集)等。

这一两个星期里,各地的大学都有毕业的班次,都有很多的毕业生离开学校去开始他们的成人事业。学生的生活是一种享有特殊优待的生活,不妨幼稚一点,不妨吵吵闹闹,社会都能纵容他们,不肯严格地要他们负行为的责任。现在他们要撑起自己的肩膀来挑他们自己的担子了。在这个困难最紧急的年头,他们的担子真不轻!我们祝他们的成功,同时也不忍不依据我们自己的经验,赠与他们几句送行的赠言,——虽未必是救命毫毛,也许作个防身的锦囊罢!

你们毕业之后,可走的路不出这几条:绝少数的人还可以在国内或国外的研究院继续作学术研究;少数的人可以寻着相当的职业;此外还有做官,办党,革命三条路;此外就是在家享福或者失业闲居了。第一条继续求学之路,我们可以不讨论。走其余几条路的人,都不能没有堕落的危险。堕落的方式很多,总括起来,约有这两大类:

第一是容易抛弃学生时代的求知识的欲望。你们到了实际社会里,往往所用非所学,往往所学全无用处,往往可以完全用不着学问,而一样可以胡乱混饭吃,混官做。在这种环境里,即使向来抱有求知识学问的决心的人,也不免心灰意懒,把求知的欲望渐渐冷淡下去。况且学问是要有相当的设备的;书籍,试验室,师友的切磋指导,闲暇的工夫,都不是一个平常要糊口养家的人所能容易办到的。没有做学问的环境,又谁能怪我们抛弃学问呢?

第二是容易抛弃学生时代的理想的人生的追求。少年人初次与冷酷的社会接触,容易感觉理想与事实相去太远,容易发生悲观和失望。多年怀抱的人生理想,改造的热诚,奋斗的勇气,到此时候,好像全不是那么一回事。渺小的个人在那强烈的社会炉火里,往往经不起长时期的烤炼就熔化了,一点高尚的理想不久就幻灭了。抱着改造社会的梦想而来,往往是弃甲曳兵而走,或者做了恶势力的俘虏。你在那俘虏牢狱里,回想那少年气壮时代的种种理想主义,好像都成了自误误人的迷梦!从此以后,你就甘心放弃理想人生的追求,甘心做现成社会的顺民了。

要防御这两方面的堕落,一面要保持我们求知识的欲望,一面要保持我们对于理想人生的追求。有什么好法子呢?依我个人的观察和经验,有三种防身的药方是值得一试的。

第一个方子只有一句话:"总得时时寻一两个值得研究的问题!"问题是知识学问的老祖

宗；古今来一切知识的产生与积聚，都是因为要解答问题，——要解答实用上的困难或理论上的疑难。所谓"为知识而求知识"，其实也只是一种好奇心追求某种问题的解答，不过因为那种问题的性质不必是直接应用的，人们就觉得这是"无所为"的求知识了。我们出学校之后，离开了做学问的环境，如果没有一个两个值得解答的疑难问题在脑子里盘旋，就很难继续保持追求学问的热心。可是，如果你有了一个真有趣的问题天天逗你去想他，天天引诱你去解决他，天天对你挑衅笑你无可奈何他，——这时候，你就会同恋爱一个女子发了疯一样，坐也坐不下，睡也睡不安，没工夫也得偷出工夫去陪她；没钱也得撙衣节食去巴结她。没有书，你自会变卖家私去买书；没有仪器，你自会典押衣服去置办仪器；没有师友，你自会不远千里去寻师访友。你只要能时时有疑难问题来逼你用脑子，你自然会保持发展你对学问的兴趣，即使在最贫乏的智识环境中，你也会慢慢地聚起一个小图书馆来，或者设置起一所小试验室来。所以我说：第一要寻问题。脑子里没有问题之日，就是你的智识生活寿终正寝之时！古人说，"待文王而兴者，凡民也。若夫豪杰之士，虽无文王犹兴。"试想葛理略(Galileo)和牛敦(Newton)有多少藏书？有多少仪器？他们不过是有问题而已。有了问题而后，他们自会造出仪器来解答他们的问题。没有问题的人们，关在图书馆里也不会用书，锁在试验室里也不会有什么发现。

第二个方子也只有一句话："总得多发展一点非职业的兴趣。"离开学校之后，大家总得寻个吃饭的职业。可是你寻得的职业未必就是你所学的，或者未必是你所心喜的，或者是你所学而实在和你的性情不相近的。在这种状况之下，工作就往往成了苦工，就不感觉兴趣了。为糊口而作那种"非性之所近而力之所能勉"的工作，就很难保持求知的兴趣和生活的思想主义。最好的救济方法只有多多发展职业以外的正当兴趣与活动。一个人应该有他的职业，又应该有他的非职业的玩意儿，可以叫做业余活动。凡一个人用他的闲暇来做的事业，都是他的业余活动。往往他的业余活动比他的职业还更重要，因为一个人的前程往往全靠他怎样用他的闲暇时间。他用他的闲暇来打麻将，他就成个赌徒；你用你的闲暇来做社会服务，你也许成个社会改革者；或者你用你的闲暇去研究历史，你也许成个史学家。你的闲暇往往定你的终身。英国十九世纪的两个哲人，弥儿(J. S. Mill)终身做东印度公司的秘书，然而他的业余工作使他在哲学上、经济学上、政治思想史上都占一个很高的位置；斯宾塞(Spencer)是一个测量工程师，然而他的业余工作使他成为前世纪晚期世界思想界的一个重镇。古来成大学问的人，几乎没有一个不是善用他的闲暇时间的。特别在这个组织不健全的中国社会，职业不容易适合我们性情，我们要想生活不苦痛或不堕落，只有多方发展业余的兴趣，使我们的精神有所寄托，使我们的剩余精力有所施展。有了这种心爱的玩意儿，你就做六个钟头的抹桌子工夫也不会感觉烦闷了，因为你知道，抹了六点钟的桌子之后，你可以回家去做你的化学研究，或画完你的大幅山水，或写你的小说戏曲，或继续你的历史考据，或做你的社会改革事业。你有了这种称心如意的活动，生活就不枯寂了，精神也就不会烦闷了。

第三个方子也只有一句话："你总得有一点信心。"我们生当这个不幸的时代，眼中所见，耳中所闻，无非是叫我们悲观失望的。特别是在这个年头毕业的你们，眼见自己的国家民族沉沦到这步田地，眼看世界只是强权的世界，望极天边好像看不见一线的光明，——在这个年头不发狂自杀，已算是万幸了，怎么还能够希望保持一点内心的镇定和理想的信任呢？我要对你们说：这时候正是我们要培养我们的信心的时候！只要我们有信心，我们还有救。古人说："信心(Faith)可以移山。"又说："只要工夫深，生铁磨成绣花针。"你不信吗？当拿破仑的军队征服普鲁士占据柏林的时候，有一位穷教授叫做菲希特(Fichte)的，天天在讲堂上劝他的国人要有信心，要信仰他们的民族是有世界的特殊使命的，是必定要复兴的。菲希特死的时候(1814)，谁也不能预料德意志统一帝国何时可以实现。然而不满五十年，新的统一的德意志帝国居然实现了。

一个国家的强弱盛衰，都不是偶然的，都不能逃出因果的铁律的。我们今日所受的苦痛和耻辱，都只是过去种种恶因种下的恶果。我们要收将来的善果，必须努力种现在的新因。一粒一粒的种，必有满仓满屋的收，这是我们今日应该有的信心。

我们要深信：今日的失败，都由于过去的不努力。

我们要深信：今日的努力，必定有将来的大收成。

佛典里有一句话："福不唐捐。"唐捐就是白白地丢了。我们也应该说："功不唐捐！"没有一点努力是会白白地丢了的。在我们看不见想不到的时候，在我们看不见想不到的方向，你瞧！你下的种子早已生根发叶开花结果了！

你不信吗？法国被普鲁士打败之后，割了两省地，赔了五十万万法郎的赔款。这时候有一位刻苦的科学家巴斯德(Pasteur)终日埋头在他的试验室里做他的化学试验和微菌学研究。他是一个最爱国的人，然而他深信只有科学可以救国。他用一生的精力证明了三个科学问题：(一)每一种发酵作用都是由于一种微菌的发展；(二)每一种传染病都是由于一种微菌在生物体中的发展；(三)传染病的微菌，在特殊的培养之下，可以减轻毒力，使它从病菌变成防病的药苗。——这三个问题，在表面上似乎都和救国大事业没有多大的关系。然而从第一个问题的证明，巴斯德定出做醋酿酒的新法，使全国的酒醋业每年减除极大的损失。从第二个问题的证明，巴斯德教全国的蚕丝业怎样选种防病，教全国的畜牧农家怎样防止牛羊瘟疫，又教全世界的医学界怎样注重消毒以减除外科手术的死亡率。从第三个问题的证明，巴斯德发明了牲畜的脾热瘟的治疗药苗，每年替法国农家减除了二千万法郎的大损失；又发明了疯狗咬毒的治疗法，救济了无数的生命。所以英国的科学家赫胥黎(Huxley)在皇家学会里称颂巴斯德的功绩道："法国给了德国五十万万法郎的赔款，巴斯德先生一个人研究科学的成绩足够还清这一笔赔款了。"

巴斯德对于科学有绝大的信心，所以他在国家蒙奇辱大难的时候，终不肯抛弃他的显微镜与试验室。他绝不想他的显微镜底下能偿还五十万万法郎的赔款，然而在他看不见想不到的时候，他已收获了科学救国的奇迹了。

朋友们，在你最悲观最失望的时候，那正是你必须鼓起坚强的信心的时候。你要深信：天下没有白费的努力。成功不必在我，而功力必不唐捐。

【作品简析】

本文是作者在1932年6月为即将走上社会的大学毕业生们所作的演讲，最初发表于1932年7月3日《独立评论》第7号。主要针对大学毕业生走上社会将会面临的问题进行分析论述，并就如何解决这些问题语重心长地提出忠告。作者提醒青年学生走出大学后，在社会上要时刻防备可能会出现丧失求知欲望、丧失理想的人生追求这两方面的堕落，并且送给他们三剂"防身的药方"：一是寻求值得研究的问题；二是发展非职业的兴趣；三是培养坚定的信心。两年后，他在另写同名的文章中"心里要说的话，想来想去，还只是这三句话"。直到1960年6月18日，胡适在台南成功大学毕业典礼上的演讲，内容依然是这三句话，只不过将这三剂药方中的三味药已正式定名为"问题丹"、"兴趣散"和"信心汤"。可见，作者对本文中的观点是经过深思熟虑的，非常重视，而且在此后近三十年的时间里始终坚持，他对大学毕业生的忠告真可谓语重心长。

作为一篇演讲稿，本文具有很高的艺术成就。主要表现在：

第一，旁征博引，善于运用具体实例来论证观点。文中阐述观点时使用了丰富多样的论据材料，有的援引古人谚语，有的借用佛典名言，有的巧设比喻，有的列举事例，大大增强了文章的说服力。列举事例时，作者注意选取斯宾塞、巴斯德等在社会科学或自然科学方面卓有成就的一些名人为例，既能充分说明观点，又为青年学生提供了具体学习的榜样，因而使这篇演讲文章具有很强的鼓舞性和感染力。

第二，语言浅近自然、形象生动。作者虽然是一位学贯中西、知识渊博的学者，但论事说理时却一点也没让读者感觉到艰深晦涩，而是形象具体，语言通俗，如同是朋友间娓娓谈心一样亲切自然，充分体现出演讲文体的特点。

【复习思考题】

1. 大学生毕业后走上社会，应该注意哪两方面堕落的危险？
2. 作者送给大学毕业生的三种防身药方是什么？你认为这些药方现在还是否有效？为什么？
3. 作者在文章结尾说："成功不必在我，而功力必不唐捐。"如何领会这句话的含义？

相关拓展性阅读材料推荐：

1.《胡适文集》，胡适，北京大学出版社，1998.
2.《胡适研究资料》，陈金淦，十月文艺出版社，1989.
3. 亦凡公益图书馆-胡适文选 http://www.shuku.net:8082/novels/mingjwx/hushiwx/hushiwx.html
4. 国学网 http://www.guoxue.com/
5. 中文研究网 http://www.zwyjw.net/
6. 中华经典文学网 http://www.ccview.net/
7. 北京大学图书馆 http://www.lib.pku.edu.cn/
8. 中国国家图书馆 http://www.nlc.gov.cn/

心 跳

闻一多

闻一多(1899—1946),本名家骅,字友三,后改名一多。湖北黄冈市浠水人。著名诗人、学者、爱国民主战士。家传渊源,自幼爱好古典诗词和美术。早年加入文学社团"新月社",并先后执教青岛大学、清华大学等。皖南事变后,积极投身反对独裁、争取民主、反对内战的斗争。1946年,在昆明被国民党特务暗杀。代表作有《红烛》、《死水》,另对《周易》、《诗经》、《庄子》、《楚辞》等研究颇深,有《神话与诗》、《唐诗杂论》、《古典新义》、《楚辞校补》等专著。后人辑有《闻一多全集》(四册)。

这灯光,这灯光漂白了的四壁;
这贤良的桌椅,朋友似的亲密;
这古书的纸香一阵阵的袭来;
要好的茶杯贞女一般的洁白;
受哺的小儿接呷在母亲怀里,
鼾声报道我大儿康健的消息……
这神秘的静夜,这浑圆的和平,
我喉咙里颤动着感谢的歌声。
但是歌声马上又变成了诅咒,
静夜!我不能,不能受你的贿赂。
谁希罕你这墙内尺方的和平!
我的世界还有更辽阔的边境。
这四墙既隔不断战争的喧嚣,
你有什么方法禁止我的心跳?
最好是让这口里塞满了沙泥,
如其他只会唱着个人的休戚,
最好是让这头颅给田鼠掘洞,
让这一团血肉也去喂着尸虫,
如果只是为了一杯酒,一本诗,
静夜里钟摆摇来的一片闲适,
就听不见了你们四邻的呻吟,
看不见寡妇孤儿抖颤的身影,
战壕里的痉挛,疯人咬着病榻,
和各种惨剧在生活的磨子下。
幸福!我如今不能受你的私贿,
我的世界不在这尺方的墙内。

听！又是一阵炮声，死神在咆哮。
静夜！你如何能禁止我的心跳？

【作品简析】

《心跳》发表于1928年，是闻一多的代表性作品之一，与他的《发现》、《一句话》等同属于爱国诗篇。这首诗描写了两组对立的意象：安静的夜、温馨的小家与跳动的心、动荡不安的大世界。

对于小家庭的温馨，闻一多是满怀深情的。一到八行为上节。诗歌一开篇就用了语句复沓的方式"这灯光，这灯光……"烘托着一种恬静、优游的心境。一个"漂"字更是渲染出了"灯光"的柔和、轻缓，如水如雾，如洁白的轻纱。僵硬干冷的桌椅也似乎深通人性，如"朋友似的亲密"，如主人般的"贤良"，桌上年代已久的"古书"散发出阵阵香气，随风扑面而来，茶杯稳稳地立在那里，沐浴着银白色的灯光，显得那样的洁净；在诗人的身旁，环绕着一家老小，妻子温柔地哺育幼儿，大儿已经入睡，传来无拘无束的鼾声。哦，多么"浑圆和平"！这样一幅温馨的图景，令诗人抑制不住对生活的感激之情，"喉咙里颤动着感谢的歌声"。

然而，突然之间，诗人仿佛心跳加快，情绪陡变，从墙内的世界想到了墙外的世界。第九行到结尾为下节，是诗人对于外面世界的想象和自己心灵世界的表白。"静夜！我不能，不能受你的贿赂。谁希罕你这墙内尺方的和平！"这句几乎成为所有正直、有良知的知识分子的惊醒之词。闻一多那跳动的思想又投射到了外面的世界，那里正军阀混战，生灵涂炭，内外交困，民不聊生，"在生活的磨子下"，各种惨剧在接连不断地发生，哪里有真正的宁静和温暖呢？于是诗人毅然做出了选择，抛弃小家庭的温暖而投身于大世界的洪流之中。他向世人表白心声，"我的世界不在这尺方的墙内"。在那黑暗的年代，这声音多么震人心弦！

于是，这"心跳"就有了两重含义：其一是诗人自己的内心激荡，热血沸腾，是他渴望实现社会理想的冲动；其二则是他内心深处隐隐生出的懊悔和不安，是他老老实实的自我责备。诗人险些满足于小家庭的温暖而遗忘了大千世界的苦难。诗人最终还是超越了自我的小天地，坚决以时代的使命为己任。从诗人的"心跳"中，我们也看到了那一代知识分子是如何在自我与时代之间做出抉择的。

显然诗人也是相当看重这一"心跳"的意义的，因为这首诗原本题为《静夜》，似乎表现的就是"静夜"中的想象，今改为《心跳》，便进一步凸显了主题。

【复习思考题】

1. 闻一多是现代文学史上著名的爱国诗人，结合本诗，谈谈你对他的认识。
2. 学习诗人面对生活所做出的抉择。

相关拓展性阅读材料推荐：

1.《闻一多名作欣赏》，王富仁，中国和平出版社，1993.
2.《闻一多诗集——〈红烛〉〈死水〉》，闻一多，上海古籍出版社，2002.
3.《闻一多全集》(1～4册)，闻一多，上海开明书店，1948.
4. 北京大学图书馆 http://www.lib.pku.edu.cn/
5. 中国诗歌网 http://www.poetry-cn.com/
6. 诗词在线 http://www.chinapoesy.com/

精进的程序①

朱光潜

朱光潜(1897—1986):美学家、文学研究家、教育家。别名孟实。安徽桐城人。1925年起,先后赴英国、法国研习心理学和艺术史,获博士学位。1933年回国,历任四川大学、武汉大学、北京大学教授。主要著作有《文艺心理学》、《谈美》、《西方美学史》、《诗学》、《悲剧心理学》等。主要译著有黑格尔的《美学》,莱辛的《拉奥孔》、柏拉图的《文艺对话集》、克罗齐的《美学原理》、维柯的《新科学》等。此外所著《谈文学》等,指导青年写作,深入浅出,雅俗共赏。各方面都有比较具体、切实的贡献。

文学是一种很艰难的艺术,从初学到成家,中间须经过若干步骤,学者必须循序渐进,不可一蹴而就②。拿一个比较浅而易见的比喻来讲,作文有如写字。在初学时,笔拿不稳,手腕运用不能自如③,所以结体不能端正匀称,用笔不能平实遒劲,字常是歪的,笔锋常是笨拙扭曲的。这可以说是"疵境"④,特色是驳杂不稳,纵然一幅之内间或有一两个字写得好,一个字之内间或有一两笔写得好,但就全体看去,毛病很多。每个人写字都不免要经过这个阶段。如果他略有天资,用力勤,多看碑帖笔迹⑤,多临摹,多向书家请教,他对于结体用笔,分行布白⑥,可以学得一些规模法度,手腕运用也比较灵活了,就可以写出无大毛病、看得过去的字。这可以说是"稳境"⑦,特色是平正工稳,合于规模法度,却没有什么精彩,没有什么独创。多数人不把书法当作一种艺术去研究,只把它当作日常应用的工具,就可以到此为止。如果想再进一步,就须再加揣摩,真草隶篆⑧,各体都须尝试一下,各时代的碑版帖札须多读多临,然后荟萃各家各体的长处,造成自家所特有的风格,写成的字可以算得艺术作品,或奇或正,或瘦或肥,都可以说得上"美"。这可以说是"醇境"⑨,特色是凝炼典雅,极人工之能事,包世臣和康有为所称的"能品"、"佳品"都属于这一境⑩。但是这仍不是极境,因为它还不能完全脱离"匠"的范围⑪,任何人只要一下功夫,到功夫成熟了,都可以达到。最高的是"化境"⑫,不但字的艺术成熟了,而且胸襟学问的修养也成熟了,成熟的艺术修养与成熟的胸襟学问的修养融成一片,于是字不但可以见出驯熟的手腕,还可以表现高超的人格;悲欢离合的情调,山川风云的姿态,哲学宗教的蕴藉⑬,都可以在无形中流露于字里行间,增加字的韵味。这是包世臣和康有为所称的"神品"、"妙品"⑭,这种极境⑮只有极少数幸运者才能达到。

作文正如写字。用字像用笔,造句像结体,布局像分行布白。习作就是临摹,读前人的作品有如看碑帖墨迹,进益的程序也可以分"疵"、"稳"、"醇"、"化"四境。这中间有天资和人力两个要素,有不能纯藉天资达到的,也有不能纯藉人力达到的。人力不可少,否则始终不能达到"稳境"和"醇境",天资更不可少,否则达到"稳境"和"醇境"有缓有速,"化境"却永远无法望尘。在"稳境"和"醇境",我们可以纯粹就艺术而言艺术,可以藉规模法度作前进的导引;在"化境",我们就要超出艺术范围而推广到整个的人格以至整个的宇宙,规模法度有时失其约束的作用,自然和艺术的对峙也不存在。如果举实例来说,在中国文字中,言情文如屈原的《离骚》⑯,陶渊明和杜工部的诗,说理文如庄子的《逍遥游》、《齐物论》和《楞严经》⑰,记事文如太史公的《项羽本纪》、《货殖传》和《红楼梦》之类作品都可以说是到了“化境”[18]，其余许多名家大半止于“醇境”或是介于“化境”与“醇境”之间，至于“稳境”和“疵境”都无用举例，你我大概都在这两个境界中徘徊。

一个人到了艺术较高的境界，关于艺术的原理法则无用说也无可说；有可说而且需要说的是在“疵境”与“稳境”。从前古文家有奉“义法”为金科玉律的[19]，也有攻击“义法”论调的。在我个人看，拿“义法”来绳“化境”的文字，固近于痴人说梦；如果以为学文艺始终可以不讲“义法”，就未免更误事。记得我有一次和沈尹默先生谈写字[20]，他说：“书家和善书者有分别，世间尽管有人不讲规模法度而仍善书，但是没有规模法度就不能成为一个真正的书家。”沈先生自己是“书家”，站在书家的立场，他拥护规模法度，可是仍为“善书者”留余地，许他们不要规模法度，这是他的礼貌。我很怀疑“善书者”可以不经过揣摩规模法度的阶段。我个人有一个苦痛的经验。我虽然没有正式下功夫写过字，可是二三十年来没有一天不在执笔乱写，我原来也相信此事可以全凭自己的心裁，苏东坡所谓“我书意造本无法”，但是于今我正式留意书法，才觉得自己的字太恶劣，写过几十年的字，一横还拖不平，一竖还拉不直，还是未脱“疵境”。我的病根就在从头就没有讲一点规模法度，努力把一个字写得四平八稳。我误在忽视基本功夫，只求要一点聪明，卖弄一点笔姿，流露一点风趣。我现在才觉悟“稳境”虽平淡无奇，却极不易做到，而且不经过“稳境”，较高的境界便无从达到。文章的道理也是如此，韩昌黎所谓“醇而后肆”是作文必循的程序[21]。由“疵境”到“稳境”那一个阶段最需要下功夫学规模法度，小心谨慎地把字用得恰当，把句造得通顺，把层次安排得妥帖，我作文比写字所受的训练较结实，至今我还在基本功夫上着意，除非精力不济，注意力松懈时，我必尽力求稳。

稳不能离规模法度。这可分两层说，一是抽象的，一是具体的。抽象的是文法、逻辑以及古文家所谓“义法”，西方人所谓文学理论和文学批评。在这上面再加上一点心理学和修辞学常识，就可以对付了。抽象的原则和理论本身并没有多大功用，它的唯一的功用在于帮助我们分析和了解作品。具体的规模法度须在模范作品中去找。文法、逻辑、义法等在具体实例中揣摩，也比较更彰明较著。从前人说，“熟读唐诗三百首，不会写诗也会吟”[22]，语调虽卑，却是经验之谈。为初学说法，模范作品在精不在多，精选熟读透懂，短文数十篇，长著三数种，便已可以作为达到“稳境”的基础。读每篇文字须在命意、用字、造句和布局各方面揣摩；字、句、局三项都有声义两方面，义固重要，声音节奏更不可忽略。既叫做模范，自己下笔时就要如写字临帖一样，亦步亦趋地模仿它。我们不必唱高调轻视模仿，古今大艺术家，据我所知，没有不经过一个模仿阶段的。第一步模仿，可得规模法度，第二步才能集合诸家的长处，加以变化，造成自家所特有的风格。

练习作文，一要不怕模仿，二要不怕修改。多修改，思致愈深入，下笔愈稳妥。自己能看出自己的毛病才算有进步。严格地说，自己要说的话是否从心所欲地说出，只有自己知道，如果有毛病，也只有自己知道最清楚，所以文章请旁人修改不是一件很合理的事。丁敬礼向曹子建说：“文之佳恶，吾自得之，后世谁相知定吾文者耶？”[23]杜工部也说“文章千古事，得失寸心知。”[24]大约文章要做得好，必须经过一番只有自己知道的辛苦，同时必有极谨严的艺术良心[25]，肯严厉地批评自己，虽微疵小失，不肯轻易放过，须把它修到无疵可指，才能安心。不过这番话对于未脱“疵境”的作者恐未免是高调。据我的观察，写作训练欠缺者通常有两种毛病：第一是对于命意用字造句布局没有经验，规模法度不清楚，自己的毛病自己不能看出，明明是不通不妥，自己却以为通妥。其次是容易受虚荣心和兴奋热烈时的幻觉支配，对自己不能作客观的冷静批评，仿佛以为在写的时候既很兴高采烈，那作品就一定是杰作，足以自豪。只有良师益友，才可以医治这两种毛病。所以初学作文的人最好能虚心接受旁人的批评，多请比自己高明的人修改。如果修改的人肯仔细指出毛病，说出应修改的理由，那就可以产生更大的益处。作文如写字，养成纯正的手法不易，丢开恶劣的手法更难。孤陋寡闻的人往往辛苦半生，没有摸上正路，到发现自己所走的路不对时，已悔之太晚，想把"先入为主"的恶习丢开，比走回头路还更难更冤枉。良师益友可以及早指点迷途，引上最平正的路，免得浪费精力。

自己须经过一番揣摩，同时又须有师友指导，一个作者才可以逐渐由"疵境"达到"稳境"。"稳境"是不易达到的境界，却也是平庸的境界。我认识许多前一辈子的人，幼年经过科举的训练[26]，后来藉文字"混差事"，对于诗文字画，件件都会，件件都很平稳，可是老是那样四平八稳，没有一点精彩，不是"庸"，就是"俗"，虽是天天在弄那些玩意儿，却到老没有进步。他们的毛病在成立了一种定型，便老守着那种定型，不求变化。一稳就定，一定就一成不变，由熟以至于滥，至于滑。要想免去这些毛病，必须由"稳境"重新尝试另一风格，如果太熟，无妨学生硬，如果太平易，无妨学艰深；如果太偏于阴柔，无妨学阳刚。在这样变化已成风格时，我们很可能地回到另一种"疵境"，再由这种"疵境"进到"熟境"。如此辗转下去，境界才能逐渐扩大，技巧才能逐渐成熟，所谓"醇境"大半都须经过这种"精钢百炼"的功夫才能达到。比如写字，入手习帖的人易于达到"稳境"。可是不易达到很高的境界，稳之后改习唐碑可以更稳[27]，再陆续揣摩六朝碑版和汉隶秦篆以至于金文甲骨文[28]，如果天资人才都没有欠缺，就必定有"大成"的一日[29]。

这一切都是"匠"的范围以内的事，西文所谓"手艺"(craftsman-ship)。要达到只有大艺术家所能达到的"化境"，那就还要在人品学问各方面另下一套更重要的功夫。我已经说过，这是不能谈而且也无用谈的。本文只为初学说法，所以陈义不高[30]，只劝人从基本功夫下手，脚踏实地循序渐进地做下去。

【注释】

①这是作者在1946年5月于开明书店出版的《谈文学》书中的一篇。本文就是从他这个版本中选出的。

②一蹴(cù)而就：踏一步就成功。意谓不用多计划、多努力，轻易就能成功。

③自如：如意、得心应手。

④疵(cī)境：仍有些毛病的境界。大致还可以，仍有小毛病。

⑤碑帖笔迹：长方形的刻石为碑，书法的临摹范本为帖。笔迹指书法的真迹。

⑥分行布白：分行指写字之前的构想，书写的分布。布白指绘画写字的布局。

⑦稳境：指平稳、妥当的境界。

⑧揣摩：尽量推想、探求某种意图、本旨。真草隶篆：汉字的四种字体。

⑨醇(chún)境：指纯厚、优良的境界。

⑩包世臣(1775—1855)：清代学者、书法理论家。字慎伯，安徽泾县人。泾县古称安吴，故或称他为包安吴。所著《艺舟双楫》下篇论书法，为世所重。康有为(1858—1927)：近代维新思想家，号长素，广东南海人，故或称他为康南海。主张变法图强，与梁启超并称"康梁"。著有《新学伪经考》、《大同书》等，也有论书法的著作。

⑪匠:工匠。这里是指技艺一般的匠人,知其然而不知其所以然,不精明的匠人。如称某人或某作品有“匠气”,即嫌其有庸俗的毛病。而若称某人为“大匠”,就有接近“大师”的褒义了。

⑫化境:出神入化,变化自如,无所不可的境界。这是四种境界中最高的一种。要达到这种境界,不但艺术修养要成熟,胸襟学问也要一并成熟,才能融成一片。

⑬蕴藉:内涵,蕴蓄。

⑭神品、妙品:到达最高境界的作品,称神品或妙品。

⑮极境:最高的、无以复加的境界,极高的境界。

⑯屈原:战国时期在楚国做过三闾大夫,我国最早的大诗人,名平,字原。《离骚》是他的主要诗作,深深表达了他忧危爱国的沉痛感情。

⑰庄子:战国时期哲学家。名周,宋国蒙(今河南商丘)人。家贫,不愿为官。有很高的思维水平,文章汪洋恣肆,富于想象和艺术魅力。著有《庄子》,《逍遥游》、《齐物论》是其中两篇代表作。《庄子》,亦名《南华经》,是道家经典之一。现存33篇。是庄子及其后学之作,反映了庄子的思想。《楞严经》:佛教书名。后秦鸠摩罗什译《首楞严三昧经》之略称,亦或是十卷本的《首楞严经》。

⑱太史公:即司马迁,西汉史学家、文学家、思想家。所著《史记》是我国最早的通史,开创了纪传体史书的形式。不少传记形象鲜明,语言生动,极有魅力。司马迁对史学与文学都有巨大贡献,是世界上公认的文化名人之一。《红楼梦》:清代曹雪芹著的著名小说。

⑲古文家:泛指过去用文言文写作的学者、作家。义法:清代桐城派文人特重“义法”,实指写作法则。他们的主张为言之有物,言之有序,以古文字为规范。金科玉律:尽善尽美,不可更改的条律。金、玉表示极美好。

⑳沈尹默(1883—1971):现代书法家、诗人。浙江上虞人。参加过新文学运动,北京大学教授。以行书著名。

㉑醇而后肆:意谓作文要求精进,应按适当的程序,即先求内容的充实、纯厚,打好结实的基础,然后进求思路写法的奔放、恣肆,否则易成空疏、浮夸。这是一说,也有主张先放后收,由绚烂渐归平淡的。

㉒“熟读唐诗三百首”二句:意谓熟读许多佳作之后,自能悟出写诗的若干道理。熟能生巧。这是着重谈多读具体作品,自己体会的重要,避免只重抽象议论的弊病。

㉓“丁敬礼向曹子建”句:曹子建就是曹植。曹植在《与杨德祖书》中说丁敬礼曾请他修改己作,但曹植觉得自己并不比丁高明,于是推辞。丁答,你何必疑难,文章好坏,我自己知道负责,将来谁也不会知道跟你相商过的。

㉔“文章千古事”二句:这是杜甫的诗句,意谓写诗作文是极严肃的工作,应力求写好,得以留传千古。自己花了多少心血,到达何种地步,其间得失,对认真从事的作者来说,自己内心也是基本明白的。强调写成后靠自己不断修改之重要,不可匆匆草就便急于出手。草率成篇,而又不细修改,必难进步。

㉕艺术良心:相并于理智良心,道德良心。审美良心,意谓有些作者对艺术如何算美,算精,并非无所知晓,却缺乏追求精美的决心,由于各种世俗原因,明知没有达到,却停止不前,自己放弃,违背了初衷。

㉖科举:隋代以后,封建统治者设立科举考试、选拔官史的制度,分科取士。清光绪三十一年(1905)起实行学校教育,科举制度才被废除。这种制度诱使学子苦学经典教条,严重束缚思

想，陷溺人才。

㉗唐碑：唐代流行的碑版字体。

㉘六朝碑版：六朝流行的碑版字体。汉隶秦篆：汉朝字多隶体，秦朝字多篆体。金文、甲骨文：时代更早出现在钟鼎、甲骨上的字体。文章似有学习字体愈能上溯古代各体就愈有"大成"的可能，兼收并蓄，择善而从的精神可取，未必是唯一途径。

㉙大成：集大成。多方取资，取得大的成功。

㉚陈义：提出的想法、要求。

【作品简析】

此文深入浅出，谈学习写作精进的程序，劝青年学者从基本功夫下手，脚踏实地循序渐进地做下去。这是作者自己从初学以至成为学术上贯通古今中外的学者的经验之谈，比目前常见的许多大言空论，切实得多，值得细读。

作者指出求学之人大致都会经过精进过程中的四种境界，但必须经过极大努力，坚持不懈，才能由"疵"到"稳"；再经努力，才近于"醇"；"化"则需毕生全力以赴，才有希望。各人爱好不同，情况各异，不必要求都成文学家。但语文能力是做各种工作、研究任何学问都不可缺少的，至少应当达到"稳"的境界。"稳"的境界也非轻易便能达到的。"醇"与"化"，不仅是能善于运用语文工具的问题，与高远的理想、胸襟、人格、广博的学识，都有密切联系。有文无行，便只是一个"文匠"。作者明确指出这一点，必须重视。

【复习思考题】

1. 结合自己的学习体会，分别说明"疵"、"稳"、"醇"、"化"四境代表什么意思？
2. 作者为什么说"化境"是"不能谈而且也无用谈的"？

相关拓展性阅读材料推荐：

1.《谈文学》，朱光潜，开明书店，1946.
2.《朱光潜选集》，朱光潜，天津人民出版社，1993.
3.《美学和中国美术史》，朱光潜，知识出版社，1984.
4.《朱光潜美学文集》，朱光潜，上海文艺出版社，1982.
5.《悲剧心理学：各种悲剧快感理论的批判研究》，朱光潜，人民文学出版社，1983.
6. 中国文学网-朱光潜 http://www.literature.org.cn/Article_xzfc.asp? ID=334

爱尔克的灯光

巴　金

巴金(1904—2005),原名李尧棠,字芾甘,笔名巴金。四川成都人。杰出的小说家,散文家,文学翻译家;著名社会活动家和无党派爱国民主人士。1923年离家到上海、南京求学,1927—1928年旅居巴黎,创作出版了处女作《灭亡》。回国后创作出版了"爱情三部曲"(《雾》、《雨》、《电》)、"激流三部曲"(《家》、《春》、《秋》)、《憩园》、《寒夜》等作品,巴金的创作均收入《巴金选集》和《巴金全集》。另有《巴金译文全集》。

傍晚,我靠着逐渐黯淡的最后的阳光的指引,走过十八年前[1]的故居。这条街、这个建筑物开始在我的眼前隐藏起来,像在躲避一个久别的旧友。但是,它们的改变了的面貌于我还是十分亲切。我认识它们,就像认识我自己:还是那样宽的街,宽的房屋;巍峨的门墙代替了太平缸[2]和石狮子,那一对常常做我们"坐骑"的背脊光滑的雄狮也不知逃进了哪座荒山。然而,大门开着,照壁上"长宜子孙"[3]四个字却是原样地嵌在那里,似乎连颜色也不曾被风雨剥蚀。我望着那同样的照壁,我被一种奇异的感情抓住了,我仿佛要在这里看出过去的十九个年头,不,我仿佛要在这里寻找十八年以前的遥远的旧梦。

守门的卫兵用怀疑的眼光看我。他不了解我的心情。他不会认识十八年前的年轻人。他却用眼光驱逐一个人的许多亲密的回忆。

黑暗来了。我的眼睛失掉了一切,于是,大门内亮起了灯光。灯光并不曾照亮什么,反而增加了我心上的黑暗。我只得失望地走了。我向着来时的路走回去,已经走了四五步;我忽然掉转头,再看那个建筑物,依旧是阴暗中一线微光。我好像看见一个盛满希望的水碗一下子就落在地上打碎了一般,我痛苦地在心里叫起来。在这条被夜幕覆盖着的近代城市的静寂的街中,我仿佛看见了哈立希岛[4]上的灯光。那应该是姐姐爱尔克点的灯吧!她用这灯光来给她的航海的兄弟照路。每夜每夜灯光亮在她的窗前,她一直到死都在等待那个出远门的兄弟回来。最后,她带着失望进入坟墓。

街道仍然是清静的。忽然,一个熟悉的声音在我耳边轻轻地唱起了这个欧洲的古传说。在这里,不会有人歌咏这样的故事,应该是书本在我心上留下的影响。但是,这个时候我想起了自己的事情。

十八年前的一个春天的早晨,在我离开这个城市这条街的时候,我也曾有一个姐姐,也曾答应过有一天回来看她,跟她谈一些外面的事情。我相信自己的诺言。那时,我的姐姐还是一个出阁只有一个多月的新嫁娘,都说她有一个性情温良的丈夫,因此,也会有长久的幸福的岁月。

然而,人的安排终于被"偶然"毁坏了。这应该是一个"意外",这"意外"毫无怜悯地打击了年轻的心。我离家不过一年半光景,就接到了姐姐的死讯。我的哥哥用颤抖的哭诉的笔叙说一个善良的女性的悲惨的结局,还说起她死后受到的冷落的待遇。从此,那个做过她丈夫的所谓温良的人改变了,他往一条丧失人性的路走去。他想往上爬,结果,却不停地向下面落,终于到了用鸦片烟延续生命的地步。对于姐姐，她生前我没有好好地爱过她，死后也不曾做过一样纪念她的事。她寂寞地活着，寂寞地死去。死带走了她的一切，这就是我们那个地方的旧式女子的命运。

我在外面一直跑了十八年。我从没有向人谈过我的姐姐。只有在梦里，我偶尔看见爱尔克的灯光。一年前，在上海，我常常睁起眼睛做梦。我望着远远的在窗前发亮的灯，我面前横着一片大海。灯光在呼唤我，我恨不得腋下生出翅膀，即刻飞到那边去。沉重的梦压住我的心灵，我好像在跟许多无形的魔手挣扎。我望着那灯光，路是那么远！我没有翅膀，我只有一个渴望：飞！飞！那些熬煎着心的日子！那些可怕的梦魇！

但是，我终于出来了。我越过那堆积着像山一样的十八年的长岁月，回到了生我养我而且让我刻印了无数儿时回忆的地方。我走了很多的路。

十九年，似乎一切全变了，又似乎都没有改变。死了许多人，毁了许多家。许多可爱的生命葬入黄土，接着，又有许多新的人继续扮演不必要的悲剧。浪费，浪费，还是那许多不必要的浪费——生命、精力、感情、财富，甚至欢笑和眼泪！我去的时候是这样，回来时看见的还是一样的情形。关在这个小圈子里，我禁不住几次问我自己：难道这十八年全是白费？难道在这许多年中间所改变的就只是装束和名词？我痛苦地搓自己的手，不敢给一个回答。

在这个我永不能忘记的城市里，我度过了五十个傍晚。我花费了自己不少的眼泪和欢笑，也消耗了别人不少的眼泪和欢笑。我匆匆地来，也将匆匆地去。用留恋的眼光看我出生的房屋，这应该是最后的一次了。我的心似乎想在那里寻觅什么，但是，我所要的东西绝不会在那里找到。我不会像我的一个姑母或者嫂嫂，设法进到那所已经易了几个主人的公馆，对着园中的花树垂泪，慨叹着一个家族的盛衰。摘吃自己栽种的树上的苦果，这是一个人的本分。我没有跟着那些人走一条路，我当然在这里找不到自己的脚迹。几次走过这个地方，我所看见的还只是那四个字："长宜子孙"。

"长宜子孙"这四个字的年龄比我的不知大了多少。这也该是我祖父留下的东西吧！最近，在家里，我还读到他的遗嘱。他用空空两手造就了一份家业，到临死还周到地为儿孙安排了舒适的生活。他叮嘱后人保留着他修建的房屋和他辛苦地搜集起来的书画。但是，儿孙们回答他的还是同样的两个字："分"和"卖"。我很奇怪，为什么这样聪明的老人还不明白一个浅显的道理：财富并不"长宜子孙"，倘使不给他们一个生活技能，不向他们指示一条生活道路！"家"这个小圈子只能摧毁年轻心灵的发育成长，倘使不让他们睁起眼睛去看广大世界；财富只能毁灭崇高的理想和善良的气质，如果它只消耗在个人的利益上面。

"长宜子孙"，我恨不能削去这四个字！许多可爱的年轻的生命被摧残了，许多有为的年轻的心灵被囚禁了。许多人在这个小圈子里面憔悴地捱着日子。这就是"家"！"甜蜜的家"！这不是我应该来的地方。爱尔克的灯光不会把我引到这里来的。

于是，在一个春天的早晨，依旧是十八年前的那些人把我送到门口，这里面少了几个，也多了几个。还是和那次一样，看不见我姐姐的影子，那次，是我没有等待她，这次，是我找不到她的坟墓。一个叔父和一个堂兄弟到车站送我，十八年前，他们也送过我一段路程。

我高兴地来，痛苦地去。汽车离站时，我心里的确充满了留恋；但是，清晨的微风，路上的尘土，叫吼的马达，滚动的车轮和广大田野里一片盛开的菜子花，这一切驱散了我的离愁。我不顾同行者的劝告，把头伸到车窗外面，去呼吸广大天幕下的新鲜空气。我很高兴，自己又一次离开了狭小的家，走向广大的世界中去！

忽然，在前面的田野里，在一片绿的蚕豆和黄的菜花中间，我仿佛又看见了一线光，一个亮，这还是我常常看见的灯光。这不会是爱尔克的灯里照出来的，我那个可怜的姐姐已经死去了。这一定是我的心灵的灯，它永远给我指示我应该走的路。

一九四一年三月在重庆

【注释】

①十八年前：作者 1923 年 5 月冲破封建礼教的樊笼，离开故乡成都，先后到上海和南京读书，此前一直没有回来过。

②太平缸：防火用的水缸。

③长宜子孙：作者 1959 年自注："1956 年 12 月我终于走进了这个'公馆'。'长宜子孙'四个字果然跟着'照壁'一起消灭了。"

④哈立希岛：又译"哈里希岛"。欧洲古代传说中的一个荒岛，爱尔克姐弟俩住在岛上，相依为命。

【作品简析】

本文 1941 年 3 月创作于重庆，后收入散文集《龙·虎·狗》。爱尔克，欧洲古代传说中的一位姐姐，住在哈里希岛上，与弟弟相依为命。作者 1942 年 2 月在桂林创作的另一篇散文《灯》，再次提到"哈里希岛上的姐姐为着弟弟点在窗前的长夜孤灯"，其光芒"虽然不曾唤回那个航海远去的弟弟，可是不少捕鱼归来的邻人都得到了它的帮助。"

作者回归阔别十八年的故居，思绪联翩。当情感的波澜平静下来之后，他悟出了一个朴素的人生哲理：封建家庭的巨额财富并不能"长宜子孙"，罪恶的封建礼教和腐朽的社会制度只会摧残人才，青年应该到外面的广大世界去寻求属于自己的光明。

本文通过"长宜子孙"这一中心线索，表现了对封建道德思想和封建专制制度的彻底否定；同时，通过灯光这一线索，涌起了对姐姐的缅怀之情，以及作者深沉的人道主义博爱情怀。两条线索一明一暗，表达出作者十分复杂的心境。

"长宜子孙"作为一种封建秩序承传的象征，它维护着"家"的秩序，囚禁着许多"年轻的心灵"，"许多可爱的年轻生命被摧残了"。反封建的强烈愿望是 40 年代巴金创作的主旨，尤其是 18 年后回到这封建的"铁屋子"中，其心境之复杂可想而知。

本文的抒情线索是"灯光"：其一，傍晚，作者"走过十八年前的故居"，物是人非；天黑时，"大门内亮起了灯光"，不过是阴暗中的"一线微光"而已。其二，在"盛满希望的水碗"被"打碎"之际，作者联想到"哈立希岛上的灯光"，那当然是"姐姐爱尔克点的灯"——每天夜里，给远航出海的弟弟照亮回家的路；于是，作者怀念起已经死去的姐姐，"出阁"后丈夫的堕落带给她"冷落的待遇"和"悲惨的结局"。其三，在"浪费"了许多"生命、精力、感情、财富，甚至欢笑和眼泪"之后，作者冲出"家"的小圈子，给他"指示"人生道路的是他自己的"心灵的灯"。

文中反复写到"灯光"，不仅使文章充满诗意，而且有统贯全文的作用。"一线微弱的光"、"爱尔克的灯光"、"我心灵的灯"的依次闪现，正是作者思绪的推进和情感的回荡。由看到旧家庭的败落，到痛心疾首于姐姐的惨死，一直到对新生活的向往，是文章内涵的演进脉络，也是作者感情起伏跌宕的轨迹。全文熔叙事、抒情、议论于一炉，思绪翻滚，情感浓烈，充满动人的力量。

【复习思考题】

1.“长宜子孙”四个字引发出作者什么样的感情？

2. 文中所出现的三种灯光有哪些象征意义？

相关拓展性阅读材料推荐：

1.《家》，巴金，人民文学出版社，1979.

2.《巴金自传》，巴金，江苏文艺出版社，1995.

3.《中国现代文学作品选》，钱谷融，华东师范大学出版社，1989.

4. 世纪中国 http://www.cc.org.cn/newcc/index.php

5. 天涯在线书库-巴金作品选 http://www.tianyabook.com/xiandai/bajing/

6. 巴金文学馆 http://www.bjwxg.cn/index.php

示　众

鲁　迅

鲁迅(1881—1936)，原名周樟寿，字豫山、豫才，1898 年考入南京江南水师学堂时，改名为树人。浙江省绍兴府会稽县(今绍兴市)人。中国新文化运动的先驱者，中国现代小说的奠基人。1904 年 9 月考入日本仙台医学专门学校，1906 年 3 月退学后从事文学翻译活动，直至 1909 年回国。1918 年 5 月，以“鲁迅”为笔名发表《狂人日记》。1936 年 10 月 19 日因病逝于上海。小说集《呐喊》、《彷徨》、《故事新编》和论著《中国小说史略》、《汉文学史纲要》等均收入《鲁迅全集》。

一

首善之区的西城的一条马路上这时候什么扰攘也没有。火焰焰的太阳虽然还未直照，但路上的沙土仿佛已是闪烁地生光；酷热满和在空气里面，到处发挥着盛夏的威力。许多狗都拖出舌头来，连树上的乌老鸦也张着嘴喘气，——但是自然也有例外的。远处隐隐有两个铜盏相击的声音，使人忆起酸梅汤，依稀感到凉意，可是那懒懒的单调的金属音的间作，却使那寂静更其深远了。

只有脚步声，车夫，默默地前奔，似乎想赶紧逃出头上的烈日。

“热的包子咧！刚出屉的…… 。”

十一二岁的胖孩子，细着眼睛，歪了嘴在路旁的店门前叫喊。声音已经嘶嗄[①]了，还带些睡意，如给夏天的长日催眠。他旁边的破旧桌子上就有二三十个馒头包子，毫无热气，冷冷地坐着。

“荷阿！馒头包子咧，热的……。”

像用力掷在墙上而反拨过来的皮球一般，他忽然飞在马路的那边了。在电杆旁，和他对面，正向着马路，其时也站定了两个人：一个是淡黄制服的挂刀的面黄肌瘦的巡警，手里牵着绳头，绳的那头就拴在别一个穿蓝布大衫上罩白背心的男人的臂膊上。这男人戴一顶新草帽，帽檐四面下垂，遮住了眼睛的一带。但胖孩子身体矮，仰起脸来看时，却正撞见这人的眼睛了。那眼睛也似乎正在看他的脑壳。他连忙顺下眼，去看白背心，只见背心上一行一行地写着些大大小小的什么字。

刹时间，也就围满了大半圈的看客。待到增加了秃头的老头子之后，空缺已经不多，而立刻又被一个赤膊的红鼻子胖大汉补满了。这胖子过于横阔，占了两人的地位，所以续到的便只能屈在第二层，从前面的两个脖子之间伸进脑袋去。

秃头站在白背心的略略正对面，弯了腰，去研究背心上的文字，终于读起来——

“嗡，都，哼，八，而，……”

胖孩子却看见那白背心正研究着这发亮的秃头，他也便跟着去研究，就只见满头光油油的，耳朵左近还有一片灰白色的头发，此外也不见得有怎样新奇。但是后面的一个抱着孩子的老妈子却想乘机挤进来了；秃头怕失了位置，连忙站直，文字虽然还未读完，然而无可奈何，只得另看白背心的脸：草帽檐下半个鼻子，一张嘴，尖下巴。

又像用了力掷在墙上而反拨过来的皮球一般，一个小学生飞奔上来，一手按住了自己头上的雪白的小布帽，向人丛中直钻进去。但他钻到第三——也许是第四——层竟遇见一件不可动摇的伟大的东西了，抬头看时，蓝裤腰上面有一座赤条条的很阔的背脊，背脊上还有汗正在流下来。他知道无可措手，只得顺着裤腰右行，幸而在尽头发现了一条空处，透着光明。他刚刚低头要钻的时候，只听得一声“什么”，那裤腰以下的屁股向右一歪，空处立刻闭塞，光明也同时不见了。

但不多久，小学生却从巡警的刀旁边钻出来了。他诧异地四顾：外面围着一圈人，上首是穿白背心的，那对面是一个赤膊的胖小孩，胖小孩后面是一个赤膊的红鼻子胖大汉。他这时隐约悟出先前的伟大的障碍物的本体了，便惊奇而且佩服似的只望着红鼻子。胖小孩本是注视着小学生的脸的，于是也不禁依了他的眼光回转头去了，在那里是一个很胖的奶子，奶头四近有几枝很长的毫毛。

“他，犯了什么事啦？……”

大家都愕然看时，是一个工人似的粗人，正在低声下气地请教那秃头老头子。

秃头不作声，单是睁起了眼睛看定他。他被看得顺下眼光去，过一会儿再看时，秃头还是睁起了眼睛看定他，而且别的人也似乎都睁了眼睛看定他。他于是仿佛自己就犯了罪似的局促起来，终至于慢慢退后，溜出去了。一个挟洋伞的长子就来补了缺；秃头也旋转脸去再看白背心。

长子弯了腰，要从垂下的草帽檐下去赏识白背心的脸，但不知道为什么忽又站直了。于是他背后的人们又须竭力伸长了脖子；有一个瘦子竟至于连嘴都张得很大，像一条死鲈鱼。

巡警，突然间，将脚一提，大家又愕然，赶紧都看他的脚；然而他又放稳了，于是又看白背心。长子忽又弯了腰，还要从垂下的草帽檐下去窥测，但即刻也就立直，擎起一只手来拚[②]命搔头皮。

秃头不高兴了，因为他先觉得背后有些不太平，接着耳朵边就有唧咕唧咕的声响。他双眉一锁，回头看时，紧挨他右边，有一只黑手拿着半个大馒头正在塞进一个猫脸的人的嘴里去。他也就不说什么，自去看白背心的新草帽了。

忽然，就有暴雷似的一击，连横阔的胖大汉也不免向前一跄踉。同时，从他肩膊上伸出一只胖得不相上下的臂膊来，展开五指，啪地一声正打在胖孩子的脸颊上。

“好快活！你妈的……”同时，胖大汉后面就有一个弥勒佛似的更圆的胖脸这么说。

胖孩子也跄踉了四五步，但是没有倒，一手按着脸颊，旋转身，就想从胖大汉的腿旁的空隙间钻出去。胖大汉赶忙站稳，并且将屁股一歪，塞住了空隙，恨恨地问道——

“什么？”

胖孩子就像小鼠子落在捕机里似的，仓皇了一会儿，忽然向小学生那一面奔去，推开他，冲出去了。小学生也返身跟出去了。

“吓，这孩子……。”总有五六个人都这样说。

待到重归平静，胖大汉再看白背心的脸的时候，却见白背心正在仰面看他的胸脯；他慌忙低头也看自己的胸脯时，只见两乳之间的洼下的坑里有一片汗，他于是用手掌拂去了这些汗。

然而形势似乎总不甚太平了。抱着小孩的老妈子因为在骚扰时四顾，没有留意，头上梳着的喜鹊尾巴似的"苏州俏"便碰了站在旁边的车夫的鼻梁。车夫一推却正推在孩子上；孩子就扭转身去，向着圈外，嚷着要回去了。老妈子先也略略一跄踉但便即站定旋转孩子来使他正对白背心，一手指点着，说道——

"阿，阿，看呀！多么好看哪！……"

空隙间忽而探进一个戴硬草帽的学生模样的头来，将一粒瓜子之类的东西放在嘴里，下颚向上一磕，咬开，退出去了。这地方就补上了一个满头油汗而粘着灰土的椭圆脸。

挟洋伞的长子也已经生气，斜下了一边的肩膊，皱眉疾视着肩后的死鲈鱼。大约从这么大的大嘴里呼出来的热气原也不易招架的，而况又在盛夏。秃头正仰视那电杆上钉着的红牌上的四个白字，仿佛很觉得有趣。胖大汉和巡警都斜了眼研究着老妈子的钩刀般的鞋尖。

"好！"

什么地方忽有几个人同声喝彩。都知道该有什么事情起来了，一切头便全数回转去。连巡警和他牵着的犯人也都有些摇动了。

"刚出屉的包子咧！荷阿，热的……。"

路对面是胖孩子歪着头，瞌睡似的长呼；路上是车夫们默默地前奔，似乎想赶紧逃出头上的烈日。大家都几乎失望了，幸而放出眼光去四处搜索，终于在相距十多家的路上发现了一辆洋车停放着，一个车夫正在爬起来。

圆阵立刻散开，都错错落落地走过去。胖大汉走不到一半，就歇在路边的槐树下；长子比秃头和椭圆脸走得快，接近了。车上的坐客依然坐着，车夫已经完全爬起，但还在摩自己的膝髁③。周围有五六个人笑嘻嘻地看他们。

"成么？"车夫要来拉车时，坐客便问。

他只点点头，拉了车就走；大家就惘惘然目送他。起先还知道那一辆是曾经跌倒的车，后来被别的车一混，知不清了。

马路上就很清闲，有几只狗伸出了舌头喘气；胖大汉就在槐阴下看那很快地一起一落的狗肚皮。

老妈子抱了孩子从屋檐阴下蹩过去了。胖孩子歪着头，挤细了眼睛，拖长声音，瞌睡地叫喊——

"热的包子咧！荷阿！……刚出屉的……。"

一九二五年三月十八日

【注释】

①嗄(shà)：嗓音嘶哑。

②拚：同"拼"。

③髁(kē)：骨头上的突起，多在骨头的两端。

【作品简析】

短篇小说《示众》最初发表于1925年4月13日北京《语丝》周刊第22期上，后收入《彷徨》。

《示众》写了一个十一二岁的胖孩子——馒头店的小伙计，还有陆续出场的18个人物——他们都没有姓名，没有性格特征，只有外貌和行动举止。这群萍聚云散的陌路人成为首善之区西城马路上来去匆匆的"过客"，他们汇集到一起看"示众"，可他们也被鲁迅"示众"于大庭广众之中。“看/被看”是鲁迅小说的一种模式。其实在鲁迅几乎所有的作品中都塑造了这样一类麻木、愚昧庸众的形象系列，如《狂人日记》中的赵贵翁、路人、青年人包括孩子以及那狗；《阿Q正传》中的阿Q、王胡、小D以及未庄和城里的闪动着狼一般眼神的看客；《药》中的看客和茶客们等等。

小说以群众作为描写中心，但他描写的不是某一个人，而是一群人。作者关注的不是他们的命运，而是他们的言行体现出来的社会精神状态。看客们围观示众者却又面面相觑。他们并不关心犯人是谁，为何示众，只是为了“看”。鲁迅紧扣着首善之区热浪滚滚的寂寞街面上的这出悲喜剧，把看客们渴望刺激的痴呆，对别人痛苦无动于衷的残酷，缺乏“个性”特征的单调面孔，以及在这些描写后面表现出的作者的凛然身影异常强烈地凸现出来。

这篇小说是鲁迅小说中比较特殊的一篇，它没有完整的故事，人物的性格也不是分明的，甚至连人物姓名也故意隐去；作者就是在塑造一组群像，就是在故意消解一切可能分散读者注意的动因，因此看客们的举动就带有了一种普遍的意义：纯粹是在无聊中寻找刺激。这样一来，就使这个“示众”的场面本身带有了典型性，使得全体中国人的国民劣根性得到了充分的展示。通过这次“集体示众”，鲁迅为我们揭示了国民麻木的劣根性，集中表现了鲁迅关注的“国民性”问题。

【复习思考题】

1.《示众》表现了中国人怎样的“国民性”？

2. 鲁迅曾说：“群众，——尤其是中国的——永远是戏剧的看客”，结合本文，怎样理解“示众”的深刻含义？

相关拓展性阅读材料推荐：

1.《鲁迅小说全编》，金隐铭，漓江出版社，1996.

2.《中国现当代文学专题研究》，李平，北京大学出版社，2003.

3.《鲁迅小说集》，鲁迅，人民文学出版社，1979.

4.《野草》，鲁迅，人民文学出版社，1979.

5. 亦凡公益图书馆-鲁迅全集 http://www.shuku.net:8082/novels/luxun/luxun.html

6. 鲁迅研究网 http://www.zhzx.net.cn/student/classhomepage/gs8/luxun/huidao.html

萧萧

沈从文

沈从文(1902—1988),原名沈岳焕,笔名有休芸芸等。苗族,湖南凤凰人。现代著名作家、历史学家、考古学家。于1923年至北京并开始文学创作,1924年开始发表作品,并与胡也频合编了《京报副刊》和《民众文艺》周刊。1928年到上海与胡也频、丁玲编辑《红黑》、《人间》杂志,翌年任教于中国公学,其后先后任教于武汉大学、青岛大学、昆明西南联合大学、北京大学。1949年以后,先后在中国历史博物馆、故宫博物院从事历史文物研究工作,后调入中国社会科学院历史研究所任研究员。著有中篇小说《边城》,长篇小说《旧梦》、《长河》,散文《湘西》等及《唐宋铜镜》、《龙凤艺术》、《中国古代服饰研究》等学术著作。

乡下人吹唢呐接媳妇,到了十二月是成天会有的事情。

唢呐后面一顶花轿,两个伕子平平稳稳地抬着。轿中人被铜锁锁在里面,虽穿了平时没上过身的体面红绿衣裳,也仍然得荷荷大哭。在这些小女人心中,做新娘子,从母亲身边离开,且准备做他人的母亲,从此必然将有许多新事情等待发生。像做梦一样,将同一个陌生男子汉在一个床上睡觉,做着承宗接祖的事情。这些事想起来,当然有些害怕,所以照例觉得要哭哭,于是就哭了。

也有做媳妇不哭的人,萧萧做媳妇就不哭。这小女子没有母亲,从小寄养到伯父种田的庄子上,终日提着个小竹兜萝,在路旁田坎捡狗屎挑野菜。出嫁只是从这家转到那家。因此到那一天,这女人还只是笑。她又不害羞,又不怕。她是什么事也不知道,就做了人家的新媳妇了。

萧萧做媳妇时年纪十二岁,有一个小丈夫,年纪还不到三岁。丈夫比她年少九岁,断奶还不多久。按地方规矩,过了门,她喊他做弟弟。她每天应做的事是抱弟弟到村前柳树下去玩,到溪边去玩,饿了,喂东西吃,哭了,就哄他,摘南瓜花或狗尾草戴到小丈夫头上,或者亲嘴,一面说:“弟弟,哪,啵,再来,啵。”在那肮脏的小脸上亲了又亲,孩子于是便笑了。孩子一欢喜兴奋,行动粗野起来,会用短短的小手乱抓萧萧的头发。那是平时不大能收拾蓬蓬松松在头上的黄发。有时候,垂到脑后那条小辫儿被拉得太久,把红绒线结也弄松了,生了气,就挞那弟弟几下,弟弟自然哇的哭出声来。萧萧于是也装成要哭的样子,用手指着弟弟的哭脸,说:“哪,人不讲理,可不行!哪能这样动手动脚,长大了不是要杀人放火!”

……

在院坝中,公公婆婆,祖父祖母,另外还有帮工汉子两个,散乱地坐在小板凳上,摆龙门阵学古,轮流下去打发上半夜。

祖父身边有个烟包,在黑暗中放光。这用艾蒿做成的烟包,是驱逐长脚蚊得力东西,蜷在祖父脚边,犹如一条乌梢蛇。间或又拿起来晃那么几下。

想起白天场上的事情,祖父开口说话:

“我听三金说,前天又有女学生过身。”

大家就哄然笑了。

这笑的意义何在？只因为大家印象中，都知道女学生没有辫子，留下个鹌鹑尾巴，像个尼姑，又不完全像。穿的衣服像洋人，又不是洋人。吃的，用的……总而言之，事事不同，一想起来就觉得怪可笑！

萧萧不大明白，她不笑。所以老祖父又说话了。他说：

"萧萧，你长大了，将来也会做女学生！"

大家于是更哄然大笑起来。

萧萧为人并不愚蠢，觉得这一定是不利于己的一件事，所以接口便说：

"爷爷，我不做女学生。"

"你像个女学生，不做可不行。"

"我不做。"

众人有意取笑，异口同声说："萧萧，爷爷说得对，你非做女学生不行！"

萧萧急得无可奈何，"做就做，我不怕。"其实做女学生有什么不好，萧萧全不知道。

女学生这东西，在本乡的确永远是奇闻。每年一到六月天，据说放"水假"，日子一到，照例便有三三五五女学生，由一个荒谬不经的热闹地方来，到另一个远地方去，取道从本地过身。从乡下人眼中看来，这些人都近于另一世界中活下的人，装扮奇奇怪怪，行为更不可思议。这种女学生过身时，使一村人都可以说一整天的笑话。

……

工人中有个名叫花狗的人，年纪二十三岁，抱了萧萧的丈夫到枣树下去打枣子。小小竹竿打在枣树上，落枣满地。

"花狗大①，莫打了，太多了吃不完。"

虽听到这样喊，还不歇手。到后，仿佛完全因为丈夫要枣子，花狗才不听话。萧萧于是又警告她那小丈夫：

"弟弟，弟弟，来，不许捡了。吃多了生东西肚子痛！"

丈夫听话，兜了大堆枣子向萧萧身边走来，请萧萧吃枣子。

"姐姐吃，这是大的。"

"我不吃。"

"要吃一颗！"

她两手哪里有空！木叶帽正在制边，工夫要紧，还正要个人帮忙！

"弟弟，把枣子喂我口里。"

丈夫照她的命令做事，做完了觉得有趣，哈哈大笑。

她要他放下枣子帮忙捏紧帽边，便于添加新木叶。

丈夫照她吩咐做事，但老是顽皮地摇动，口中唱歌。这孩子原来像一只猫，欢喜时就得捣乱。

"弟弟，你唱的是什么？"

"我唱花狗大告我的山歌。"

"好好的唱一个给我听。"

丈夫于是帮忙拉着帽边，一面就唱下去，照所记到的歌唱：

天上起云云起花，包谷林里种豆荚，豆荚缠坏包谷树，娇妹缠坏后生家。天上起云云重云，地下埋坟坟重坟，娇妹洗碗碗重碗，娇妹床上人重人。

歌中意义丈夫全不明白，唱完了就问萧萧好不好。萧萧说好，并且问跟谁学来的。她知道是花狗教他的，却故意盘问他。

“花狗大告我，他说还有好多歌，长大了再教我唱。”

听说花狗会唱歌，萧萧说：

“花狗大，花狗大，你唱一个好听的歌我听听。”

那花狗，面如其心，生长得不很正气，知道萧萧要听歌，人也快到听歌的年龄了，就给她唱“十岁娘子一岁夫”。那故事说的是妻年大，可以随便到外面做一点不规矩事情；夫年小，只知吃奶，让他吃奶。这歌丈夫完全不懂，懂得一点儿的是萧萧。把歌听过后，萧萧装成“我全明白”那种神气，她用生气的样子，对花狗说：

“花狗大，这个不行，这是骂人的歌！”

花狗分辩说：“不是骂人的歌。”

“我明白，是骂人的歌。”

花狗难得说多话，歌已经唱过了，错了赔礼，只有不再唱。他看她已经有点懂事了，怕她回头告祖父，会挨顿臭骂，就把话支吾开，扯到“女学生”上头去。他问萧萧，看没看过女学生习体操唱洋歌的事情。

若不是花狗提起，萧萧几乎已忘却了这事情。这时又提到女学生，她问花狗近来有没有女学生过路，她想看看。

花狗一面把南瓜从棚架边抱到墙角去，告她女学生唱歌的事，这些事的来源还是萧萧的那个祖父。他在萧萧面前说了点大话，说他曾经到官路上见过四个女学生，她们都拿得有旗子，走长路流汗喘气之中仍然唱歌，同军人所唱的一模一样。不消说，这自然完全是胡诌的。可是那故事把萧萧可乐坏了。因为花狗说这个就叫作“自由”。

花狗是起眼动眉毛、一打两头翘、会说会笑的一个人。听萧萧带着歆羡口气说：“花狗大，你膀子真大”，他就说：“我不止膀子大。”

“你身个子也大。”

“我全身无处不大。”

萧萧还不大懂得这个话的意思，只觉得憨而好笑。

到萧萧抱了她丈夫走去以后，同花狗一起摘瓜，取名字叫哑巴的，开了平时不常开的口。

“花狗，你少坏点。人家是十三岁黄花女，还要等十年才圆房！”

花狗不做声，打了那伙计一巴掌，走到枣树下捡落地枣去了。

到摘瓜的秋天，日子计算起来，萧萧过丈夫家有一年半了。

……

花狗对萧萧生了另外一种心，萧萧有点明白了，常常觉得惶恐不安。但花狗是男子，凡是男子的美德恶德都不缺少，劳动力强，手脚勤快，又会玩会儿说，所以一面使萧萧的丈夫非常喜欢同他玩，一面一有机会即缠在萧萧身边，且总是想方设法把萧萧那点惶恐减去。

山大人小，到处是树林蒙茸，平时不知道萧萧所在，花狗就站在高处唱歌逗萧萧身边的丈夫；丈夫小口一开，花狗穿山越岭就来到萧萧面前了。

见了花狗，小孩子只有欢喜，不知其他。他原要花狗为他编草虫玩，做竹箫哨子玩，花狗想方法支使他到一个远处去找材料，便坐到萧萧身边来，要萧萧听他唱那使人开心红脸的歌。她有时觉得害怕，不许丈夫走开；有时又像有了花狗在身边，打发丈夫走去反倒好一点。终于有一天，萧萧就这样给花狗把心窍子唱开，变成个妇人了。

那时节，丈夫走到山下采刺莓去了，花狗唱了许多歌，到后却向萧萧唱：娇家门前一重坡，别人走少郎走多，铁打草鞋穿烂了，不是为你为哪个？

末了却向萧萧说："我为你睡不着觉。"他又说他赌咒不把这事情告给人。听了这些话仍然不懂什么的萧萧，眼睛只注意到他那一对粗粗的手膀子，耳朵只注意到他最后一句话。末了花狗大便又唱了许多歌给她听。她心里乱了。她要他当真对天赌咒，赌过了咒，一切好像有了保障，她就一切尽了他了。到丈夫返身时，手被毛毛虫螫伤，肿了一大片，走到萧萧身边。萧萧捏紧这一只小手，且用口去呵它，吮它，想起刚才的糊涂，才仿佛明白自己做了一点不大好的糊涂事。

花狗诱她做坏事是麦黄四月，到六月，李子熟了，她欢喜吃生李子。她觉得身体有点特别，在山上碰到花狗，就将这事情告给他，问他怎么办。

讨论了多久，花狗全无主意。虽以前自己当天赌得有咒，也仍然无主意。原来这家伙个子大，胆量小。个子大容易做错事，胆量小做了错事就想不出办法。

到后，萧萧捏着自己那条乌梢蛇似的大辫子，想起城里了，她说：

"花狗大，我们到城里去自由，帮帮人过日子，不好么？"

"那怎么行？到城里去做什么？"

"我肚子大了。"

"我们找药去。场上有郎中卖药。"

"你赶快找药来，我想……"

"你想逃到城里去自由，不成的。人生面不熟，讨饭也有规矩，不能随便！"

"你这没有良心的，你害了我，我想死！"

"我赌咒不辜负你。"

"负不负我有什么用，帮我个忙，赶快拿去肚子里这块肉吧。我害怕！"

花狗不再做声，过了一会儿，便走开了。不久丈夫从他处拿了大把山里红果子回来，见萧萧一个人坐在草地上眼睛红红的。丈夫心中纳罕。看了一会儿，问萧萧：

"姐姐，为甚么哭？"

"不为甚么，灰尘落到眼睛窝里，痛。"

"我吹吹吧。"

"不要吹。"

"你瞧我，得这些这。"

他把手中拿的和从溪中捡来放在衣口袋里的小蚌、小石头全部陈列到萧萧面前，萧萧眼泪婆娑看了一会儿，勉强笑着说："弟弟，我们要好，我哭，你莫告家中。告家中我可要生气！"到后这事情家中当真就无人知道。

过了半个月，花狗不辞而行，把自己所有的衣裤都拿去了。祖父问同住的长工哑巴，知不知道他为什么走路，走哪儿去？是上山落草，还是作薛贵仁投军？哑巴只是摇头，说花狗还欠了他两百钱，临走时话都不留一句，为人少良心。哑巴说他自己的话，并没有把花狗走的理由说明。因此这一家稀奇一整天，谈论一整天。不过这工人既不偷走物件，又不拐带别的，这事情过后不久，自然也就把他忘掉了。

萧萧仍然是往日的萧萧。她能够忘记花狗就好了。但是肚子真有些不同了,肚中东西总在动,使她常常一个人干着急,尽做怪梦。

她脾气坏了一点,这坏处只有丈夫知道,因为她对丈夫似乎严厉苛刻了好些。

仍然每天同丈夫在一处,她的心,想到的事自己也不十分明白。她常想,我现在死了,什么都好了。可是为什么要死?她还很高兴活下去,愿意活下去。

家中人不拘谁在无意中提起关于丈夫弟弟的话,提起小孩子,提起花狗,都像是这话如拳头,在萧萧胸口上重重一击。

到九月,她担心人知道更多了,引丈夫庙里去玩,就私自许愿,吃了一大把香灰。吃香灰被她丈夫看见了,丈夫问这是做什么,萧萧就说肚子痛,应当吃这个。虽说菩萨保佑,菩萨当然没有如她的希望,肚子中的东西依旧在慢慢地长大。

她又常常往溪里去喝冷水,给丈夫看见时,丈夫问她,她就说口渴。

一切她所想到的方法都没有能够使她同自己不欢喜的东西分开。大肚子只有丈夫一人知道,他却不敢告这件事给父母晓得。因为时间长久,年龄不同,丈夫有些时候对于萧萧的怕同爱,比对于父母还深切。

她还记得花狗赌咒那一天里的事情,如同记着其他事情一样。到秋天,屋前屋后毛毛虫都结茧,成了各种好看蝶蛾。丈夫像故意折磨她一样,常常提起几个月前被毛毛虫螫手的旧话,使萧萧心里难过。她因此极恨毛毛虫,见了那小虫就想用脚去踹。

有一天,又听人说有好些女学生过路,听过这话的萧萧,睁了眼做过一阵梦,愣愣的对日头出处痴了半天。

萧萧步花狗后尘,也想逃走,收拾一点东西预备跟了女学生走的那条路上城。但没有动身,就被家里人发觉了。这种打算照乡下人来说是一件大事,于是把她两手捆了起来,丢在灶屋边,饿了一天。

家中追究这逃走的根源,才明白这个十年后预备给小丈夫生儿子继香火的萧萧肚子已经被另一个人抢先下了种。这在一家人生活中真是了不得的一件大事!一家人的平静生活,为这件新事全弄乱了。生气的生气,流泪的流泪,骂人的骂人,各按本分乱下去。悬梁、投水、吃毒药,被禁困着的萧萧,诸事漫无边际的全想到了,究竟是年纪太小,舍不得死,却不曾做。于是祖父从现实出发,想出个聪明主意,把萧萧关在房里,派人好好看守着,请萧萧本族的人来说话,照规矩看是“沉潭”还是“发卖”?萧萧家中人要面子,就沉潭淹死了她;舍不得就发卖。萧萧只有一个伯父,在近处庄子里为人种田,去请他时先还以为是吃酒,到了才知是这样丢脸事情,弄得这老实忠厚的家长手足无措。

大肚子作证,什么也没有可说。照习惯,沉潭多是读过“子曰”的族长爱面子才做出的蠢事。伯父不读“子曰”,不忍把萧萧当牺牲,萧萧当然应当嫁人做“二路亲”了。

这是一种处罚,好像极其自然,照习惯受损失的是丈夫家里,然而却可以在发卖上收回一笔钱,作为损失赔偿。那伯父把这事情告给了萧萧,就要走路。萧萧拉着伯父衣角不放,只是幽幽的哭。伯父摇了一会儿头,一句话不说,仍然走了。

一时没有相当的人家来要萧萧,送到远处去也得有人,因此暂时就仍然在丈夫家中住下。这件事情既经说明白,照乡下规矩,倒又像不甚么要紧,只等待处分,大家反而释然了。先是小丈夫不能再同萧萧在一处,到后又仍然如月前情形,姐弟一般有说有笑的过日子了。

丈夫知道了萧萧肚子中有儿子的事情，又知道因为这样萧萧才应当嫁到远处去。但是丈夫并不愿意萧萧去，萧萧自己也不愿意去。大家全莫名其妙，只是照规矩像逼到要这样做，不得不做。究竟是谁定的规矩，是周公还是周婆，也没有人说得清楚。

在等候主顾来看人，等到十二月，还没有人来，萧萧只好在这人家过年。

萧萧次年二月间，十月满足，坐草生了一个儿子，团头大眼，声响洪壮。大家把母子二人，照料得好好的，照规矩吃蒸鸡同江米酒补血，烧纸谢神。一家人都喜欢那儿子。

生下的既是儿子，萧萧不嫁别处了。

到萧萧正式同丈夫拜堂圆房时，儿子已经年纪十岁，有了半劳动力，能看牛割草，成为家中生产者的一员了。平时喊萧萧丈夫做大叔，大叔也答应，从不生气。

这儿子名叫牛儿。牛儿十二岁时也接了亲，媳妇年长六岁。媳妇年纪大，方能诸事作帮手，对家中有帮助。唢呐到门前时，新娘在轿中呜呜的哭着，忙坏了那个祖父，曾祖父。

这一天，萧萧刚坐月子不久，孩子才满三月，抱了自己新生的毛毛，在屋前榆蜡树篱笆间看热闹，同十年前抱丈夫一个样子。

小毛毛哭了，唱歌一般地哄着他：

“哪，毛毛，看，花轿来了。看，新娘子穿花衣，好体面！不许闹，不讲道理不成的！不讲理我要生气的！看看，女学生也来了！明天长大了，我们也讨个女学生媳妇！”

一九二九年作；一九五七年二月校改字句

【注释】

①花狗大：花狗大哥。这里的“大”字，即大哥的简称。

【作品简析】

《萧萧》是沈从文以湘西农村生活为题材创作的一篇小说，作品在揭露湘西落后和愚昧的同时，表现了湘西民风的纯朴。

《萧萧》叙写了一个童养媳的故事。萧萧十二岁时作为童养媳出嫁，她的“丈夫”才刚刚断奶不久。十五岁时，被比她大十多岁的长工花狗引诱失身，并怀了孕，犯下了伤风败俗的“弥天大罪”。按照族规，她将被“发卖”，但由于“一时没有相当的人家来要萧萧”，事情延搁下来。十月怀胎，一朝分娩，萧萧生下了一个儿子，于是全家欢喜，萧萧又被留下来，过上了与以前一样平静的日子。

小说主要塑造了两个人物形象，一是萧萧，二是花狗。萧萧愚昧无知，纯朴天真。出嫁时，萧萧没有像其他女子那样哭着做新娘，而是在笑。萧萧没念过书，她不懂得什么婚姻制度、封建礼法，也从未自觉地同婚姻制度、封建礼法进行抗争。当了童养媳之后，她并未感到生活比先前更加困苦，她的身体像不被人注意的蓖麻，日益茂盛起来。花狗是一个个子大、胆量小的人，他用山歌唱开了萧萧的心扉，使她变成妇人。他虽赌咒不辜负萧萧，但在事发之后，他还是不敢承担责任，当萧萧提出“我们到城里去自由”时，他却说：“你想逃到城里去自由，不成的”，最后花狗选择了逃跑。

《萧萧》再现了二十年代中国农村社会的状况，随着社会的变革，中国农村发生了一定的变化，但愚昧落后仍主宰着农民的命运。“女学生”形象，暗示着一种自觉的反抗力量，人们从“女学生”的身上看到了中国的希望。小说的结尾异常悲凉，旧的封建习俗还在循环反复，萧萧和她的后代还将重演一幕幕无知而愚昧的悲剧。

【复习思考题】

1. 小说反映了中国农村怎样的社会现实?
2. 小说中"女学生"形象有什么作用?
3. 萧萧的命运是不幸的,试分析萧萧不幸命运产生的根源。
4. 阅读沈从文其他以湘西农村生活为题材的作品,体会沈从文作品的特点。

相关拓展性阅读材料推荐:

1.《沈从文小说选集》,沈从文,人民文学出版社,1982.
2.《中国现代文学作品选》,钱谷融,华东师范大学出版社,1989.
3. 中华经典文学网 http://www.ccview.net/
4. 天涯在线书库-沈从文文集 http://www.tianyabook.com/shencongwen/
5. 北京大学图书馆 http://www.lib.pku.edu.cn/
6. 中文研究网 http://www.zwyjw.net/

血光之灾

曹 禺

曹禺(1910—1996)，原名"萬家宝"，字小石，笔名曹禺。祖籍湖北潜江，直隶省天津府城(今天津市)人。中国现代杰出的现实主义戏剧家。曹禺出生于一个封建官僚家庭，1922年至1929年在南开中学和南开大学读书，参加南开新剧团；1930年转入清华大学西洋文学系。1933年毕业前夕创作的话剧《雷雨》，标志着中国话剧走向成熟。新中国成立后，历任中央戏剧学院副院长、名誉院长，北京人民艺术剧院院长，中国戏剧家协会主席，中国文联执行主席。著有7卷本《曹禺全集》。

[高老太爷[①]死后一星期。清晨。

[在城外临时租下的破旧屋内。这屋子许久没有人住过，现在虽然生着炭盆，一进来就有一种浓重的可怕的腐闷气味。

[幕启时，瑞珏[②]躺在床上，双目紧闭，面色苍白。她身边是新生婴儿的小床。为了御寒，窗子上遮了被子和床单。点了一夜的蜡烛还在亮着。周氏[③]手中捧着一碗鸡汤，看着瑞珏。刘四姐[④]手里拿着几种衣物。二人都已经熬了一夜。

刘四姐　她没事吧？(周氏不答)二小姐！

周　氏　(轻声)别叫她了。那个接生婆呢？

刘四姐　她到那间屋子休息去了。

周　氏　(气恼)她有什么道理休息？(朝向那个门)

刘四姐　叫她来也没用，什么都不懂。昨天一夜，二小姐没少让她折磨。

周　氏　可怜的瑞珏！要是出了什么事，我就跟陈姨太[⑤]拼命！

刘四姐　您派人去找大少爷[⑥]了么？

周　氏　找了。可是，现在太早，城门还没开，天又下着雪——

[觉新上。他穿一件灰布棉袍，白布鞋，手里拿着孝袍和麻绳腰带。他走进门，顺手把这些放在屋里一把椅子上。满眼沉重的悲痛，颜色较前些天更暗淡，脸上的胡须也长深了。他依然强打着精神，应付着眼前的琐事，时时有些微咳。

刘四姐　大少爷回来了。

觉　新　瑞珏怎么样了？

刘四姐　刚刚睡着了。

觉　新　那先不要惊醒她。怎么老三[⑦]还没有消息？

周　氏　唔，自从你们爷爷断了气那天晚上，觉慧这个傻孩子，听见他的同学为着爱国游行出了事，就不顾死活，跟这群同学们一块去混闹。从那天起，七天了，四处托人找；到现在，连个人影都没有见着。

觉　新　这些衙门里的人说话，也不知是真是假。我天天去打听，他们总推说没有这个人。

刘四姐　怎么？三少爷入了监了？

觉　新　他的同学们都这么说，并且说这跟冯乐山[8]有关系，是这个老东西陷害的。

周　氏　他父亲临死之前，就把这三个没有母亲的孩子托付给我，连指着觉慧说"老三！老三！"就是不放心他。你看现在——（哭泣）我怎么对得起他的父亲！

觉　新　母亲，不要难过了，快回去吧。我一定设法把三弟找着的。（为她拿着大衣预备送她出门）

周　氏　（痛苦中转脸过来）再回来，我真是要天天守着他，跪着求他，再也不要出门闹事，我真是叫这个孩子吓伤了。（低声）走，我先去。

[刘四姐送她出了门。

[觉新正要进屋，觉慧从躲着的地方走出来。他换了衣装，叫人几乎认不出来了。他穿着一个短短的蓝布旧棉袄，脸上是胡子碴儿，但他仍旧目光炯炯，十分小心地悄悄走进觉新。

觉　慧　（低声）大哥！

觉　新　（抬头，惊愕地）是你，三弟！

觉　慧　不要吵醒她。（拉他离开这间屋）我一定要见你。

觉　新　可是，你怎么成了这个样子？你怎么来的？

觉　慧　我同几个同学想法跑出来了。

觉　新　这么说，你是给关起来了？

觉　慧　嗯。

觉　新　你吃了苦头了吧？

觉　慧　还好，没有什么。

觉　新　那么你——

觉　慧　不提这个。他们恐吓我，说我扰乱治安，要枪毙我。前天夜晚，他们已经把我推出去了，一排枪都对准了我的头——

觉　新　你——

觉　慧　（微笑）别着急，大哥，你看我现在不是在你跟前了？

觉　新　那么，什么证据呢？

觉　慧　这些军阀们杀人，还用得着什么证据？

觉　新　怎么，快要放枪，又把你免了？

觉　慧　嗯。（忽然）我在要死的前一刻，我第一想起的人，就是你！大哥，我上次说错了，我们是弟兄啊，好弟兄啊！

觉　新　（眼泪流下）是啊，弟弟。

觉　慧　那一会儿，我真想见你。我要对你说许多许多话。我要把我得到的认识完全告诉你。大哥，所以在我临走以前，我非要见你一面。

觉　新　你上哪儿去？

觉　慧　我要离开家乡了。我方才明明看见母亲走出屋。我不能见她，我怕她拉着我，不放我。这个家不需要我，我更不需要这个家。而且这个地方对我是危险的。

觉　新　他们是不是还在追着你？

觉　慧　逃出来的人，自然还有进去的可能。

觉　新　这都是冯乐山这个混账东西在暗地操纵。

觉　慧　我现在倒不那么恨他了。这几天我才渐渐认识，我的敌人不是一个冯乐山，而是冯乐山所代表的制度。他伪善，他怕人说他伪善；你想得到吗，他刚发表了一组悼诗，是献给婉儿的，可他就是杀死婉儿[9]的凶手！他诬陷了我，他得了意。但我决不会让冯乐山跟冯乐山类似的这一群东西终生得意的。大哥，我好后悔呀！

觉　新　你后悔什么呢？

觉　慧　我在临死的那一刻，我才想起我过去浪费了多少时间，为着梦想，为着错误，为着不晓得怎么活着！大哥，生命真好啊，你真要积极地热烈地活下去呀！我现在不懂为什么鸣凤会死得下去。对于一个要死而真想活着的人，一分钟的自由都像藏着无限的幸福似的。

觉　新　那么，你就是来告诉我这个？

觉　慧　不只是这个，要比这个具体。我要你答应我，你要勇敢，你真需要振作精神。你把嫂嫂接出来吧，让她帮你一同去闯，重新为人。嫂嫂真好啊，你现在还能说你所得到的，是你所不要的么？

觉　新　不，这句话我早忘记了。

觉　慧　你要给她幸福，你不能再叫她为你牺牲下去。

觉　新　嗯，我答应你。

觉　慧　再有，五婶[10]跟五爸[11]打了架以后，第二天就答应我把四妹[12]的脚又放了。

觉　新　（笑）我知道。

觉　慧　这孩子又可爱，又可怜，你必须把她送出去读书，最好将来送到我那里。

觉　新　嗯，好。

觉　慧　最末一件事，你现在该把大嫂送到医院生养，你不能再听陈姨太他们的摆弄：为着死人，害了活人。你开始就不该答应把嫂嫂送到城外这个可怕的地方来。

觉　新　（叹了一口气）太晚了！

觉　慧　（逼起他的怒火）太晚了，太晚了！（大声）我跟你说过，没有太晚的时候！

觉　新　觉慧，如果你真地走了，为什么我们分别以前还要吵架呢？

觉　慧　不，大哥，我是舍不得跟你再吵了。不过我真是相信世上任何事，要做，都没有太晚了的时候。你不要消沉哪！（诚恳地）你真得听哪！（看表）啊，我真要走了。我明天一大早，要同几个朋友一同离开此地的。

觉　新　（忽然）不，三弟，你别走，你还是回家吧！我，我可以把你藏起来。

觉　慧　（决然）不，我不肯躲躲藏藏。我也不能丢开我的朋友们不管。

觉　新　你出去干什么呢？

觉　慧　我也许读书，也许做别的。好，我走了。

觉　新　那么，你的通信处？

觉　慧　我到一个地方就会写信告诉你。

觉　新　我好给你寄钱。

觉　慧　也好吧！（拿出一张纸）我本来怕见不到你，给你写了张字条。你留着吧。有人来了，我得走了。记着我的话：没有太晚的时候！

觉　新　再见，三弟！

［周氏和刘四姐进来。觉慧低首从她们身边走过，出了房门。

周　氏　哦，觉新，你总算回来了！刚才是谁？

觉　新　一个乡下孩子。瑞珏和孩子怎么样？

周　氏　孩子很好，可是瑞珏——我们得马上给瑞珏找个医生，她——

觉　新　怎么——为什么不早告诉我？（朝门走去）

周　氏　这会儿她睡着了，你是不是先请个大夫来？

［陈姨太上。

周　氏　陈姨太！

陈姨太　可到了！好长的路！还一直下着雪！

周　氏　请您小点声吧！瑞珏正睡呢！

陈姨太　不就是个丫头吗？到时候还得赔上一笔嫁妆。好了，觉新，你那些叔叔婶婶都在那儿忙着分遗产，没办法，我只好自己来了。真不像话，就没有一个人惦记着老太爷！

觉　新　您大老远跑了来，就为了跟我说这个？（准备走）

陈姨太　觉新，你上哪儿去？我是来接你的。

周　氏　你来接觉新？可是——

陈姨太　接他回去盖假坟哪！

觉　新　假坟？

陈姨太　是啊，还是为了防"血光之灾"啊，以防万一啊！今天一早，我听说瑞珏生了，就知道一刻也不能耽误！可你那些叔叔一个个都忙得要死，又是查账，又是清点东西，就没一个人关心老太爷！

觉　新　陈姨太，我不能回去，瑞珏病得厉害。

陈姨太　可是你非回去不可，你是承重孙[13]——

觉　新　要是我不去呢？

陈姨太　你怎么能不去？没有假坟，血冲出来——

［瑞珏被这一阵声音吵醒：谁在外边？是觉新吗？

觉　新　您来的路上数没数过了几座桥呢？我数过，只有两道半，靠门口儿的这个半道桥塌了。两道半，陈姨太，您说这成么？还有，这儿离城门口只有三里，比您要求得少多了。您说，这不会出事么？

陈姨太　（结巴）你，你简直疯了！

周　氏　觉新！

觉　新　我从没这么明白过！从一开头，我就不应该同意到这里来。

瑞　珏　谁呀？觉新是你吗？

觉　新　珏，我的可怜的珏！（走到床前）我来了，珏！

瑞　珏　我等着你呢，觉新，你好么？

觉　新　好。

［刘四姐轻轻走下，在门外台阶上坐下。

瑞　珏　我一直在祷告，千万等我见着了你，我——我才能走。

觉　新　不，别这样说！瑞珏，你不走的，你不离开我！

瑞　珏　（沉痛地凝望着）我是不肯离开你，我的好人！可我，我不成了！

觉　新　他们为什么不昨天就告诉我这情形？

瑞　珏　是我没有告诉他们。我怕他们找你，逼你回来。

觉　新　不，珏，你会好，你就会好的。可你真该告诉人，叫我昨天晚上就来的。

瑞　珏　你不能得罪家里的那些人哪！

觉　新　呵，瑞珏，我不管——

瑞　珏　觉新，我的人，我懂，你不要难过。你待我好，这不是你的错。是我，是我怕那些人又为难你，我才不愿意叫人找你去的。（微笑）你看我能等。“死”再催得紧，“死”也不能够把我——

觉　新　不要提到“死”——

瑞　珏　我知道，不成了。（苦笑）别太难过，我真是不愿意提。我怕你伤心，我怕看你伤心的样子，可我舍不得糊糊涂涂地跟你分开，分开——（觉新哭出声）觉新，你不要哭啊！我一想到以后，没有人照护你，我的心好痛啊，好——

觉　新　不分开，不分开，你不会走的，你不能走的。

瑞　珏　（如同抚慰孩子似的）我不走，我要为你，为你再留一会儿。（看觉新忽然立起）觉新，你要上哪儿去？

觉　新　我要去找医生去。

瑞　珏　不，你不要走，我没有多少工夫了。好黑呀，你把两个窗户的幔子，都拉下来吧！

觉　新　（犹疑）不，珏，那冷啊！

瑞　珏　我要亮，我要亮光。觉新，你再听我一次话吧！

觉　新　好。

［觉新把窗幔拉起。一片银光反射进来，屋内突然明亮。窗外是浩浩无际的纷扬的大雪。

瑞　珏　觉新，你还没有看看这个小孩呢？

觉　新　（惭愧地）嗯，（跑来俯视小摇床）她真像你呀！

瑞　珏　你猜对了，她是个女孩。

觉　新　你记得我们说的笑话么？等我们到了七十、八十了——

瑞　珏　我也正想着这个呢！儿子跟媳妇站在这边——

觉　新　女儿跟姑爷——

瑞　珏　——站在那边。（忽然清醒）可我现在——

觉　新　（恳求她）珏，你一定要活下去的。

瑞　珏　海儿[14]好了点么？

觉　新　好多了，他说明天就要来看妈妈了。

瑞　珏　明天？可怜，都这么小，这两个孩子。

觉　新　珏，你好苦啊，你真不值得呀，嫁了我。

瑞　珏　不，不苦；我爱，我真爱，我值得。觉新，你一生太委屈了，以后，我真希望你改变——（忽然）三弟有消息吗？

觉　新　他走了。（想起）他留给我一个纸条。

瑞　珏　什么话，念给我听听吧！

觉　新　（拿出纸条读）“大哥，我走了，生活是要自己征服的。你应该乐观。你必须做一个顶天立地的汉子。任何事情都没有太晚的时候，你要大胆，大胆，大胆哪！”

瑞　珏　（望新，恳求的目光）这就是我要对你说的话呀！

[门推开,刘四姐携带淑贞走进。

刘四姐　少奶奶,四小姐来看你了。

淑　贞　(跑到床前)嫂嫂!

瑞　珏　你怎么来了?

淑　贞　(微笑)我,我要来看你,苏福[15]带我来的。

瑞　珏　你现在怎么能这么跑?

淑　贞　(欣然)我现在可以自由走路了。

瑞　珏　(拉着贞的手)你快活么?

淑　贞　快活。你呢?

瑞　珏　我也快活。

[外面杜鹃啼声。

淑　贞　好大的雪呀,外面才好看呢!这不是杜鹃吗?怎么下着大雪,杜鹃还叫?

刘四姐　(笑着)这是那个佃户的小孙子学的。

[不断的杜鹃啼声传来。

瑞　珏　(忽然)觉新,你记得我第一天来的夜晚,杜鹃在湖边叫么?

觉　新　(泫然)记得,那时候是春天刚刚起首。

瑞　珏　(梦一般的迷惘)嗯,春天刚刚起首——

觉　新　(绝望袭进他的心,凝视着她,沉痛地)现在是冬天了——

瑞　珏　不过冬天,也有尽了的时候!(逐渐闭上眼)

淑　贞　(忽然)大哥,你看,嫂嫂闭上眼了。

觉　新　珏——

[大家匆忙却是静静地围上去。

[外面,杜鹃一声声,凄婉而痛彻地鸣唱着。

[窗外正落着漫天的大雪。

【幕落　剧终】

【注释】

①高老太爷:高公馆里的最高统治者,高觉新的祖父。

②瑞珏:指高觉新的妻子李瑞珏,娘家人称她"二小姐"。

③周氏:高老太爷的大儿媳,高觉新、高觉慧的继母。

④刘四姐:李瑞珏的陪嫁女仆。

⑤陈姨太:高老太爷的姨太太。

⑥大少爷:指长房长子高觉新。

⑦老三:指长房三子高觉慧。

⑧冯乐山:孔教会会长,高老太爷的朋友。

⑨婉儿:四房的女仆,被冯乐山强娶为姨太太。

⑩五婶:高老太爷的五儿媳沈氏。

⑪五爸:高老太爷的五儿子高克定。

⑫四妹:指四小姐高淑贞,高克定的女儿。

⑬承重孙：承受宗庙与丧祭双重重任的孙子，一般为长房长孙。
⑭海儿：指高觉新与李瑞珏的儿子海臣。
⑮苏福：高家的仆人。

【作品简析】

曹禺的剧作《家》改编自巴金的小说《家》。

《家》以辛亥革命前后的四川成都为背景，写出了封建大家族高公馆由衰而亡的过程。作品塑造了三类人物形象。一是封建制度的维护者如高老太爷等。他们专制、冷酷、虚伪、腐朽。二是封建制度的叛逆者如觉慧、觉民等。其中最主要是觉慧。他是高公馆大胆而幼稚的叛徒。他对封建制度、封建礼教、封建迷信疾恶如仇。他大胆叛逆，追求光明，关心社会进步、国家前途，积极投身于社会活动。三是封建制度的受害者形象如高觉新及鸣凤等女性形象。作品通过一系列美好生命的毁灭，控诉了封建家庭的黑暗和腐朽，控诉了封建家庭的罪恶。其中尤以高觉新的形象最为典型。

高觉新是小说所刻画最为鲜明的形象之一。他是一个具有双重性格的人。他的性格是在历史的特殊阶段中双重文化塑造的结果。一方面，他受过新式教育，庇护反抗的弟弟们。另一方面，他出身豪门望族，受封建文化熏陶，形成较深的封建传统思想。长房长孙的特殊地位和责任都将他推向了历史牺牲品的处境。使他成为家中的最大受害者。他清醒但又软弱，隐忍使他成为最大的受害者和牺牲品。

巴金的小说《家》吸引并感染了著名的戏剧家曹禺。1942年，曹禺在靠近重庆的一艘江轮上住了整整一个夏天，把《家》改编为四幕话剧，生动地再现了社会生活和小说文本中的“美”与“丑”，也极其鲜明地表达了原作者和改编者心灵深处共同的“爱”与“恨”。该剧的最后一幕控诉了封建礼教的“吃人”本质——为避免所谓的“血光之灾”，临产的瑞珏被迫远离公馆而在分娩时不幸死于难产。因为她是高公馆的“承重孙”高觉新的妻子。

该剧创造了一个名著改编的奇迹。巴金在桂林读完剧本的手稿，十分赞叹曹禺的才华，说他是“为自己的真实感情而奋斗”的“真正的艺术家”！

【复习思考题】

1. 试析高觉新反复所说：“没有太晚的时候”这句话的含义。
2. 你如何看待瑞珏之死。

相关拓展性阅读材料推荐：

1.《中国现代文学作品选》，朱东霖，高等教育出版社，2002.
2.《曹禺选集》，曹禺，人民文学出版社，1978.
3. 白鹿书院-曹禺传 http://www.oklink.net/jswx/penson/cy/index.html
4. 博大书库-现代文学-曹禺作品集 http://www.bwsk.com/xd/c/caoyu/
5. 北京大学图书馆 http://www.lib.pku.edu.cn/
6. 中国国家图书馆 http://www.nlc.gov.cn/

三间大学的教授们

钱钟书

钱钟书(1910—1998),字默存,号槐聚。江苏无锡市人,现代著名学者,作家。1933 年毕业于清华大学外国语文系。后赴英国牛津大学、法国巴黎大学学习和研究英法文学。历任西南联合大学、上海暨南大学和清华大学教授,中国科学院文学研究所研究员、哲学社会科学部委员,中国社会科学院副院长等职。著有《谈艺录》、《管锥编》、《七缀集》和《人·兽·鬼》、《写在人生边上》、《围城》等。

三间大学校长高松年是位老科学家。这“老”字的位置非常为难,可以形容科学,也可以形容科学家。不幸的是,科学家跟科学不大相同:科学家像酒,愈老愈可贵;而科学像女人,老了便不值钱。高松年发奋办公,亲兼教务长,精明得真是睡觉还睁着眼睛,戴着眼镜,做梦都不含糊的。学校不但造就学生,并且应该造就教授。找到一批没有名望的人来,他们要借学校的光,他们要靠学校才有地位,而学校并非非有他们不可。这种人才真能跟学校合为一体,真肯出力为公家做事。

亏得这一条科学定律,李梅亭,顾尔谦,还有方鸿渐会荣任教授。他们那天下午三点多到学校。高松年闻讯匆匆到教员宿舍里应酬一下,回到办公室,一个月来的心事不能再搁在一边不想了。自从长沙危急,聘好的教授里十个倒有九个打电报来托故解约,七零八落,开不出班;幸而学生也受战事影响,只有一百五十八人。今天一来就是四个教授,军威大振,向部里报告也体面些。只是怎样对李梅亭和方鸿渐解释呢?部里汪次长介绍汪处厚来当中国文学系主任,自己早写信聘定李梅亭了;可是,汪处厚是汪次长[①]的伯父,论资格也比李梅亭好。那时候,被教授陆续辞聘的电报吓昏了头,怕上海这批人会打回票,只好先敷衍汪次长。汪处厚这人不好打发;李梅亭是老朋友,老朋友总讲得开,就怕他的脾气难对付,难对付!这姓方的青年人倒容易对付的,他是赵辛楣的来头。辛楣最初不肯来,介绍了他,说他是留学德国的博士,真糊涂透顶!他自己开来的学历,并没有学位,只是个各国浪荡的“游学生”;并且并非学政治的,聘他当教授太冤枉了!至多做副教授,循序渐升,年轻人初做事不应该爬得太高。这话可以叫辛楣对他说。为难的还是李梅亭,无论如何,他千辛万苦来了,决不会一翻脸就走的;来得困难,去也没有那么容易,空口允许他些好处就是了。他从私立学校一跳而进国立学校,还不是自己提拔他的?做人总要有良心。这些反正是明天的事,别去想它;今天——今天晚上还有警察局长的晚饭呢!这晚饭是照例应酬,小乡镇上的盛馔,翻来覆去,只有那几样,高松年也吃腻了;可是,这时候四点钟已过,肚子有点饿,所以,想到晚饭,嘴里一阵潮润。

同路的人,一到目的地,就分散了,好像是一个波浪里的水打到岸边,就四面溅开。可是,鸿渐们四个男人当天还一起到镇上去理发洗澡。回校,只见告白板上贴着粉红纸的布告,说中国文学系同学今晚七时半在联谊室举行茶会,欢迎李梅亭先生。梅亭欢喜得直说:“讨厌,讨厌!我累得很,今天还想早点睡呢!这些孩子热心得不懂道理。”鸿渐道:“你们都什么系,什么系,我还不知道是哪一系的教授呢!高校长给我的电报没说明白。”辛楣忙说:“那没有关系。

你可以教哲学，教国文——”梅亭狞笑道：“教国文是要得我许可的，方先生，你好好的巴结我一下，什么都可以商量。”

晚上近九点钟，方鸿渐在赵辛楣房里讲话，连打呵欠，正要回房里去睡，李梅亭打门进来了。两人想打趣他，但瞧他脸色不正，便问：“怎么欢迎会完得这样早？”梅亭一言不发，向椅子里坐下，鼻子里出气像待开发的火车头。两人忙问他：“怎么啦？”他拍桌大骂高松年混账，说官司打到教育部去，自己也不会输的。高松年身为校长，出去吃晚饭，这时候还不回来，影子也找不见。这种玩忽职守，就该死。今天，欢迎会原是汪处厚安排好的，兵法上有名的“敌人喘息未定，即予以迎头痛击”。先来校的四个中国文学系的讲师和助教，早和他打成一片，学生也唯命是听。他知道高松年跟李梅亭有约在先，自己几近乘虚篡窃；可是，当系主任和结婚一样，“先进门三日就是大”。这开会不是欢迎，倒像新姨太太的见礼。李梅亭跟了学生代表一进会场，便觉空气两样；听得同事和学生一两声叫“汪主任”，已经又疑又慌。汪处厚见了他，热情地双手握着他的手，好半天搓摩不放，仿佛捉搦[②]了情妇的手，一壁似怨似慕地说：“李先生，你真害我们等死了，我们天天在望你——张先生，薛先生，咱们不是今天早晨还讲起他的？——咱们今天早晨还讲起你。路上辛苦啦！好好休息两天，再上课，不忙。我把你的功课全排好了。李先生，咱们俩真是神交久矣！高校长拍电报到成都，要我组织中国文学系。我想，年纪老了，路又不好走，换生不如守熟，所以，我最初实在不想来。高校长，他可真会磨人哪！他请舍侄[③]——”张先生、薛先生、黄先生同声说：“汪先生就是汪次长的伯父[④]”——“请舍侄再三劝驾，我却不过情；我内人身体不好，也想换换空气。到这儿来了，知道有你先生，我真高兴，我想这系办得好了——”李梅亭一篇主任口气的训话闷在心里讲不出口，忍住气，搭讪了几句，喝了杯茶，只推头痛，早退席了。

辛楣和鸿渐安慰李梅亭一会儿，劝他回房睡，有话明天跟高松年去说。梅亭临走说：“我跟老高这样的交情，他还会要我；他对你们两位一定也有把戏，瞧着罢！咱们采取一致行动，怕他什么！”梅亭去后，鸿渐望着辛楣道：“这不成话说！”辛楣皱眉道：“我想，这里面有误会。这事的内幕我全不知道。也许李梅亭压根儿在单相思，否则，太不像话了！不过，像李梅亭那种人，真要当主任，也是个笑话。他那些印头衔的讲究名片，现在可不能用了，哈哈！”鸿渐道：“我今年反正是倒霉年，准备到处碰钉子的。也许，明天高松年不认我这个蹩脚教授。”辛楣不耐烦道：“又来了！你好像存着心非倒霉不痛快似的。我告诉你，李梅亭的话未可全信——而且，你是我面上来的人，万事有我。”鸿渐虽然抱最大决意来悲观，听了，又觉得这悲观不妨延期一天。

明天上午，辛楣先上校长室去，说把鸿渐的事讲讲明白；叫鸿渐等着，听了回话再去见高松年。鸿渐等了一个多钟点，不耐烦了，想自己真是神经过敏，高松年直接打电报来的。一个这样机关的首领，好意思说话不作准么？辛楣早尽了介绍人的责任。现在，自己就去正式拜会高松年，这最干脆。

高松年看方鸿渐和颜悦色，不相信世界上会有这样脾气好或城府深的人，忙问：“碰见赵先生没有？”“还没有。我该来参见校长，这是应当的规矩。”方鸿渐自信说话得体。高松年想糟了！糟了！辛楣一定给李梅亭缠住不能脱身，自己跟这姓方的免不了一番唇舌：“方先生，我是要跟你谈谈——有许多话，我已经对赵先生说了——”鸿渐听口风不对，可脸上的笑容一时不及收敛，怪不自在地停留着。高松年看得恨不得把手指撮而去之：“方先生，你收到我的信没有？”一般人撒谎，嘴跟眼睛不能合作，嘴尽管雄赳赳地胡说，眼睛懦怯不敢平视对方。高松年老于世故，并且研究生物学的时候，学到西洋人相传的智慧，那就是：假使你的眼光能与狮子或老虎的眼光相接，彼此怒目对视，那野兽给你催眠了，不敢扑你。当然，野兽未必肯在享用你以前，跟你飞眼送秋波；可是，方鸿渐也不是野兽，至多只能算是家畜。

他给高松年三百瓦特的眼光射得不安，觉得这封信不收到是自己的过失：这次来得太冒昧了。果然，高松年写信收回成命，同时有一种不出所料的满意，惶遽地说："没有呀！我真没有收到呀！重要不重要？高先生什么时候发的？"倒像自己撒谎，收到了信在抵赖。"咦！怎么没收到？"高松年直跳起来，假惊异的表情做得惟妙惟肖，比方鸿渐的真惊惶自然得多。他没演话剧，是话剧的不幸而是演员们的大幸——"这信很重要。唉！现在抗战时间的邮政简直该死。可是，你先生已经来了，好得很，这些话可以面谈了。"鸿渐稍微放心，迎合道："内地去上海的信，常出乱子。这次长沙的战事恐怕也有影响，一大批信会遗失，高先生给我的信假如寄出得早——"

高松年做了个一切撇开的手势，宽宏地饶赦那封自己没写、方鸿渐没收到的信："信就不提了，我深怕方先生看了那封信，会不肯屈就；现在你来了，你就别想跑，呵呵！是这么一回事，你听我说，我跟你先生虽然素昧平生；可是，我听辛楣讲起你的学问、人品种种，我真高兴，立刻就拍电报请先生来帮忙，电报上说——"高松年顿一顿，试探鸿渐是不是善办交涉的人，因为善办交涉的人决不会这时候替自己说许下的条件的。可是，方鸿渐像鱼吞了饵，一钓就上，急口接说："高先生电报上招我来当教授，可是，没说明白什么系的教授，所以，我想问一问？""我原意请先生来当政治系的教授，因为先生是辛楣介绍来的，说先生是留德的博士。可是，先生自己开来的履历上并没有学位——"鸿渐的脸红得像有一百零三度[⑤]寒热的病人——"并且不是学政治的，辛楣全搞错了。先生跟辛楣的交情本来不很深罢？"鸿渐脸上表示的寒热又升高了华氏表上一度，不知怎么对答；高松年看在眼里，胆量更大——"当然，我决不计较学位，我只讲真才实学。不过，部里定的规矩呆板得很：照先生的学历，至多只能当专任讲师，教授待遇呈报上去一定要驳下来的。我想，辛楣的保荐不会错，所以，破格聘先生为副教授，月薪二百八十元，下学年再升。快信给先生，就是解释这一回事。我以为先生收到信的。"

鸿渐只好第二次声明没收到信，同时，觉得降级为副教授已经天恩高厚了。"先生的聘书，我方才已经托辛楣带去了。先生教授什么课程，现在很成问题：我们暂时还没有哲学系，国文系教授已经够了；只有一班文法学院一年级学生共修的论理学[⑥]，三个钟点，似乎太少一点，将来我再想办法罢！"

鸿渐出校长室，灵魂像给蒸汽碌碡[⑦]滚过，一些气概也无。只觉得自己是高松年大发慈悲收留的一个弃物。满肚子又羞又恨，却没有个发泄的对象。回到房里，辛楣赶来，说李梅亭的事总算帮高松年解决了，要谈鸿渐的事。他知道鸿渐已经跟高松年谈过话，忙道："你没有跟他翻脸罢？这都是我不好。我有个印象，以为你是博士，当初介绍你到这来，只希望这事快成功——""好让你专有苏小姐。"——"不用提了，我把我的薪水——好，好，我不，我不，"辛楣打拱赔笑地道歉，还称赞鸿渐有涵养，说自己在校长室讲话，李梅亭直闯进来，咆哮得不成体统。鸿渐问梅亭的事怎样了的。辛楣冷笑道："高松年请我劝他，纠缠了半天，他说，除非学校照他开的价钱买他带来的西药——唉，我还要给高松年回音呢！我心上牵挂着你的事，所以，先赶回来看你。"鸿渐本来气倒平了，知道高松年真依李梅亭的价钱替学校买他带来的私货，又气闷起来；想到李梅亭就有补偿，只自己一个人吃亏。高松年下帖子，当晚上替新来的教授接风。鸿渐闹别扭要辞，经不起辛楣苦劝，并且傍晚高松年亲来回拜，总算有了面子，还是去了。

上课一个多星期，鸿渐跟同住一廊的几个同事渐渐熟了。历史系的陆子潇曾作敦交睦邻的拜访。所以，一天下午，鸿渐去回看他。陆子潇这人刻意修饰，头发又油又光，深恐为帽子埋没，与之不共戴天，深冬也光着顶。鼻子短而阔，仿佛原有笔直下来的趋势，给人迎鼻孔打了一拳，阻止前进，这鼻子后退不迭，向两旁横溢。因为没结婚，他对自己年龄的态度，不免落后在时代的后面；最初，他还肯说外国算法的十足岁数，年复一年，他偷偷买了一本翻译的 *Life Begins at Forty*[8]，对人家干脆不说年龄，不讲生肖，只说："小得很呢！还是小弟弟呢！"同时，表现小弟弟该有的活泼和顽皮。他讲话时喜欢窃窃私语，仿佛句句是军事机密。当然，军事机密他也知道的，他不是有亲戚在行政院，有朋友在外交部么？他亲戚曾经写给他一封信，这左角印"行政院"的大信封上大书着"陆子潇先生"，就仿佛行政院都要让他正位居中似的。他写给外交部那位朋友的信，信封虽然不大，而上面开的地址"外交部欧美司"六字，笔酣墨饱，字字端楷，文盲在黑夜里也该一目了然的。这一封来函，一封去信，轮流地在他桌上装点着。大前天早晨，该死的听差收拾房间，不小心打翻墨水瓶，把"行政院"淹得昏天黑地，陆子潇挽救不及，跳脚痛骂。那位亲戚国而忘家，没来过第二次信；那位朋友外难顾内，一封信也没回过。从此，陆子潇只能写信到行政院去，书桌上两封信都是去信了。今日正是去信外交部的日子。子潇等鸿渐看见了桌上的信封，忙把这信搁在抽屉里，说："不相干。有一位朋友招我到外交部去，回他封信。"

鸿渐信以为真，不得不做出惜别的神情道："啊哟！怎么陆先生要高就了！校长肯放你走么？"子潇连摇头道："没有的事！做官没有意思，我回信去坚辞的。高校长待人很厚道，好几个电报把我催来；现在，你们各位又来了，学校渐渐上轨道，我好意思拆他台么？"鸿渐想起高松年和自己的谈话，叹气道："校长对你先生，当然另眼相看了。像我们这种——"子潇说话低得有气无声，仿佛思想在呼吸："是呀，校长就是有这个毛病，说了话不作准的。我知道了你的事，很不平。"机密得好像四壁全挂着偷听的耳朵。

鸿渐没想到自己的事人家早已知道了，脸微红道："我倒没有什么，不过高先生——我总算学个教训。""哪里的话！副教授当然是屈一点，可是，你的待遇算是副教授里最高的了。""什么？副教授里还分等么？"鸿渐大有约翰生博士不屑把臭虫和跳蚤分等的派头。"分好几等呢！譬如，你们同来，我们同系的顾尔谦就比你低两级；就像系主任罢，我们的系主任韩先生比赵先生高一级，赵先生又比外语系的刘东方高一级。这里面等次多得很，你先生初回国做事，所以搅不清了。"

鸿渐茅塞顿开，听说自己比顾尔谦高，气平了些，随口问道："为什么你们的系主任薪水特别高呢？""因为他是博士，Ph. D[9]。我没有到过美国，所以，没听见过他毕业的那个大学，据说很有名。在纽约，叫什么克莱登大学[10]。"鸿渐吓得直跳起来，宛如自己的阴私给人揭破，几乎失声叫道："什么大学？""克莱登大学。你知道克莱登大学？""我知道。哼，我也是——"鸿渐恨不得把自己舌头咬住，已经泄漏三个字。

子潇听话中有因，像黄泥里的竹笋，尖端微露，便想盘问到底。鸿渐不肯说，他愈起疑心，只恨不能采取特务机关的有效刑罚来逼口供。鸿渐回房，又气又笑。自从唐小姐把文凭的事向他质问以后，他不肯再想起自己跟爱尔兰人那一番交涉，他牢记着要忘掉这事。每逢念头有扯到它的趋势，他赶快转移思路，然而，身上已经一阵羞愧的微热。适才陆子潇的话倒仿佛一贴药，把心里的鬼胎打下一半。韩学愈撒他的谎，并非跟自己同谋；但有了他，似乎自己的欺骗减轻了罪名。当然，新添上一种不快意，可是，这种不快意是透风的，见得天日的；不比买文凭的事，像谋杀灭迹的尸首，对自己都要遮掩得一丝不露。撒谎骗人该像韩学愈那样才行，要有勇气坚持到底。自己太不成了，撒了谎还要讲良心，真是大傻瓜。假如索性大胆老脸，至少高松年的欺负就可以避免。老实人吃的亏，骗子被揭破的耻辱——这两种相反的痛苦，自己居然一箭双雕地兼备了。鸿渐忽然想，近来连撒谎都不会了。因此，恍然大悟，撒谎往往是高兴快乐的流露，也算是一种创造，好比小孩子游戏里的自骗自。一个人身心畅适，精力充溢，会不把顽强的事实放在眼里，觉得有本领跟现实开玩笑。真到忧患穷困的时候，人穷“智”短，谎话都讲不好的。

这一天，韩学愈特来拜访。通名之后，方鸿渐倒窘起来，同时快意地失望。理想中的韩学愈不知怎样的嚣张浮滑，不料是个沉默寡言的人。他想陆子潇也许记错，孙小姐准是过信流言。木讷朴实是韩学愈的看家本领。现代人有两个流行的信仰：第一，女子无貌便是德，所以，漂亮的女人准比不上丑女人那样有思想，有品节；第二，男子无口才，就是表示有道德，所以，哑巴是天下最诚朴的人。也许上够了演讲和宣传的当，现代人矫枉过正，以为只有不说话的人开口准说真话，害得新官上任，训话时个个都说：“为政不在多言”，恨不能只指嘴、指心、指天，三个手势了事。韩学愈虽非哑巴，天生有点口吃。因为要掩饰自己的口吃，他讲话少、慢、着力，仿佛每个字都有他全部人格作担保。不轻易开口的人总使旁人想他满腹深藏着智慧，正像密封牢锁的箱子，一般人总以为里面结结实实都是宝贝。高松年在昆明第一次见到这人，觉得他诚恳安详，像个君子；而且未老先秃，可见脑子里的学问多得冒上来，把头发都挤掉了。再一看他开的学历，除掉博士学位以外，还有一条：“著作散见美国《史学杂志》、《星期六·文学评论》等大刊物中”，不由自主地另眼相看。韩学愈也确向这些刊物投过稿，但高松年不知道，他的作品发表在《星期六·文学评论》的人事广告栏（中国青年，受高等教育，愿意帮助研究中国问题的人，取费低廉）和《史学杂志》的通信栏（韩学愈君征求二十年前本刊，愿出让者请某处接洽）。最后，他听说韩太太是美国人，他简直改容相敬了；能娶外国老婆的非精通西学不可，自己年轻时不是想娶个比国[11]女人没有成功么？这人做得系主任。他当时也没想到，这外国老婆是在中国娶的白俄。

跟韩学愈谈话仿佛看慢动电影，你想不到简捷的一句话需要那么多的筹备，动员那么复杂的身体机构。时间都给他的话胶着，只好拖泥带水地慢走。韩学愈约鸿渐上他家去吃晚饭，鸿渐谢过他；韩学愈又危坐不说话了，鸿渐只好找话敷衍，便问：“听说嫂夫人是在美国娶的？”韩学愈点头，伸颈咽口唾沫，唾沫下去，一句话从喉核下浮上：“你先生到过美国没有？”“没有去过——”索性试探他一下——“可是，我一度想去，曾经跟一个 Dr. Mahoney 通信。”是不是自己神经过敏呢？韩学愈似乎脸色微红，像阴天忽透太阳。“这个人是个骗子。”韩学愈的声调并不激动，说话也不增多。“我知道。什么克莱登大学！我险得上了他的当。”鸿渐一面想，这人肯说那爱尔兰人是“骗子”，一定知道瞒不了自己了。“你没有上他的当罢！克莱登是好学校，他是这学校里一个开除的小职员，借着幌子向外国不知道的人骗钱，你真没有上当？唔，那最好。”“真有克莱登这学校么？我以为全是那爱尔兰人捣的鬼。”鸿渐诧异得站起来。“很认真、严格的学校，虽然知道的人很少——普通学生不容易进。”“我听陆先生说，你就是这学校毕业的。”“是的。”鸿渐满腹疑团，真想问个详细。可是，初次见面，不好意思追究，倒像自己不相信他，并且这人说话经济，问不出什么来。最好有机会看看他的文凭，就知道他的克莱登是一是二了。韩学愈回家路上，腿有点软，想陆子潇的报告准得很，这姓方的跟爱尔兰人有过交涉，幸亏他不像自己去过美国，就恨不知道他是否真的没买文凭，也许他在撒谎。

方鸿渐吃韩家的晚饭，甚为满意。他兴高采烈，没回房就去看辛楣：“老赵，我回来了。今天对不住你，抛下你一个人吃饭。”辛楣因为韩学愈没请自己，独吃了一客[12]又冷又硬的包饭——这吃到的饭在胃里作酸，这没吃到的饭在心里作酸，说：“国际贵宾回来了！饭吃得好呀？是中国菜，还是西洋菜？洋太太招待得好不好？”“他家里老妈子做的中菜。韩太太真丑！这样的老婆在中国也娶得到，何必去外国去觅宝呢！辛楣，今天我恨你没有在——”“哼，谢谢——今天还有谁呀？只有你！真了不得！韩学愈上自校长，下到同事，谁都不理；就敷衍你一个人，是不是洋太太跟你有什么亲戚？”辛楣欣赏自己的幽默，笑个不了。

鸿渐给辛楣那么一说，心里得意，假装不服气道：“副教授就不是人？只有你们大主任、大教授配彼此结交？辛楣，讲正经话，今天有你，韩太太的国籍问题可以解决了。你是老美国，听她说话盘问她几句，就水落石出。”辛楣虽然觉得这句话中听，还不愿意立刻放弃他的不快：“你这人真没良心。吃了人家的饭，还要管闲事，探听人家隐私。只要女人可以做太太，管她什么美国人、俄国人！难道是了美国人，她女人的成分就加了倍？养孩子的效率会与众不同？”鸿渐笑道：“我是对韩学愈的学籍有兴趣。我总有一个感觉，假使他太太的国籍是假的，那么他的学籍也有问题。”“我劝你省点事罢！你瞧，谎是撒不得的。自己捣了鬼，从此对人家也多疑心——我知道你那一回事是开的玩笑，可是开玩笑开出来多少麻烦。像我们这样规规矩矩，就不会疑神疑鬼。”鸿渐恼道：“说得好漂亮！为什么当初我告诉了你韩学愈薪水比你高一级，你要气得掼纱帽不干呢？”辛楣道：“我并没有那样气量小——这全是你不好，听了许多闲话来告诉我；否则，我耳根清净，好好的，不会跟人计较。”辛楣瞧鸿渐真动了气，忙张眼道：“说着玩儿的。别气得生胃病，抽支烟罢。”

鸿渐闷闷回房，难得一团高兴，找朋友扫尽了兴。人天生是该孤独的，各归各，老死不相往来。身体里容不下的东西，或消化，或排泄，是个人的事；为什么心里容不下的情感，要找同伴来分摊？聚在一起，动不动自己冒犯人，或者人开罪自己。好像一只只刺猬，只好保持着彼此间的距离；要亲密团结，不是你刺痛我的肉，就是我擦破你的皮。鸿渐真想把这些感慨跟一个能了解自己的人谈谈，孙小姐好像比赵辛楣能了解自己，至少她听自己的话很有兴味——不过，刚才说人跟人该免接触，怎么又找女人呢？也许男人跟男人在一起像一群刺猬，男人跟女人在一起像——鸿渐想不出像什么，翻开笔记来准备明天的功课。

【注释】

①次长：当时国民政府的副部长。

②捉搦(nuò)：抓，握。

③舍(shè)侄：对别人称自己的侄子。谦辞。

④伯父：原著误用敬辞“伯”。

⑤一百零三度：华氏温标(下文称“华氏表”)，记作103 ℉，约等于摄氏三十九点四四度，记作39.44℃。这里的“华氏”，即德国物理学家丹尼尔·家百列·华伦海特(Daniel Gabriel Fahrenheit，1686—1736)，“摄氏”，即瑞典天文学家安德斯·摄尔修斯(Anders Celsius，1701—1744)。

⑥论理学：“逻辑学”的旧称。

⑦蒸汽碌碡(liù zhou)：以蒸汽机为动力的轧道机。碌碡：用于碾轧谷物或轧平场地的圆柱体石制器具。

⑧《Life Begins at Forty》：作者原注：“《人生从四十岁才开始》是当时流行的一本美国书籍。”

⑨Ph. D.：英语 Doctor of Philosophy（哲学博士）的缩写。

⑩克莱登大学：一所虚拟的出卖文凭的美国大学。

⑪比国：比利时王国（The Kingdom of Belgium）的简称。

⑫一客：一份。

【作品简析】

长篇小说《围城》最初连载于1946年2—12月的《文艺复兴》杂志，后出版单行本。这部带有轻喜剧风格的学人小说，以灵动的睿智让形形色色的人物在社会大舞台的一角同时“亮相”，以绝妙的讽刺手法表现了人性的弱点和生存的悖论。《围城》已被译成多种文字，并受到海内外读者的好评。

《围城》的主题是：城外的人想冲进去，城里的人想逃出来。婚姻也罢，职业也罢，人生的愿望大都如此。小说全本是一座“围城”，其中的“三闾大学”也是一座“围城”。

本文主要描写了方鸿渐等人初到三闾大学应聘任教时的经过，作者通过他们到校后与校长、同事之间的接触与交往片断，形象地展示了各色人物不同的内心世界和行为表现，对旧中国许多知识分子身上所存在的人格虚伪、鄙俗、丑陋的劣根性与官场中的权诈、腐败现象进行了无情的揭露和讽刺。在小说《围城》中，这一部分是最具有典型意义、最具有批判力度和思想性、而且描写也最为精彩的内容之一。

方鸿渐虽然已经二十七岁，但初出茅庐而为人师，还是不大适应这种尔虞我诈的生态环境：政客校长高松年老谋深算，掉包主任汪处厚装腔作势，“函授”博士韩学愈假戏真做，市侩学者李梅亭唯利是图，谣言专家陆子潇鬼使神差，白痴教授顾尔谦随声附和，连年轻女助教孙柔嘉都居心叵测……看来，无须戒备也不用心戒备他人的，只有一个赵辛楣！

在这个封闭的“伪学术”圈子里，势力、学位和亲友关系都已经成为实现个人利益最大化的筹码；“儒林群丑”们的种种欲望呈现出一种“恶化”的状态，闹出了许多纠纷和笑话儿。李梅亭名片上的一长串头衔，陆子潇桌子上的两只大信封，韩学愈夫人高深莫测的国籍和种族，以及韩学愈本人“散见于美国《史学杂志》和《星期六·文学评论》等大刊物”的所谓“著作”，令人啼笑皆非。故《围城》被称作“新儒林外史”。

课文结构一波三折，段落之间的标志是“晚餐”：第一天，校长高松年置新聘教授于不顾，去赴警察局长的晚宴；第二天晚上，高松年玩儿够了把戏，为新聘的教授们接风洗尘。一周以后，方鸿渐回访陆子潇，只看到书桌上有两只大信封；回访韩学愈，吃到了“洋太太”的“老妈子”做的“中国菜”。

小说妙喻连珠，植根于作者渊博、透彻、敏锐的思维。漫画式的人物身材、容貌和表情，像幻灯，而其行为、言语和心理活动，又像电影。

【复习思考题】

1. 通读《围城》，简要分析主人公方鸿渐的形象。

2. 你赞同方鸿渐“灵感”发现而悟出的“刺猬学说”吗？为什么？

相关拓展性阅读材料推荐：

1.《围城》，钱钟书，人民文学出版社，1991.

2.《中国现代文学作品选》，钱谷融，华东师范大学出版社，1989.

3.《中国现代文学作品选》，朱东霖，高等教育学出版社，2002.

4. 亦凡公益图书馆-钱钟书文选 http：//www.shuku.net:8082/novels/qian/qiang.html

5. 中国学术 http：//www.cp.com.cn/emd/17/

6. 国学网 http：//www.guoxue.com/

第八章　当代文学

当代文学简况

一般说来，中国当代文学指的是 1949 年新中国成立以后至今在大陆范围内公开发表或出版的文学作品。实际上真正区分现当代文学的事件是 1949 年 7 月 2 日至 19 日在北京（时称北平）召开的第一次中华全国文学艺术工作者代表大会（简称“第一次文代会”）。广义的当代文学还包括在同时期台湾、香港、澳门公开发表或出版的文学作品。

第一次文代会的召开标志着当代文学的开始，对我国当代文学的发展产生了深远的影响。1949 年 10 月中华人民共和国成立以后，中国大陆、台湾、香港和澳门的文学，在相对隔绝的情况下各自独立发展起来，但它们都同属于中国文学的延伸，同属发端于“五四”新文化的现代文学的延伸。当代文学共同渊源于中华民族的文化母体，有着相同或相近的语言形态，以及隐含在语言之中的民族性格、心理、情感、思维方式和浮现于语言之上的道德规范、价值取向、人格理想、生活态度、审美观照。

在大陆的当代文学以时间为标准，主要分为三个阶段。第一阶段：1949—1978 年。这时期有许多作家，特别是从解放区文学的传统下成长起来的作家，他们对中国农村的社会生活状况以及农民的文化心理有着深刻的理解，对中国民间文化形态的表现相当娴熟，他们在创作时，或自觉、或不自觉地运用了“民间隐形结构”的艺术手法，使作品在为主流意识形态服务的同时，曲折地传达出真实的社会信息，体现了富于生命力的艺术特色。第二阶段：1978—1989 年。除了“五四”一代老作家在“文革”后重新焕发出写作热情以外，这时期的文学队伍主要是由两代作家构成，一代是在 20 世纪 50 年代成长起来的作家，他们在“双百方针”时期因为真实地表达了对社会或人性的感性认识，在 1957 年的“反右”运动中遭到不公正的批判和打击，并在社会底层渡过了苦难的岁月，“文革”结束后他们重返文坛，成为 80 年代文学创作的中坚力量。他们的创作里充满对现实政治生活的干预精神和对人性的赞美。还有一代是在“文革”中成长起来的作家，他们在青少年时代过早地经受了被虚伪的理想主义所欺骗和愚弄的惨痛体验，其中大多数人曾在“上山下乡”中感受了民间生活和民间文化的熏陶，从农村经验中汲取创作素材，由最初的知青题材到稍后的寻根文学，反映出新的民间化的创作趋向。第三阶段：90 年代以来。作家们站在不同的立场上写作：有的继续坚持传统的精英立场，有的干脆表示要去认同市场经济发展中出现的大众消费文化，有的在思考如何从民间的立场上重新发扬知识分子对社会的责任，或者还有人转向极端化的个人世界，勾画出形色各异的私人生活。

在大陆的当代文学以体裁为标准可以分为诗歌、散文、小说和戏剧四类。

诗歌创作的第一个阶段是1949—1966年。歌唱祖国的新生，抒发自己对党的领袖的无比敬爱的心情，是这一阶段诗歌创作比较集中的主题。如何其芳的《我们最伟大的节日》、艾青的《我想念我的祖国》、田间的《天安门》、贺敬之的《放声歌唱》和郭小川的《致青年公民》等政治抒情诗在我国诗坛上产生较大影响。民歌的创作收集和整理工作取得了令人兴奋的战绩。如傣族的《召树屯》、蒙古族的《嘎达梅林》、撒尼族的《阿诗玛》、苗族的《虹》等。新中国成立后17年里，在我国的诗歌园地里，涌现出许多新人，形成了一支朝气蓬勃的新军。但1957年下半年反右派斗争扩大化影响了诗歌创作的发展。1958年兴起的"大跃进"民歌运动，给诗歌发展带来了更加复杂的局面。主要表现为郭沫若主编的《红旗歌谣》。

第二个阶段是1966—1978年。"文化大革命"十年，诗歌创作和其他文学样式一样，也受到林彪、江青反革命集团反动文艺路线的严重摧残。1976年4月5日，天安门诗歌运动不仅预示着"四人帮"的必将灭亡，而且揭开了中国当代诗歌发展的崭新一页。新诗富有强烈的时代感和现实生活感，成了时代的鼓手，战斗的号角，在大量的政治抒情诗中，贺敬之的《中国的十月》影响很大。一些被错化为右派的老诗人和在此期间成长起来的年轻诗人的诗歌作品在此阶段写成，但迫于政治原因没有公开发表，如食指的《相信未来》。第三个阶段是1978年至今。以舒婷、北岛、顾城为代表的朦胧诗歌和以于坚、韩东为代表的口语诗歌是影响较大的诗歌流派。

当代散文的特点是创作队伍空前壮阔、体裁样式和作品风格的多样化、迅速及时地反映我国社会主义革命和建设时期波澜壮阔的社会生活。本阶段诗歌具有崭新的内容和昂扬的时代精神。主要作家作品有杨朔的《海市》、《荔枝蜜》，刘白羽的《长江三日》，秦牧的《土地》及巴金、冰心的散文和孙犁、贾平凹的地域散文，钱钟书的学者散文，余秋雨为代表的文化散文。

小说在1949—1966年的十七年文学时期主要是以战争题材为主，代表作品是"三红一青"(《红岩》、《红日》、《红旗谱》和《青春之歌》)。"文革"十年间的主流仍是革命题材作品，代表作家是浩然。

新时期以来，小说经历了伤痕文学、反思文学、改革文学、知青文学、寻根文学、先锋小说、新写实主义、新历史小说、新乡土小说等诸多流派；代表作家作品有王安忆的《长恨歌》、路遥的《平凡的世界》、张承志的《心灵史》、张炜的《九月寓言》、余华的《许三观卖血记》、韩少功的《马桥词典》、阎连科的《日光流年》《受活》等。20世纪90年代以后，成就最大的是历史小说和反腐小说，如二月河的《康熙大帝》、《雍正皇帝》，唐浩明的《曾国藩》、熊召政的《张居正》，张平的《抉择》、《国家干部》，周梅森的《国家公诉》，王跃文的《国画》等。

戏剧在新时期以前主要是一些老作家的作品，比如老舍的《龙须沟》、《茶馆》，郭沫若的《蔡文姬》等。

台湾当代文学中散文成就最大，影响较大的散文家有林语堂、梁实秋、胡适、余光中、李敖、柏杨、龙应台、三毛、琦君、张晓风、林清玄等人；诗歌领域主要是一些表现青春和眷恋大陆的作家作品，如席慕容的《无怨的青春》、余光中的《乡愁》等；小说方面，广为人们熟知的是琼瑶的爱情小说。香港文学成就较大的是商业气息较浓的通俗小说，如以梁羽生、金庸为代表的新派武侠小说，小说大多以中国某一古代历史时期为背景来讲述一个典型的中国式的江湖人物间的爱恨情仇。

相关拓展性阅读材料推荐：

1.《中国当代文学教程》，陈思和，复旦大学出版社，1999.

2.《中国当代文学史》，洪子城，北京大学出版社，1999.

3.《中国当代小说史》，金汉，杭州大学出版社，1997.

4.《中国现当代文学专题研究》，温儒敏，赵祖谟，北京大学出版社，2004.

5.《二十世纪中国文学批评 99 个词》，南帆，2003.

6. 历届"茅盾文学奖"获奖作品集，人民文学出版社，1983—2003.

7. 历届优秀中短篇小说获奖作品集，人民文学出版社，1978—2003.

生命的三分之一

邓 拓

邓拓(1912—1966),原名邓子健,又名邓云特,福建省闽侯县人,是当代著名的思想理论家和散文作家。幼年即酷爱文学艺术,30年代开始发表散文。1945年初,在晋察冀边区主持编辑了我国第一部《毛泽东选集》。新中国成立后,曾任《人民日报》总编辑。1958年秋,调任中共北京市委书记,并主编理论刊物《前线》。60年代初,以"马南邨"等笔名,创作了一批引人入胜、启人心智的杂文,其中最著名的是《燕山夜话》和与吴晗、廖沫沙合写的《三家村札记》。在"文革"中,林彪、江青反革命集团制造了所谓"三家村反党集团"冤案,邓拓被诬为"三家村主将",遭受残酷迫害,于1966年5月18日含冤自尽。

一个人的生命究竟有多大意义,这有什么标准可以衡量吗?提出一个绝对的标准当然很困难;但是,大体上看一个人对待生命的态度是否严肃认真,看他对待劳动、工作等的态度如何,也就不难对这个人的存在意义做出适当的估计了。

古来一切有成就的人,都很严肃地对待自己的生命,当他活着一天,总要尽量多劳动、多工作、多学习,不肯虚度年华,不让时间白白地浪费掉。我国历代的劳动人民以及大政治家、大思想家等都莫不如此。

班固写的《汉书·食货志》上有下面的记载:"冬,民既入;妇人同巷,相从夜绩,女工一月得四十五日。"

这几句读起来很奇怪,怎么一月能有四十五天呢?再看原文底下颜师古做了注解,他说:"一月之中,又得夜半为十五日,共四十五日。"

这就很清楚了。原来我国的古人不但比西方各国的人更早地懂得科学地、合理地计算劳动日,而且我们的古人老早就知道对于日班和夜班的计算方法。

一个月本来只有三十天,古人把每个夜晚的时间算做半日,就多了十五天。从这个意义上说来,夜晚的时间实际上不就等于生命的三分之一吗?

对于这三分之一的生命,不但历代的劳动人民如此重视,而且有许多大政治家也十分重视。班固在《汉书·刑法》里还写道:"秦始皇躬操文墨,昼断狱,夜理书。"

有的人一听说秦始皇就不喜欢他,其实秦始皇毕竟是中国历史上的一个伟大人物、班固对他也还有一些公平的评价。这里写的是秦始皇在夜间看书学习的情形。

据刘向的《说苑》所载,春秋战国时有许多国君都很注意学习。如:"晋平公问于师旷曰:吾年七十,欲学恐已暮矣。师旷曰:何不炳烛乎?"

在这里,师旷劝七十岁的晋平公点灯夜读,拼命抢时间,争取这三分之一的生命不至于继续浪费,这种精神多么可贵啊!

《北史·吕思礼传》记述这个北周大政治家生平勤学的情形是:"虽务兼军国,而手不释卷。昼理政事,夜即歌,令苍头执烛,烛烬夜有数升。"

光是烛灰一夜就有几升之多,可见他夜读何等勤奋了。像这样的例子还有很多。

为什么古人对于夜晚的时间都这样重视，不肯轻轻放过呢？我认为这就是他们对待自己生命的三分之一的严肃认真态度，这正是我们所应该学习的。

我之所以想利用夜晚的时间，向读者同志们做这样的谈话，目的也不过是要引起大家注意珍惜这三分之一的生命，使大家在整天的劳动、工作以后，以轻松的心情，领略一些古今有用的知识而已。

【作品简析】

邓拓的杂文重史识、史论，抓住现实，旁征博引，含蓄委婉，可谓雅俗共赏。《燕山夜话》包括一百五十多篇杂文，思想深刻，针对性强，知识丰富，不拘一格，生动活泼、富有文采，做到了于知识之中见思想，在议论之间藏情趣，熔百家典籍于一炉，寓郑重严肃于愉悦，具有极强的战斗性、教育性和趣味性，深受广大读者赞赏，被誉为一部“小百科全书”。老舍先生读后，情不自禁地称赞作者是“大手笔写小文章，别开生面，独具一格”。

《生命的三分之一》一文，开篇便摆出论题，一个人要使自己活得有意义，就应该严肃认真地对待自己的生命。然后，引述一系列史实：汉代妇女“相从夜绩，女工一月得四十五日”。秦始皇理政“昼断狱，夜理书”。战国时师旷，年已七十尚“秉烛”夜读。北周吕思礼执烛攻书，一夜积烛灰数升。他指出，这就是“他们对待生命三分之一的严肃认真的态度”，希望今日之读者要珍惜这三分之一的生命，在业余时间里多读书，“领略古今有用的知识”，不要虚度年华。一个人的生命究竟有多大意义，有什么标准可以衡量吗？提出这个绝对的标准恐怕很难，但若从一个人对待生命的态度是否认真，对待劳动、工作等态度是否勤恳，就不难看出他存在的意义有多大了。古人把夜晚算作半日，一个月就多出 15 天。从这个角度看，夜晚的时间实际上就等于生命的三分之一，“争取这三分之一的生命不至于继续浪费”，就是作者作文的用意所在。

【复习思考题】

1. 试概括本文的中心论点。
2. 本文运用的论证方法主要是什么？
3. 试阐述本文依次是从什么角度来论证中心论点的。
4. 课外阅读《燕山夜话》。

相关拓展性阅读材料推荐：

1.《燕山夜话》，邓拓，吴晗，廖沫沙，人民文学出版社，1962.
2.《燕山夜话》，马南邨，作家出版社，2000.
3.《邓拓散文》，邓拓，中国广播电视出版社，1997.
4.《邓拓传：一个毕生追求真理和光明的人》，顾行，成美，山西教育出版社，2002.
5. 小说网-现代文学-经典名篇-燕山夜话 http://www.xiaoshuo.com/book/0018032.html
6. 中国新闻网-邓拓自杀的前前后后——对邓拓夫人丁一岚的访谈 http://www.eeloves.com/memorial/archive-show/mid/102016/id/

对艺术对祖国的感情[①]

傅　雷

傅雷(1908—1966),我国著名文学翻译家,文艺评论家,上海市南汇县人。1928—1931年留学法国巴黎大学,回国后,即致力于法国文学的翻译与介绍工作;译作丰富,行文流畅,文笔传神,翻译态度严谨。翻译作品共34部,主要有罗曼·罗兰的《约翰·克里斯朵夫》及传记《贝多芬传》、《米开朗基琪传》、《托尔斯泰传》;梅里美的《嘉尔曼》(《卡门》)、《高龙巴》;丹纳的《艺术哲学》;巴尔扎克的《高老头》、《欧也妮·葛朗台》等名著15部。译作约500万言,现已全部收录于《傅雷译文集》。傅雷先生为人坦荡,禀性刚毅,"文化大革命"期间,因受政治迫害,夫妇二人于1966年9月3日含冤自缢。

1956年10月3日晨

亲爱的孩子,你[②]回来了,又走了[③];许多新的工作,新的忙碌,新的变化等着你,你是不会感到寂寞的;我们却是静下来,慢慢的回复我们单调的生活,和才过去的欢会与忙乱对比之下,不免一片空虚,——昨儿整整一天若有所失。孩子,你一天天的在进步,在发展:这两年来你对人生和艺术的理解又跨了一大步,我愈来愈爱你了,除了因为你是我们身上的血肉所化出来的而爱你以外,还因为你有如此焕发的才华而爱你:正因为我爱一切的才华,爱一切的艺术品,所以我也把你当作一般的才华(离开骨肉关系),当作一件珍贵的艺术品而爱你。你得千万爱护自己,爱护我们所珍视的艺术品!遇到任何一件出入重大的事,你得想到我们——连你自己在内——对艺术的爱!不是说你应当时时刻刻想到自己了不起,而是说你应当从客观的角度重视自己:你的将来对中国音乐的前途有那么重大的关系,你每走一步,无形中都对整个民族艺术的发展有影响,所以你更应当战战兢兢,郑重将事!随时随地要准备牺牲目前的感情,为了更大的感情——对艺术对祖国的感情。你用在理解乐曲方面的理智,希望能普遍的应用到一切方面,特别是用在个人的感情方面。我的园丁工作已经做了一大半,还有一大半要你自己来做的了。爸爸已经进入人生的秋季,许多地方都要逐渐落在你们年轻人的后面,能够帮你的忙将要越来越减少;一切要靠你自己努力,靠你自己警惕,自己鞭策。你说到技巧要理论与实践结合,但愿你能把这句话用在人生的实践上去;那末你这朵花一定能开得更美,更丰满,更有力,更长久!

谈了一个多月的话,好像只跟你谈了一个开场白。我跟你是永远谈不完的,正如一个人对自己的独白是终身不会完的。你跟我两人的思想和感情,不正是我自己的思想和感情吗?清清楚楚的,我跟你的讨论与争辩,常常就是我跟自己的讨论与争辩。父子之间能有这种境界,也是人生莫大的幸福。除了外界的原因没有能使你把假期过得像个假期以外,连我也给你一些小小的不愉快,破坏了你回家前的对家庭的期望。我心中始终对你抱着歉意。但愿你这次给我的教育(就是说从和你相处而反映出我的缺点)能对我今后发生作用,把我自己继续改造。尽管人生那么无情,我们本人还是应当把自己尽量改好,少给人一些痛苦,多给人一些快乐。说来说去,我仍抱着"宁天下人负我,毋我负天下人"[④]的心愿。我相信你也是这样的。(选自

《傅雷家书》第三章）

1961 年 6 月 26 日晚

亲爱的孩子，六月十八日信（邮戳十九）今晨收到。虽然花了很多钟点，信写得很好。多写几回就会感到更容易更省力。最高兴的是你的民族性格和特征保持得那么完整，居然还不忘记："一箪食（读如'嗣'）一瓢饮，回也不改其乐。"[5]唯有如此，才不致被西方的物质文明湮没。你屡次来信说我们的信给你看到和回想到另外一个世界，理想气息那么浓的，豪迈的，真诚的，光明正大的，慈悲的，无我的（即你此次信中说的 idealistic，generous，devoted，loyal，kind，selfless）世界。我知道东方西方之间的鸿沟，只有豪杰之上，领悟颖异，感觉敏锐而深刻的极少数人方能体会。换句话说，东方人要理解西方人及其文化和西方人理解东方人及其文化同样不容易。即使理解了，实际生活中也未必真能接受。这是近代人的苦闷：既不能闭关自守，东方与西方各管各的生活，各管各的思想，又不能避免两种精神、两种文化、两种哲学的冲突和矛盾。当然，除了冲突与矛盾，两种文化也彼此吸引，相互之间有特殊的魅力使人神往。东方的智慧、明哲、超脱，要是能与西方的活力、热情、大无畏的精神融合起来，人类可能看到另一种新文化出现。西方人那种孜孜矻矻（kū），白首穷经，只知为学，不问成败的精神还是存在（现在和克利斯朵夫[6]的时代一样存在），值得我们学习。你我都不是大国主义者，也深恶痛绝大国主义，但你我的民族自觉、民族自豪和爱国热忱并无一星半点的排外意味。相反，这是一个有根有蒂的人应有的感觉与感情。每次看到你有这种表现，我都快活得心儿直跳，觉得你不愧为中华民族的儿子！妈妈也为之自豪，对你特别高兴，特别满意。

分析你岳父[7]的一段大有见地，但愿作为你的鉴戒。你的两点结论，不幸的婚姻和太多与太早的成功是艺术家最大的敌人，说得太中肯了。我过去为你的婚姻问题操心，多半也是从这一点出发。如今弥拉[8]不是有野心的女孩子，至少不会把你拉上热衷名利的路，让你能始终维持艺术的尊严，维持你严肃朴素的人生观，已经是你的大幸。还有你淡于名利的胸怀，与我一样的自我批评精神，对你的艺术都是一种保障。但愿十年二十年之后，我不在人世的时候，你永远能坚持这两点。恬淡的胸怀，在西方世界中特别少见，希望你能树立一个榜样！

……

我早料到你读了《论希腊雕塑》[9]以后的兴奋。那样的时代是一去不复返的了，正如一个人从童年到少年那个天真可爱的阶段一样，也如同我们的先秦时代、两晋六朝一样。近来常翻阅《世说新语》（正在寻一部铅印而篇幅不太笨重的预备寄你），觉得那时的风流文采既有点儿近古希腊，也有点儿像文艺复兴时期[10]的意大利；但那种高远、恬淡、素雅的意味仍然不同于西方文化史上的任何一个时期。人真是奇怪的动物，文明的时候会那么文明，谈玄说理会那么隽永，野蛮的时候又同野兽毫无分别，甚至更残酷。奇怪的是这两个极端就表现在同一批人同一时代的人身上。两晋六朝多少野心家，想夺天下、称孤道寡的人，坐下来清谈竟是深通老庄与佛教哲学的哲人！

亨特尔[11]的神剧固然追求异教精神，但他毕竟不是纪元前四五世纪的希腊人，他的作品只是十八世纪一个意大利化的日耳曼人[12]向往古希腊文化的表现。便是《赛米里》吧[13]，口吻仍不免带点儿浮夸（pompous）。这不是亨特尔个人之过，而是民族与时代之不同，绝对勉强不来的。将来你有空闲的时候（我想再过三五年，你的音乐会一定可大大减少，多一些从各方面进修的时间)，读几部英译的柏拉图、塞诺封[14]一类的作品，你对希腊文化可有更多更深的体会。再不然你一朝去雅典[15]，尽管山陵剥落(如丹纳[16]书中所说)面目全非，但是那种天光水色(我只能从亲自见过的罗马和那不勒斯的天光水色去想象[17])，以及巴德农神庙[18]的废墟，一定会给你强烈的激动，狂喜，非言语所能形容，好比四五十年以前邓肯[19]在巳德农废墟上光着脚不由自主地跳起舞来。(《邓肯(Duncun)自传》，倘在旧书店中看到，可买来一读。)真正体会古文化，除了从小"泡"过来之外，只有接触那古文化的遗物。我所以不断寄吾国的艺术复制品给你，一方面是满足你思念故国，缅怀我们古老文化的饥渴，一方面也想用具体事物来影响弥拉。从文化上、艺术上认识而爱好异国，才是真正认识和爱好一个异国；而且我认为也是加强你们俩精神契合的最可靠的链锁。

石刻画你喜欢吗？是否感觉到那是真正汉族的艺术品，不像敦煌壁画云岗石刻[20]有外来因素。我觉得光是那种宽袍大袖、简洁有力的线条、浑合的轮廓、古朴的屋宇车辆、强劲雄壮的马匹，已使我看了怦然心动，神游于二千年以前的天地中去了。(装了框子看更有效果)

……

吃过晚饭，又读了一遍(第三遍)来信。你自己说写得乱七八糟，其实并不。你有的是真情实感，真正和真实的观察，分析，判断，便是杂乱也乱不到哪里去。中文也并未退步：你爸爸最挑剔文字，我说不退步你可相信是真的不退步。而你那股热情和正义感不知不觉洋溢于字里行间，教我看了安慰，兴奋……有些段落好像是我十几年来和你说的话的回声……你没有辜负园丁！

老好人往往太迁就，迁就世俗，迁就褊(biǎn)狭的家庭愿望，迁就自己内心中不大高明的因素；不幸真理和艺术需要高度的原则性和永不妥协的良心。物质的幸运也常常毁坏艺术家。可见艺术永远离不开道德——广义的道德，包括正直，刚强，斗争(和自己的斗争以及和社会的斗争)，毅力，意志，信仰……

的确，中国优秀传统的人生哲学，很少西方人能接受，更不用说实践了。比如"富贵于我如浮云"[21]在你我是一条极崇高极可羡的理想准则，但像巴尔扎克[22]笔下的那些人物，正好把富贵作为人生最重要的，甚至是唯一的目标。他们那股向上爬，求成功的蛮劲与狂热[23]，我个人简直觉得难以理解。也许是气质不同，并非多数中国人全是那么淡泊。我们不能把自己人太理想化。……(选自《傅雷家书》第五章)

1965 年 5 月 27 日

新西兰来信今日中午收到。早上先接林医生电话，他们也收到林伯母哥哥的信，报告你的情形，据说信中表示兴奋得了不得，还附有照片。国外侨胞的热爱祖国，真是叫人无话可说。

你谈到中国民族"文化"的特点，以及其他关于艺术方面的感想，我都彻底明白，那也是我的想法。多少年来常对妈妈说：越研究西方文化，越感到中国文化之美，而且更适合我的个性。我最早爱上中国画，也是在二十一二岁在巴黎卢佛宫[24]钻研西洋画的时候开始的。这些问题以后再和你长谈。妙的是你每次这一类的议论都和我的不谋而合，信中有些话就像是我写的。不知是你从小受的影响太深了呢，还是你我二人中国人的根一样深？大概这个根是主要原因。

一个艺术家只有永远保持心胸的开朗和感觉的新鲜，才永远有新鲜的内容表白，才永远不会对自己的艺术厌倦，甚至像有些人那样觉得是做苦工。你能做到这一步——老是有无穷无尽的话从心坎里涌出来，我真是说不出的高兴，也替你欣幸不置！(选自《傅雷家书》第九章)

【注释】

①选自《傅雷家书》，生活·读书·新知三联书店1981年版。这里节选的是傅雷写给长子傅聪的三封信，题目是编者所加。

②你：傅雷长子傅聪(1934—)，华裔英国钢琴家。1934年3月10日生于上海。是中国最早在钢琴演奏方面获有国际声誉的钢琴家。1958年底移居英国，后入英国籍。1979年以后，经常回国演奏、讲学。1982年应聘为中央音乐学院钢琴系兼职教授。

③又走了：傅聪1954年赴波兰学钢琴，期间曾短期回国探亲。

④宁天下人负我，毋我负天下人：这里是反用《三国演义》中曹操杀吕伯奢一家后所说的"宁教我负天下人，休教天下人负我"。

⑤"一箪(dān)食"二句：出自《论语·雍也》。这是孔子夸奖颜回的话，意思是即使生活贫困，颜回也能安然快乐。箪：古代盛饭的圆形竹器。瓢：古代舀水的工具。回：颜回，字子渊，孔子最得意的学生。

⑥克利斯朵夫：法国作家罗曼·罗兰长篇小说《约翰·克利斯朵夫》的主人公，这一人物是作者以著名的德国音乐家贝多芬为原型创造的。

⑦岳父：美国著名小提琴家梅纽因，后旅居英国。

⑧弥拉：傅聪之妻，梅纽因之女。

⑨《论希腊雕塑》：法国丹纳《艺术哲学》的第四编，由傅雷单独译出寄给傅聪。

⑩文艺复兴时期：14—16世纪，从意大利开始发生的欧洲文化思想大发展时期，其主要思潮是反对中世纪的禁欲主义，提倡人文主义。

⑪亨特尔：出生于德国的作曲家，后加入英国国籍。

⑫日耳曼人：欧洲民族，即德意志人。

⑬《赛米里》：亨特尔创作的世俗清唱剧，剧情叙述赛米里对朱必特的爱。

⑭柏拉图：古希腊哲学家，著有《理想国》等。塞诺封：一译"色诺芬"，古希腊历史学家，苏格拉底的弟子，著有《希腊史》等。

⑮雅典：希腊首都。

⑯丹纳：一译"泰纳"，法国文艺理论家，著有《艺术哲学》，由傅雷译成中文。

⑰罗马：意大利首都。那不勒斯：意大利西岸港口城市和旅游胜地。

⑱巴德农神庙：建于公元前5世纪的古希腊著名建筑，在希腊雅典。

⑲邓肯(1877—1927)：美国女舞蹈家，现代舞派创始人。

⑳敦煌壁画：敦煌(在甘肃西部)莫高窟保存有我国4—14世纪的大量壁画，于20世纪初被发现。云岗石刻：云岗(在山西大同市)石窟中保存有我国北魏时期五万多尊石刻造像。

㉑富贵于我如浮云：出自《论语·述而》，孔子的原话是："不义而富且贵，于我如浮云。"

㉒巴尔扎克：法国19世纪现实主义作家，著有九十多部长篇小说，总名《人间喜剧》。

㉓"他们"数句：这里指的是巴尔扎克小说《高老头》中拉斯蒂涅一类人物。

㉔卢佛宫：一译卢浮宫，原是法国故宫，后成为世界著名艺术博物馆，位于巴黎市中心。

【作品简析】

这里摘选了《傅雷家书》中给傅聪的三封信。内容各有侧重，涉及的问题很多，或者是直接表达父亲对儿子的热爱之情，或者是详说如何在西方社会中保持自己的民族性格，或者是指出中国民族文化是“中国人的根”。但三封信有一根红线绾连，围绕着一个主题，那就是对艺术、对祖国的无限深情。

这些信，真可以说是苦心孤诣、呕心沥血的教子篇。然而这不仅是出于一般意义上的爱子、教子，更是作者在用他高尚的德性和深厚的学养，精心浇灌着青年一代，迫切期盼着他们能继承并发扬中华民族的优秀精神传统，把自己塑造成真正的“中华民族的儿子”。傅雷先生那种对艺术、对祖国、对青年一代的神圣责任感，是这些书信能动人心弦的最根本原因。

这几篇书信，以情意深厚、趣味盎然为特点。情意深厚是出于作者的一片热爱之情，因此使其内心世界得以在信中尽情展露；趣味盎然则缘于作者渊博的学养。由于此，文中时而热烈爽利的表白，时而是冷静理智的剖析；时而是洒脱的议论，时而是披纷的引证；时而是严肃的口吻，时而是亲切的语气。作为书信体，原是尽可自由走笔的。当然，自由走笔并非等于不必字斟句酌，不必讲究驱遣文字的功力，只因作者久已锤炼功深，才似得来容易罢了。

【复习思考题】

1. 《傅雷家书》凝聚了中国知识分子的精神，那么中国知识分子的精神表现在哪些方面呢？请结合文意回答。
2. 美国教育家门肯说：“是小草就让它装饰大地，是参天大树就让它成为栋梁之材”，对于这句话，你是如何理解的？

相关拓展性阅读材料推荐：

1.《傅雷家书——与傅聪谈音乐》，傅雷，当代世界出版社，2002.
2.《走出家书——与傅聪对谈》，傅敏，天津社会科学院出版社，2005.
3.《傅雷与傅聪》，叶永烈，广西人民出版社，2004.
4.《傅雷一家》，叶永烈，天津人民出版社，1986.
5.《傅雷家书》，傅雷，天津社会科学院出版社，2006.
6. 天涯在线书库-傅雷家书 http://www.tianyabook.com/xiandai/fuleijiashu/

钱[1]

梁实秋

梁实秋(1903—1987),现代著名的散文家、学者、文学批评家、翻译家。原籍浙江杭县,生于北京;学名梁治华,字实秋。曾赴美留学(1923年),后任教于南京东南大学和暨南大学。后迁至台,就职于台北师范学院,国立编译馆馆长。40岁以后着力于散文创作和翻译。散文代表作《雅舍小品》、《雅舍谈吃》、《看云集》、《偏见集》、《秋室杂文》,长篇散文集《槐园梦忆》等。30年代开始翻译莎士比亚作品,持续40载,到1970年完成了全集的翻译,计剧本37册,诗3册;晚年用7年时间完成百万言著作《英国文学史》;主编有《远东英汉大辞典》。

钱这个东西,不可说,不可说。一说起阿堵物[2],就显着俗。其实钱本身是有用的东西,无所谓俗。或形如契刀[3],或外圆而孔方[4],样子都不难看。若是带有斑斑绿锈,就更古朴可爱。稍晚的"交子"、"钞引"[5]以至于近代的纸币,也无不力求精美雅观,何俗之有?钱财的进出取舍之间诚然大有道理,不过贪者自贪,廉者自廉,关键在于人,与钱本身无涉。像和峤[6]那样爱钱如命只可说是钱癖,不能斥之曰俗;像石崇[7]那样的挥金似土,只可说是奢汰[8],不能算得上雅。俗也好,雅也好,事在人为,钱无雅俗可辨。

有人喜集邮,有人喜集火柴盒,也有人喜集戏报子[9],也有人喜集鼻烟壶[10];也有人喜集砚、集墨、集字画古董,甚至集眼镜、集围裙、集三角裤。各有所好,没有什么道理可讲。但是古今中外几乎人人都喜欢收集的却是通货[11]。钱不嫌多,愈多愈好。庄子曰:"钱财不积,则贪者忧。"[12]岂止贪者忧?不贪的人也一样的想积财。

人在小的时候都玩过扑满[13],这玩意儿历史悠久,《西京杂记》[14]:"扑满者,以土为器,以蓄钱,有入窍而无出窍,满则扑之。"北平叫卖小贩,有喊:"小盆儿小罐儿"的,担子上就有大大小小的扑满,全是陶土烧成的,形状不雅,一碰就碎。虽然里面容不下多少钱,可是孩子们从小就明白储蓄的道理了。外国也有近似扑满的东西,不过通常不是颠扑得碎的,是用钥匙可以打开的,多半作猪形,名之为"猪银行"。不晓得为什么选择猪形,也许是取其大肚能容吧?

我们的平民大部分是穷苦的,靠天吃饭,就怕干旱水涝,所以养成一种饥荒心理,"常将有日思无日,莫待无时思有时。"储蓄的美德普遍存在于社会各阶层。我从前认识一位小学教员,别看她月薪只有三十余元,她省吃俭用,省俭到午餐常是一碗清汤挂面洒上几滴香油,二十年下来,她拥有两栋小房。(谁忍心说她是不劳而获的资产阶级?)我也知道一位人力车夫,劳其筋骨,为人作马牛,苦熬了半辈子,携带一笔小小的资财,回籍买田娶妻生子作了一个自耕的小地主。这些可敬人,他们的钱是一文一文积攒起来的[15]。而且他们常是量入为储,每有收入,不拘多寡,先扣一成两成作为储蓄,然后再安排支出。这样,他们爬上了社会的阶梯。

"人无横财不富,马非夜草不肥。"话虽如此,横财逼人而来,不是人人唾手可得,也不是全然可以泰然接受的。"腰缠十万贯,骑鹤上扬州"[16],只是一厢情愿的想法,暴发之后,势难持久,君不见:显宦孙子作了乞丐,巨商的儿子作了龟奴[17]?及身而验的现世报[18],更是所在多有。钱财这个东西,真是难以捉摸,聚散无常。所以谚云:"积财千万,不如薄技在身。"

钱多了就有麻烦，不知放在哪里好。枕头底下没有多少空间，破鞋空间里面也塞不进多少。眼看着财源滚滚，求田问舍[19]怕招物议，多财善贾[20]又怕风波，无可奈何，只好送进银行。我在杂志上看到过一段趣谈：印第安人酋长[21]某，平素聚敛不少，有一天背了一大口袋钞票存入银行，定期一年，期满之日他要求全部提出，行员把钞票一叠一叠地堆在柜台上，有如山积。酋长看了一下，徐曰："请再续存一年。"行员惊异，既要续存何必提出？酋长说："不先提出，我怎么知道我的钱是否安然无恙的保存在这里？"这当然是笑话，不过我们从前也有金山银山之说，却是千真万确的。我们从前金融执牛耳[22]的大部分是山西人，票庄掌柜的几乎一律是老西儿[23]。据说他们家里就有金山银山。赚了金银运回老家，溶为液体，泼在内室地上，积年累月一勺勺的泼上去，就成了一座座亮晶晶的金山银山。要用钱的时候凿上一块就行，不虞盗贼光顾[24]。没亲眼见过金山银山的人，至少总见过冥衣铺[25]用纸糊成的金童玉女金山银山吧？从前好像还没有近代恶性通货膨胀的怪事，然而如何维护既得的资财，也已经是颇费心机了。如今有些大户把钱弄到外国去，因为那里的银行有政府担保，没有倒闭之虞，而且还为存户保密，真是服务周到极了。

善居积的陶朱公[26]，人人羡慕，但是看他变姓名游江湖，其心里恐怕有几分像是挟巨资逃往国外作寓公，离乡背井的，多少有一点不自在。所以一个人尽管贪财，不可无厌。无冻馁之忧，有安全之感，能罢手时且罢手，大可不必"人为财死"而后已，陶朱公还算是聪明的。

钱，要花出去，才发生作用。穷人手头不裕，为了住顾不得衣，为了衣顾不得食，为了食谈不到娱乐，有时候几个孩子同时需要买新鞋，会把父母急得冒冷汗！贫穷到了这个地步，一个钱也不能妄用，只有牛衣对泣的分[27]。小康之家用钱大有伸缩余地，最高明的是不求生活水准之全面提高，而在几点上稍稍突破，自得其乐。有人爱买书，有人爱买衣裳，有人爱度周末，各随所好。把钱集中用在一点上，便可以比较容易适度满足自己的欲望。至于豪富之家，挥金如土，未必是福，穷奢极欲，乐极生悲，如果我们举例说明，则近似幸灾乐祸，不提也罢。纪元前五世纪雅典的泰蒙[28]，享尽了人间的荣华富贵，也吃尽了世态炎凉的苦头，他最了解金钱的性质，他认识了金钱的本来面目，钱是人类的公娼！与其像泰蒙那样疯狂而死，不如早些疏散资财，做些有益之事，清清白白，赤裸裸来去无牵挂[29]。

【注释】

①《钱》选自梁实秋《雅舍小品》第四集，台湾省正中书局1986年版。《雅舍小品》共有四集，均在台湾出版，即《雅舍小品》(1949)、《雅舍小品续集》(1973)、《雅舍小品三集》(1982)、《雅舍小品四集》(1986)。

②阿堵物：钱的别称，见《世说新语·规箴》："王夷甫雅尚玄远，常嫉其妇贪浊，口未尝言钱字。妇欲试之，令婢以钱绕床使不得行。夷甫晨起，见钱阻行，呼婢曰：'举却阿堵物。'""阿堵"是六朝人的口语，意为"这个"。

③契刀：亦即"栔刀"。中国古铜币名。铸于西汉末王莽居摄二年(公元七年)。刀上有"栔刀五百"四字，每枚值五铢钱五百，二十枚可兑黄金一斤。

④外圆而孔方：旧时铜钱的形制，故钱又称"孔方兄"。

⑤交子：中国最早的纸币，出现于宋初。钞引：宋代茶、盐、矾等物的生产运输由政府管制，政府发给特许的商人支领和运销这类产品的证券，名"茶引"、"盐引"、"矾引"，又统称"钞引"。

⑥和峤：西晋时人，家富性吝，人称"钱癖"。

⑦石崇:西晋时人,家豪富,极奢糜。

⑧奢汰:奢侈无度。

⑨戏报子:戏剧海报的旧称。

⑩鼻烟壶:装鼻烟末的器具,形制精巧。鼻烟,一种不须点燃,由鼻孔吸入的烟草制品,呈粉末状。

⑪通货:流通货币的简称。

⑫"庄子曰"句:见《庄子·徐无鬼》。

⑬扑满:储蓄钱币的瓦罐,储满后敲碎取钱。扑:打碎。

⑭《西京杂记》:古代小说集,晋葛洪著。所引文见该书卷五。

⑮一文:古代钱币单位。因一面铸有文字,故一枚钱称一文。

⑯腰缠十万贯,骑鹤上扬州:南朝梁代殷芸所著的一本失传小说中语,形容贪婪或梦想。

⑰龟奴:旧时在妓院里做杂务的男子。

⑱及身:在世时。验:应验。现世报:佛教用语,指做善恶之事在今生即得报应。

⑲求田问舍:添置土地房屋等家产。这是刘备批评许汜胸无大志的话,见《三国志·魏志·陈登传》。物议:众人的批评。

⑳贾(gǔ):做买卖。

㉑印第安人:美洲最古老的土著居民。酋长:部落首领。

㉒执牛耳:古代称主盟者为执牛耳,后泛指在某一领域里居领先地位的人。

㉓票庄掌柜:钱庄主。老西儿:对山西人的称呼。

㉔虞:担忧。

㉕冥衣铺:出售死人丧葬衣物的店铺。

㉖陶朱公:陶朱公即春秋时越国大夫范蠡,梁实秋说他是避富做"寓公",其实是避祸做"寓公",他帮助越王勾践灭吴后,知道越王只可同患难,不可共富贵,于是弃官离去,隐姓埋名经商致富。梁实秋这里想说的大概是他在经商过程中三次巨富三次将家产散尽的故事。

㉗牛衣对泣:西汉王章贫困时卧牛衣中与妻子相对哀泣,见《汉书·王章传》。牛衣:给牛御寒的覆盖物,用草或麻编成。

㉘雅典的泰蒙:莎士比亚悲剧《雅典的泰蒙》,其主要情节是写富商泰蒙慷慨好客,后钱财散尽,亲友纷纷离去,最后泰蒙疯狂而死。这部悲剧对资本主义社会中金钱的作用作了深刻的揭露,剧中的泰门面对黄金曾说过这样一段有名的独白:"金子!黄黄的。发光的、宝贵的金子!……这东西,只这一点点儿,就可以使黑的变成白的,丑的变成美的,错的变成对的,卑贱变成尊贵,老人变成少年,懦夫变成勇士。"马克思曾在《资本论》等著作里引用过这段独白来说明货币的本质。

㉙"赤裸裸"句:见《红楼梦》第二十二回,原名是"赤条条来去无牵挂"。

【作品简析】

梁实秋散文集文人散文与学者散文的特点于一体,旁征博引,内蕴丰盈,行文崇尚简洁,重视文调,追求"绚烂之极趋于平淡"的艺术境界及文调雅洁与感情渗入的有机统一。且因洞察人生百态,文笔机智闪烁,谐趣横生,严肃中见幽默,幽默中见文采。晚年怀念故人、思恋故土的散文更写得深沉浓郁，感人至深。

他文章取材很世俗，人人都有此经历，一经点出其中的闪光点，自然引起普遍共鸣。行文幽默、情趣高雅、文字简洁、文采斐然、文笔活泼，深得读者珍玩。琐事入笔，典雅出锋，这是梁文的成功之处。

梁实秋小品文大都是从一己的人生经验出发，说古道今，谈论人物，取材于平凡的日常人生，抒发人生的情趣，体现出一种清雅通脱的襟怀。在幽默诙谐中蕴含了几分讽刺，又在讽刺揶揄中透出了几分亲切和温厚。

这篇小品的主线就是“钱”，全文从人们接触最多、须臾不离的“钱”入手，刻画种种世态人情，反思民族传统心理，富于哲理和情趣。文章先从钱的形制和历史说起，逐步展开议论，涉及金钱与人生的关系，人对金钱的态度，娓娓道来，妙趣横生。因为其中浸润了人生的苦涩，又不乏严肃的思索，使文章在幽默风趣中又平添了一分厚实与凝重。

作为一篇学者散文，文章还显示了作者见闻之广和学识之博。虽然引经据典，却又自然妥帖；事涉古今中外，语在雅俗之间；既有生活情趣，又富艺术韵味。

【复习思考题】

1. 读过梁实秋的《钱》，请你结合社会或自己的实际，写一篇有关钱的苦辣酸甜的故事，或谈谈对钱的看法。800 字以上。

相关拓展性阅读材料推荐：

1.《梁实秋散文选集》，梁实秋，百花文艺出版社，2004.
2.《雅舍小品》，梁实秋，天津教育出版社，2006.
3.《梁实秋传》，百花文艺出版社，2005.
4. 梁实秋文集 http://www.tianyabook.com/liangshiqiu/
5. 白鹿书院-梁实秋文集 http://www.oklink.net/book/s11/1811.htm

废　墟①

余秋雨

余秋雨(1946—)，当代文艺理论家，散文作家，浙江余姚人。毕业于上海戏剧学院戏剧文学系，曾担任上海戏剧学院院长职务。从20世纪80年代初开始，陆续出版专著《戏剧理论史稿》、《戏剧审美心理学》、《中国戏剧文化史述》、《艺术创造工程》等。1987年由国家科委、文化部授予国家级"有突出贡献的中青年专家"称号。90年代后开始"文化大散文"创作，视野开阔，知识丰富，具有厚重的历史感和文化韵味。余秋雨著名的散文集、回忆录有《文化苦旅》、《山居笔记》、《霜冷长河》、《千年一叹》、《行者无疆》、《借我一生》等。

一

我诅咒废墟，我又寄情废墟。

废墟吞没了我的企盼，我的记忆。片片瓦砾散落在荒草之间，断残的石柱在夕阳下站立，书中的记载，童年的幻想，全在废墟中殒灭。昔日的光荣成了嘲弄，创业的祖辈在寒风中声声咆哮。夜临了，什么没有见过的明月苦笑一下，躲进云层，投给废墟一片阴影。

但是，代代层累并不是历史。废墟是毁灭，是葬送，是诀别，是选择。时间的力量，理应在大地上留下痕迹；岁月的巨轮，理应在车道间辗碎凹凸。没有废墟就无所谓昨天，没有昨天就无所谓今天和明天。废墟是课本，让我们把一门地理读成历史；废墟是过程，人生就是从旧的废墟出发，走向新的废墟。营造之初就想到它今后的凋零，因此废墟是归宿；更新的营造以废墟为基地，因此废墟是起点。废墟是进化的长链。

一位朋友告诉我，一次，他走进一个著名的废墟，才一抬头，已是满目眼泪。这眼泪的成分非常复杂。是憎恨，是失落，又不完全是。废墟表现出固执，活像一个残疾了的悲剧英雄。废墟昭示着沧桑，让人偷窥到民族步履的蹒跚。废墟是垂死老人发出的指令，使你不能不动容。

废墟有一种形式美，把拨离大地的美转化为皈附②大地的美。再过多少年，它还会化为泥土，完全融入大地。将融未融的阶段，便是废墟。母亲微笑着怂恿过儿子们的创造，又微笑着收纳了这种创造。母亲怕儿子们过于劳累，怕世界上过于拥塞。看到过秋天的飘飘黄叶吗？母亲怕它们冷，收入怀抱。没有黄叶就没有秋天，废墟就是建筑的黄叶。

二

不能设想，古罗马的角斗场③需要重建，庞贝古城④需要重建，柬埔寨的吴哥窟⑤需要重建，玛雅文化遗址⑥需要重建。

这就像不能设想，远年的古铜器需要抛光，出土的断戟需要镀镍，宋版图书需要上塑，马王堆的汉代老太⑦需要植皮丰胸、重施浓妆。

只要历史不阻断，时间不倒退，一切都会衰老。老就老了吧，安详地交给世界一副慈祥美。假饰天真是最残酷的自我糟践。没有皱纹的祖母是可怕的，没有白发的老者是让人遗憾的。

没有废墟的人生太累了，没有废墟的大地太挤了，掩盖废墟的举动大伪诈了。

还历史以真实，还生命以过程。

——这就是人类的大明智。

当然，并非所有的废墟都值得留存。否则地球将会伤痕斑斑。废墟是古代派往现代的使节，经过历史君王的挑剔和筛选。废墟是祖辈曾经发动过的壮举，会聚着当时当地的力量和精粹。碎成齑粉的遗址也不是废墟，废墟中应有历史最强劲的韧带。废墟能提供破读的可能，废墟散发着让人留连盘桓的磁力。是的，废墟是一个磁场，一极古代，一极现代，心灵的罗盘在这里感应强烈。失去了磁力就失去了废墟的生命，它很快就会被人们淘汰。

并非所有的修缮都属于荒唐。小心翼翼地清理，不露痕迹地加固，再苦心设计，让它既保持原貌又便于观看。这种劳作，是对废墟的恩惠，全部劳作的终点，是使它更成为一个名副其实的废墟，一个人人都愿意凭吊的废墟。修缮，总意味着一定程度的损失。把损坏降到最低度，是一切真正的废墟修缮家的夙愿。也并非所有的重建都需要否定。如果连废墟也没有了，重建一个来实现现代人吞古纳今的宏志，那又何妨。但是，那只是现代建筑家的古典风格，沿用一个古名，出于幽默。黄鹤楼[8]重建了，可以装电梯；阿房宫[9]若重建，可以作宾馆；滕王阁[10]若重建，可以辟商场。这与历史，干系不大。如果既有废墟，又要重建，那么，我建议，千万保留废墟，傍邻重建。在废墟上开推土机，让人心痛。

总之，不管是修缮还是重建，对废墟来说，要义在于保存。圆明园废墟[11]是北京城最有历史感的文化遗迹之一，如果把它完全铲平，造一座崭新的圆明园，多么得不偿失。大清王朝不见了，熊熊火光不见了，民族的郁忿不见了，历史的感悟不见了，抹去了昨夜的故事，去收拾前夜的残梦。但是，收拾来的又不是前夜残梦，只是今日的游戏。

三

中国历来缺少废墟文化。废墟二字，在中文中让人心惊肉跳。

在中国人心中留下一些空隙吧！让古代留几个脚印在现代，让现代心平气和地逼视着古代。废墟不值得羞愧，废墟没必要遮盖，我们太擅长遮盖。

中国历史充满了悲剧，但中国人怕看真正的悲剧。最终都有一个大团圆，以博得情绪的安慰，心理的满足。唯有屈原不想大团圆，杜甫不想大团圆，曹雪芹不想大团圆，孔尚任不想大团圆，鲁迅不想大团圆，白先勇[12]不想大团圆。他们保存了废墟，净化了悲剧，于是也就出现了一种真正深沉的文学。

没有悲剧就没有悲壮，没有悲壮就没有崇高。雪峰是伟大的，因为满坡掩埋着登山者的遗体；大海是伟大的，因为处处漂浮着船楫的残骸；登月是伟大的，因为有“挑战者号”的陨落；人生是伟大的，因为有白发，有诀别，有无可奈何的失落。古希腊傍海而居，无数向往彼岸的勇士在狂波间前仆后继，于是有了光耀百世的希腊悲剧。

诚恳坦然地承认奋斗后的失败，成功后的失落，我们只会更沉着。中国人若要变得大气，不能再把所有的废墟驱逐。

四

废墟的留存，是现代人文明的象征。

废墟，辉映着现代人的自信。

废墟不会阻遏街市，妨碍前进。现代人目光深邃，知道自己站在历史的第几级台阶。他不会妄想自己脚下是一个拔地而起的高台。因此，他乐于看看身前身后的所有台阶。

只有在现代的喧嚣中，废墟的宁静才有力度；只有在现代人的沉思中，废墟才能上升为寓言。

因此，古代的废墟，实在是一种现代构建。

现代，不仅仅是一截时间。现代是宽容，现代是气度，现代是辽阔，现代是浩瀚。

我们，挟带着废墟走向现代。

【注释】

①选自《文化苦旅》(知识出版社 1992 年版)，有删节。《文化苦旅》是余秋雨的第一部散文合集，所收作品主要包括两部分，一部分是历史、文化散文，散点论述，探寻文化；另一部分是回忆散文。全书的主题是凭借山水风物以寻求文化灵魂和人生真谛，探索中国文化的历史命运和中国文人的人格构成。

②皈(guī)附：皈依。原指佛教的入教仪式，后来泛指虔诚地信奉佛教或参加其他宗教组织。也作"归依"。这里指虔诚。

③古罗马的角斗场：公元前 80 年左右，古罗马创建了用两个半圆形剧场相对而合成的圆形剧场以供"角斗"这种活动之用。罗马大角斗场是所有圆形剧场中的最大者，位于罗马市中心东南。可容纳观众 5 万余人。近 2000 年来，大角斗场还曾先后作为基地、客栈和酒店使用过。

④庞贝古城：古罗马中小城镇，位于意大利南部维苏威火山西南脚下 10 公里处。始建于公元前 6 世纪，公元 79 年维苏威火山大爆发被火山灰掩埋。从 1748 年起考古发掘持续至今，为了解古罗马社会生活和文化艺术提供了重要资料。

⑤吴哥窟：即吴哥寺，柬埔寨的印度教毗湿奴神的神庙。为吴哥古迹中最精华的部分，也是柬埔寨早期建筑风格的集中代表。

⑥玛雅文化遗址：中美洲古代印第安文明的杰出代表，由印第安族玛雅人创造，主要分布在墨西哥南部、危地马拉和伯利兹，以及洪都拉斯和萨尔瓦多西部地区。

⑦马王堆的汉代老太：出土于马王堆汉墓。马王堆汉墓是西汉初期长沙国丞相利仓及其家属的墓葬，位于湖南省长沙市东郊。

⑧黄鹤楼：黄鹤楼，原址在武昌蛇山黄鹤楼矶头，相传始建于公元 223 年。传说古代仙人子安曾乘黄鹤过此，又云费文伟登仙驾鹤于此。历史上黄鹤楼屡建屡毁，其最后的一次被毁是 1884 年。1957 年建长江大桥武昌引桥时，占用了黄鹤楼旧址，1981 年重建黄鹤楼时，选址在距旧址约 1000 米的蛇山峰岭上。

⑨阿房宫：秦始皇时修建的宫殿，在今陕西西安市西北。秦始皇 35 年(前 212)在秦的上林苑内建阿房宫，后被项羽起义军烧毁。至今尚有高大的夯土台遗存。

⑩滕王阁：位于江西省南昌市西北部沿江路赣江东岸，它与湖北黄鹤楼、湖南岳阳楼被并称为"江南三大名楼"，因初唐才子王勃作《滕王阁序》让其在三楼中最早天下扬名，故又被誉为"江南三大名楼"之首。滕王阁始建于唐代，后几经兴废，明代景泰年间(公元 1450—1456 年)，巡抚都御使韩雍重修。

⑪圆明园废墟：它是圆明园、长春园、万春园(三园)的总称，今只存遗址，位于北京城西北郊。

⑫白先勇：1937 年生，广西桂林人，白崇禧之子，台湾当代著名作家。

【作品简析】

作者为什么要写作《废墟》一文？写作本文前后，国内有人曾提出修复圆明园废墟的建议，主张保留者有之，主张修缮者有之，主张重建者也有之。一时间，沸沸扬扬，引起一场不大不小的争议。参议者各持理由，莫衷一是。为此，作者写下了这篇文章，提出了保存、正视、容纳废墟的观点。

历史的车轮在大地上留下了斑斑痕迹，代代层累留下了凹凸的废墟。在这篇说理性散文中，作者从哲理的角度告诉人们：废墟是课本，让我们把一门地理读成历史；废墟是过程，人生就是从旧的废墟出发，走向新的废墟；废墟是归宿，营造之初就想到它今后的归宿；废墟是起点，更新的营造以废墟为基地。废墟是进化的长链。

作者围绕怎样认识和对待废墟这一话题，提出了保留容纳废墟的主张，在抒情性的评论之中，揭示了废墟丰富的文化内涵——正视废墟，在民族悲剧中奋起，迈向美好的未来。

全文运用联想的方法，按跳跃性的横式结构来安排材料，将文章分成既独立又有联系的四个部分，文章以“寄情废墟”为文眼，从历史的真实性、悲剧的意义和现代文明的需要几个方面对废墟进行审视评述。作者的思想纵横驰骋，呈现出一种积极的跳跃性。

写作上，集中体现了散文形散神聚的特点。文中不单提圆明园一处及这一类废墟，而是泛指所有废墟，但主题着重对废墟的留存问题进行评述。表达方式上抒情与评述相结合，增强了文章的说服力与感染力。

相关拓展性阅读材料推荐：

1.《文化苦旅》，余秋雨，东方出版中心，1992.
2. 天涯在线书库-文化苦旅 http://www.tianyabook.com/xiandai/yuqiuyu/wenhuakulv/index.htm
3. 亦凡公益图书馆-文化苦旅 http://www.shuku.net:8080/novels/prose/yuqiuyu/whkl/whkl.html
4. 人民网-文化-余秋雨 http://culture.people.com.cn/GB/42223/66930/
5. 天涯在线书库-余秋雨文集 http://www.tianyabook.com/xiandai/yuqiuyu/
6. 白鹿书院-余秋雨文集 http://www.oklink.net/99/1222/yuqiuyu/index.html

双桅船

舒 婷

舒婷(1952—),原名龚佩瑜,1952年出生于福建厦门石码镇,朦胧诗派的代表作家之一,与北岛、顾城齐名。1969年下乡插队,1972年返城。1979年开始发表诗歌作品。1980年到福建省文联工作,从事专业写作。诗歌《祖国,我亲爱的祖国》获1980年全国中青年优秀诗歌作品奖,《双桅船》获全国首届新诗优秀诗集奖、1993年获庄重文文学奖,《致橡树》是朦胧诗潮的代表作之一。舒婷出版的诗集有《双桅船》、《会唱歌的鸢尾花》、《舒婷的诗》等,其公认的代表作主要有《致橡树》、《祖国啊,我亲爱的祖国》、《神女峰》、《双桅船》、《惠安女子》等。

雾打湿了我的双翼
可风却不容我再迟疑
岸啊,心爱的岸
昨天刚刚和你告别
今天你又在这里
明天我们将在
另一个纬度相遇

是一场风暴,一盏灯
把我们联系在一起
是另一场风暴,另一盏灯
使我们再分东西
不怕天涯海角
岂在朝朝夕夕
你在我的航程上
我在你的视线里

【作品简析】

《双桅船》写于1979年8月,诗人运用朦胧诗的写法,采用象征、意象来表达人的主观情绪,从而伸张人性。全诗表现了诗人双重的心态与复杂的情感。一方面,是理想追求的"灯";另一方面,是爱情向往的"岸"。在执著追求理想的进程中,时而与岸相遇,又时而与岸别离,相和谐又相矛盾。同时,在理想追求进程中,诗人时而感到前行的艰难与沉重,又时而感到一种时代的紧迫感而不让自己停息。"雾打湿了我的双翼/可风却不容我再迟疑。"诗中所表现的情绪与心态,既是诗人自我的、个性的东西,同时,又是那个特定时代的青年们所普遍感受到而难以言表的东西。诗人以她细腻的心,运用象征的技巧,把它完美地表达出来,使之成为一首脍炙人口的佳作。

本诗的一个重要艺术特点是象征。在朦胧诗中,象征多是用某种具体的事物和人们能直感的形象来替代人的某种主观情绪和某种社会态度。诗题“双桅船”，就是一种象征。全诗的目的不在于描写一只客观的双桅船，而是借用双桅船这一具体形象来表现诗人双重的心态与复杂的情感。或者说，诗人觉得，自己就像一只双桅船。双桅船中的“双桅”又暗示着某种深层的含义。双桅并在，意味着诗人心目中爱情与事业并立又相区别的心理。另外，诗中的“岸”、“风”、“风暴”、“灯”等都具有明显的象征性。“岸”象征着女性的爱情归宿，“风”意味着时代紧迫感给诗人的动力，“风暴”暗指诗人与同代人所经历的不平常的年代风云，“灯”则与光明信念连在一起。

意象的运用，是本诗的另一个重要艺术特点。所谓意象，就是借用外在的景致来表现诗人的主观心态。诗人在《双桅船》中所要表达的是一种心态，一种情绪，一种感情历程。而落在语言上，却是“船”、“岸”、“风暴”、“灯”等具体形象，并把这些具体形象加以组合，形成一幅完整的有动态过程的画面。而在画面之下，隐含并跳动着作者的心，作者的真情实感。全诗意象清新，组合自然，使诗人内在强烈的情绪得以自如地表达。

另外，本诗的语言自然流畅，诗中所蕴含的情凝重而又细腻，既有浓浓的个人感叹，又有开阔的时代情怀。诗的最后四句：“不怕天涯海角/岂在朝朝夕夕/你在我的航程上/我在你的视线里”，被人们当作警句加以广泛流传和引用。

【复习思考题】

1. 诗的最后四句被人们当作警句广为传诵。结合你的生活体验，说一说你的理解。
2. 下面是两首朦胧诗的片断，分析诗中的意象，探讨其中的主题。

(1)一代人(顾城)

黑夜给了我黑色的眼睛，我却用它寻找光明。

(2)回答(节选)(北岛)

卑鄙是卑鄙者的通行证，高尚是高尚者的墓志铭，
看吧，在那镀金的天空中，飘满了死者弯曲的倒影。

相关拓展性阅读材料推荐：

1.《舒婷的诗》，舒婷，人民文学出版社，2003.
2. 诗人-现代诗歌-舒婷 http://www.cnpoet.com/xiandai/n/n0017/
3. 天涯在线书库-舒婷诗集 http://www.tianyabook.com/shici/shuting.htm
4. 中国诗歌网 http://www.poetry-cn.com/
5. 双桅船(诗朗诵)http://you.video.sina.com.cn/b/15391912-1257932947.html

新娘

海子

海子(1964—1989)原名查海生,安徽怀宁县人。1979 年考入北京大学法律系。1982 年开始诗歌创作,1983 年毕业后任教于中国政法大学哲学系。1989 年在河北山海关卧轨自杀。

从 1984 年成名作《亚洲铜》到 1989 年 3 月 14 日的最后一首诗《春天,十个海子》,海子 5 年创作了将近 200 万字的诗歌、小说、戏剧、论文。其中主要作品是约 200 首抒情短诗和七部总名为《太阳七部书》的长诗作品。他曾长期不被世人理解,但他是中国新诗史上最优秀的诗人之一。海子的诗在其去世后获得了诗界的重视与认同,并在广大青年中产生了越来越广泛的影响。海子问世的诗集主要有《土地》、《海子的诗》、《海子作品精选》、《海子诗全编》等,其公认的代表作主要有《亚洲铜》、《麦地》、《日记》、《黑夜的献诗》、《面朝大海,春暖花开》等。

故乡的小木屋、筷子、一缸清水
和以后许许多多日子
许许多多告别
被你照耀

今天
我什么也不说
让别人去说吧
让遥远的江上船夫去说
有一盏灯
是河流幽幽的眼睛
闪亮着
这盏灯今天睡在我的屋子里

过完了这个月,我们打开门
一些花开在高高的树上
一些果结在深深的地下

【作品简析】

《新娘》是海子早期的一首爱情诗,写于 1984 年 7 月。

全诗分三个章节,从三个层面去揭示爱情与幸福的内涵。在诗篇的第一章节里,诗人一开始就用一种清新平缓的笔调写了一份宁静、清晰的生活情景:幽静的故乡,平矮的小木屋,饭桌上的筷子，那一缸平静的清水。诗人把一幅富有农家色彩的生活画面栩栩如生地呈现给我们，平静而又朴实。但这些也都是诗人所有成长中经历过的场景及其对爱情未来畅想中所形成的意象绘制出的图画。“故乡的小木屋、筷子、一缸清水”是诗人对童年印迹的深层发掘，展现出诗人身上那种泥土般的质朴和对故乡的热恋。“和以后许许多多日子/许许多多告别/被你照耀”是诗人理想中爱情的演绎及由衷表现出的那份渴望。

今天是个喜庆的日子。“我”也同样的心潮澎湃，热血沸腾。但“我”却在这个时刻选择沉默。因为，“我”深切知道，语言是肤浅的，话语是绵薄的。此时此刻的“我”，只愿意在心头去固守这份属于“我”的一种幸福和心情。别人的评头论足，别人的高谈阔论，那只是他们表达自身幸福的一种方式。在这个喧嚣尘世里，远远近近的人都乐此不疲地去追逐一种热烈而奔放的幸福。而“我”，只愿独自在内心去珍藏这一份幸福的感觉。如同夜航的船夫找到启明灯一样，“我”也在“我”的人生旅途上找到了属于自己的“照明灯”。“我”的喜悦心情也不言而喻。可“我”，还是乐意在心底里独自去珍视它！

幸福的蜜月很快就过去了。“过完了这个月，我们打开门/一些花开在高高的树上/一些果结在深深的地下”，是爱情蜜月温馨的幸福展望及对心中新生活的美好期待。当我们重新去迎接一种新生活的时候，我们就应该知道，生活之花和幸福之果并不总是时时萦绕在我们的身旁。我们应该为此去坚定信念：在平淡中去拾掇我们的幸福。因为，平淡中，生活之花仍旧会璀璨；因为，平淡中，幸福之果也仍旧会壮硕。只要我们真实地生活！真实地相爱！我们就能携手前进，寻找到属于我们的幸福归宿。

从作品的主题来打量它的艺术特色，我们就能更加显明地体悟到：这首诗在内容上不着墨于新娘，却使新娘那份美丽跃然纸上，使纯朴美满的爱情盈满读者眼中。从而体现作品不俗的艺术品质。

【复习思考题】

1. 与海子其他的诗相比较，体会其诗中意象的特点。
2. 分析海子是怎样阐释“幸福”的。
3. 课外阅读海子的诗。

相关拓展性阅读材料推荐：

1.《海子的诗》，海子，人民文学出版社，1995.
2.《海子作品精选》，程光炜，长江文艺出版社，2006.
3.《海子传》，余徐刚，江苏文艺出版社，2004.
4. 天涯在线书库-海子诗集 http://www.tianyabook.com/haizi/
5. 搜狐读书频道-海子诗全集 http://lz.book.sohu.com/serialize-id-12298.html

积 雪

金 庸

金庸(1924—),原名查良镛,当代著名作家、新闻学家、企业家、社会活动家。金庸是新派武侠小说最杰出的代表作家,被誉为武侠小说作家的“泰山北斗”,更有金迷们尊称其为“金大侠”或“查大侠”。

从50年代末到70年代初,金庸共写武侠小说15部。成名作是写于1955年的《书剑恩仇录》,代表作品有《神雕侠侣》、《笑傲江湖》、《天龙八部》、《鹿鼎记》、《倚天屠龙记》等。金庸阅历丰富,知识渊博,文思敏捷,眼光独到。他继承古典武侠小说之精华,开创了形式独特、情节曲折、描写细腻且深具人性和豪情侠义的新派武侠小说先河。对历史、政治、古代哲学、宗教、文学、艺术、电影等都有研究,作品中琴棋书画、诗词典章、天文历算、阴阳五行、奇门遁甲、儒道佛学均有涉猎。

一时之间,两人相对默然,偶然听到洞外柴火燃烧时的轻微爆裂之声,但见洞外大雪飘扬,比在少室山上之时,雪下得更大了。突然之间,令狐冲听得山洞外西首有几下呼吸粗重之声,当即凝神倾听,盈盈内功不及他,没听到声息,见了他的神情,便问:“听到了甚么?”令狐冲道:“刚才我听到一阵喘气声,有人来了。但喘声急促,那人武功低微,不足为虑。”又问:“你爹爹呢?”盈盈道:“爹爹和向叔叔说出去溜达溜达。”说这句话时,脸上一红,知道父亲故意避开,好让令狐冲醒转之后,和她细叙离情。令狐冲又听到了几下喘息,道:“咱们出去瞧瞧。”两人走出洞来,见向任二人踏在雪地里的足印已给新雪遮了一半。令狐冲指着那两行足印道:“喘息声正是从那边传来。”两人顺着足迹,行了十余丈,转过山坳,突见雪地之中,任我行和向问天并肩而立,却一动也不动。两人吃了一惊,同时抢过去。盈盈叫道:“爹!”伸手去拉任我行的左手,刚和父亲的肌肤相接,全身便是一震,只觉一股冷入骨髓的寒气,从他手上直透过来,惊叫:“爹,你……你怎么……”一句话没说完,已全身战栗,牙关震得格格作响,心中却已明白,父亲中了左冷禅的“寒冰真气”后,一直强自抑制,此刻终于镇压不住,寒气发作了出来,向问天是在竭力助她父亲抵挡。任我行在少林寺中如何被左冷禅以诡计封住穴道,下山之后,曾向她简略说过。令狐冲却尚未明白,白雪的反光之下,只见任向二人脸色极是凝重,跟着任我行又重重喘了几口气,才知适才所闻的喘息声是他所发。但见盈盈身子颤抖,当及伸手去握她左手,立觉一阵寒气钻入了体内。他登时恍然,任我行中了敌人的阴寒内力,正在全力散发,于是依照西湖底铁板上所刻散功之法,将钻进体内的寒气缓缓化去。

任我行得他相助,心中登时一宽,向问天和盈盈的内力和他所习并非一路,只能助他抗寒,却不能化散。他自己全力运功,以免全身冻结为冰,已再无余力散发寒气,坚持既久,越来越觉吃力。令狐冲这运功之法却是釜底抽薪,将“寒冰真气”从他体内一丝丝的抽将出来,散之于外。四人手牵手地站在雪地之中,便如僵硬了一般。大雪纷纷落在四人头上脸上,渐渐将四人的头发、眼睛、鼻子、衣服都盖了起来。令狐冲一面运功,心下暗自奇怪:“怎地雪花落在脸上,竟不消融?”他不知左冷禅所练的“寒冰真气”厉害之极,散发出来的寒气远比冰雪寒冷。此时他四人只脏腑血液才保有暖气，肌肤之冷，已若坚冰，雪花落在身上，竟丝毫不融，比之落在地下还积得更快。过了良久良久，天色渐明，大雪还是不断落下。令狐冲担心盈盈娇女弱质，受不起这寒气长期侵袭，只是任我行体内的寒毒并未去尽，虽然喘息之声已不再闻，却不知此时是否便可罢手，罢手之后是否另有他变。他拿不定主意，只好继续助他散功，好在从盈盈的手掌中觉到，她肌肤虽冷，身子却早已不再颤抖，自己掌心察觉到她手掌上脉搏微微跳动。这时他双眼上早已积了数寸白雪，只隐隐觉到天色已明，却甚么也看不到了。当下不住加强运功，只盼及早为任我行化尽体内的阴寒之气。

又过良久，忽然东北角上远远传来马蹄声，渐奔渐近，听得出是一骑前，一骑后，跟着听得一人大声呼叫："师妹，师妹，你听我说。"令狐冲双耳外虽堆满了白雪，仍听得分明，正是师父岳不群的声音。两骑不住驰近，又听得岳不群叫道："你不明白其中缘由，便乱发脾气，你听我说啊。"跟着听得岳夫人叫道："我自己不高兴，关你甚么事了？又有甚么好说？"听两人叫唤和马匹奔跑之声，是岳夫人乘马在前，岳不群乘马在后追赶。令狐冲甚是奇怪："师娘生了好大的气，不知师父如何得罪了她。"但听得岳夫人那乘马笔直奔来，突然间她"咦"的一声，跟着坐骑嘘哩哩一声长嘶，想必是她突然勒马止步，那马人立了起来。不多时岳不群纵马赶到，说道："师妹，你瞧这四个雪人堆得很像，是不是？"岳夫人哼的一声，似是余怒未息，跟着自言自语："在这旷野之中，怎么有人堆了这四个雪人？"令狐冲刚想："这旷野间有甚么雪人？"随即明白："我们四人全身堆满了白雪，臃肿不堪，以致师父、师娘把我们当作了雪人。"师父、师娘便在眼前，情势尴尬，但这件事却实在好笑之极。跟前却又栗栗危惧："师父一发觉是我们四人，势必一剑一个。他此刻要杀我们，那是用不着花半分力气。"岳不群道："雪地里没足印，这四个雪人堆了有好几天啦。师妹，你瞧，似乎三个是男的，一个是女的。"岳夫人道："我看也差不多，又有甚么男女之别了？"一声吆喝，催马欲行。岳不群道："师妹，你性子这么急！这里左右无人，咱们从长计议，岂不是好？"岳夫人道："甚么性急性缓？我自回华山去。你爱讨好左冷禅，你独自上嵩山去罢。"岳不群道："谁说我爱讨好左冷禅了？我好端端的华山派掌门不做，干么要向嵩山派低头？"岳夫人道："是啊！我便是不明白，你为甚么要向左冷禅低首下心，听他指使？虽说他是五岳剑派盟主，可也管不着我华山派的事。五个剑派合而为一，武林中还有华山派的字号吗？当年师父将华山派掌门之位传给你，曾说甚么话来？"岳不群道："恩师要我发扬光大华山一派的门户。"岳夫人道："是啊。你若答应了左冷禅，将华山派归入了嵩山，怎对得住泉下的恩师？常言道得好：宁为鸡口，毋为牛后。华山派虽小，咱们尽可自立门户，不必去依附旁人。"岳不群叹了口气，道："师妹，恒山派定闲、定逸两位师太武功，和咱二人相较，谁高谁下？"岳夫人道："没比过，我看也差不多。你问这个又干甚么了？"岳不群道："我也看是差不多，这两位师太在少林寺中丧身，显然是给左冷禅害的。"令狐冲心头一震，他本来也早疑心是左冷禅做的手脚，否则别人也没这么好的功夫。少林、武当两派掌门武功虽高，但均是有道之士，决不会干这害人的勾当。嵩山派数次围攻恒山三尼不成，这次定是左冷禅亲自出手。任我行这等厉害的武功，尚且败在左冷禅手下，恒山派两位师太自然非他之敌。岳夫人道："是左冷禅害的，那又如何？你如拿到了证据，便当邀集正教中的英雄，齐向左冷禅问罪，替两位师太伸冤雪恨才是。"岳不群道："一来没有证据，二来又是强弱不敌。"岳夫人道："甚么强弱不敌？咱们把少林派方证方丈、武当派冲虚道长两位都请了出来主持公道，左冷禅又敢怎么样了？"岳不群道："就只怕方证方丈他们还没请到，咱夫妻已如恒山派那两位师太一样了。"岳夫人道："你说左冷禅下手将咱二人害了？哼，咱们既在武林立足，哪又顾得了这许多？前怕虎，后怕狼的，还能在江湖上混么?”

令狐冲暗暗佩服:“师娘虽是女流之辈,豪气尤胜须眉。”岳不群道:“咱二人死不足惜,可又有甚么好处?左冷禅暗中下手,咱二人死得不明不白,结果他还不是开山立派,创成了那五岳派?说不定他还会捏造个难听的罪名,加在咱们头上呢。”岳夫人沉吟不语。岳不群又道:“咱夫妇一死,华山门下的群弟子尽成了左冷禅刀下鱼肉,哪里还有反抗的余地?不管怎样,咱们总得给珊儿想想。”

岳夫人唔了一声,似已给丈夫说得心动,隔了一会儿,才道:“嗯,咱们那就暂且不揭破左冷禅的阴谋,依你的话,面子上跟他客客气气的敷衍,待机而动。”

岳不群道:“你肯答应这样,那就很好。平之那家传的《辟邪剑谱》,偏偏又给令狐冲这小贼吞没了,倘若他肯还给平之,我华山群弟子大家学上一学,又何惧于左冷禅的欺压?我华山派又怎致如此朝不保夕、难以自存?”

岳夫人道:“你怎么仍在疑心冲儿剑术大进是由于吞没了平儿家传的《辟邪剑谱》?少林寺中这一战,方证大师、冲虚道长这等高人,都说他的精妙剑法是得自风师叔的真传。虽然风师叔是剑宗,终究还是咱们华山派的。冲儿跟魔教妖邪结交,果然是大大不对,但无论如何,咱们再不能冤枉他吞没了《辟邪剑谱》。倘若方证大师与冲虚道长的话你仍然信不过,天下还有谁的话可信?”

令狐冲听师娘如此为自己分说,心中感激之极,忍不住便想扑出去抱住她。突然之间,他头上震动了几下,正是有人伸掌在他头顶拍击,心道:“不好,咱们的行藏给识破了。任教主寒毒尚未去尽,师父、师娘又再向我动手,那便如何是好?”只觉得盈盈手上传过来的内力跟着剧震数下,料想任我行也是心神不定。但头顶给人这么轻轻拍了几下后,便不再有甚么动静。只听得岳夫人道:“昨天你和冲儿动手,连使‘浪子回头’、‘苍松迎客’、‘弄玉吹箫’、‘萧史乘龙’这四招,那是甚么意思?”岳不群嘿嘿一笑,道:“这小贼人品虽然不端,毕竟是你我亲手教养长大,眼看他误入歧途,实在可惜,只要他浪子回头,我便许他重归华山门户。”岳夫人道:“这意思我理会得。可是另外两招呢?”岳不群道:“你心中早已知道,又何必问我?”岳夫人道:“倘若冲儿肯弃邪归正,你就答允将珊儿许配他为妻,是不是?”岳不群道:“不错。”岳夫人道:“你这样向他示意,是一时的权宜之计呢,还是确有此意?”岳不群不语。令狐冲又感到头顶有人轻轻敲击,当即明白,岳不群是一面沉思,一面伸手在雪人的头上轻拍,倒不是识破了他四人。只听岳不群道:“大丈夫言出如山,我既答允了他,自无反悔之理。”岳夫人道:“他对那魔教妖女十分迷恋,你岂有不知?”岳不群道:“不,他对那妖女感激则有之,迷恋却未必。平日他对珊儿那般情景,和对那妖女大不相同,难道你瞧不出来?”岳夫人道:“我自然也瞧出了。你说他对珊儿仍然并未忘情?”岳不群道:“岂但并未忘情,简直是……简直是相思入骨。他一明白了我那几招剑招的用意之后,你不见他那一股喜从天降、心花怒放的神气?”岳夫人冷冷地道:“正因为如此,因此你是以珊儿为饵,要引他上钩?要引得他为了珊儿之故,故意输了给你?”

令狐冲虽积雪盈耳,仍听得出师娘这几句话中,充满着愤怒和讥刺之意。这等语气,他从来没听到曾出之于师娘之口。岳不群夫妇向来视他如子,平素说话,在他面前亦无避忌。岳夫人性子较急,在家务细事上,偶尔和丈夫顶撞几句,原属常有,但遇上门户弟子之事,她向来尊重丈夫的掌门身份,绝不违拗其意。此刻如此说法,足见她心中已是不满之极。岳不群长叹一声,道:“原来连你也不能明白我的用意。我一己的得失荣辱事小,华山派的兴衰成败却是事大。倘若我终能劝服令狐冲,令他重归华山,那可是一举四得,大大的美事。”岳夫人道:“甚么一举四得?”岳不群道:“令狐冲剑法高强之极,远胜于我。他是得自辟邪剑谱也好,是得自风师叔的传授也好,他如重归华山,我华山派声威大振,名扬天下,这是第一桩大事。左冷禅吞并华山派的阴谋固然难以得逞,连泰山、恒山、衡山三派也得保全,这是第二桩大事。他重归正教门下,令魔教不但去了一个得力臂助,反而多了一个大敌,正盛邪衰,这是第三桩大事。师妹,你说是不是呢?”岳夫人道:“嗯,那第四桩呢?”岳不群道:“这第四桩啊,我夫妇膝下无子,向来当冲儿是亲生孩儿一般。他误入歧途,我实在痛心非凡。我年纪已不小了,这世上的虚名,又何足道?只要他真能改邪归正,咱们一家团圆,融融泄泄,岂不是天大的喜事?”令狐冲听到这里,不由得心神激荡,“师父!师娘!”这两声,险些便叫出口来。岳夫人道:“珊儿和平之情投意合,难道你忍心硬生生的将他二人拆开,令珊儿终身遗恨?”岳不群道:“我这是为了珊儿好。”岳夫人道:“为珊儿好?平之勤勤恳恳,规规矩矩,有甚么不好了?”岳不群道:“平之虽然用功,可是和令狐冲相比,那是天差地远了,这一辈子拍马也追他不上。”岳夫人道:“武功强便是好丈夫吗?我真盼冲儿能改邪归正、重入本门。但他胡闹任性、轻浮好酒,珊儿倘若嫁了他,势必给他误了终身。”令狐冲心下惭愧,寻思:“师母说我‘胡闹任性,轻浮好酒’,这八字确评的是。可是倘若我真能娶小师妹为妻,难道我会辜负她吗?不,万万不会!”

岳不群又叹了口气,说道:“反正我枉费心机,这小贼陷溺已深,咱们这些话,也都是白说了。师妹,你还生我的气么?”岳夫人不答,过了一会儿,问道:“你腿上痛得厉害么?”岳不群道:“那只是外伤,不打紧。咱们这就回华山去罢。”岳夫人“嗯”了一声。但听得二骑踏雪之声,渐渐远去。令狐冲心乱如麻,反复思念师父师娘适才的说话,竟尔忘了运功,突然一股寒气从手心中涌来,不禁机伶伶的打个冷战,只觉全身奇寒彻骨,急忙运功抵御,一时运得急了,忽觉内息在左肩之处阻住,无法通过,他急忙提气运功。可是他练这“吸星大法”,只是依据铁板上所刻要诀,无师自通,种种细微精奥之处,未得明师指点,这时强行冲荡,内息反而岔得更加厉害,先是左臂渐渐僵硬,跟着麻木之感随着经脉通至左胁、左腰,顺而向下,整条左腿也麻木了,令狐冲惶急之下,张口大呼,却发觉口唇也已无法动弹。

便在此时,马蹄声响,又有两乘马驰近。有人说道:“这里蹄印杂乱,爹爹、妈妈曾在这里停留。”正是岳灵珊的声音。令狐冲又惊又喜:“怎地小师妹也来了?”听得另一人道:“师父腿上有伤,别出了岔子,咱们快随着蹄印追去。”却是林平之的声音。令狐冲心道:“是了,雪地中蹄印清晰。小师妹和林师弟追寻师父、师娘,一路寻了过来。”

岳灵珊忽然叫道:“小林子,你瞧这四个雪人儿多好玩,手拉手的站成一排。”林平之道:“附近好像没人家啊,怎地有人到这里堆雪人玩儿?”岳灵珊笑道:“咱们也堆两个雪人玩玩好不好?”林平之道:“好啊,堆一个男的,一个女的,也要手拉手的。”岳灵珊翻身下马,捧起雪来便要堆砌。

林平之道:“咱们还是先去找寻师父、师娘要紧。找到他二位之后,慢慢再堆雪人玩不迟。”岳灵珊道:“你便是扫人家的兴。爹爹腿上虽然受伤,骑在马上便和不伤一般无异,有妈妈在旁,还怕有人得罪他们么?他两位双剑纵横江湖之时,你都还没生下来呢。”林平之道:“话是不错。不过师父、师娘还没找到,咱们却在这里贪玩,总是心中不安。”岳灵珊道:“好罢,就听你的。不过找到了爹妈,你可得陪我堆两个挺好看的雪人。”林平之道:“这个自然。”

令狐冲心想:“我料他必定会说:‘就像你这般好看。’又或是说:‘要堆得像你这样好看,可就难了。’不料他只说‘这个自然’,就算了事。”转念又想:“林师弟稳重厚实,哪似我这般轻佻?小师妹倘若要我陪她堆雪人,便有天大的事,我也置之脑后了。偏生小师妹就服他的,虽然不愿意，却半点也不使小性儿，没闹别扭，哪里像她平时对我这样？嗯，林师弟身子是大好了，不知那一剑是谁砍他的，小师妹却把这笔账算在我头上。”他全神贯注倾听岳灵珊和林平之说话，忘了自身僵硬，这一来，正合了“吸星大法”行功的要诀：“无所用心，浑不着意。”左腿和左腰的麻木便渐渐减轻。

只听得岳灵珊道：“好，雪人便不堆，我却要在这四个雪人上写几个字。”刷的一声，拔出了长剑。

令狐冲又是一惊：“她要用剑在我们四人身上乱划乱刺，那可糟了。”要想出声叫唤，挥手阻止，苦于口不能言，手不能动。但听得嗤嗤几声轻响，她已用剑尖在向问天身外的积雪上划字，一路划将过来，划到了令狐冲身上。幸好她划得甚浅，没破雪见衣，更没伤到令狐冲的皮肉。令狐冲寻思：“不知她在我们身上写了些甚么字？”

只听岳灵珊柔声道：“你也来写几个字罢。”林平之道：“好！”接过剑来，也在四个雪人身上划字，也是自左而右，至令狐冲身上而止。令狐冲心道：“不知他又写了甚么字？”

只听岳灵珊道：“对了，咱二人定要这样。”良久良久，两人默然无语。令狐冲更是好奇，寻思：“一定要怎么样？只有他二人走了之后，任教主身上的寒毒去净，我才能从积雪中挣出来看。啊哟不好，我身子一动，积雪跌落，他们在我身上刻的字可就毁了。倘若四人同时行动，更加一个字也无法看到。”

又过一会儿，忽听得远处隐隐传来一阵马蹄之声，相隔尚远，但显是向这边奔来。令狐冲听蹄声共有十余骑之多，心道：“多半是本派其余的师弟妹们来啦。”蹄声渐近，但林岳二人似乎始终未曾在意。听得那十余骑从东北角上奔来，到得数里之外，有七八骑向西驰去，列成横队后才继续驰近，显然要两翼包抄。令狐冲心道：“来人不怀好意！”突然之间，岳灵珊惊呼：“啊哟，有人来啦！”蹄声急响，十余骑发力疾驰，随即飕飕两声响，两只长箭射来，两匹马齐声悲嘶，中箭倒地。令狐冲心道：“来人武功不弱，用意更是歹毒，先射死小师妹和林师弟的坐骑，教他们难以逃走。”只听得十余人大笑吆喝，纵马逼近。岳灵珊惊呼一声，退了几步。只听一人笑道：“一个小弟弟，一个小妹妹，你们是哪一家，哪一派的门下啊？”林平之朗声道：“在下华山门下林平之，这位是我师姊姓岳。众位素不相识，何故射死了我们的坐骑？”那人笑道：“华山门下？嗯，你们师父，便是那个比剑败给徒儿的，甚么君子剑岳先生了？”

令狐冲心头一痛：“此番群豪聚集少林，我得罪师父，只是昨日之事，但顷刻间便天下皆知。我累得师父给旁人如此耻笑，当真罪孽深重。”林平之道：“令狐冲素行不端，屡犯门规，早在一年之前，便已逐出了华山派门户。”意思是说，师父虽然输给了他，却只是输于外人，并非输给本门弟子。

那人笑道：“这个小姐儿姓岳，是岳不群的甚么人？”岳灵珊怒道：“关你甚么事了？你射死我的马，赔我马来。”那人笑道：“瞧她这副浪劲儿，多半是岳不群的小老婆。”其余十余人轰然大笑起来。令狐冲暗自吃惊：“此人谈吐粗鄙，绝非正派人物，只怕对小师妹不利。”林平之道：“阁下是江湖前辈，何以说话如此不干不净？我师妹是我师父的千金。”

那人笑道：“原来是岳不群的大小姐，当真是浪得虚名。”旁边一人问道：“卢大哥，为甚么浪得虚名？”那人道：“我曾听人说，岳不群的女儿相貌标致，算是后一辈人物中的美女，一见之下，却也不过如此。”另一人笑道：“这妞儿相貌稀松平常，却是细皮白肉，脱光了瞧瞧，只怕不差。哈哈，哈哈！”十几个人又都大笑，笑声中充满了淫秽之意。岳灵珊、林平之、令狐冲听到如此无礼的言语，尽皆怒不可遏。林平之拔出长剑，喝道：“你们再出无耻之言，林某誓死周旋。”那人笑道："你们瞧，这两个奸夫淫妇，在雪人上写了甚么字啊？"林平之大叫："我跟你们拼了！"令狐冲只听得嗤的一声响，知是林平之挺剑刺出，跟着乒乒乓乓声响，有人跃下马来，跟他动上了手。随即岳灵珊挺剑上前。七八名汉子同时叫道："我来对付这妞儿。"一名汉子笑道："大家别争，谁也轮得到。"兵刃撞击，岳灵珊也和敌人动上了手。猛听一名汉子大声怒吼，叫声中充满了痛楚，当是中剑受伤。一名汉子道："这妞儿下手好狠，史老三，我跟你报仇。"

刀剑格斗声中，岳灵珊叫道："小心！"当的一声大响，跟着林平之哼了一声。岳灵珊惊叫："小林子！"似乎是林平之受了伤。有人叫道："将这小子宰了罢！"那带头的道："别杀他，捉活的。拿了岳不群的女儿女婿，不怕那伪君子不听咱们的。"

令狐冲凝神倾听，只闻金刃劈空之声呼呼而响。突然当的一声，又是拍的一响。一名汉子骂道："他妈的，臭小娘。"令狐冲忽觉有人靠在自己身上，听得岳灵珊喘息甚促，正是她靠在自己这个"雪人"之上。叮当数响，一名汉子欢声叫道："这还拿不住你？"岳灵珊"啊"的一声惊叫，不再听得兵刃相交，众汉子却都哈哈大笑起来。

令狐冲感到岳灵珊被人拖开，又听她叫道："放开我！放开我！"一人笑道："闵老二，你说她一身细皮白肉，老子可就不信，咱们剥光了她衣衫瞧瞧。"众人鼓掌欢呼。林平之骂道："狗娘……"啪的一声，给人踢了一脚，跟着嗤的一声响，竟是布帛撕裂之声。令狐冲耳听小师妹为贼人所辱，哪里还顾得任我行的寒毒是否已经驱尽，使力一挣，从积雪中跃出，右手拔出腰间长剑，左手便去抹脸上积雪，岂知左手并不听使唤，无法动弹。众人惊呼声中，他伸右臂在脸上一抹，一见到光亮，长剑递出，三名汉子咽喉中剑。他回过身来，刷刷两剑，又刺倒二人。眼见一名汉子拿住了岳灵珊双手，将她双臂反在背后，另一名汉子站在她身前，拔刀欲待迎敌，令狐冲长剑从他左胁下刺入，右腿一抬，将那人踢开，长剑从尸身中拔出，耳听得背后有人偷袭，竟不回头，反手两剑，刺中了背后二人的心口，顺手挺剑，从岳灵珊身旁掠过，直刺拿住她双手那人的咽喉。那人双手一松，扑在岳灵珊肩头，喉头血如泉涌。这一下变故突兀之极，令狐冲连杀九人，仅是瞬息间之事。那带头的一声吆喝，舞动双铁牌向令狐冲头顶砸到。令狐冲长剑抖动，从他两块铁牌间的空隙中穿入，直刺他左眼。那人大叫一声，向后便倒。令狐冲回过头来，横削直刺，又杀了三人。余下四人只吓得心胆俱裂，发一声喊，没命价四下奔逃。令狐冲叫道："你们辱我小师妹，一个也休想活命。"追上二人，长剑疾刺，都是从后背穿向前胸。这二人奔行正急，中剑气绝，脚下未停，兀自奔出十余步这才倒地。眼见余下二人一个向东，一个向西，令狐冲疾奔往东，使劲一掷，长剑幻作一道银光，从那人背腰插入。令狐冲转头向西首那人追去，奔行十余丈后，已追到那人身后，一伸手，这才发觉手中并无兵刃。他运力于指，向那人背心戳去。那人背上一痛，回刀砍来。令狐冲拳脚功夫平平，适才这一指虽戳中了敌人，但不知运力之法，却伤不了他，见他举刀砍到，不由得心下发慌，急忙闪避，见他右胁下是个老大破绽，左手一拳直击过去，不料左臂只微微一动，抬不起来，敌人的钢刀却已砍向面前。令狐冲大骇之下，急向后跃。那汉子举刀猛扑。令狐冲手中没了兵刃，不敢和他对敌，只得转身而逃。岳灵珊拾起地下长剑，叫道："大师哥，接剑！"将长剑掷来。令狐冲右手一抄，接住了剑，转过身子，哈哈一笑。那汉子钢刀举在半空，作势欲待砍下，突然见到他手中长剑闪烁，登时吓呆了，这一刀竟尔砍不下来。

令狐冲慢慢走近，那汉子全身发抖，双膝一屈，跪倒在雪地之中。令狐冲怒道："你辱我师妹，须饶你不得。"长剑指在他咽喉之上，心念一动，走近一步，低声问道："写在雪人上的，是些甚么字？"那汉子颤声道："是……是……'海枯……海枯……石烂，两……情……情不……不渝’。”自从世上有了“海枯石烂，两情不渝”这八个字以来，说得如此胆战心惊、丧魂落魄的，只怕这是破题儿第一遭了。令狐冲一呆，道：“嗯，是海枯石烂，两情不渝。”心头酸楚，长剑送出，刺入他咽喉。回过身来，只见岳灵珊正在扶起林平之，两人满脸满身都是鲜血。林平之站直身子，向令狐冲抱拳道：“多谢令狐兄相救之德。”令狐冲道：“那算得甚么？你伤得不重吗？”林平之道：“还好！”令狐冲将长剑还给了岳灵珊，指着地下两行马蹄印痕，说道：“师父、师娘，向此而去。”林平之道：“是。”岳灵珊牵过敌人留下的两匹坐骑，翻身上马，道：“咱们找爹爹、妈妈去。”林平之挣扎着上了马。岳灵珊纵马驰过令狐冲身边，将马一勒，向他脸上望去。

令狐冲见到她的目光，也向她瞧去。岳灵珊道：“多……多谢你……”一回头，提起缰绳，两骑马随着岳不群夫妇坐骑所留下的蹄印，向西北方而去。

【作品简析】

课文节选自《笑傲江湖》第二十八章《积雪》。《笑傲江湖》是金庸 1967 年写的一部武侠小说。金庸说：“笑傲江湖的自由自在，是令狐冲这类人物所追求的目标。因为想写的是一些普遍性格，是生活中的常见现象，所以本书没有历史背景，这表示，类似的情景可以发生在任何朝代。”《笑傲江湖》的中心是武林争霸夺权，系新派武侠小说代表作之一，其不仅靠跌宕起伏的情节引人入胜，更能于错综复杂的矛盾冲突中刻画人物性格，塑造出数十个个性鲜明、生动可感的文学形象。若豁达不羁、舍生取义的令狐冲；娇美慧颉、挚情任性的任盈盈；阴骛狡诈、表里不一的岳不群；桀骜不逊、老谋深算的任我行；冰清玉洁、相思痴恋的仪琳；虚怀若谷、萧条离寄的冲虚以及玩物丧志的“江南四友”，打诨插科的“桃谷六仙”，皆可为武侠小说的人物画廊增添异彩。

《笑傲江湖》令人百读不厌的主要原因是金庸在这部小说中，塑造了一个绝顶人物——令狐冲。令狐冲生性开朗，光明磊落，性情如行云流水，为人处世洒脱豁达，臻于化境。令狐冲可以说是金庸笔下人物之最，他比杨过多了几分随意，比韦小宝多了几分气派，比乔峰多了几分潇洒。岳不群骂令狐冲：“你就是口齿轻薄，说话没点正经”；林平之认为：“大师兄说话行事疯疯癫癫”；田伯光赞令狐冲：“只有如此胸襟的大丈夫，才配喝这天下名酒”；岳夫人笑说令狐冲：“你这小子……必定是要无赖，使诡计，蒙混了过去。”岳夫人对令狐冲了解甚深，是令狐冲的第一知己。课文中岳夫人认为令狐冲“胡闹任性，轻浮好酒”，她此时是站在师娘的立场来看小孩子的。“冲儿任性胡闹.……但他从小光明磊落，决不做偷偷摸摸的事……”这也是作品中岳夫人对令狐冲的评语。令狐冲的任性胡闹，只是为了不想受拘束，金庸在《笑傲江湖》的后记中说：“令狐冲是追求自由和个性解放的隐士。”

《笑傲江湖》所高扬的侠义、仁爱、富贵不淫、威武不屈的高尚精神，所追求的个性自由与个性解放，对今人仍有强烈的感召力。

【复习思考题】

1. 选取金庸小说中你最喜欢的一个人物，写一篇人物评论，800 字以上。
2. 谈谈你对武侠小说的看法。

相关拓展性阅读材料推荐：

1.《金庸作品集》，金庸，北京三联书店，1994.

2.《金庸武侠全集（评点本）》金庸，文化艺术出版社，1998.

3. 中国文学网-武侠小说文化研究 http：//www. literature. org. cn/article. asp

4. 梦远书城-金庸武侠小说全集 http：//www. my285. com/wuxia/jinyong/

5. 白鹿书院-金庸武侠小说集 http：//www. oklink. net/wxsj/jing-yong/index. htm

6. 白鹿书院-笑傲江湖 http：//www. oklink. net/wxsj/jing-yong/laugh-in-sea/index. html

黑猪毛　白猪毛[1]

阎连科

阎连科(1958 —),河南嵩县田湖镇人。1978 年应征入伍,1980 年开始发表作品,1985 年毕业于河南大学政教系,1991 年又毕业于解放军艺术学院文学系,1992 年加入中国作家协会。主要作品有长篇小说《受活》等 9 部,中、短篇小说集《年月日》等十余部,散文、言论集 6 部,共计五百余万字。2004 年退出军界,现为北京市作家协会专业作家。他曾先后获第一、第二届鲁迅文学奖和其他全国、全军性文学奖二十余次,其作品被译为多种语言,是中国当代文坛最受争议的作家、当代小说界最重要的作家之一。2007 年 11 月,人民日报出版社出版了《阎连科文集》系列图书,其中收录了阎连科三十年创作中最重要的作品。2008 年 6 月发表的《风雅颂》又引起争议。

春天本该是春天的味道,如花的草的,蓝蓝浅浅的,悠忽地飘散。或者,绿绿的,浓浓的,郁香儿扑鼻,似着深巷里的酒呢。可是,落日时分,吴家坡人却闻到一股血味,红红淋淋,腥浓着,从梁道上飘散下来,紫褐色,一团一团,像一片春日绿林里夹裹着几颗秋季的柿树哩。谁说,你们闻,啥味儿?把夜饭端到村口饭场吃着的人们,便都在半空凝住手中的饭碗,抬起头,吸着鼻子,也就一股脑儿,闻到了那股血味。

——李屠户家里又杀猪了。

静一阵,有人这样说了一句,人们就又开始吃着喝着。谁都知道,明儿是三月底,本月的最后一个集日,屠户家里当然是要杀猪赶集呢。不过,往常的集日,李屠户都是起早宰杀,日出上路,当天到镇上卖售新鲜。为啥今儿要在黄昏宰杀?为啥今儿的血味要比往日刺鼻?村人们都没有去过多思想。仲春到了,小麦从冬眠中睡醒过来,哗哗啦啦长着,草呢,也相跟着疯生疯长。要锄地,要施肥,田头有水的还要灌浇,各家都忙得如蚂蚁搬家,谁能过多地顾上谁哩。

饭场是在村头。李屠户家住在梁上,住在梁上大道的旁边,旁边是一个丁字路口。既然已经弃田从商,终归与梁道靠近好些;虽然是屠宰生意,也要图求一个运输便利。图求邻村有了红白喜事[2],寻上门来让替宰一头一条,也都有着许多便利。为着便利,为着兴隆,李屠户也就从村落搬到梁上去了。盖了两层瓦楼,围了一所砖院,楼下屠宰,兼卖一些杂货、吃食、炒菜;楼上住人,又辟出两间做了客房。路过的行人,腿脚累了,不想走了,便坐在楼下吃些杂碎下酒,喝得摇摇摆摆上楼。来天日出,酒醒了,乏困去了,付了店钱、饭钱上路。

别看那两间客房简陋,一张床,一张桌子,一个 15 瓦的灯泡,停电了是半根蜡烛,可县委书记还在那房里睡过一夜。有人说,是车抛锚了,书记不得不在那儿屈宿一觉。可李屠户说,说那话的人是在放屁,也不想想,司机敢让书记的车抛锚吗?说县委赵书记之所以要在他那儿屈尊一夜,就是为了到百姓家里问问致富景况,和他李屠户扯拉扯拉。无论如何,县委赵书记是在那儿睡了一夜。这一睡,李家的生意竟相跟着旺盛起来。两间客房的东屋,桌、床、被褥、脸盆、拖鞋,都是赵书记用过的纪念物,妥善擦洗保存,又仍给客人用着,于是,那间客房从每夜 10 元的价费涨到了 15 元。行人也都长有凡贱之心,价格涨了,因为县委书记住过,也都偏要到那屋里去睡。有跑长途运输的司机，竟连三赶四，踩着油门不松，也就是为了去那东屋睡上一觉。当然，李屠户家里的杂碎肉香，杜康酒里又不兑水，也是吴家坡人有目共睹的实情。现今，李屠户家生发出啥儿惊天的事情，村人们也都不会惊乍，连县委书记都果真在那睡过，哪还会有啥儿事情在那梁道边上不会发生哩。集日到了，把本该下夜更时屠宰的猪挪移到头天黄昏起刀，让春日夕阳里有一股血腥味儿，这又算啥稀罕事儿呢？杀了，宰了，把两扇猪肉展在屠案上，淋上清水，用塑料薄膜盖上，来日去卖又有谁能看出它不是新鲜的猪肉呢？

人们依然在饭场上吃饭，依然扯西拉东。有人饭碗空了，起身回去盛着；有人不想回去，就差儿娃回去一趟，儿娃哩，又刚刚端着饭碗从家里出来，便对父母哼哼哈哈，他们便一脸挂了不悦，骂着儿娃的不孝，说养你长大，连让回家盛碗汤饭你都懒得起动，早知这样，倒不如不生你还好。做儿娃的觉得委屈，因为并没说不去，只是因了犹豫，父母就当众破口骂了，于是便顶撞起来，说谁让你生我了？谁让你生我了？父亲或母亲被问得哑言，就从坐着的屁股下面抽出鞋来，一下掷了过去，弄得饭场上飘满鞋灰，许多人赶快把饭碗护在胸下。就在这饭场上闹得尘土飞扬的时候，饭场外有了一声断喝，叫着说吵啥哩？有啥好吵哩？父母让你们儿娃回家盛一碗汤饭错了吗？

饭场上哐的一下安静了。做儿娃的感着理屈，不再说啥了。

村人们目沿着断喝，都朝村口通往梁道的方向望过去，原来是屠户李星从梁上回村了。

刘根宝从饭场上回到家里，就像从宽展自由的田野进了考场，怯怯的，有些不安。爹已经吃过饭了，正在院里抽烟，明明灭灭，在暮黑中闪烁着光色。娘正在灶房洗整，锅碗相撞的声音淹在洗涮的水里，听起来清脆潮润。根宝一脚踏进灶房，把还有半碗饭的瓷碗推在灶台角上，想说啥儿，却只是望了望娘，便又勾着头从灶房走了出来。

他蹲在了爹的面前。

爹说，有事？

他说，没啥事。

爹说，有事你就说吧。

他说，爹，我想去蹲监。

做爹的愣了一下。从猛一吸亮的烟光中，能看见老人的脸上有些僵硬，表情哩，像一块原本柔和的杂色面儿，忽然变成了生硬的石头面儿。他把烟袋从嘴里拔下，盯着儿子，像盯着素昧平生来问路的陌生人一样。

爹说，根宝，你说啥儿？

儿子根宝就又瞅了二眼父亲。因着夜色，看不清父亲这时脸上的惊异有多厚多重，多少斤两，只是看见有一团漆黑，像树桩样竖在那儿，僵在那儿。因为看不清楚，他也就索性不再看了，脱掉一只鞋子，坐在父亲面前，两只胳膊架在膝上，双手相互抠着，像剥着啥儿豆子，没有立马回答爹的问话。

爹又问，你刚才说啥呀？根宝。

根宝说，爹，我想和你打个商量，如果你和娘同意，我想替人去住几天监狱。

爹吼着说，妈的，疯了？

根宝把头勾得更为低些，说，爹，我这不是和你商量嘛？

爹顿一会儿，又问，替谁？

根宝说，替镇长。

爹抬起了头，替谁呀？

根宝说，替镇长。

爹笑了，冷讥地道，镇长用你去替？

根宝说，刚刚在饭场，李屠户说了，说今儿落日时候，镇长开着小车从梁上走过，撞死了一个年轻人哩，张寨村的，20余岁。说镇长撞死了人镇长应该负责呢；可镇长是镇长，谁能让镇长负责哦，于是哟，就得有人去县交通队替着镇长认个错，说人是我撞的，是我在李屠户家酒喝多了，开着拖拉机出门撞上的。后边的事，就啥儿甭管了，镇长都有安排哩。说事情的尾末已经搞清，就是赔张寨的死人家里一些钱。钱当然是由镇长支出的。然后，然后哩，就是谁说是谁撞死了人，谁就到公安局的班房里宿上十天半个月。

月亮已经升了上来。吴家坡在月光中静得如没有村落一样，能清晰地听见村街上走动的脚步声，踢哩啦踢踏，由西往东，渐次地远了。消失着到了李屠户家那儿了。娘好像把根宝说的缘缘由由全都听得十分明了了，她没有立马接话儿，不知从哪儿端出一小筐儿花生，端过一张凳子，把凳子放在男人和儿娃中间，把那一筐儿花生放在凳子上边。尔后，她就随地坐在花生筐前，望望儿娃，又瞅瞅男人，长长地叹了口气，走进了他们父子深深的沉默内。

说起来，根宝已经29岁，29岁还没有找到媳妇成家，这在吴家坡也仅是刘家一户。缘由呢？不光是因为家穷，现如今不是哩，是在极早的年月里，各家都已盖起了瓦屋，只他们刘家还住着草房院落；再者，还因为根宝的怯弱老实，连自家田里的庄稼被畜牲啃了，举起了铁锨，联想到畜牲也有着主人，竟就不敢落将下去，只能将铁锨缓慢地收回。这样的人，窝囊哩，谁肯嫁哟。照说，早先时候，有过几门亲事，女方都是到家里看看，二话不说，也就一一荒芜掉了，无花无果。待转眼到了今日的年龄，没想到竟连二婚[③]的女人也难碰到。半年前，有亲戚介绍了一个寡妇过来会面，先不说对方长得丑俊，也才26岁，竟带着两个孩娃。根宝原是不同意这门婚配，可亲戚却说，同不同意，见面了再说。于是也就见了，想不到她一见面劈头便问，你就弟兄一个？

他说，我是独子。

她说，同姓家族村里多吗？

他说，村里就我们一家刘姓。

她说，有没有亲戚是村里乡里干部？

他摇了一下头儿。

她便生着风声，一下从凳子站了起来，愤愤地说，那你让我跑十几里路来和你见面干啥？媒人没和你说我原来的男人是因为和人争水浇地，争人家不过，被人打了一顿，回家上吊死了？没说我不图钱不图财，就图嫁个有势力的男人，不说欺负别人，至少也不受人欺负。女人这样说着，就转身从根宝家里出来，走出屋门，到院落里左右看看，又猛地回身盯着根宝，说今天正好是集日，我跑十二三里路来和你谋婚，来让你看我，耽误我整整一天功夫。这一天功夫，我到镇上卖菜卖瓜，卖啥都能挣上七八十块钱。可是今儿，是你把我误了。我不要你赔我七八十块钱，可你总得陪我50块钱吧？

根宝怔着问，你说啥儿？

女人说，你误我一天功夫，该赔我50块钱哩。

根宝低声咬牙，说，你咋能这样不要脸哩？

女人说，我是不要脸，要么你打我一顿我走，要么你赔我50块钱我走；你要不打我赔我，我就在这院里叫唤，说你一见我就摸我拉我。

没有奈何，根宝只好返身回屋取了一张 50 元的钞票，塞到她的手里说，走吧你，以后你再也别从我们吴家坡的村头走过。

女人接过了那钱，看看说，你要敢动手打我一个耳光，我就嫁给你。

根宝说，走呀，钱给你了，你走呀。

女人说，你要敢对我又踢又打，我把我的两个娃儿送给别人嫁给你。

根宝说，你有病哩，你神经有病了，去县医院看看病嘛。

女人把那 50 块钱朝根宝面前一扔，就走了。走了几步又回头说，没有腰骨的男人，谁嫁给你，谁一辈子保准受人欺负不尽呢。

实在说，没人欺负根宝一家人，可就是因为他家单门独院，没有家族，没有亲戚，竟就让根宝娶不上一门媳妇来。29 岁了，一转眼就是 30 岁，就是人的一半生命了。将近 30 岁还没有成家立业，这不光让根宝在村里做人抬不起头，也让父母深怀着一层内疚哩，永远觉得对不住了儿娃呢。

根宝爹又吸了一袋烟，再装上，没有点，放在脚边，不知为啥就抓了一把花生剥起来。他剥着花生，却不吃，借着月色，看看面前勾头坐在鞋上的儿娃，像一团包袱软软地浮在地上；看看那说要翻盖却总也缺钱翻盖的草屋，矮矮的，塌塌的，房坡上还有两个欲塌欲陷的深草坑，在月色里像被人打开的墓穴。还有那没有门窗的灶房，灶房门口破了的水缸，这些都被月光照得亮白清楚。身边的那个猪圈，泥墙，框门，石槽，倒是结实完整，可不知因了啥呢，总不能养成猪。喂猪猪死，养羊羊灭，后来把它做了鸡圈，鸡们倒都生长得壮实，可是，可是呢，母鸡们都是三天、五天才生一个鸡蛋，哪怕是夏天的生蛋旺季，也没有一只鸡两天生上一蛋的，更不消说如别户人家一样，一天一蛋，甚或一只鸡一天生两蛋或两天生三蛋。这就是刘家的日子。根宝爹像看透了这样的日子一样，把目光从月光中抽了回来，吃了手里的花生，说跑油了，不香。老伴说吃吧，这也是宝他舅今儿路过梁上捎来的。根宝爹就又抓了一把花生，在手里剥得哗哩哗啦，说都吃呀，根宝。

根宝说，我不吃。

爹说，你咋知道替镇长顶罪至多是到监狱住上十天半个月？

根宝说，李屠户说的。

爹问，李屠户听谁说的？

根宝说，他啥儿不知道？镇长就是在他门前撞死了人，县委书记都在他家睡过哩。

娘问，替人家住监，住完了咋办？

爹说，歇歇嘴吧，女人家哩。住完了咋办？你想咋办就咋办。谁让他是镇长，谁让他让我们孩娃去顶监。

然后，爹就回过头来，望着儿娃说，根宝，你真的想去就去吧，去跟李屠户说一声，说你愿意替镇长去蹲监。说记住，李屠户叫李星，你就叫他李星叔，千万别当面还屠户、屠户地叫。

这时候，月亮升到当头了，院落里愈发明亮着，连地上爬着的蛐蛐欢叫时张扬的翅膀都闪着银白白的光。根宝从地上站起出门时，娘从后边抓了一把花生追上他，说你吃着去吧，没跑油，还香哩。根宝把娘的手推到一边，说我不吃，也就出门去了，和出行上路一样，没有回头。可没有回头，他听见身后剥花生的声音，在月色里像谁在水里淘洗啥儿般，淋淋哗哗，脆亮亮的，还是有几分让人留恋的亲切呢。

李屠户家里忙哟。院落里扯加了两个200瓦的灯泡，把清明清明的月亮挤逼得没了踪迹。不知远处的一家矿上要贺庆啥儿，冷不丁，来人让他连夜赶杀几头肥猪，加之明儿正集日，又不能慢待了在集市上总去他的挂架上割肉的老主顾，于是，李屠户除了原来的屠案，又摘下门板，新架了一副屠板。自己宰，还又从外村找了两个小伙子帮衬着。每帮他宰一头猪，他给人家10块工时费。

院落里满是集合着的人，有矿上的工人，有村里看热闹的孩娃，还有连夜把生猪拉到李屠户家等着他过秤买猪的邻村庄户。根宝从村里出来，一听到屠案上红血淋淋的尖叫，身上抖了一下，像冷一样，可他很快就把自己控制住了，不再抖了。说到底，是杀猪，又不是杀人。踏进李屠户家那两扇能开进汽车的院落大门时，已经有两扇猪肉挂在了棚架下，赤背的李屠户正舀着清水往扇肉上浇洗，一瓢一瓢，泼上去，淋下来，红艳艳的血水流过一片水泥地，从一条水沟流到李家房后了。一世界都是生血的腥鲜味。帮衬的那两个小伙子，一个在院落角上正烧着一口大锅的开水烫猪毛，一个正在一个屠架上用一个铁片剐着剩猪毛。猪毛味有些腥臭，像火烤了兽皮一样怪诞难闻。李屠户家一年四季都有这样的味。根宝不知道为啥在这样的气味里，县委书记会在这儿住一夜。可县委书记是真的住了一夜哩。迎面楼上二楼靠南的两间客房，东屋门口清清白白挂了一个招牌，上写着：县委赵书记曾在此住宿。借着灯光，根宝看那招牌时，他看见西客房的门口也新挂了一个招牌，上写着：县里马县长曾在此住宿。根宝有些糊涂，他不知道县长何时也在此住过，可他想那是一定住过的，没住过李屠户不会挂那么一个招牌儿。

看看招牌，根宝从人缝挤到了李屠户的身后，他等李屠户把一扇猪肉淋净了，轻声叫了一声李叔。

李屠户没有回头，他用手抹掉肩上的血水珠，用胳膊擦掉额门上的汗，到另一扇红血猪肉下边，又一瓢瓢舀水浇起来。虽然没有回头，他却听到了有人叫他。他舀着清水说，是根宝吧？

根宝说，哎，是我，李叔。

李屠户把一瓢水泼到那扇猪肚里道——

是想替一下镇长顶罪吧？多好的机会，别人烧香都求不到。

血水溅到了根宝脸上，他朝后退了一步——

跟我爹商量过了，我愿意。

李屠户又舀一瓢清水浇上去——

不是你愿意就能去了的。先到屋里等着吧。

到了李屠户家平常客人吃饭的那一间餐厅里，根宝才看见那儿已经坐了3个村人了。一个是村西的吴柱子，40来岁，媳妇领着孩娃和人私奔了，就在邻村一个村干部的弟弟家窝藏着，死活不回来，他就只好独自过着日子了；另一个是村南的赵瘸子，日子原本鼓鼓胀胀不错哩，可烧的砖窑塌了，人便瘸了，日子也就塌陷了，眼下还欠着信用社一大笔贷款的债。还有一个，是村里的李庆，在镇上有生意，家里还买有一辆嘎斯汽车跑运输。根宝知道柱子、瘸子是想和自己一样，图求去替镇长住几天监，一个想请镇长帮着把自家媳妇要回来；另一个，寄望帮了镇长，也许信用社的贷款便不消再还了。他不知道李庆谋图三二四五啥儿哩，竟也端端地和瘸子、柱子围在那一张饭桌前。于是，待根宝走进来，他们都望着根宝时，根宝把目光落在了小他一岁的李庆身上。

李庆像抢了别人的东西一样，不好意思地把头勾下去，说我弟今年就师范毕业了，想请镇长安排他回到镇上教书哩。

柱子冷了一眼李庆说，你好了还想好。

李庆把头勾得更低了，脸红得如门外地上的血。

这当儿，瘸子也乜着李庆的脸，说，你走吧，让我们和根宝争这机会还差不多。

李庆没有走，又抬起头涎涎地笑了笑。

根宝坐在了那张空凳上。这是一张四方桌，先前都叫八仙桌，现在学着城里人的腔调就都叫它餐桌了。屋子也叫餐厅了。餐厅也就十几平方米大，摆了粮、面、油和七七八八的一些杂货物，在外面空着的地方摆了这张餐桌。因为不是掏钱吃餐饭，桌上有个铝茶壶，但没有人会来给他们倒上水。桌子的上方是灯泡，苍蝇和小蛾在灯泡周围舞蹈着，舞累了，蛾子竟敢落在灯泡上歇脚儿，而苍蝇就只敢落在他们身上和那油腻的桌面上喘着粗气儿。

屋外又有了一阵猪叫声，粗厉而骇人，像山外火车道上的汽笛叫，只是比那汽笛短促些，也比那汽笛混杂些。夹杂有猪的喘息和人的乱汪汪的声音。这样过了一阵，便突然安静了。不消说是利刃从猪的脖下捅进脏腑了。剩下的就是李屠户指挥着说把这头抬去退毛、把那头挂起来开膛的指令声，还有人们这条肥、那头瘦的议论声。屋子里有些热。忙着挣钱的李屠户，顾不上进来指着哪个人说令一句，喂，你去替镇长顶个罪，再指着剩下的，说你们3个就算了那样的话。也许，李屠户并不知该把这样一件好事留给谁，所以他才只顾杀猪，不管屋里的根宝、柱子、瘸子和李庆。屠户的媳妇和孩娃们都在楼上看电视，从电视机中传来的武打声像从房顶落下的砖头和瓦片。根宝抬头朝天花板上看了看，其余3个人也都跟着抬头看了看。

李庆说，半夜了。

柱子说，着急了你先走。

李庆说，我不急，等到天亮我也等。

瘸子看看李庆，又扭头盯着根宝，说，兄弟，其实你犯不上和我们一样儿，没成家，又有文化，真替镇长蹲了监，名声坏了，以后还咋儿成家哩？

根宝想说啥，可一时又找不到合适的话，正急时，李庆倒替他回答了。李庆说，真替上镇长了，也就成家了。根宝有些感激地望了望李庆，李庆又朝他点了一下头。因为李庆和屠户是本家，他在李屠户家里便显得自由些，这里转转，那里看看，还到楼上看了一会儿电视，回来时还顺脚到李屠户那儿催了一下他李叔，说让李叔赶快定一下由谁明儿去顶替镇长的罪。可等他兜了一大圈儿回来时，他却进门说，李叔忙，他让我们4个自个儿选定一个去替镇长的人。自个儿选？选谁呢？当然无法选，谁也不会同意谁。于是哩，4个人就又相互望一望，看谁脸上都没有退让的意思儿，就各自把头扭到一边去了。

时间如牛蹄一样一踢一踏走过去。夜已经深得如一眼干枯无底的井。他们就这么干干坐熬着，直到楼上的电视不响了，李屠户一连杀了5头猪，柱子和瘸子们都趴在桌子沿边睡一觉儿，根宝以为李屠户压根儿把他们几个忘记了，他想去问李屠户一声到底让不让他去顶镇长的罪，叫了他就去，不叫了他也死心回家睡觉时，忽然有人砰砰砰地敲响了餐厅的门。

他们都惊醒过来把目光旋到门口上。

叫醒他们的不是李屠户，而是帮李屠户杀猪的一个小伙子。他是用杀猪的刀把敲的门，刀刃上的鲜猪血被震得如软豆腐一样掉在门口脚地上。看几个人都醒了，他把手里备好的4个纸团扔到了桌子上，说下夜一时了，李叔说让你们别等了，这是4个阄儿[4]，其中有一个阄儿里包了一根黑猪毛，另外3个都是白猪毛，你们谁抓了黑猪毛谁就去做镇长的恩人，谁抓住了白猪毛你们谁就没有当镇长恩人的命。然后，说完了，他就站在灯光下，看着那4个阄，也看着那4个人。

忽然间这4个人都没有瞌睡了。原来谁去替镇长顶罪做恩人那么大的一件事情都包在那价阄儿里。阄儿纸是一个一分为四的烟盒纸，红红花花的，有些喜庆吉祥色，可毕竟4个里边有3个包的都是白猪毛。把目光收回来盯在桌面的4个阄儿上，他们各自把眼睁得又亮又大，可就是没人先自起手去抓一个阄。

小伙子说，抓吧，抓完就睡了。你们还有抓阄的命，我和李叔商量了一夜想去蹲蹲监，李叔说我不是吴家坡的人，不光不让去，还连阄儿都不让我抓哩。

李庆望着小伙子说，你这不是讥弄我们几个吧？

小伙子说，有半点讥弄，我是你们4个的孙娃儿。说我想去镇政府那儿租几间房子做门市，可死活轮不到咱乡下人的手，你说我要能替镇长去住半月监，我在镇上还有啥儿生意做不成？我还用见了收税的像孙子一样四处乱跑吗？说你们快抓呀，你们一抓我就去杀猪了。

李庆无言了，便首先从桌上捏了一个纸阄儿。

于是都捏了。

根宝把桌上最后剩的一个捏到了手。他准备打开时，因为手有些抖，出了一手汗，也就打开得慢了些，所以还未及他把阄儿全打开，便听到柱子扑哧一声笑了笑，说我这儿是根黑猪毛，合该我媳妇、孩娃还回到我家里。说完他就把阄纸摆到桌子的正中间，大家一看，也果真是根黑猪毛，一寸长，发着光、麦芒一样尖尖刺刺地躺在阄纸里，而且还从那黑猪毛上发出一丝腥臭淡淡的膻味儿。

小伙子立在门口说，好事有主了，你去当镇长的恩人，大家都回家睡去吧。

瘸子看看手里的一根白猪毛，说他妈的，还不如早点回家睡觉哩。就把阄和猪毛扔掉了。

李庆看了一眼桌上的黑猪毛，没说话就先自离开走掉了，出门时他朝门框上狠狠地踢了一脚儿。

于是都走了。根宝从李屠户家走出来，又回身望了一眼写着县长、书记在此宿过的招牌，想去和李屠户打声招呼，可看他正忙着在取一头猪的五花内脏，且又是背对着院门这边儿，便不言声儿从李屠户家大门出来了。

外边梁道上有凉爽爽的风。远处田里麦苗的青气一下迎面飘过来，他长长地吸了一口气，身上连一点瞌睡也没了。

回到家里时，爹娘居然都不在。根宝一进院子里，可又闻到了一院油馍味。再一看屋里正间的一张凳子上，放着一个蓝包袱。他先到屋里把那包袱打开来，果然竟和他心里猜想的一模一样，是娘为他明儿出门去做镇长的恩人准备的衣物、行李啥儿的，裤子、衬衣、鞋袜，怕他半月回不来，连夏天的汗衫和短裤都替他准备到包裹里边了。而且，包裹里还有一双千层底儿布鞋和三双新从哪儿买的解放鞋。他不知道娘为啥要给他准备那么多的鞋，不要说他已经不能去替镇长顶罪了，就是命中有喜真去了，10天、20天也就回来了，哪能用上那么多的鞋子哩。

夜已深得没有底了，除了从梁上李屠户家间或传来的猪叫声，村子里连月光游移的声响都没了。包裹里新鞋老衣那半腐的肥皂香味和鞋底上的粮面浆糊的甘气，在屋子里散散淡淡地飘。根宝在那包裹前站了一会儿，又从屋里出来，到灶房的案前立着不动了。娘已经把他出门前的干粮全都备好了。油烙馍，葱花和香油的味道像流水一样，从案桌上哗哗淌到脚地上。每个油馍都烙得和鏊子⑤一样大，然后十字儿切开，一圆变四页，统共十二页油烙馍叠在案面桌的正中央。

望着油烙馍，根宝竟哭了。

从灶房出来，他又立在院落里，朝柱子家住的村西那儿久远地瞭望着，便看见睡了的吴家坡村，一片新房瓦屋，在月光中一律都是蓝莹莹的光，只有他家这方院落，沉湮在高大的瓦屋下，像一大片旺草地上的一簇干死的草。根宝的心里有些哀，他把目光收回来，刚好看见东邻的嫂子半夜三更中，竟风风火火地卷进了大门里，说根宝兄弟呀，我在那边听到你这边的响动了。说急死人了呢，你爹你娘都在我家里。说合着你命好，我表妹离婚了，今儿来看我，一听说你要去替镇长蹲监狱，再一说你还没结婚，她就同意了。说我俩在你家等你到半夜，你没回来，我们走了你就回来了。说你爹、你娘把她送回到我家和我表妹有说不完的话。说你赶快到我家和我表妹见见吧，人长得那个水嫩和没结过婚的闺女一模一样。说走呀根宝，还不赶快去？你愣着干啥哩？

东邻的嫂子是 40 里外的镇上人，细苗灵巧，人儿好看，因为看上她男人会做生意就屈驾从镇上嫁到了吴家坡。她读过书，会说话，能把不好看的衣裳穿出样子来。她知道她有吴家坡人没有的好资质，所以对谁说话都没有商量的味，都像小学的老师教着学生孩娃的啥儿样。月亮已经走移到了山梁那边，朦胧像灰布一样罩在院落里。根宝看不清邻居嫂子的脸，只看见她一连声地说着时，舞动的双手像风中摇摆着的杨柳枝。这时候，这个深夜的当儿里，她说完了就拉着他的手要往她的家里去，他便感到她手上的细软温热像棉花一样裹着他的手指头。他闻到了她头发上的女人味，像在酷冷的冬天忽然飘来了一股夏天的麦香味，身上燥热的激动一下都马队般奔到了他头上。他听到了他满头满脑都是嗡啦嗡啦响，努力朝后挣脱着嫂子的拉，想对她说我不能去替镇长蹲狱了，那个阄儿让柱子抓到了，可说出口的话却是，嫂子，你别拉我哩。

嫂子说，咋儿了？你不愿意我表妹？

他说，我是去蹲监，又不是啥好事。

嫂子说，你是去替镇长蹲监哩。

他说，这一蹲可不一定真的是 10 天、20 天，人都轧死了，说不定要蹲半年、一年哩。

嫂子立在朦胧的夜里就笑了，说你看见包袱里那 3 双解放鞋了吧？那是我表妹连夜到邻村供销点里给你买的哩，她说蹲监狱的人都得去烧砖，说到机砖厂劳改特别费鞋子，说一去劳改最少是一年。

他说，那要劳改二三年哩？

嫂子说，我表妹是个重情的人，因为她男人进城里总是找小姐，是因为男人对她不忠她才离的婚。说我表妹不怕男人蹲监狱，就怕男人们有钱进城住宾馆，洗澡堂。

他说，嫂子，既然是这样，你就对我说，我到你家见了人家先说啥？

嫂子说，你把你娘烙的葱花油馍拿几页，说半夜了，你是过去给她送点儿夜饭。

然后，嫂子就走了。走得轻快，像草地里跳着的羊。根宝在院里看着东邻的嫂子走出大门，又回头吩咐他说，你快些，再磨蹭一会儿天便亮了呢，随后，她就融进夜色里了。

根宝没有照嫂子说的那样回身进灶房去拿油烙馍。他在原地站一会儿，想一阵，便相跟着嫂子的脚步出门了。他没有去东邻嫂子家，而是往右一转朝村西走去了。他去了住在村西的柱子家。柱子家也是一个瓦房院，连门楼儿都是砖瓦结构的，高高大大，一看便知是一户殷实人家哩。虽然是殷实人家，可媳妇还是跟着外人情奔了。那男人不光是木匠，还是一个村支书的亲弟哩。根宝到柱子家门前时，惊起了好儿响胡同里的狗吠声，待他把脚步止在瓦房的门楼下，狗吠也便无声无息了。隔着门缝，他看见柱子家正房还有电灯光。自然哩，他还没有睡。明儿吃过早饭就要跟着李屠户到镇上面见镇长了。见了镇长就该乘车去县里面见公安了。然后，就会被拘留起来住进监狱等着判说了，就要很多日子不能回家了。柱子不消说得连夜把他蹲监的行李准备准备哩。

根宝轻轻地敲了几下柱子家的门。

门是榆木板，碰上去的指关节就如敲在了石面上。在月落以后的黑色里，那干硬硬的响声如小石子一样飞在村街的房檐下。声音响进去，没有从柱子家响出回应来，只有狗吠在村里回荡着。

根宝又用力敲了几下门；

柱子回应了——谁？

根宝说，是我，柱子哥。

柱子问，根宝呀，有啥事？

根宝说，你开一下门，我有话跟你说。

柱子从屋里出来开门了。他到大门前先拉亮了门楼下的灯，然后哗地一下把双扇大门打开了。

门一开，根宝就扑通一下跪在柱子面前。

柱子忙朝后退一步，说，根宝，你要干啥儿？你这是干啥儿？

根宝说，柱子哥，你让我去替镇长蹲监吧，你好歹成过一次家，知道做男人是啥儿滋味哩，可我根宝立马就是30岁，还不知道当男人到底啥味儿。你让我去替镇长蹲监狱，镇长肯定得问我家里有啥困难事，我对他说的第一件事，就是让他把你媳妇和孩娃送回家里来好不好？

柱子盯着灯光下的根宝不说话。

根宝便朝柱子磕了一个头，说，柱子哥，算我求你了好不好？

柱子说，我让你去了，你会替我在镇长面前说话吗？

根宝说，我要不先把你的难处说出来，不让镇长把你媳妇和孩娃讨回来，我根宝就是你柱子哥的重孙子。

柱子说，那你起来吧。

根宝便又向柱子连磕了三个响头才起来了。

匆匆忙忙一夜过去了。

来日早升的日头在仲春里光辉得四野流金，山脉间的田地、岭梁、树木和村落都在日光中透发着亮色。吴家坡在这个春日早晨醒来时，谁都知道根宝家里有了喜事了。根宝要去替镇长住狱了。包裹已经捆起来，被褥也都叠好用绳子系了哩，白面油烙的葱花饼也装进了干粮袋子里。

根宝要做镇长的恩人了。

他喝了一碗蜀黍片儿汤，吃了咸菜和油馍，提着行李出门上路时，看见大门外有许多的村人们。李庆、瘸子、柱子、东邻的哥嫂，还有嫂的表妹。昨儿他们连夜订了婚配，她说你去十天半月肯定回不来，说你就是去住一年、两年我都会等你。然后，她就又一早跟在表姐身后来送他。村人们大都还不知道她是他的媳妇了，只把她当做是跟着表姐来看繁闹的人。爹在他身后提着铺和盖，像儿娃出门做大事儿一样，满脸的喜庆和自豪。他把烟袋丢到家里了，特意吸了带着过滤嘴儿的纸香烟，可又不是真的吸，仅就是燃了让一丝青烟在他嘴前袅袅地升起来。娘手里提的是根宝的干粮袋，一出门看见东邻嫂的表妹子，她便一脸灿然地朝人家走过去；根宝没有听见娘和人家说了啥，只看见两个人说了两句话，嫂的表妹竟从娘的手里要过干粮袋儿提在手里边，又如过桥时搀扶老人一样扶住了娘。在这送行的人群里，她就像一朵盛开在夏时草坡上的花，因为也是镇上的人，家里和镇政府仅隔着一堵墙，儿娃时端着饭碗还常跑到镇政府的院落里，加之她和她表姐的识见是一般儿的多，穿戴、言说、行止，和吴家坡人有着无数的差别与异样，所以她搀扶着娘的胳膊时，看见的人便心中清明了；眼里更加有了一种惊羡的光。门前的人群原本也就十几个，可待根宝一家走出来，站在那儿和人们说了几句话，转眼间人群就是一片了。有的人正要下地去，听说根宝要去做镇长恩人了，也就慌忙过来道着喜，送送行。说根宝兄弟，奔着前程了，千万别忘了你哥啊。根宝就把目光从自己那香熟发光的对象身上收回来，笑着说奔啥儿前程哩，是去替人家蹲监呢。那人就又说，替谁呀？是替镇长哩，你是镇长的救命恩人呢，还以为你哥我不知道你有多大前程嘛。

根宝就只笑不说了。

根宝就这么在送行的人群中慢慢行走着。前面是人，后边也是人，说笑和脚步的声音如秋风落叶般地响。爹在他的身后，有人去他手里要那行李提，他说不用不用却又松了手。尔后从裤口袋里摸出一包烟，拆开来，一根接一根地朝着人们递。人家不接了他便朝人家的嘴里塞。根宝很想朝柱子走近些，柱子和李庆、瘸子他们好像没昨夜命运相争的事儿一样，一团和气地挤在路边上，可人群围得紧，又都要争着和他说话儿，他就只能隔着人群和柱子他们招着手，点着头，表白着自己的歉意和感激。村里是许多年月都没有这样送行的喜庆繁闹了，就是偶尔哪年谁家的孩娃参军入伍也没有这么张扬过，排场过，可今儿的根宝竟获着了这份排场和张扬。他心满意足地朝村口走动着，到饭场那儿立下来，扬着手，连声说着都回吧，回去吧，我是去蹲监，又不是去当兵。然而无论他如何地解释着说，人们还是不肯立住去送他的脚。

人们都簇拥着他往梁上李屠户家门前走去。

李屠户已经在梁上的日光里朝着这边人群招了手。招了手，根宝脚下的步子就快了。可根宝的脚步越快，李屠户却越发地招着手，似乎还把双手喇叭在嘴上，大声地唤了啥，因为远，没能听清楚，人们就猜他是让根宝快一些。

根宝便提着行李小步跑起来，他不想让李屠户在梁上等的时候太久。然而在他丢开人群朝着梁上跑去时，李屠户身边那个昨夜儿帮他屠宰的小伙子却从梁上跑下来。两个人相向地跑，近了时，小伙子就立在路边的一块石头上，可着嗓子叫唤着，说刘根宝，李叔不让你再来了，说镇长一早从镇上捎来了话，说不用人去替他顶罪了。

根宝淡了脚步站下了，像电线杆一样栽在路中央，望着那个小伙子，唤着，问道，你说啥？天呀你说啥？

小伙子大声说，不用你去了，说镇长轧死人的那家父母通情达理呢，压根儿没有怪镇长，也不去告镇长，人家还不要镇长赔啥儿钱，说只要镇长答应把死人的弟弟认做镇长的干儿就完啦——

这一回，小伙子说的根宝全都听清了。他立在那儿脚跟有些软，努力把一身的力气全都用到脚脖上，使自己不至于突然瘫下去。然后把目光投到山梁上，他看见李屠户在梁道边上正指派着几个人往一辆车上装着鲜猪肉，背对着他，舞之又蹈之，肩膀和门板一样宽，有力得没法说。

紧随着他，村里送行的人们也都说说笑笑跟近了，像一个人拉着一辆大车爬到了半坡上。根宝很想让李屠户或者跑来唤话的小伙把说过的话，朝着村人们再清清白白地述说一遍儿，他就又慢慢朝着梁道走了过去。

日头又升高了些，艳红艳红哩。

【注释】

①原载于《广州文艺》2002年第9期。获2001—2002年度"小说选刊"优秀作品奖。

②红白喜事：旧称结婚为红事，丧事为白事，做寿、生子、满月、官吏升迁、商店开业等为喜事，并到一起说就是红白喜事。

③二婚：再婚、再嫁的意思。相对于第一次婚姻、头婚而言。

④阄(jiū)：预先做好记号的纸卷或纸团。抓阄是一种民间流行的方式，以决定谁该得什么东西或谁该做什么事。

⑤鏊(ào)子：烙饼的器具，一般用铁做成，平面圆形，中心稍凹。

【作品简析】

这是一个发生在农村，情节十分生活化却又富于戏剧性的故事，描写了以根宝为代表的农民的生存状态与人性的卑微，从而引发读者更深层次的思考。揭示了在权力崇拜意识支配下普通农民的异化生存状态，深刻地挖掘了此种状态的历史根源，猛烈地抨击了权力下的奴性意识，发出了对人的血性和尊严的深切呼唤。

犯罪蹲监，原是苦事，现却争着愿去替人蹲监，还要抓阄摸彩，还要磕头请求；一旦听说对方替镇长蹲监，虽然人未见一面，却立马就同意婚事，还立誓一定等待；欢送根宝赴监竟然全村出动，场面热闹，成了喜庆的节日狂欢；人被撞死却可不告不索赔，只要认死者弟弟为干儿子。所有这些岂不是咄咄怪事？内里却有许多深意。有想追回私奔媳妇的，有想贷款不还的，有想解决婚姻大事的，有想为弟弟找工作的，有想找上靠山的。总之，他们人人都争着愿当"镇长的恩人"，为着可以得到自己无法得到的好处。因为"镇长"掌握不小"权力"，官位、"权力"能解决他们所面临的各种各样的"难题"，这就是弱者对权力崇拜、敬畏的心理特征。

在小说中所描写的农村现实环境中与人物内心深处，这种"权力崇拜"是如此根深蒂固、弥漫扩散。李屠户客房门口挂着"县委赵书记曾在此住宿"的牌子，就是权力崇拜心理的符号化象征。而那间客房的价费因此从10元涨到15元，则是官位、权力转化为货币以及其他实际利益的隐喻。

小说对农民群体普遍的权力崇拜心理的揭示，是通过跌宕起伏、一波三折的戏剧化情节实现的。主人公刘根宝先是获得了家庭的同意，却不料竞争者众，自己失选；经过下跪磕头、请求协商，好不容易换来了冒险替人蹲监的机会，却因死者家属不告而前功尽弃。一个替人坐牢的荒诞事件，经过得而复失、失而复得、最后泡沫般幻灭的曲折情节，淋漓尽致地表现了小人物内心世界攀权的悲喜与小民无权的酸涩。

阎连科的短篇小说《黑猪毛白猪毛》引起广泛关注的原因，除了主题的深刻外，表现手法的高超是为人称道的：情节平中见奇、引人入胜；口语化的短句，贴近农村日常生活；善用农民熟悉的事物作比喻。作者对农村贫苦的熟悉以及对农民心理与语言习惯的把握，对农民苦况的深切同情，使小说充满着浓郁、真实的农村生活气息，描绘生动，深刻有力。

【复习思考题】

1. 认真阅读小说，归纳小说思想、艺术特点。
2. 课外阅读阎连科的其他小说，体会其作品的思想艺术特点。

相关拓展性阅读材料推荐：

1.《阎连科文集》，阎连科，人民日报出版社，2007.
2.《日光流年》，阎连科，广州花城出版社，1998.
3.《受活》，阎连科，沈阳春风文艺出版社，2004.
4.《风雅颂》，阎连科，江苏人民出版社，2008.
5. 新浪网-读书频道-名人堂-阎连科 http://book.sina.com.cn/people/yanlianke/
6. 中国作家网-阎连科 http://www.chinawriter.com.cn/zjzl/zjk/ylk/

参考文献

[1] 褚斌杰，谭家健．先秦文学史[M]．北京：人民文学出版社，1998.
[2] 梅季坤．淮南子(卷六・览冥训)[M]．长沙：岳麓书社，1991.
[3] 余冠英注译．诗经选[M]．北京：人民文学出版社，1990.
[4] 钟雷．论语[M]．哈尔滨：哈尔滨出版社，2004.
[5] 朱东润．中国历代文学作品选[M]．上海：上海古籍出版社，2003.
[6] 杨伯峻．论语译注[M]．北京：中华书局，2006.
[7] 陈鼓应．老子注译及评价[M]．北京：中华书局，1984.
[8] 尚学锋，夏德靠译注．国语[M]．北京：中华书局，2007.
[9] 陆永品．庄子选译[M]．北京：人民文学出版社，2003.
[10] 李小龙译注．墨子[M]．北京：中华书局，2007.
[11] 陈涛译注．晏子春秋[M]．北京：中华书局，2007.
[12] 王华杰．大学语文[M]．北京：中国农业大学出版社，2008.
[13] 孙昕光．大学语文[M]．北京：高等教育出版社，2003.
[14] 徐建新，杨现钦．大学语文[M]．北京：中国农业出版社，2007.
[15] 周圣伟．大学语文[M]．上海：华东师范大学出版社，2005.
[16] 徐中玉．大学语文[M]．上海：华东师范大学出版社，2007.
[17][后晋]刘昫．旧唐书[M]．北京：中华书局，1975.
[18] 萧涤非．杜甫诗选注[M]．北京：人民文学出版社，1979.
[19] 陈伯海．唐诗汇评(3卷本)[M]．杭州：浙江教育出版社，1995.
[20] 罗宗强．魏晋南北朝文学思想史[M]．中华书局，1996.
[21] 钟嵘．诗品[M]．上海：上海古籍出版社，1998.
[22] 游国恩等．中国文学史(一)[M]．北京：人民文学出版社，2007.
[23] 夏征农．大辞海[M]．上海：上海世纪出版集团/上海辞书出版社，2005.
[24] 温凌．关汉卿[M]．上海：上海古籍出版社，1978.
[25] 王季思．全元戏曲[M]．北京：人民文学出版社，1990.
[26] 袁世硕，张可礼．中国文学史[M]．北京：中国人民大学出版社，2006.
[27] 严迪昌．清词史[M]．南京：江苏古籍出版社，2001.
[28] 曹雪芹，高鹗．红楼梦(下)[M]．北京：人民文学出版社，1983.
[29] 蒲松龄．聊斋志异[M]．长沙：岳麓书社，2005.
[30] 钱理群，温儒敏，吴福辉．中国现代文学三十年[M]．北京：北京大学出版社，1999.

[31] 于润琦.插图本百年中国文学史(3卷本)[M].成都:四川人民出版社,2002.
[32] 程光炜,刘勇,吴晓东等.中国现代文学史[M].北京:中国人民大学出版社,2007.
[33] 巴金(原著),曹禺(改编),英若诚(译).家(汉英对照版)[M].北京:中国对外翻译出版公司,1999.
[34] 王富仁.闻一多名作欣赏[M].北京:中国和平出版社,1993.
[35] 鲁迅.鲁迅小说集[M].北京:人民文学出版社,1979.
[36] 钱钟书.围城[M].北京:人民文学出版社,1991.
[37] 胡适.胡适文集[M].北京:北京大学出版社,1998.
[38] 舒婷.双桅船[M].上海:上海文艺出版社,1982.
[39] 梁实秋.雅舍小品[M].北京:中国社会出版社,2004.
[40] 金庸.金庸作品集[M].广州:广州出版社,2005.